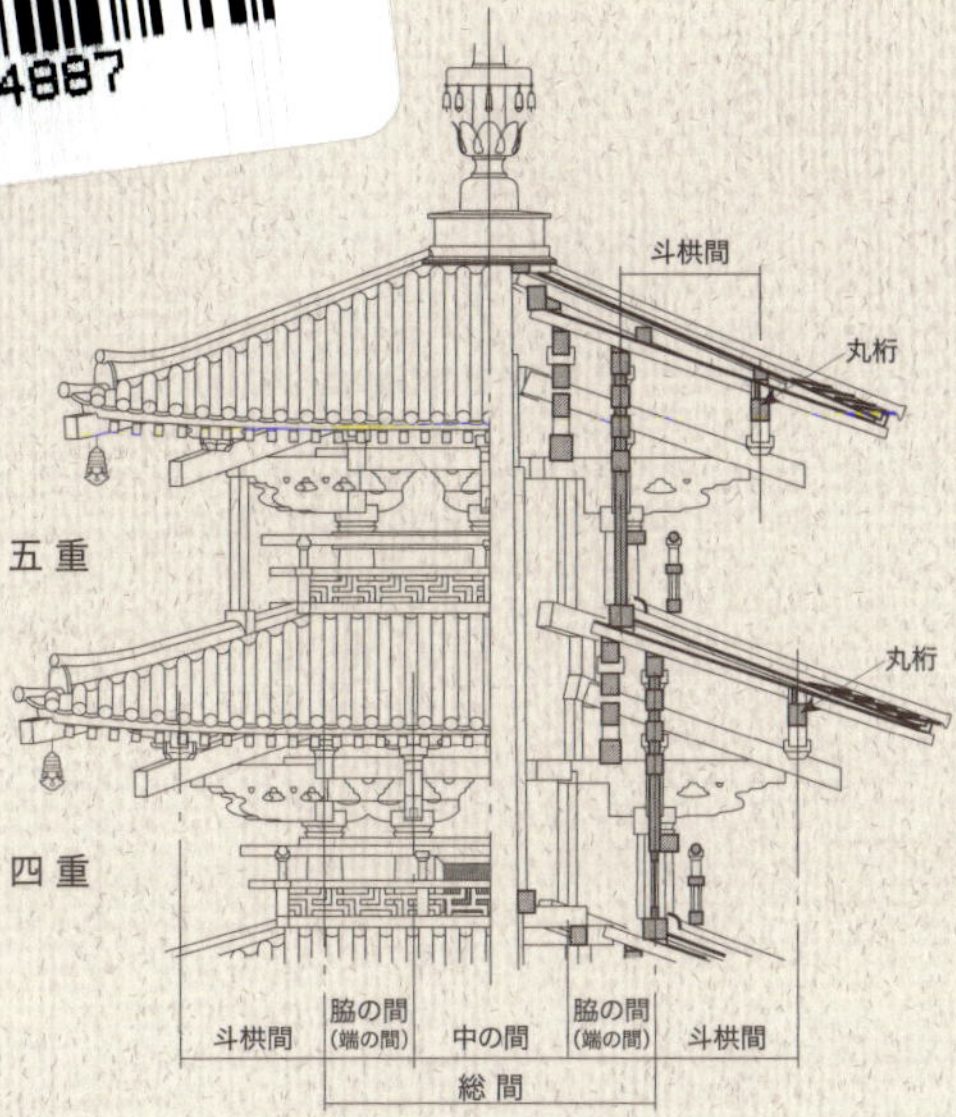

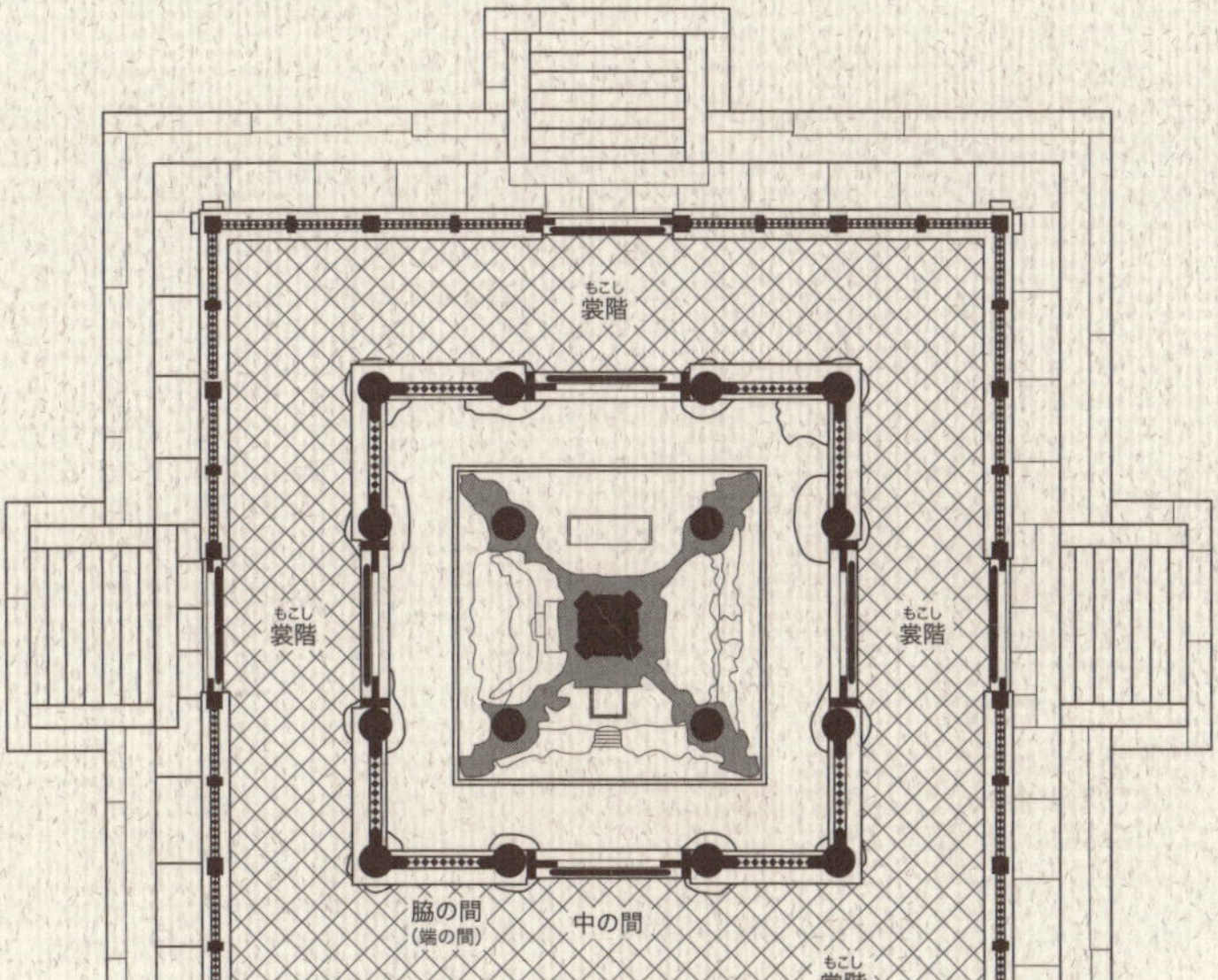

初重平面図

法隆寺五重塔

法隆寺建築の設計技術

溝口明則

推薦のことば

日本建築史は奇蹟に彩られている。まず法隆寺という類い稀な建築が保存されてきたこと。日本建築史研究曙の両巨星、伊東忠太と関野貞が「柱間構成法」における「比例決定説」と「柱間完数制説」によって、その至高の美に挑戦し、彼らの説自体が一種の天才的閃きを有していたがために法隆寺をより一層奇蹟の頂きに昇らせていった。そして法隆寺以後も古代から中世にかけて、幅広く、数多くの優れた建築遺構が残され、世界有数の質量の調査研究と修理工事の精緻な記録が蓄積されてきた。目立たないが日本建築史の第二の奇蹟と強調すべき歴史プロセスであった。ここから両巨星の説が広く踏襲され、より複層的に補強されることになった。元来両説とも建築の生成につきまとう事柄を指しており、現場の時空によるアドホックで多様な変奏を免れない属性についての指摘であった。その後の研究史は、両巨星が直感的に迫ろうとした核心の回りを経巡った印象が強い。その中で、「基準格子と単位長による柱内法─真々─外法による柱径・柱間構成法」の石井邦信説は、建築理念と結果的な寸法値をつなぐものとして、建築規模・形式と連関した設計技法に着目したもので、造営尺度と寸法計画の連関を本格的な分析の対象とした嚆矢であったといえる。その意味で石井の創案した分析の手段は革新的で、復元された設計方法は明快であったが、複雑な遺構の説明に恣意的な操作を加えなければならなかった。

溝口氏の研究方法は、分類すれば石井氏の系統に分けられようが、根本的に異なる点がある。溝口氏の学位論文は、中世枝割制の計画内容を検討したものであるが、これを手掛かりとして古代遺構の垂木割計画を分析している。同様に近世木割書の研究をガイドラインとして古代から中世の計画理念と設計技法の連関についてのパースペクティブを構築している。中世は古代の複合性を継承し、その限定の上に、何かを失い、技術を進化させた。近世もまたしかり。日本建築史の創造のプロセスとその成果の往還によって、溝口氏は本書にて、法隆寺は唐尺により計画された可能性アリと結論している。氏の幅広く、徹底した研究史・記録の渉猟と緻密な論証からいって、法隆寺、ひいては日本建築の設計技術に関する懸案に決着をつけたといって良いであろう。これにより溝口氏は法隆寺の奇蹟を明証の場に引き下ろしたともいえるが、この著作によって私たちが、日本建築史の富を我がものとし、新しい創造の課題に立ち向かう基盤を得たのだとすれば、氏による新しい奇蹟となるであろう。溝口氏の、深く静かな情熱が、この重要な仕事に結実したことを祝したい。

──中川 武（早稲田大学教授）

凡例

一、飛鳥時代の度制単位と考えられた尺度は、研究史のなかで多様なことばを用いて論述された。本書では「高麗尺」「東魏尺」「コマ尺」「飛鳥尺」「大宝大尺」「大尺」などの尺度を、三六㎝前後の実長をもつ度制単位として、同義語とみなして扱う。

一、同様に「唐大尺」「唐尺」「カラ尺」「天平尺」「大宝小尺」「小尺」「尺」を三〇㎝前後の度制単位として、同様に同義語として扱う。

一、両者の換算は、研究史の成果に従い、大尺の一尺が小尺の一・二尺に相当とする、とみなす。

一、造営尺度（それぞれの遺構に使われた尺度）は「丈・尺・寸・分」などを用いて表現するが、これは個々の遺構の数値資料から抽象される造営当時の尺度の長さであるから、遺構ごとに異なることが通例である。この値は遺構に固有のものであり、厳密に造営当時の公定尺に合致するとは限らない。

一、造営尺度の実長は、現尺とわずかに異なることが通例である。文脈により、個々の造営尺度を現尺に換算したことが不明瞭な場合は、「現尺」と明記する。

目次

序

日本建築史研究にとって、法隆寺建築はつねに特別な存在であり続けた。明治時代に始まる再建非再建論において行われた史料批判の経験と長い議論の応酬、初期の大陸伝来の建築様式を巡る問題、また七世紀の架構技術の問題など、つねに関心の対象となってきた。とはいえ、建立年代にまつわる諸問題や様式論、構法や部材加工技術の問題ばかりが注目されてきたわけではない。建築技術史研究の一分野である設計技術史研究にとっても、法隆寺の建築は特別なものであった。

わが国の建築設計技術に関する分析研究は、明治二六年（一八九三）の伊東忠太博士の「法隆寺建築論」、明治三八年（一九〇五）の関野貞博士の「法隆寺金堂・塔婆及び中門非再建論」の二つの論考を嚆矢とする。本編において詳しく検討するように、伊東の議論は、必ずしも設計技術の復原的研究とはいい難い面もある。しかし、両先達が押し進めた、実測寸法を手がかりとする法隆寺建築の分析研究は、視点においても方法においても、新しい研究の世界を切り開くものであった。

一方、大正五年（一九一六）の東大寺南大門の解体修理工事以後、解体工事を行った多くの建築遺構で修理工事報告書が編纂されるようになる。これらの報告書のなかで採り上げられる技法調査や建立当初の建築形式（構造形式）の復原を扱う項では、きわめて水準の高い学術調査の成果が記され、質と量の両面において世界に類を見ない建造物調査資料が蓄積されてきた。わが国の遺構研究は、第一級の学術資料に恵まれることになり、設計技術を巡る研究史は、法隆寺建築から古代遺構全般に、そして中世遺構へと対象を広げ、さまざまな研究成果の蓄積を見ることになった。

戦後に行われた法隆寺金堂、五重塔の解体修理工事においても精密な学術調査が行われ、これを契機とする竹島卓一博士の研究は、明治時代に二人の先達が切り開き、採り上げて以来の問題に、一応の決着をつけることになった。とはいえ、戦前に村田治郎博士が関野の分析を批判的に検討して発表された造営尺度の問題、「高麗尺」と「唐尺」のいずれが妥当であるかという問題は、必ずしも最終的な結論に到達したとは思われない。

建築設計技術の分析研究の成果は、個別の遺構を対象に重要な成果を蓄積してきたが、同時に、ときには後の研究の方向に、強い先入観や制約を与えるように働いた面も合わせもっている。個別の問題についてはは本編の検討に譲るが、たとえば、伊東の「比例」の指摘、関野の柱間構成法に関する、完数制（度制の単位寸法の整数倍数を用いる寸法計画法）に従いながらも「自由」に行ったとする指摘などの研究史初期の解釈は、長い間、実測数値資料の解釈や分析を進める際の前提として生き延び、戦後の分析研究を通じて客観的に、かつ批判的に検証される機会をほとんどもたなかった。伊東の「比例」論と関野の柱間完数制論は、後の研究においていずれも柱間構成法として継承されてきたため、分析の対象とした遺構の様相次第で、一見して両立するように見えることも、また矛盾を起こすように見えることもある、距離のある提案であった。本来、両者は論理的に両立することのない、独立して提案された二つの技法である。

また村田は、関野の提案を再検討して造営尺度の新たな可能性を広げてみせたが、竹島は、どちらかといえば関野の議論へ戻り、これを押し進めたと考えられる。そればかりでなく、完数制を手がかりとしては考えにくい金堂上重や塔の柱間構成の技法を、「垂木割《たるきわり》」という新しい視点を導入することで解読を試みた。後に述べるように、古代、中世の遺構をあらためて見直せば、垂木割への注目はきわめて重要な指摘である。一方、石井邦信博士の柱間構成法の提案は、伊東、関野両説の抱える問題を整理し、その限界を超えた視点を構築しようとした議論で、ここで初めて、明治以来の二つの技法に対し、設計技術の実効性という視点から検討が加えられたといえる。石井の提案は、あらかじめ基準となる平方格子による計画が下敷きになったと考えるもので、両先達に劣らない卓越した視点をもったものであったが、平易かつ普遍的な技法として提案するには、遺構によって例外的な操作を要するものも少なくなく、新たな問題を生み出していったように思われる。

遺構の実測値に基づいて設計の方法を分析するという研究史は、伊東の分析研究を嚆矢とすれば、じつに一二〇年の歴史をもっている。あらためて法隆寺建築を採り上げて議論を起こそうとすれば、まず検討しておかなければならないことは、これら研究史が到達した成果とその内容である。研究史初期の先達の議論は、最も重要な主張であるとともに、最も慎重に点検を行うべき議論であり、これはまた、研究史全体を通じて蓄積されてきた成果の批判的検討につながる作業である。

本書の目的は、法隆寺西院伽藍の建築すなわち、金堂、五重塔、中門、回廊および伽藍中央部の配置計画を採り上げ、その設計技術の様相を復原的に捉えようとするもので、研究史初期から続く研究テーマを、少しでも先に押し進めようとする試みである。

法隆寺建築の寸法分析研究が一筋縄ではいかない難解な問題であることは、さまざまな論者によって指摘されてきた。一世紀前に主張された「高麗尺」の議論に対し、緻密な点検によって「唐尺」の造営尺度の可能性も指摘されながら、なお、「高麗尺」説が現在まで定説として生き延びてきたことをみるだけでも、この問題の難しさは確かに首肯されることである。この難解なテーマを採り上げる以上、分析を試みる前に、十分な準備をしておく必要がある。このため本書は、まず、従来の遺構分析研究の様相を点検し、実測数値資料を分析する際に留意すべき諸問題を整理することから始めなければならない。数値資料の抽象的な性格は、分析者の研究視点と先入観を素直に反映しやすく、また、この解釈に誤謬が含まれていたとしても、気づくことが難しいという性格をもっている。想定された計画寸法と実測値が精確に合致することはほとんどないが、その寸法差を施工上の誤差とみるか、分析者の想定そのものの誤りとみるかは、強い先入観に支配された視点や分析の途上では、冷静に判断することが困難なためである。したがって、法隆寺建築の分析に入る前に、まず、研究史が妥当とみなしてきた分析の視点を、いったん、点検しておかなければなければならないと考えている。これはつまり、研究成果ばかりでなく、それぞれの成果を導く背景となった分析者の視点、設計技術がどのように捉えられていたかを点検しておく必要がある、ということである。

極度に抽象的である数値資料の扱いは、分析者の強い先入観を点検し矯正する機会に恵まれないまま、結論に到達してしまう場合が多い。先行研究を批判的に検討する行為は、あらゆる研究にとって当然の姿勢だが、先入観が生き延びやすい設計技術の分析にとって、とりわけ重要な姿勢である。蓄積された先行研究の成果は、誰しもが認める確かな成果はもちろん、大きく見当をはずした研究結果であっても、これ以上ない貴重な財産である。どのように捉えるべきか、という問題とともに、どのように捉えてはならないのかということも、先行研究の成果から学ぶべき重要な項目である。研究をさらに先へ押し進めていくためには、新知見を加えるばかりでなく、従来の解釈を支えてきた設計技術に対する前提的な考え方、捉え方の検討こそが最も重要な作業と考えている。

今日の建築技術に関する研究成果は、発掘調査で得られた知見、後代の建築遺構の分析から得られた知見など、さまざまな研究成果が蓄積されている。七世紀の建築を取り巻く多様な研究成果は、一世紀前の研究状況からはもちろん、戦後の法隆寺金堂、塔の解体修理工事が施された時代からも進展しており、現在は、あらためて寸法分析を試みるに十分な状況を生み出していると考えられる。

従来、古代遺構の柱間寸法計画は、「柱間完数制」を手がかりに解読が試みられてきた。この説もまた、関野が提唱した議論に端を発しているが、本来、尺度論的な視点から組み立てられた議論であり、設計技術の分析を試みる立場からすれば、手がかりとして必要十分とはいいきれない。古代遺構の柱間寸法計画は、「柱間完数制」とは別種の設計方法も予想することができるが、この柱間計画法については、山田寺金堂址から得られた柱間寸法分析を述べる過程で詳述することとしたい。

またこれとは別に、古代遺構の柱間寸法計画といえども、平行垂木を配付《はいつ》ける垂木割の計画方法と無関係とは考えられず、潜在する垂木割計画が柱間寸法計画に、直接的にまた間接的にさまざまな影響を与えていると考えられる。この可能性は、法隆寺金堂の分析過程で、竹島によって初めて指摘された。とはいえ、私たちが理解できる確かな垂木割計画は、中世に降って現れる「枝割制《しわりせい》（支割制）」である。したがって古代遺構の柱間寸法計画に内在する複雑な背景を理解し、従来の「柱間完数制」説を補強するためには、いったん中世へ下り、「枝割制」と呼ばれる技法の具体的な内容について、十分に検討しておく必要があると思われる。

本書では、法隆寺建築の分析を行うにあたり、以上のように、寸法分析研究の諸前提を整理する地点から考察を始めることとする。法隆寺建築の分析を扱う第三部までに、第一部にて、法隆寺建築の設計技術に関する研究史の成果と研究史が積み重ねてきた研究視点、およびその問題点を整理し、第二部において、法隆寺建築の分析の手がかりを求めて古代、中世の遺構を対象とした新しい分析研究の成果をまとめる。

第三部で採り上げる法隆寺建築の設計技術を巡る当面の問題は、造営尺度の実長の解明であり、本書が採り上げる問題もこの範囲に留まる。しかし、「唐尺」の一・二倍が「高麗尺」に相当するという両尺度の平易な換算関係は、単に実測値との適合だけを比較してみても明確な結論を導くことはほぼ不可能であることを示している。したがって、造営尺度を特定する作業は、同時に設計計画（寸法計画）の手順の復原なしには不可能である。設計手順の解読と造営尺度の特定は、分析のうえで緊密に連携しあっているから、一方が理解できれば他方も理解できるはずであり、どちらかだけが独立して理解できることではない。設計手順の復原が可能であれば、それと同時に、一〇〇〇年を越える造営尺度の問題に最終的な決着をつけることが可能であると考えられる。

対象とする遺構は、金堂、五重塔、中門、回廊および伽藍配置計画である。ひとつの建築遺構を採り上げ、設計方法の全体的な解明をめざすにはほど遠い状況だが、将来の分析研究のためにも、まず、造営尺度を特定する作業、そして基本的な設計手順の様相についてまとめたいと考えている。

第一部　遺構の寸法分析の研究史

日本建築史研究の分野は、意匠史、様式史研究とともに、往時の建築技術を復原的に捉える技術史の分野があり、様式史と技術史を繋ぐ、工匠組織を中心に研究を進めてきた生産史という分野がある。また、技術史は、工具やその使い方、建築部材の加工技術や施工の技術、木材加工としての技法、構法などを探求するテーマに加え、往時の建築設計技術を研究する分野がある。

建築設計技術の解明をめざす研究は、建築技術書の解読研究を進める分野と、遺構を実測し、実測寸法資料に基づいて造営尺度や設計手順について探究する分野とに区分される。区分された二つの分野は、おおよそ同一の研究テーマを扱うが、建築技術書の解読研究は、室町時代に遡る『木《き》砕《くだき》之《の》注文《ちゅうもん》』（『寿彭《じゅほう》覚書』）や『三代巻』などの例外を除き、多くの木割書が近世以後に編纂されているため、直接の研究対象の時代は、自ずから近世が中心となる。以前の研究では、代表的な木割書である幕府作事方大棟梁であった平内《へいのうち》家の家伝書『匠明』（しょうめい、あるいは、しょうみょう。江戸時代初期に成立）の記述内容が、古代まで遡るかのように受け止められていたが、近年の研究では、中世に遡る木割書と『匠明』の記述内容のあいだにも、大きな隔たりがあることが理解されつつある（註1）。

一方、先に挙げた、中世に遡る例外的な木割書を除けば、古代・中世の設計技術は、設計の内容に直接関わる記録や史料が存在しない。古代寺院の資財帳などに金堂や塔の寸法が記されることも多いが、実測調査資料と合致しないことも少なくない（註2）。寸法が記されているからといって、技術書と同等に扱うことが難しい史料である。このため、遺構の設計技術の研究は、実測数値資料以外に積極的な手がかりがないことが通例で、これら数値資料に従って分析を進め、設計の過程を解読するという研究方法が採られている。

数値資料などを対象とした分析研究は、各部の数値資料のなかから、計画的に有意と思われる関係を見出し、往時の造営尺度の実長や設計の手順、各部の大きさや長さを制御する具体的な技法の内容を復原し、その特質を把握しようとするものだが、通常考えられているよりも困難な作業である場合が多い。

一般に、設計技術の復原研究における資料は、部材の加工面や仕口、継手、部材に記された番付などのように、目に見えて確認できる場合はほとんどない。分析の対象となるものは、部位や部材の長さや幅などの資料に限られる。

遺構の実測調査によって得られた各部の数値資料は、原理的に、建立当初の計測作業や施工の過程で生まれる寸法誤差、長い年月を経て現れる経年変化による寸法誤差、そして、わずかではあっても避けることのできない、実測調査時に起こる計測誤差などが含まれている。往時の設計計画と今日の実測調査資料とのあいだには、幾重ものフィルターが存在することを念頭に置いて分析を進めていかなければならない。数値資料の扱いは、通常考えられているよりもはるかに注意を要するものである。

設計計画の段階における建築は、まだ観念であって現実ではないから、計画寸法の制御の過程で誤りが起こることはあっても、ここに誤差は存在しない。しかし具体的な建築として実現していく過程では、程度の差はあれ必ず誤差が現れる。したがって寸法値の分析作業は、誤差の存在を前提とし、個々の具体的な誤差をどのように判断するかという問題をつねに抱えながら、往時の計画を復原しようとする作業である。このため分析者にとっては、分析の過程で現れる、推定された復原案の数値と実測値との相違が誤差であるかのように認識される。この差異が正しく誤差である場合は、もちろん設計方法が正しく復原できた場合であるが、分析作業の途上でこの判断を的確に下すことはきわめて難しく、また、分析の後でも、差異の絶対値が小さければ、そのことが復原案の正当性の根拠になりえてしまう。

分析の過程で起こる誤差の捉え方次第で解釈の可能性は大きく変わり、分析結果に影響を与える。誤差に対する判断を含んだ分析結果は、その判断ゆえに検証が難しく、見当を外した分析結果が生き延びてしまうことも少なくない。誤りを含んだ分析結果は、あらたな先入観を与えて分析をさらに難しくする。寸法計画の分析研究は、概ねこのように重層した原因によって困難な作業となる場合が多い。したがって具体的な分析へ進む前に、まず、遺構の寸法分析の研究史を通観し、従来の分析研究がどのようなものであったのかを理解しておくことは必須の作業である。これは、無用な先入観から解放されるために、過去の研究成果を反省的かつ批判的に点検を試みる過程であり、通過しておかなければならない作業である。

註

1 たとえば「ハカクノ大免」を規準とする『木砕之注文』のシステムと「柱太サ」を規準とする『匠明』木割法を比較するだけでも、遺構の実測値に『匠明』の記述をそのまま当てはめることが根拠のない分析の姿勢であることがわかる。

2 実際の寸法と大きく異なる例として、『法隆寺伽藍縁起并流記資財帳』の「塔壱基　五重高十六丈」などがよく知られている。遺構の全高は基壇高を加えても一二丈に満たない。

第一章　比例と柱間構成法を巡る研究史

日本建築の歴史は、一貫して木造架構に終始してきた。柱と梁で骨格を組み立てる木造建築は、とりわけ寺院建築に顕著な特徴として、大小の柱間《はしらま》を組み合わせた複雑な構成をとることが多い。このため設計技術の分析を試みる立場が柱間の寸法計画、柱間構成法に主要な関心を注いできたことは、ごく自然なことであったといってよい。寺院建築のうち、とくに伽藍の中心的な存在である金堂、本堂、塔などの記念碑的な性格をもつ建築は、正面の柱間が三間、五間、七間など奇数間をとるとともに、中の間《なかのま》を最大として、周縁へ向かって左右対称に、脇の間《わきのま》、端の間《はしのま》を適宜小さくとるという柱間構成が繰り返されてきた。この柱間構成法のバリエーションを分類すれば、

一　中の間だけが大きく、脇の間、端の間を同寸とするもの
二　中、脇の間を同寸として大きくとり、端の間を小さくとるもの
三　中の間を最大として、脇、端の間と、外へ向かって次第に小さくとるもの
四　正面各柱間をすべて同寸の柱間とするもの

以上四種類の柱間構成がある。

伽藍の中心建物ほど中央と周縁で柱間の大きさに変化を付け、寸法差のある柱間で構成される傾向にある。これは建築の安定感や求心性、つまり端部の強固さや正面性などを現す形式と考えられてきた。確かに、複雑な組物を用いて丸桁《がぎょう》を側柱《がわばしら》の真（芯、心）から外に向かって大きく送り出す伽藍の中心的な建築ほど、柱間の大きさの相違に複雑な構成をとる傾向が顕著であるが、これは後に述べるように、構造の特徴からある程度必然的なことでもある。大小の柱間を組み合わせる複雑な構成は、特別な建造物に限って見られるもので、伽藍周辺の施設や社殿、住宅など簡素な組物をもつ建築では、等間構成をとることが多い。

古代後期頃の仏堂では、中の間や脇の間よりも端の

間が大きい例がないわけではない。しかし日本建築の歴史を通観すれば、これらは例外的な構成で、今述べた正面の柱間にみられる四種類の構成法はいずれも中の間を正面の最大間とする点で共通している。本章は、まず複雑な柱間構成が現れる架構上の必然を整理し、構成の方法に関する従来の説を整理したうえで日本建築史研究の歴史のなかで寸法計画法がどのように捉えられ、考えられてきたかを整理する。その際、最も注目される問題は、「比」ないし「比例」を手がかりとした分析研究である。これらの概念が分析の手がかりとして導入された経緯を検討し、その妥当性に考察を加えたい。

一・一　複雑な柱間構成の出自

柱を安定して建てる初期の木造建築の方法は、掘立柱《ほったてばしら》（大地に穴を穿ち、柱根を土中に据える構法）である。しかしこの構法による柱の耐用年限は短く、その度合いは環境によってさまざまであるが、およそ半世紀ほどが限界であろう。木材は、湿度と温度による腐朽が避けられないためである。したがって人類の初期の建造物は、消費したうえで遺棄され、定期的に建て替えることを宿命づけられた存在であった。

しかし専制国家が成立する時代になると、石造の王墓や焼成レンガの分厚い壁をもつ神殿などに見られるように、理念として永久不変であることをめざした記念碑的な構築物が現れる。数千年を耐える石造構築物に比べて極端に耐用年限の短い木造建築は、神殿など特別な建築を対象に、柱と梁で構成されたその架構の特徴を踏襲しつつ、石材に置き換えられていくことになった。木造建築の基本的なアイデアである柱と梁の架構が石造化を果たした実例は、古代エジプト、古代ギリシア・ローマなどの神殿を見れば明らかである。しかし東アジアだけは、木造建築のままで耐用年限を延ばすための工夫を繰り返した。私たちが古代の金堂などに見る建築的な特徴は、長い時間を経て、雨水などから木造の架構を守ろうとした工夫が集積された姿である。この特徴を建物の足下から順に整理すると、

一　基壇をもつこと
二　礎石柱《そせきばしら》を用いること
三　柱や梁、組物など木部に丹《に》を塗り、部材の木口《こぐち》

を金物で被覆すること

四　軒下に複雑な組物《くみもの》（斗栱《ときょう》）をもつこと

五　二軒《ふたのき》の構成をとること

六　瓦を葺くこと

などである。

このような工夫が重ね合わされた当時の寺院建築は、中の間を大きくとり、端の間を小さくとるという顕著な傾向がみられる。これは大きな瓦屋根の荷重を直接支持する桁のうち、最も外に置かれた桁（丸桁）に、偏った負担が起きないように現れたものである。柱上に施設された組物は、柱筋よりも外に大きく張り出し、その先端に載る丸桁を支持している。法隆寺建築など飛鳥様式の組物では、四隅の柱上に置かれた隅《すみ》組物《くみもの》は、隅行《すみゆき》の方向（平面投影で45°方向）に向かって一方向にだけ延びている（図1）。このため、もし柱（と柱上の組物）が等間隔に並んでいれば、組物の先端どうしの距離は、隅の組物と隣接する組物との間だけが極度に開いてしまう。問題の所在は、巨大な瓦葺屋根の荷重である。この荷重を最外で受ける丸桁に大きな負荷がかかるため、丸桁を支持する組物の位置は、丸桁の負荷に偏向が起きないように施設しなければならず、そのためには、端の間が中の間に比べて強く縮小する必要がある（図2）。

奈良時代以後の和様建築では、隅の組物を、隅行ばかりでなく正側面を加えて三方向に向かって送り出している。この構成では、端の間を小さくとるという工夫は必要がないようにみえる。しかし隅組物では、屋根面の直下を昇る尾垂木は平側、妻側、隅行の三本が集まってわずかに昇った位置で衝突する。大きく昇ることができる尾垂木は隅行に限られ、残りの二方向へ延び出した尾垂木は、見かけほど丸桁を支持する力をもっていない。したがって軒隅の支持は飛鳥様式に比べて改良が施されたとはいえ、和様建築でも変わらず構造上の弱点であり、端の間を縮減させる原因になっている（図1、2）。

とはいえ柱間の大小の取り合わせは、丸桁の支持点（組物の先端の位置）が、厳密に等間隔になるようにとられるわけではない。図2に掲載した唐招提寺金堂の柱間構成は、中央を最大間とし、外に近づくにつれて、次第に柱間を小さくとっている。したがって柱間の構成は、架構が要請する必然のうえに、記念碑的性

図1　様式による隅組物の相違

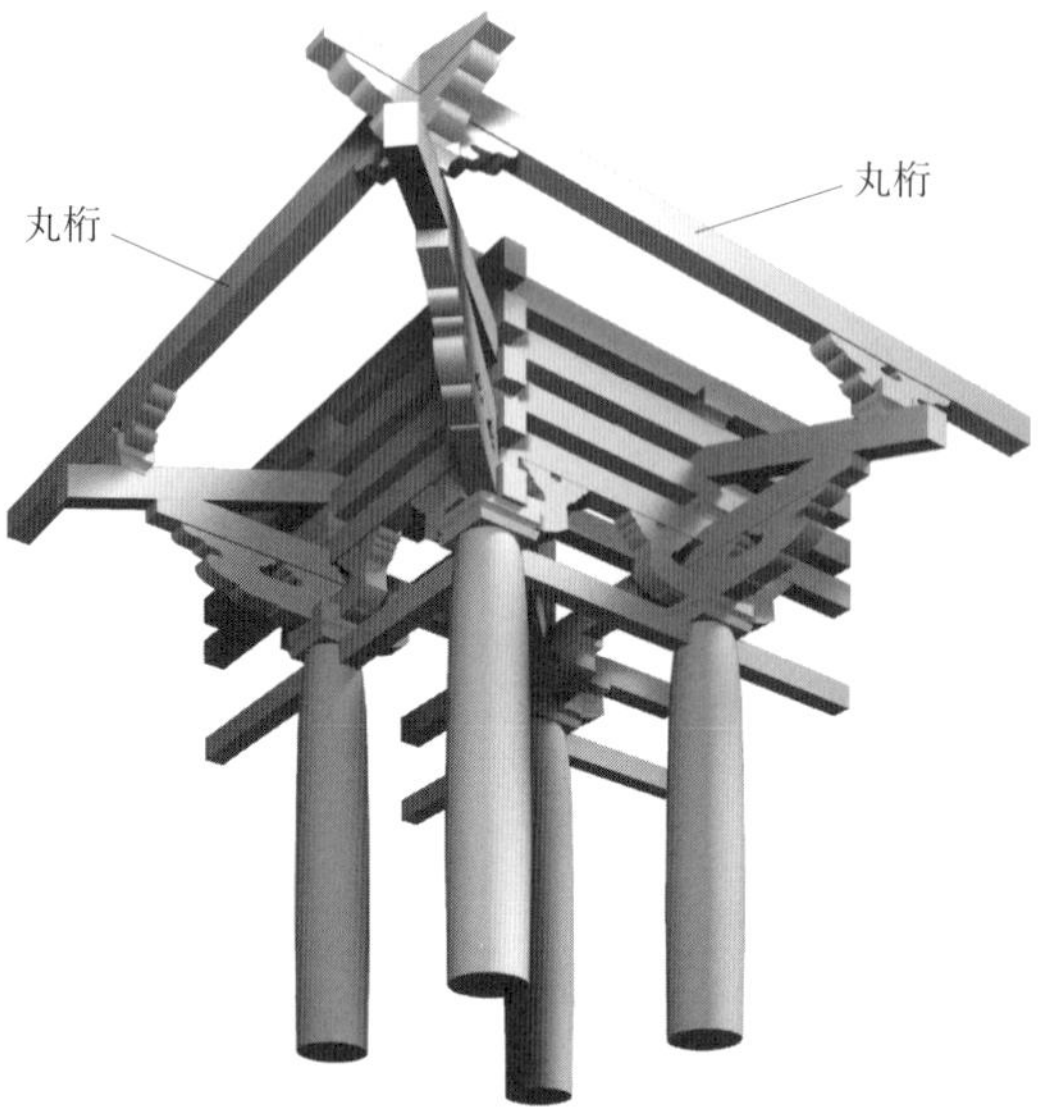

法隆寺金堂
隅組物

飛鳥様式の隅組物は，隅行方向にだけ延び出す組物。このため，丸桁の支持点の間隔が隅では大きく広がってしまう。これを緩和させるため，端の間を強く縮小させる。

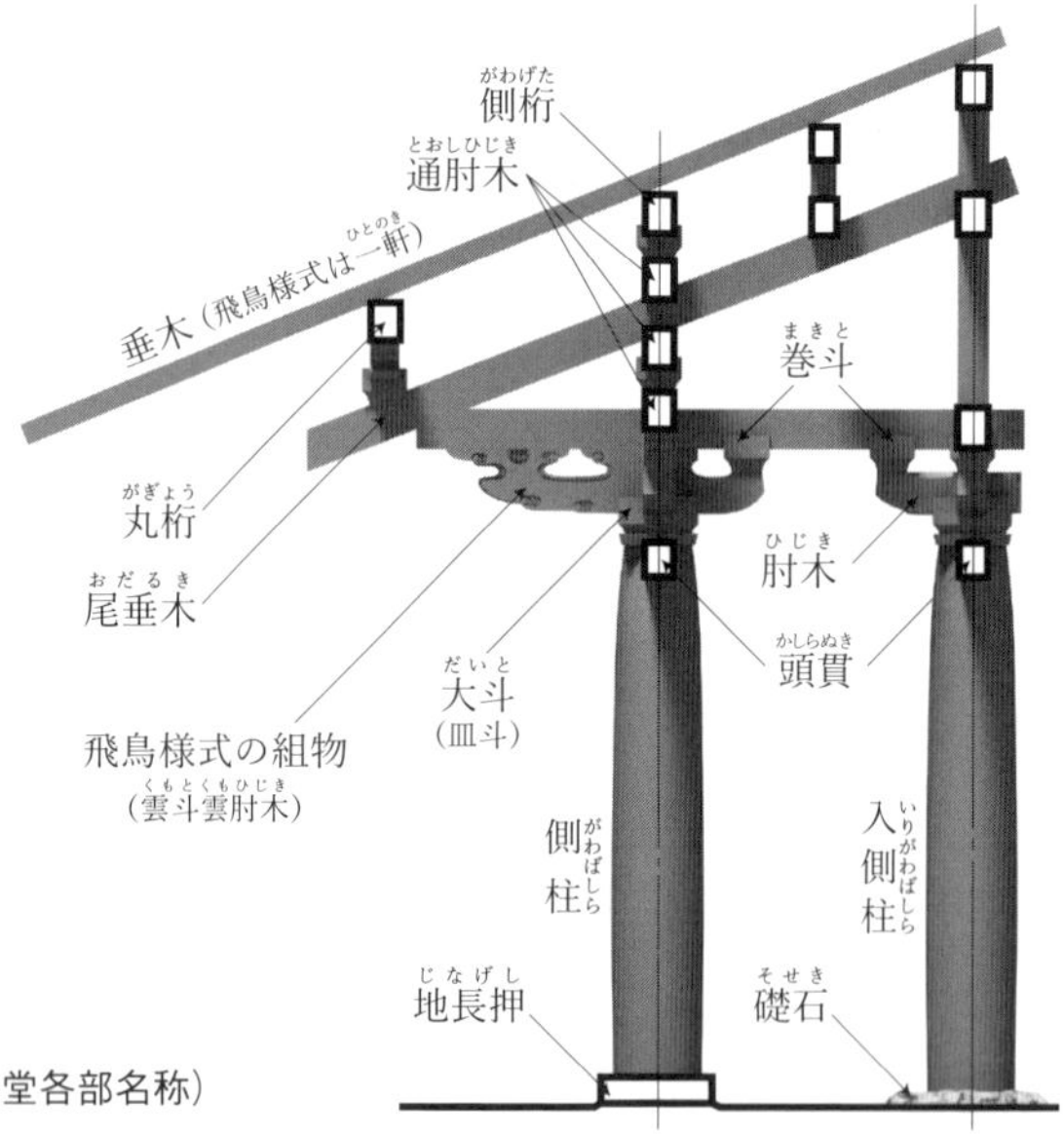

（法隆寺金堂各部名称）

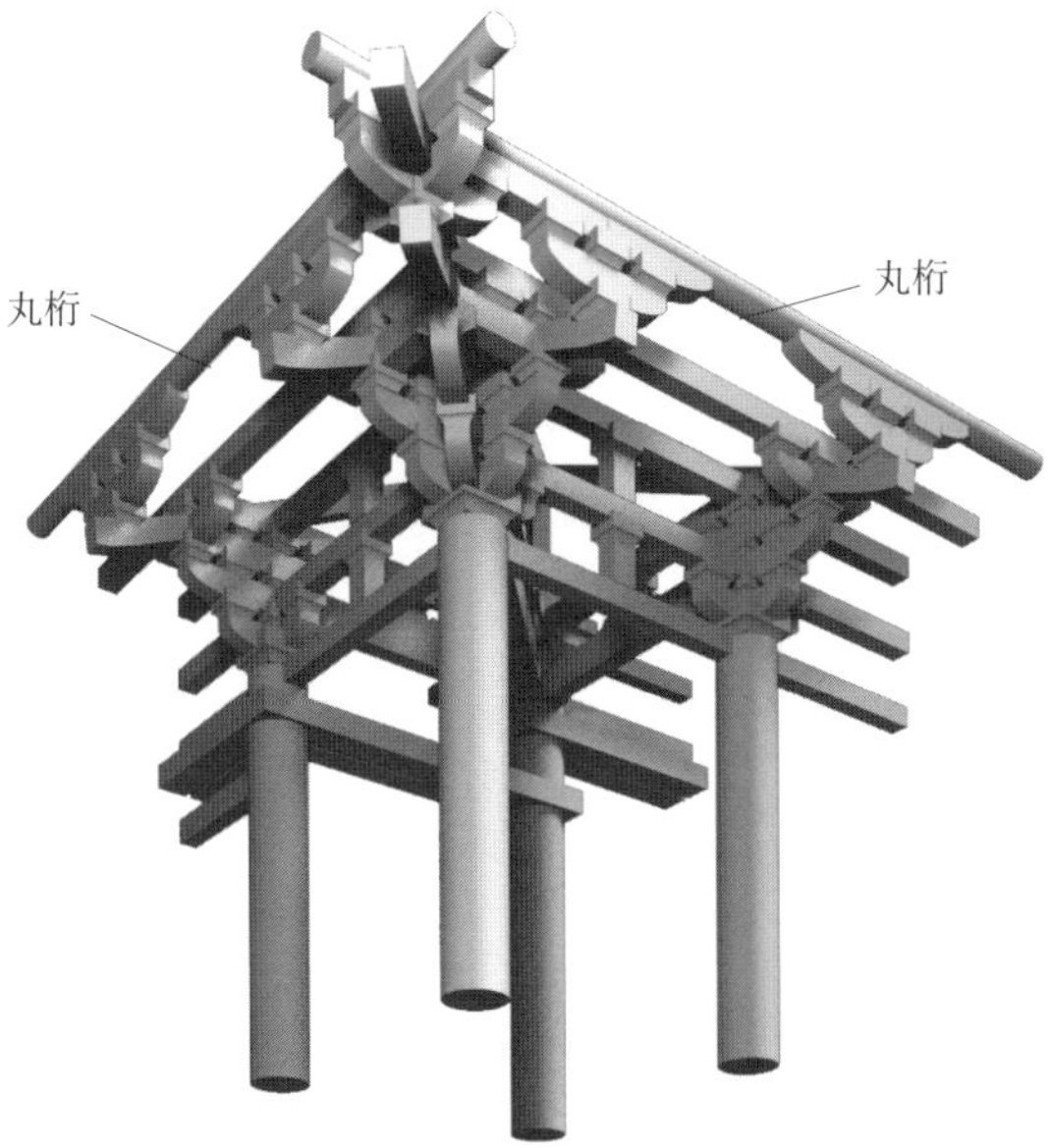

唐招提寺金堂
隅組物

和様の隅組物は，隅行方向を含めて3方向に延び出す構成。このため丸桁の支持点の間隔が，飛鳥様式ほど大きく広がることがない。この結果，端の間の縮小の度合いも緩和される。

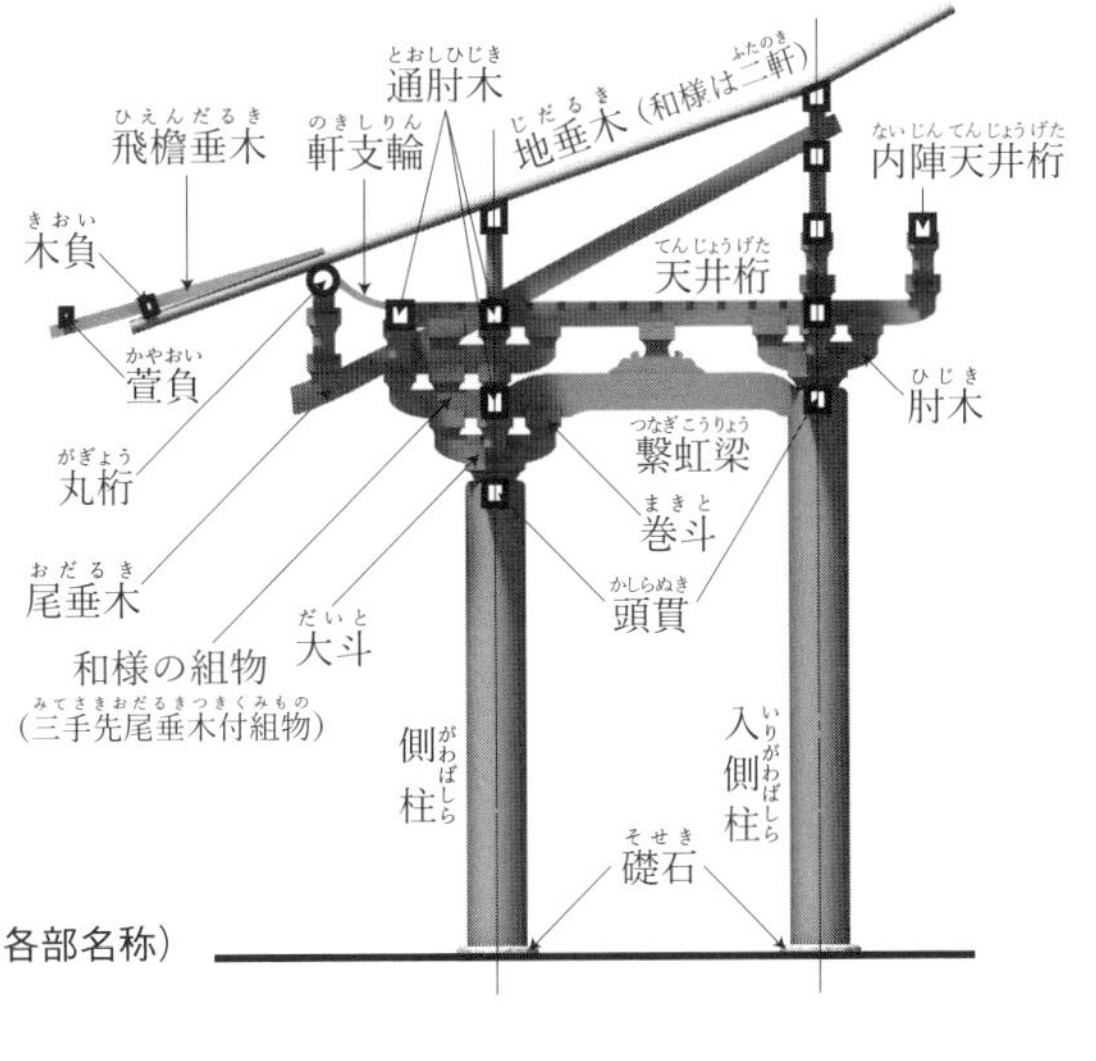

（唐招提寺金堂各部名称）

格を強調しようとする意匠的な配慮が重ね合わされている、と考えなければならない。

冒頭に記した四種類の柱間構成のうち、等間構成以外の三種類の構成は、結局、大きな屋根を支持することによって起こる必然、中央の柱間が大きく端の間が小さいという構造体としての必然のうえに、意匠としての判断が重なったものである。

一・二　柱間構成法の研究史

大小の大きさの異なる柱間は、どのような方法に従って計画されたのであろうか。この問題は、日本建築史学の草創期から設計技術論的なテーマとして注目され、古代遺構の実測調査と実測値の分析研究を経て、尺度論を伴って議論が繰り返された。従来説を大きく区分すれば、

一　中の間と脇の間（ないし端の間）の大きさが簡単な比によって計画されたとする説。

二　柱間は本来、感覚的に自由に決定されるが、施工などを勘案して、柱間寸法を尺の倍数などの寸法値に整理したとする説。

三　梁行も含めた全柱間が、一定の方格規準線を基に、この規準線に柱真（芯、心）、あるいは柱の内面《うちづら》や外面《そとづら》を合致させて配置することで、大小の構成をつくったとする説。

などである。第一の説は、法隆寺金堂、五重塔、中門などを対象として分析を試みた伊東忠太博士によって主張された説で（註1）、後述するように、中世遺構の分析において、和様仏堂では伊藤延男博士、禅宗様遺構では関口欣也博士に受け継がれた。第二の説は、古代遺構全般の傾向をもとに関野貞博士によって「柱間完数制」説として提案された（註2）。そして第三の説は、石井邦信博士によって、前二説に対する批判的な検討を経て主張された。石井の論考は、古代遺構を対象としたもので、柱間構成法に留まらず柱径など部材寸法の決定も含めた統合的な視点から論じた興味深い議論だが、それでも第一の説、つまり簡単な比例値が潜在的に機能した可能性や第二の説、つまり完数制が成立する余地なども示唆している。また、第一の説と第二の説とは、遺構によっては必ずしも対立するもの

図2　隅組物の相違と柱間構成の相違

飛鳥様式の仏堂と和様の仏堂では，隅組物の考え方に大きな違いがある。この違いは，屋根荷重を受ける丸桁を隅組物がどのように支持するかというアイデアの違いである。両者の構造の相違は，組物の形状に留まらず，隅の柱間構成にまで影響を与えている。

それぞれの様式の相違は部分的なものではない。部分の相違は柱間構成や架構全体と連動している。

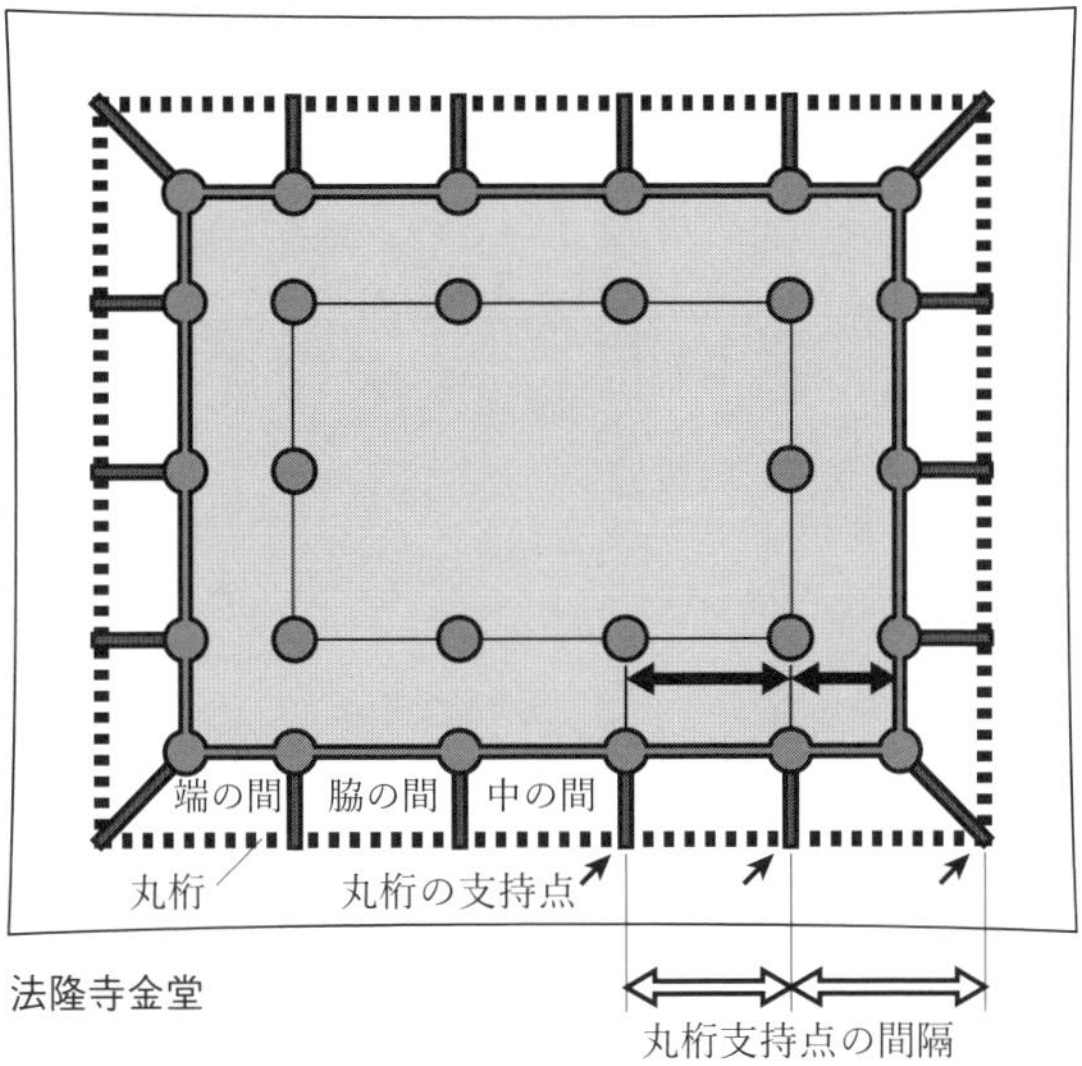

法隆寺金堂

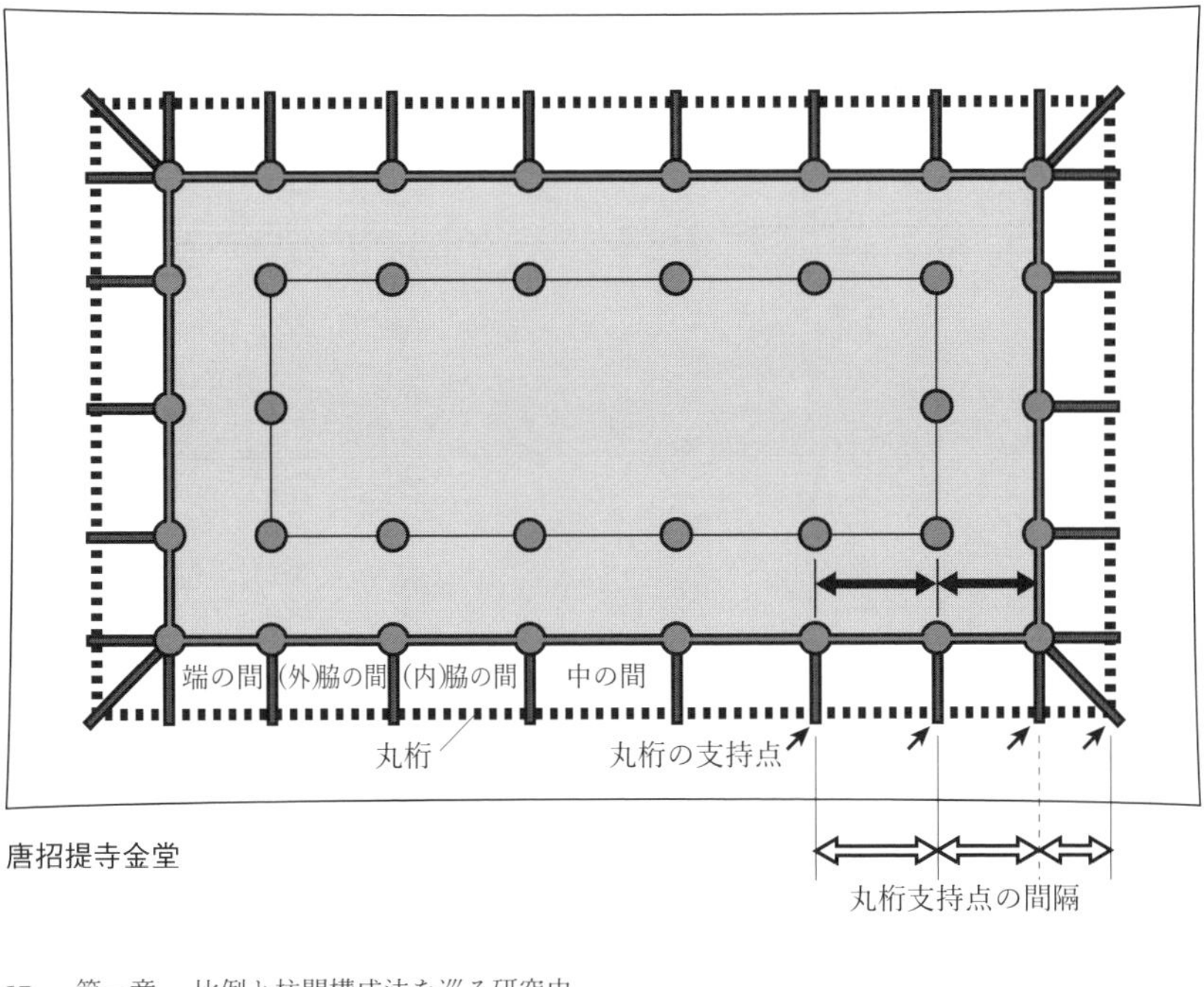

唐招提寺金堂

ではない。完数寸法計画とともに柱間どうしが平易な整数比をもつ場合も多い。

さて、第二、第三の説は、正面柱間が何間であってもとくに問題にならないが、第一の説は二つの柱間、とくに中の間と脇の間あるいは端の間という大小二つの柱間の相関に限定された意味を含んでいる。この説を石井に倣って「柱間比例決定説」と呼んでおきたい（註3）。「柱間比例決定説」は、中の間と、脇の間あるいは端の間との相関に限定して考察されたものである。塔を除いて、仏堂や門など伽藍の中心を形成する建築は、通例、五間堂以上の規模の大きな遺構が多く、正面を三間とする小規模な遺構が例外的であることを考えれば、なぜ二種類の柱間に限って注目されたのであろうか。

一・三　「柱間比例決定説」の背景

大小二つの柱間のあいだに簡単な比を見出した議論は伊東の論考を嚆矢とするが、後の「柱間比例決定説」と比較すると、複雑な背景と独自の視点をもった議論である。各所の主張から適宜抜粋しよう。

吾人本邦古今無数の建築の中に就きて、其の「プロポーション」の完美なるものを求めば、即ち我が法隆寺の中門これに庶幾《しょき》し。

今其の要領の一二を擧ぐれば、下層に於いては其の「中の間」と脇《ママ》の間との比、殆ど十と七とに當ることは、吾人已にこれを観察せり。上層は、其の正面に於ける「中の間」と「脇の間」との比、殆ど下層に均しく、以て諧調を得たるものあり。

……

『法隆寺建築論』第四編
中門建築説　四　プロポーション

……一面に三間あり、「中の間」はやゝ廣くして「脇の間」はこれより狭し、其の比は別表に示すが如く（引用註・表は省略）十と七との如しと雖も、而も正しく十と七との簡単なる比例をなすにあらず。

『同』第五編　塔婆建築説　二　プラン

吾人が裏に於いて解釈したる「プロポーション」の性質は、亦善く金堂に適中せしむることを得。

柱間の殆ど正方形を為すの事實と、「脇の間」と「中の間」との比とは共に中門に酷似せり。

『同』第六編　金堂建築説　四　プロポーション

いずれも法隆寺の遺構を対象とした論考である（註4）。「中門建築説」では、多くの遺構のなかでも法隆寺中門が最もプロポーションの優れた作品であること、中の間と脇の間の比が上、下重ともに10:7となることなどが指摘され、「金堂建築説」では金堂のプロポーションの性質や中脇の比などが中門に酷似すると指摘する。「塔婆建築説」では、初重中の間と脇の間の比が厳密には10:7にならないことを指摘するが、この表現は、かえって10:7という比を特別なものとみなす意図を示している。引用では『「中の間」と「脇の間」の比』という表現が見られ、両柱間の「比」10:7という値に注目しているが、金堂の中の間と脇の間の比は、後に竹島卓一博士によって3:2であることが指摘されている（註5）。

以上のように、伊東の視点は、柱間の大小、とりわけ中の間と脇の間との関係に特別な関心が注がれているようにみえるが、別の論考では以下のように論じている。

……先づ中門の前面を四間にした理由を考へて見る。そもそも此の伽藍設計の根本は金堂と塔の位置、其の大きさであり、中門以下はこれに準じて適當に考察されたのでなければならぬ。金堂は前面四十五尺九寸、側面三十五尺三寸で、其の面積約千六百二十平方尺であり、中門は前面三十九尺八寸、側面二十八尺二寸で、此の面積約千百二十二平方尺である。即ち中門の大さは金堂の約百分の六十九・三、即ち約百分の七十である。此の百に對する七十の比は實に理想的であると思はれる。尚中門の桁行と梁間との比例は殆ど正しく1と$\sqrt{2}$との關係を示し、所謂 Dynamic Symmetry の學説に符合してゐるのも一奇である。……

『古代建築論』第五章　法隆寺建築の外觀

この論考は（註6）、「中の間」と「脇の間」の比について言及したものではなく、金堂の面積と中門の面積、中門の桁行総間と梁間総間との比がいずれも10

：7になることを指摘している。さらに、ジェイ・ハムビッジ Jay Hambidge が提案したダイナミック・シンメトリー Dynamic Symmetry説との共通性を指摘する。

ダイナミック・シンメトリー説は、自然形態、古代エジプト、古代ギリシアの造形の原理として唱えられたもので、正方形を出発点とし、その対角線を展開して一辺とする矩形をつくり、さらにこの矩形の対角線を一辺とする横長矩形を形成するという操作を次々に繰り返すことで得られる一連の矩形に基づく比例論である。その辺の値は順に$\sqrt{2}$、$\sqrt{3}$、$\sqrt{4}$（2）、$\sqrt{5}$、$\sqrt{6}$……と、つねに平方根の値を生み出す。この説は、古代ギリシア数学のデュナメイ・シュンメトロス Dunamei Symmetros という概念に由来すると考えられている（註7）。この比例系の出発点をなす正方形一辺と対角線との比が1：$\sqrt{2}$、つまりほぼ7：10であることは、伊東の考察を理解するうえできわめて重要である。

「法隆寺建築論」では、大小の柱間の比に注目しているようにみえるが、「古代建築論」の論考を重ね合わせると伊東の比例論は別な様相を帯びてくる。ここでは面積の比や正側総間寸法の比が論じられており、各説の共通項は7：10ないし1：$\sqrt{2}$という特定の比そのものである。

伊東は、「橋梁美に就いて」という論考で、美に対する考え方を整理している。美の要素を四つに分類し、その第一にプロポーション・エンド・ハーモニーという概念を挙げる（註8）。

……其の一はプロポーション・エンド・ハーモニー　Proportion and Harmonyと申しまして釣合と調和であります。……丁度釣合と調和が取れて居れば美しい。

「橋梁美に就いて」

橋梁美の要件がプロポーションにあることを指摘するが、先に紹介した「法隆寺建築論」の各説でも、中の間と脇の間の比については「プロポーション」という項で論述している。したがって釣合《つりあい》、調和の観念が具体的な数値をもつ比として捉えられている、と推測できそうである。つまり伊東の主張は、1：$\sqrt{2}$ないし7：10という比が、遺構のそこここに見出されることを指摘したもので、このことが論旨の中心を占めていると考えられる。したがって論旨は、作品として質の高い遺構が、結果的に特別の比例関係が発見できるようなプロポーションをもっている、という主張とも、計画方法として、特別な比を各所に採用した遺構が作品として質が高い、という主張とも、受け止めることができる。つまり、発見された特定の比は、結果的に現れたものと見ているのか、それとも意図された計画法として想定しているのか、判然としないのである。論述が不明瞭な原因は、特定の比に注目して論を構成しているためで、後述するように、ここには西欧古典主義の考え方と価値観の影響が認められる。

伊東は、金堂の柱に見られるエンタシスの指摘など、法隆寺建築を古代ギリシア建築に引き寄せて解釈しようとする姿勢が顕著である。古代ギリシア神殿との相似性を強く主張した原因は、古典主義が建築の最高峰と位置づけたパルテノン神殿を価値の原点に布置し、相対的に日本の歴史建築の価値の高さを位置づけようとする立場、つまり欧化、近代化の過程を歩み出した当時の日本の建築学のなかで、日本建築史学を創始し、その学問的価値を明確にしようとする困難な立場にあったと考えられる。そしてこのような姿勢が、古代ギリシアの陶甕の分析を通じて、一九二〇年頃に主張され、多くの支持を得たジェイ・ハムビッジのダイナミック・シンメトリー説に対する近親的な立場に繋がっているようである（註9）。

伊東の論説を整理すれば、論旨は特定の比への関心であり、その比を体現する対象や部位について限定するものではなかった。つまり、中の間と脇の間の相関は、単に特定の比が現れる場面のひとつとして注目されたにすぎなかった。

法隆寺の建築を対象とした伊東の分析は、その後の分析研究に巨大な影響を与えている。その影響は、大きく二つの流れを生み出したように見える。第一のものは、$\sqrt{2}$を用いた比に注目して分析の手がかりとするもので、服部勝吉博士、高田克己博士の伽藍の構成や建物配置計画の分析へと展開していく。また、$\sqrt{2}$比を用いた分析ばかりでなく$\sqrt{5}$も導入して建長寺伽藍の分析を試みた櫻井敏雄博士の議論もこの系譜に加えることができる。これら伽藍分析を試みた第一の系譜については第二章で採り上げる。

第二のものは、$\sqrt{2}$など特定の比に限定するものではないが、柱間構成法として簡単な比を用いた方法が存在した、と捉える系譜である。それぞれの議論をみてみよう。

一・四　継承された「柱間比例決定説」

中の間と脇の間（あるいは端の間）の関係に簡単な比を見出そうとする視点は、戦後の日本建築史研究に継承され、さまざまな論者が言及しているが（註10）、代表的な議論について検討する。

伊藤延男は、中世の和様仏堂の研究を通じて中の間と脇の間の比に注目している（註11）。これは、とくに禅宗様の影響が強い遺構について指摘したものだが、たとえば方五間堂、妙成寺鎮守堂（元和九年・一六二八）と本連寺本堂（明応元年・一四九二）の項で、

……柱割は正面中の間が九尺のほかはすべて六尺に統一されている。このように柱に三対二の比例をもつことは禅宗様の影響をうけた手法とみてよい。

『中世和様建築の研究』第二章　第四節

……柱間は七尺が基本になっているが、正面中の間は八・七五尺で、基準の5/4倍、側面最前間は3/2倍となっている。この堂は舟肘木の和様系仏堂であるにかかわらず、柱間に二対三という比例のでてきたことは注意しておいてよい。

『同』第二章　第四節

と指摘する。伊藤は、特定の遺構に見出される中の間と脇の間の比が3：2となる傾向を、「アイタ」という言葉は用いないが、この概念を手がかりに考察している。

「アイタ」は組物の幅を意味し、詰組《つめぐみ》（柱上ばかりでなく柱と柱の間の上にも組物を載せる禅宗様の手法。三間仏殿では通例、中の間に三つ分、脇の間に二つ分の組物を配置するため、中の間と脇の間の比が結果として3：2となる場合が多い）を用いる禅宗仏殿の柱間構成の単位となる概念で、近世に編纂された木割書『建仁寺流家伝書』のなかに認められる術語である。しかし伊藤が注目した禅宗様の影響の強い仏堂は、必ずしも詰組を用いているわけではないから、中の間と脇の間を（組物構成と無関係に）平易な比に

よって計画した、という主張とも受け取ることができる。

また、中尊寺金色堂（天治元年・一一二四）の柱間構成に対する指摘がある。

> 現尺での実測値は中の間七・二七尺、脇の間五・四五尺、一辺総長一八・一七尺となっている。ところで、棟木銘によるとこの堂は長、広共一七尺と記されている。よってこれを信頼して造営尺を求めると、一・〇七尺となり、それから計算すると中の間六・八尺、脇の間五・一尺としてよく合う。この時代の他の建築はだいたい柱間完数となっているので、この数値は一見不可解に思われるが、
>
> 一七尺×〇・三＝五・一尺
>
> 一七尺×〇・四＝六・八尺
>
> となるから、結局総柱間をまず定め、それを三・四・三に分けたことになる。
>
> 『同』第二章　第四節

この引用では、とくに柱間構成法が比例を用いた方法であったという主張といいきれないが、別な項で中の間と脇の間の関係を「四対三」の比として明確に指摘している。また、修理工事報告書（註12）はこの解釈を受け、

> 従来指摘されていたように中央間と脇間の比が正しく四対三の比になっている。
>
> 『国宝中尊寺金色堂修理工事報告書』平面寸法の項

と記す。修理工事報告書は伊藤の総間寸法の解釈を修正し、造営尺度を一・〇〇五現尺、総間寸法一八・〇尺、中の間と脇の間をそれぞれ七・二尺、五・四尺と判断した。伊藤の指摘と修理工事報告書の議論のいずれも、柱間寸法に寸の単位の完数値を想定している。つまり金色堂の柱間寸法は、完数とみても、古代仏堂として例外的なものである。このため中の間と脇の間との間に、簡単な整数比など計画上の関係があったことを予想させ、その比が4:3であったとする解釈は違和感がない。

中尊寺金色堂は、中世の仏堂のように、等間隔に配置された垂木の歩み（真々間隔）に合わせて柱間寸法

を決定する、いわゆる「枝割制」に準拠しているわけではない。そのうえ柱間寸法にも平易な尺単位の寸法が認められないから、ここに簡単な整数比例に準拠する柱間構成法が予想されたことは解読の可能性のひとつと捉えられないことではない。しかし一寸や二寸、三寸などの寸単位の値を伴う柱間寸法は、古代塔の各重の柱間構成などに、ごく普通に現れる値であることにも注意しておきたい。

中世和様仏堂を網羅する著作のなかで、伊藤は、特定の遺構について中の間と脇の間の比に注目し、これを採り上げて論じたが、ほとんどの中世遺構については柱間構成法に関する言及を控えている。七間堂と五間堂で一〇〇棟近い遺構群であるから、三間堂のように比の説明が容易なものばかりではない。その傾向を冷静に受け止めれば、ごく限られた遺構だけに簡単な整数比の柱間構成が認められるのであるから、きわめて例外的なものにすぎないことがわかる。とすれば誰しも、中世に比例による柱間構成法が本当に存在したのか、という当然の疑義を感ずるであろう。ごく少数の遺構に限ってあえて柱間の比に言及した意図、また、単に傾向を指摘したのか、積極的に柱間構成法を議論しようとしたのか、いずれの意図も不明瞭なままに議論が終わっている。

一・五　禅宗様仏堂と柱間比例決定説

柱間構成論のなかで、とくに問題を複雑にしている要因のひとつは、禅宗様の仏堂を巡る問題である。関口欣也は、伊藤の指摘に重なる議論を、禅宗建築を対象に展開している。関口は現存遺構を対象として分析を進めたため、総間を三間構成とする遺構を中心に据えた議論を展開することになった。

関口は、「柱割法」として「完数」「アイタ」「比」「枝割」の四つに分類するが、「アイタ」と「比」の概念の相違、「比」の具体的数値について

……中／脇を1.5とするアイタも比であるが、アイタは斗栱間隔をそろえる点で一般の比と根本的に異なる。遺構上、中／脇を1/1.2・1/0.8・1/0.75・1/0.7の四種の場合がみられる。

『中世禅宗様仏堂の柱間（一）』

と述べている。「アイタ」を柱間構成法として位置づけ、「比」の概念との違いを「アイタは斗栱間隔をそろえる点で一般の比と根本的に異なる」とする指摘や、「比による主屋柱間決定は一五世紀半ばで終わったと考えてよい」などの指摘、また「完数」「枝割」「アイタ」と併置して述べている点から、「比」の概念も計画法の意味を含んだものになっている(註13)。

四つの柱間構成法が考えられた原因は、扇垂木や板軒の構成ながら端数柱間をもつ遺構が存在し、「完数制」「枝割制」のいずれも考え難いうえに「アイタ」も成立しない(組物が不等間隔に配置される)遺構が散見されるためである。これら特別な遺構の柱間構成法を説明するために、「比」の概念が導入されたと捉えてよいであろう。しかしこのために、関口の議論は難解なものになっている。その原因は「アイタも比であるが」とする一文である。「完数制」「枝割制」「アイタ」は、いずれも特定の単位をもってこの倍数によって柱間を決定する技法である。一方「比」は単位の概念を伴わない。したがって「アイタ」が3:2という比であるなら、唐招提寺金堂の脇の間(一三・〇尺)と端の間(一一・〇尺)も、同じように13:11の比を指摘することができる。また枝割制の遺構、長弓寺本堂の中・脇の間(一八枝)と端の間(一三枝)は、18:13の比であると指摘できる。この場合、構成法としての実効性には確かに差があり、3:2の平易さに比べて他の比は方法としてやや考え難い。しかしいずれも、単位の倍数で構成された結果を比で言い換えたという点で同じものである。つまり「アイタ」は、柱間構成法としてみれば「比」ではない(結果的に簡単な比をもつにすぎない)。したがって、柱間構成法である「完数制」「枝割制」「アイタ」の三つの技法は並列して論ずることができるが、「比」は同列に扱うことのできない概念である。

一方、河田博克博士の建仁寺流家伝書の解読研究とこれに付随する遺構分析では(註14)、「あいた」は枝割制を前提に、たとえば八枝分などの複数の枝数の長さを一つの単位とみなし、これをもって組物の幅を制御し、同時に柱間構成の単位とする技法として捉えられている。つまり、河田の述べる「あいた」は、枝割制と緊密な関係をもつことを前提とした概念で、関口の「アイタ」とは意味が異っている。河田は「(引用註・伊藤要太郎博士とともに)関口博士も、「あいた」

の概念を斗栱一備えの間隔と同義に捉えているが、モデュール体系上の「あいた」成立は、斗栱が枝割との整合性をもつ場合に限って、初めて論じられるのである」と指摘する。

「アイタ」の概念は、河田が指摘したように枝割制との関連を考慮すべきであるから、「枝割制」と「アイタ」を、独立した柱間構成法として併置することは矛盾を生ずる。河田が引用する建仁寺派家伝書・甲良本『匠用小割』では、「二八十六の間、三八二十四の間、四八三十二の間と如此ニ八枝宛に垂木を割合る事唐やうの物の間のつかひやうの法なり、此八枝を壱あいたと云」と記す。あらかじめ八の倍数の枝数で柱間を構成し、その単位である八枝をもって「あいた」とするのである。八枝をひとつの単位とする「あいた」の概念は、単に長肘木をもつ組物の全幅を意味するのではなく、垂木割によって組物の収まる範囲を指示する、と捉えられる。したがって「アイタ」の概念は、枝割制一般からみれば、詰組に起因する枝割制の特殊な運用の様態と捉えなければならならない。

とはいえ平行垂木（繁垂木）をもたず、扇垂木や板軒とする禅宗様の遺構では、一見して「枝割制」が成立する余地がないようにもみえる。しかし、後の章で述べるように、中世枝割制は、柱間計画法の基調を形成する存在であり、端数寸法の柱間をもつ場合、半繁垂木や疎垂木の遺構であっても、いったん、繁垂木を想定した枝割制を潜在させる場合がほとんどである。中世の和様仏堂では、計画垂木割を調整、変更した垂木を配する場合も多くみられ、また、一部の重を扇垂木で構成する塔などでも柱間構成や軒構成の逓減制御のために枝割制が潜在すると考えられる。中世の支配的な柱間構成法である「枝割制」が、禅宗様仏堂では、潜在するとしても確かに存在しなかったのかどうか、再考すべき余地が残されている（註15）。

伊東は、部位を問わずに特定の比に注目した。これに対し伊藤、関口の議論は、部位を限定して複数の比の存在を認めるから、両者は異質な議論である。したがって研究史は、「柱間比例決定説」が往時の設計技術として想定できるだけの根拠をもっていないことを示している。

一・六　「比例」論と設計技術の分析研究

比例概念を用いた設計技術の分析研究は、柱間構成法以外にもみられる。たとえば濱島正士博士の論考は、遺構の編年傾向を各部の相対的な大きさの変化という視点から考察したものが多い。法隆寺五重塔から日光東照宮五重塔まで、各塔の総高を初重総間で除した値をグラフ化する、あるいは塔の初重総間と組物の比など、傾向を把握する手がかりとして比を用いている。

　多宝塔の論考では、多宝塔が垂木枝数の調整によって逓減を獲得することのできる層塔とは異なる構成のためであろうか、分析の困難さからも比例の考察が中心を占めている。「多宝塔の枝割と各部の比例」という論考では、「平面寸法、丸桁長さの比例と下重の枝割」、「上重の枝割と斗栱割」、「軒の出・軒長さの比例」、「高さの比例」、「高さと平面寸法の比例」、「各部の比例と塔婆の関係」など、遺構各部の相互の比例関係の検討を繰り返すことで、多宝塔のプロポーションの特質を示そうと試みた論考であるが、結論の部分で挙げた四つの要点のうち、最初のもので、

> 円形である上重塔身の平面寸法は、下重総間寸法との比例や下重の枝割によって、直径あるいは平面柱間を決めたとみられるものが多い。しかし、その結果は区々で規格化されておらず、多宝塔平面の設計基準はきわめて多様性があるといえる。
>
> 『多宝塔の枝割と各部の比例』

という記述が見られる(註16)。「下重総間寸法との比例や下重の枝割によって、……決めたとみられる」という表現は、比例が（下重の）枝割と同等に扱われていることからわかるように、比喩ではなく文字どおりの意味として受け止められる。しかしこの「比例」とは、いったい何を意味するものだろうか。ウィトルウィウス以後、古典主義建築に認められる比例の概念(proportio ないし analogia の概念)が、日本の中世にも存在したことを認めたようでもあり、あるいは、当時の技法を表現するための比喩として、現代の「比」の概念を用いたもののようでもある。どちらにしても不可解な印象を与える指摘である。

　『匠明・塔記集』の「多宝之塔」の項目では、「腰柱ハ門腰半分ヲ腰柱中墨に可用」とする記述がある。上

重の柱の位置について、下重総間の半分を上重の総間の柱真に充てるという文意である。ここでは「門腰半分」という記述に注目しよう。下重総間の半分が上重総間に充てられるが、このような記述を2:1の「比例」、あるいは下重に対し上重が〇・五の「比」、などとみなすのは、一見して当然のことのようだが危険な解釈である。半分にすることと2:1の比をとることとは、現在の数学的な常識では相違がないが、古代ギリシアの「比」の概念をもたない時代の「半分」は、文字どおりに半分の意として読む必要がある。

濱島の大著『日本仏塔集成』（註17）は、戦後の遺構研究の水準を示す重要な論考である。内容は、すでに発表された個別の論考と大きく異なるものではない。濱島の議論は、全体のシルエットの分析から細部の技法まで、等しく「比例」という言葉を手がかりに分析を進めるが、単に傾向を知るための指標と思える「比例」から、設計技法の主張とみえる「比例」まで、また古典主義の概念ともみえる「比例」から木割法のいわゆる「比例（係数）」に至るまで明確な区分がない。「比例」の扱いが粗略なため、著者の主張は傾向を述べたいのか技法を復原したいのかつねに不明瞭である。

先行研究を並べて各論者の議論を検討してきた。それぞれの関心と主張を立論していく過程で、さまざまな手がかりをもとに議論が組み立てられており、背後の努力と考察の蓄積を感じさせるものが多い。いずれも一二〇年の設計技術の研究史にとって欠かせない議論ばかりである。しかしなお、総じて先学の研究の背景をよく吟味しないままに新たなアイデアを重ねた議論の集積が、事態に混乱をもたらし増長させてきた、と言わなければならないであろう（註18）。かつて大岡實博士は、日本建築史の研究にとって、比例関係の研究が重要なものであることを指摘した（註19）。

> ……日本建築の意匠を左右する基本的なものとして、比例関係の基準と、全体の比例関係によって形造られた骨格を肉付する各種技法の研究がきわめて重要である……。建築は構造物であるため、その造形美は単なる感覚だけでは処理できないのであって、そこには設計の基準になる比例関係と、確実な技法の裏付なしに達成されないのである。
>
> 『日本建築の意匠と技法』序文

大岡の「比例関係」という概念は、例として古代ギリシア建築のオーダーや日本の木割が引かれており、造形美としてのプロポーションを指摘するに留まらず、設計方法という意味を含んでいる。また、大岡が指摘するように、「単なる感覚」だけで建築が実現できるとは考えられないから、論理的な手順をもった設計方法の存在が予想されることも当然である。しかし、その方法が、古代ギリシア数学に起源をもつ、現代数学の概念である「比例」を用いて組み立てられた方法であった、という保証はない。研究者が恣意的に採り上げた二つの部位の大きさが、結果的に簡単な整数比の関係を示したとしても、このことが比例的な方法の存在を保証することにはならない。特定の部位の間に直接的な計画的相関が想定できると主張するなら、まず、その想定そのものの妥当性、論理的必然性こそ議論されなければならない。

　大岡が指摘した「比例関係」という表現は、よく吟味すべき概念である。数学の概念に従った方法を意味する、と単純に受け取るべきではない。数学の概念として平板に捉えてしまうのではなく、根底に比喩としての比例感覚、つまり、造形におけるバランス感覚というべき経験則や審美観が想定できる、と捉えるべきであろう。

一・七　比例分析の系譜と比例概念

古代ローマの建築家ウィトルウィウスは、紀元前三〇年頃に記した『建築書』の冒頭で、建築家のあるべき姿、もつべき技能について述べている（註20）。

> 建築家の知識は多くの学問と種々の教養によって具備され、この知識の判断によって他の技術によって造《ママ》られた作品もすべて吟味される。それは制作と理論から成立つ。制作とは絶えず錬磨して実技を考究することであり、……一方、理論とは巧みにつくられた作品を比例の理によって証明しうるもののことである。
>
> 『ウィトルーウィウス建築書』第一書　第一章　一

ウィトルウィウスの主張する建築家は、学問と教養を備えた職能である。学問と教養は、建築の「制作」と「巧みに造られた作品を比例の理によって証明」する「理論」とで成り立っている。このような発想は近代初頭頃のヨーロッパで積極的に継承され、森田慶一博士が「比例的構図論」と呼んだ比例分析の流行を生むことになった。

森田は、二〇世紀初頭頃に隆盛した比例分析について「自然の物象や人間の作品についてその構図を比例の観念を通して理解しようとする科学」と指摘している(註21)。この「科学」とは、ウィトルウイウスにおける美の「証明」を実践する行為と同じものと言って差し支えないであろう。ただ、ここには、分析の対象として人工物と自然物の区別がないことに注意しなければならない。つまり、森田が指摘した、一世紀前のヨーロッパで隆盛した比例分析は、設計技術を復原する立場とはなんら関係のない行為である。しかし古典主義の伝統は、おそらくルネサンスの建築家たちがウィトルウィウスを学び、古代ローマの遺構を実測することで古代の設計方法を見出そうと試みて以後、設計方法の復原と比例分析との境界は、曖昧なまま今日に至っていると思われる。

ウィトルウィウスが述べる「学問」はアカデメイアの学問である。ピタゴラスに始まりプラトンによって継承されたピタゴラス学派の数学は、アカデメイアの教科のひとつであった。「比例」の概念は、この学派の数学の特殊性を特徴づける重要な概念である。

ピタゴラス学派の「比例」の概念は、古代エジプトに起源をもち、古代ギリシアでも常用された「単位分数」(分子を一とする分数。厳密な意味で現在の分数と同じではない)を認めない、という前提が生み出したものである。ピタゴラス数学の「数(アリスモス)」概念は、「一」が集積して構成されるものであるから正の整数であり「一」を除いた自然数である。整数を形成する単位「一」は、分割不可能なものとみなされた。たとえば1/5を、分数(あるいは一を五で割ること)とは捉えず、一と五のあいだの特別な関係を表したもの、と捉え直された。これを「比」(ロゴス)と呼ぶ。私たちが1:5として理解するものである。また、たとえば1:5 = 3:15など二つの「比」が等しいことを「比例」(アナロギア)と呼んだが、「比」も「比例」もラテン語が英語のproportionの語源となったため、「比」と「比例」という用語を厳密に区別せずに使うことが多い。したがって「比」ないし「比例」は、本来、整数の間に限って成立する特別な関係を意味するものである。

一方、紀元前後に成立したと考えられている中国の数学書『九章算術』では、一般分数を常用して高度な分数計算を実践している。古代世界のなかでは非常に高度な計算法、通分や約分など、分子と分母を独立した数として扱う現在と同様の計算法を確立していた。三世紀に『九章算術』に注釈を加えた劉徽《りゅうき》は、分数計算を修めることが「数学」に通暁するための要諦であると記述している。したがって中国数学は、ピタゴラス学派の「比」や「比例」を生み出す素地がない（註22）。この相違は、実践的な性格の程度に起因して現れた相違とも思われるが、結果的に数概念の根本的な相違を示している。奈良時代の官吏である「筭師《さんし》」（算師）は『九章算術』をテキストとして分数計算を行っており、わが国の数学の歴史は、後に発達する和算においてもピタゴラス流の「比」や「比例」の概念は存在しなかった。数学の歴史に従って冷静にみれば、近代以前の日本の柱間構成法に整数比を想定することなどは、到底首肯できるものではない。

古代中国ばかりでなく、分数とほぼ同様の数表現および数概念は、古代エジプト、古代インドにも認められており、古代メソポタミアでは一部の分数ともみえる表現とともに、小数に類似した概念と、この数表現を可能にした位取り記数法が認められている。いずれも除法の発明に促されて現れた「一」未満の数を表すための工夫である。したがって、古代世界のなかで「一」未満の数の存在を認めようとしなかったピタゴラス学派の「数」の捉え方はきわめて特殊である。その特殊な数概念に起因して生まれた比例の概念は、ウィトルウィウスのなかで二様に扱われている。第一の建築設計の方法は、中国数学の性格をみれば、わが国の歴史に当てはめることは不可能である。第二は、比例を手がかりに設計されたものであろうとなかろうと、その建築作品の美を証明する手だてとして考えられた比例、建築家の仕事のひとつと捉えられた「美の証明」のための比例である。ここには設計技術や計画法を復原するという意図はなく、鑑賞者の都合に合わせた比例の適用だけが存在する。

伊東の議論は、大局的にみればウィトルウィウスの第二の仕事を実践したことになるであろう。これは、初期の論考にて法隆寺中門の正面立面図に正三角形を当てはめ、「エストラカンの一寺」（古代ローマの神殿）とのプロポーションの相似性を指摘した議論のなかで、「蓋し百濟の工道は斯のごとき幾何學的の勘算に由りたるには非さるへきも、今吾人は斯の如くして其プロポーションを知るの便宜と為すなり」とする指摘をみれば明らかである（註23）。「比例的構図論」は、黄金比、ダイナミック・シンメトリーなどの特殊な比や幾何図法的分析を積極的に採り入れて展開したが、対象が人工物から自然物まで区別なく扱うことからわかるように、設計技術や計画法を復原するという意図は存在しない。

明治以後、建築史研究のなかで盛んに繰り返された比例論的分析研究は、西欧古典主義の導入によって現れたもので、設計技術の復原的な分析研究とは異質な行為である。したがって日本の建築設計技術の復原研究に比例の概念を導入することは、まず、その妥当性が問われなければならない行為である。

一・八　柱間完数制説と柱間比例決定説

伊東忠太「法隆寺建築論」が発表されて一二年後、関野貞は、法隆寺の建築を対象に設計の技法として「柱間完数制」を提唱した（註24）。その主旨は、

> 蓋《おおむね》昔時の建築は皆建築家の好む所に随い柱間を定め、後世の所謂垂木割と何等の関係も有せざるを以て其寸尺は多く完数を用い、施工に不便なる奇零を避けしや明らかなり。
>
> 『法隆寺金堂・塔婆及中門非再建論』

というもので、個々の柱間が完数寸法をとるとしても、柱間が自由に決定されたと主張する。ここで言う「奇零」とは、端数のことである。この議論は、伊東の比例決定説発表の後に主張されているから、比例決定説に対する反論の意味を帯びていた、と捉えるべきであろう。主張の相違は、伊東が分析の対象を法隆寺遺構に限定して組み立てたことに対し、関野は古代建築を広範囲に対象としたことに起因すると考えられる。先に述べたように、奈良時代以後の古代和様建築では、隅で三方に延び出す組物を用いたおかげで、飛鳥様式の遺構のように端の間が強く縮小することがない。中の間と脇の間（端の間）の大きさに√2：1ほど大きな相違は現れないのである。現存遺構のなかで、

この傾向からはずれる遺構は、平等院鳳凰堂中堂（図3）の身舎などに限られる。したがって古代遺構全体を俯瞰すれば、特定の比が繰り返されるような傾向は見出せないから、関野の指摘は、穏当な意見とみてよさそうに思われる。しかし、個々の柱間の大きさが単に「建築家の好む所に随」って構成されたのかどうかは、さらに考察を要する議論であろう。

一般に、個々の部位の大きさを決め、これらの集積が結果として建築の規模を決定する、と考えることは困難なことである。設計の過程における建築規模の決定法は、一〇〇〇年を超える設計技術の研究史のなかでほとんど言及されることがなかったが、伽藍の中に整然と建築を配置していく以上、個々の建築は、まず第一段階として伽藍の大きさにふさわしい適当な規模計画の決定という過程を経たはずであり、個々の柱間寸法は、規模計画に限定された範囲のなかで、計画の第二段階以後に決定される、と考えなければならない。その際、すでに与えられた規模のなかでの一部の柱間決定は、相対的に他の柱間の大きさを規制するか、あるいは結果的に決定してしまうような事態が起こるはずである。そのような状況は、単純な自由決定説とは言い難い。とはいえ、特定の比が柱間の大きさを固定的に決定してしまう、とする見方に比べれば、相対的なものではあるが自由度のある方法である。

一〇〇〇年を超える過去の議論であり、現在からみて検討すべき問題も残るが、それでもなお「柱間完数制」は、比例論が混乱を増長させてきたようにみえることに対し、確実に手がかりとなる議論であった。

一・九　むすび——比例論的柱間構成法の限界

比例論的な柱間構成法に対し、慎重な立場をとり続けた研究者も少なからず存在する。彼らの議論は、柱間完数制や枝割制を手がかりとし、「比例」を積極的に採り上げようとしない。にもかかわらず、「柱間比例決定説」は、戦後の設計技術史研究の有力な議論のひとつであった。その経緯は、伊東の議論と伊藤、関口の議論とが表面上よく似ているため、古代に中の間と脇の間を比によって決定する柱間構成法が存在し、禅宗様建築の柱間構成法である「アイタ」などに継承されてきたようにみえるためである。

歴史の個々の事象を私達が「理解する」ことは、現

図3　身舎《もや》，庇，裳階

庇をもたない身舎だけの姿

身舎の四周に庇を付加した姿

庇の構造は身舎に差し掛けて
組み立てられる

平等院鳳凰堂

古代の寺院建築や住宅は，身舎《もや》と庇で構成される。身舎は中央に位置する主要な構造体を意味し，この周囲にさし掛ける付属的な構造体を庇と呼ぶ。

左上図は身舎を図示したもの。単独で実現できる構造体である。右上図は，身舎・庇構成の考え方を図示したもので，左下図は，身舎の四周に庇を付属させた「四面庇」の構成が完成した様相。「切妻造」の屋根をもつ身舎の四周に庇を巡らすことで，「入母屋造」の屋根の姿が生み出される。さらに，身舎や庇の外にさし掛けた，独立した屋根を持つ構造を裳階と呼ぶ。右下図は，身舎の四周に直接裳階を巡らせた平等院鳳凰堂・中堂。

在の概念を駆使して歴史的事象を説明する、つまり現在の概念に置き換え翻訳する過程が含まれることを意味する。したがって、比例の概念を導入することとすべてに問題があるわけではない。しかし、従来考えられてきた中の間と脇の間の関係に比を想定する視点については、多数の柱間が存在するにもかかわらず、中の間と脇の間ばかりに注目し、両者の直接的な計画技法を予想してしまうことが妥当な視点なのかという検討、さらに、「比例」概念を往時の設計技術として認めていいものかどうか、これらの検討こそなされなければならなかった作業である。

かつて伊東は、法隆寺の遺構の分析に際して、古典主義の作法に従って分析しているという明確な自覚をもっていたと思われる。その意図は、西欧古典主義の文脈のなかに位置づけることで、法隆寺建築の価値を定位することにあったであろう。対する関野の「柱間完数制」と「柱間自由決定説」は、古典主義とは異なる、日本の建築設計技術の復原という視点を提案しようとしたものではなかったか。

二人の先達によって提案された二つの学説は、それぞれ西欧の学術的伝統を導入しようとした試みと、往時の設計方法を復原するという試みの萌芽ではなかっただろうか。それは、「作品の質の証明」とみなされた比例分析の立場と、その作品が生み出された方法そのものを復原的に捉えようとする立場の相違を胚胎させていたのである。確かに二つの立場があり、それぞれがめざした研究の方向は異なる予兆をもつものであったが、いつのまにか単なる柱間構成法の提案であるかのように並列されてしまった。そして二つの議論の背景がよく検討される以前に、比例の概念はひとり歩きを始めてしまったようである。

先入観がそのまま反映しやすい数値分析の現場では、比例的構図論の立場で比例分析を進めようとしているのか、それとも、往時の設計方法を復原しようとしているのか、明確な自覚をもつことが不可欠だったのである。

註

1 伊東忠太の法隆寺の遺構のプロポーションに関する議論は、「法隆寺建築論」建築雑誌八三号　一八九三（明治二六年）を初出とする。当初の議論のなかでは、法隆寺中門の南立面図に正三角形を当てはめるなど、幾何図形を手がかりとした図法的分析ともみえる議論もみられるが、ここでは触れず、とくに「比例」に言及した議論の範囲に留める。

2 関野貞「法隆寺金堂・塔婆及中門非再建論」建築雑誌　二一八号　一九〇五・二

3 石井邦信『日本古代建築における寸法計画の研究』私家版　一九七五
「脇の間」と「端の間」の使い分けは、論者によってさまざまである。五間以上の構成では、中の間、脇の間、端の間を区分して使い分ける必要があるが、三間構成の仏堂や塔の場合、外の柱間は端に位置するから「端の間」としても間違いないが、中の間の「脇」にあるため「脇の間」と表現されることも多い。したがって平面構成により、同一の柱間が、「端の間」とも「脇の間」とも表現されることがある。石井説で述べられた「中脇比」は、三間構成であれば「中の間」と「端の間」の比と捉えても構わないが、しかし、氏の表現に倣って「中脇比」としておく。

4 『伊東忠太著作集一』龍吟社　一九三七　原書房　一九八二復刻
「法隆寺建築論」の初出は、前掲・註1を参照。建築雑誌に掲載された初出の文章と著作集に収録された文章では一部に相違があるが、論旨に変化はない。

5 竹島卓一『建築技法から見た法隆寺金堂の諸問題』中央公論美術出版　一九七五

6 前掲・註1所収。「古代建築論」の初出は「考古学講座」一九三〇（昭和五年）八月

7 森田慶一『建築論』東海大学出版会　一九七八

8 『伊東忠太著作集六』所収　龍吟社　一九三七　原書房　一九八二復刻

9 ハムビッジのまとまった議論は一九二〇年に発表された。「法隆寺建築論」は、ハムビッジの著書よりも三〇年程前に発表されている。
Jay Hambidgie "Dynamic symmetry : the Greek vase" Yale University Press, 1920

10 飯田須賀斯・山森芳郎「法隆寺中門・五重塔の幾何学的比例」日本建築学会論文報告集号外、学術講演要旨集　一九六五・九
法隆寺中門と五重塔について伊東が指摘した、1：√2となる中の間と脇の間の比の関係を図法的に捉え直した議論で、伊東が言及しなかった中門の柱間構成を図法的操作によって求める方法を述べている。縄を用いて地表面に柱位置を指定していくような施工時のイメージから考察されたもののようで、初重平面に限定して述べたものである。しかし、中門と五重塔を対象にしながら、二重以上の平面について論述が省略されている。中門、五重塔とも、中の間と脇の間ばかりでなく、梁行の個々の柱の位置も含め、図法的操作によって決定できる、とする主張に特徴があるが、五重塔は正側とも同一の柱間構成であるから、中門の平面の特殊性だけが際立つ議論になっている。「比例」に注目した議論としてみれば、先

達の議論を再確認した内容である。
浅野清『奈良時代建築の研究』中央公論美術出版　一九六九
古代遺構の正面柱間構成の全般的な傾向を、簡単な比例値に整理した論考もある。浅野は、法隆寺金堂、同中門、同東大門、新薬師寺本堂、東大寺法華堂、同転害門の各遺構について柱間寸法を整理し、「柱間寸尺に単純な比例関係が認められる」と指摘する。しかしこの論考は、遺構の傾向を述べる手段として比を採用する、という範囲に留まっているようで、設計方法として特定の比や整数比による計画方法があったことを主張したものとみることは難しい。

11 伊藤延男『中世和様建築の研究』彰国社　一九六一

12 『国宝中尊寺金色堂修理工事報告書』岩手県教育委員会　一九六八

13 関口欣也「中世禅宗様仏堂の柱間（一）」日本建築学会論文報告集一一五号　一九六五・九
なお、伊藤要太郎「唐様建築の木割」日本建築學會研究報告（16）一九五一・一二
伊藤は、「アイタ」の概念について「平面寸法の決定を中備え組物の間隔（甲良伝書の「アイタ」）に基準をおく木割法」と捉えている。

14 河田博克『日本建築古典叢書三　近世建築書－堂宮縦形2（建仁寺流）』大龍堂書店　一九八八

15 小池貴久・溝口明則「円覚寺舎利殿の柱間計画法」日本建築学会大会学術講演梗概集　二〇一一
円覚寺舎利殿は、垂木割が不統一で「アイタ」も成立していないため、中の間と脇の間、脇の間と裳階の間がそれぞれ4:3の比で計画された（関口）と考えられてきたが、正福寺地蔵堂と同様の一枝寸法をもつ枝割制が潜在し、これに基づいて柱間寸法計画が行われたことを指摘している。また、この過程で実際に打たれる垂木を調整せざるを得ない（したがって見かけは一枝寸法が乱れる）計画上の必然についても言及している。

16 濱島正士「多宝塔の枝割と各部の比例」日本建築学会論文報告集二九六号　一九八〇

17 濱島正士『日本仏塔集成』中央公論美術出版　二〇〇一

18 櫻井敏雄「瑞龍寺・大乗寺仏殿の平面計画と伽藍」日本建築学会大会学術講演梗概集　一九八六
たとえば右の論考では「特に柱間寸法の決定に際して、完数・アイタ（比）・比・枝割といった手法のあることが認められている」と述べ、大乗寺仏殿の柱間寸法を対象に、$\sqrt{2}$比例を用いて分析を行っている。櫻井敏雄の議論は、「脇柱間の寸法」が「アイタ・比・枝割ともみられず」、このため$\sqrt{2}$比例が手がかりになるとする主張である。完数、枝割、カッコ付きの比を伴うアイタ、さらに別に比を併置し、四種類の柱間構成法があったとみなした点に、関口の立論の影響が認められる。

19 大岡實『日本建築の意匠と技法』中央公論美術出版　一九七一

20 森田慶一訳註『ウィトルーウィウス建築書』東海大学出版会　一九七九

21 森田慶一『建築論』「建築論の特種問題」東海大学出版会　一九七八

22 溝口明則『数と建築　古代建築技術を支えた数の世界』鹿島出版会　二〇〇七

中国数学に限らず、古代エジプト、メソポタミアなどの古代数学書一般は、実践的な計算術を取りまとめている。記録された数表現は、例外なく単位を伴った数計算の問題である。このような記録に現れる数は、単位を読み替えることで、一未満の数に留まらず、整数になり得る相対的な性格を帯びている。たとえば、〇・七尺は七寸と読み替えることができるから、ここで現れた〇・七は、あくまで相対的、便宜的なもので、絶対的に一未満の数なのではない。数概念は、表現方法によって変化する柔軟さ、あるいは曖昧さを含んでいる。計算の過程では、数は独立した存在のように扱われるが、まだ、事象を形容するという特質を強く残しているためだと思われる。しかしピタゴラス数学は、数を事象から完全に切り離し独立した存在と捉えたため、絶対的に一未満である数が現れることになる。

したがってこの問題は、単に計算上現れてしまう端数と整数の相違の問題ではなく、数をどのように捉えるか、という数概念の相違に起因する問題である。ピタゴラス数学は、ユークリッド『原論』（前三世紀）の時代になっても、一未満の数を「量」（メリコテス）と呼び、自然数である彼らの「数」（アリスモス）と区別し続けた。

23 前掲・註1

24 前掲・註2

第二章　比例と伽藍計画法を巡る研究史

伽藍の分析研究は、個々の建造物を対象とした議論に比べ、一段と遅れてきたようにみえる。伽藍の配置計画とその寸法計画法は、地割計画と建築計画とのはざまに位置づけられ、そのために寸法計画として難しい問題を抱えてきたようである。つまり、建築の造営尺度の問題と地割の尺度、大宝令雑令に記された土地計測の尺度である「大尺」との問題である。一見して二種類の尺度の問題が絡みあう複雑な問題であるとも思えるが、しかし先行研究は、法隆寺建築などの古代遺構の造営尺度にも「大尺」（高麗尺）を想定してきた。伽藍計画を対象とした分析の過程で唐尺が用いられた可能性は、ごく最近まで指摘されたことがなかった。どのような議論が蓄積されてきたのか、研究史の様相をみてみよう。

二・一　初期の分析研究

第一章で指摘したように、伊東忠太に始まった比例を手がかりとする分析研究は、設計技術の分析研究の歴史に大きな影響を与えることになったが、その影響は伽藍の配置計画の分析にまで広がっていった。

長谷川輝雄博士は、大正一四年（一九二五）に四天王寺の伽藍実測踏査を試み、「縁起に註記する堂宇柱間数」と、大正時代当時の伽藍を対象に行った実測調査の数値資料に基づいて、創建伽藍の復原を試みた（**註1**）。その分析は、各柱間寸法を高麗尺（造営尺度として、高麗尺一尺を一・一七三ないし一・一七四現尺とする）を用いた完数寸法計画と想定し、これを手がかりに塔、金堂、中門、講堂、回廊それぞれの柱間寸法と平面を推定し、整然とした伽藍配置図として表している（**図4**）。このとき回廊が形成する矩形の寸法は、東西二〇〇高麗尺、南北二八四高麗尺とみなされた。

服部勝吉は、この回廊幅の寸法値に対し、「……実測値換算の間の誤差等があるにしても、それ等が一方に明快な完数値をとると共に、他方甚だしい端数値を示して、譬へ尺に止る完數値を想定し得るとしても、

図4　長谷川輝雄「四天王寺復原圖」

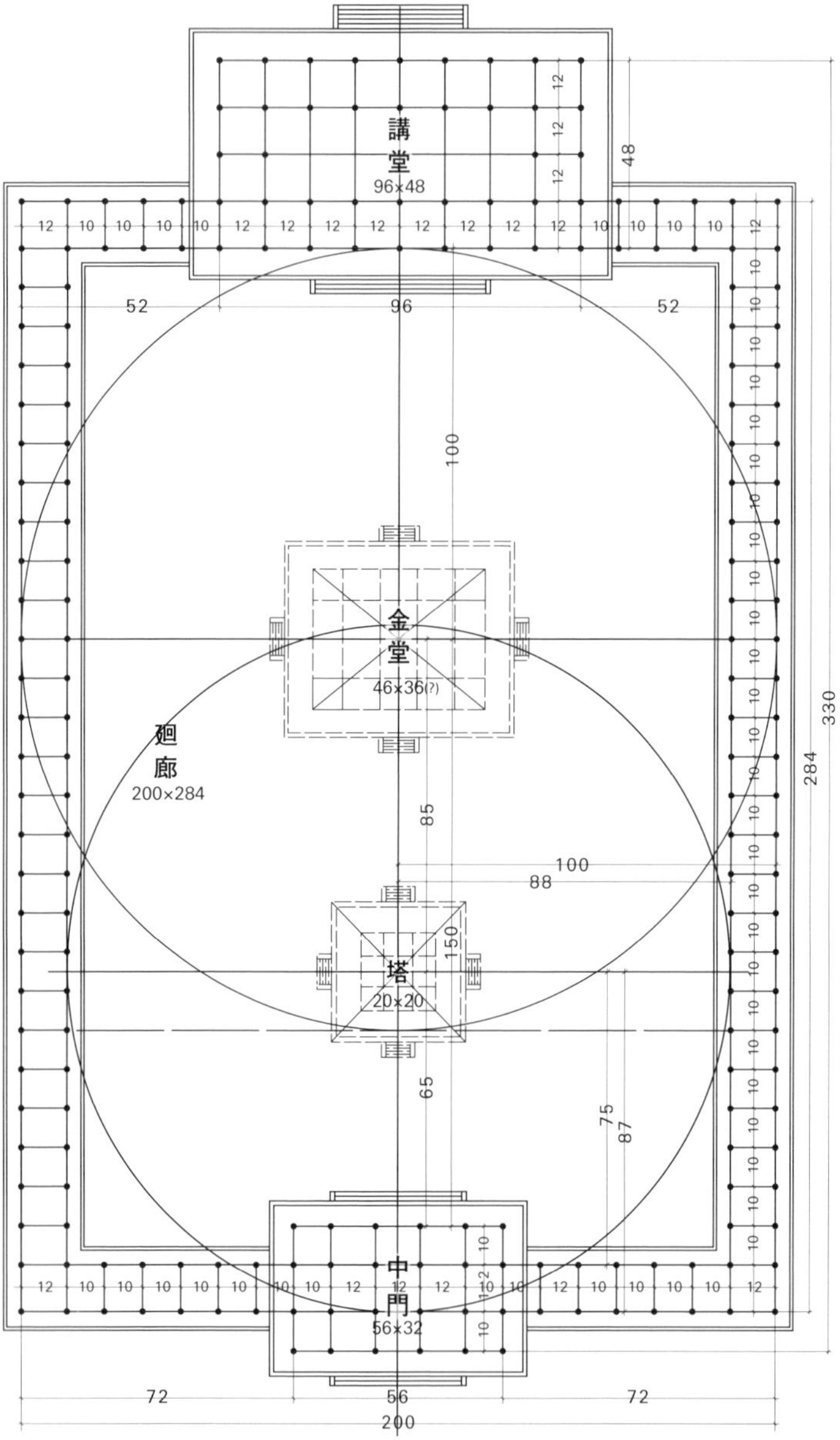

「四天王寺復原圖」（建築雑誌477号 1925年12月）より再描画

図５　服部勝吉「四天王寺伽藍配置意匠圖式解析圖」

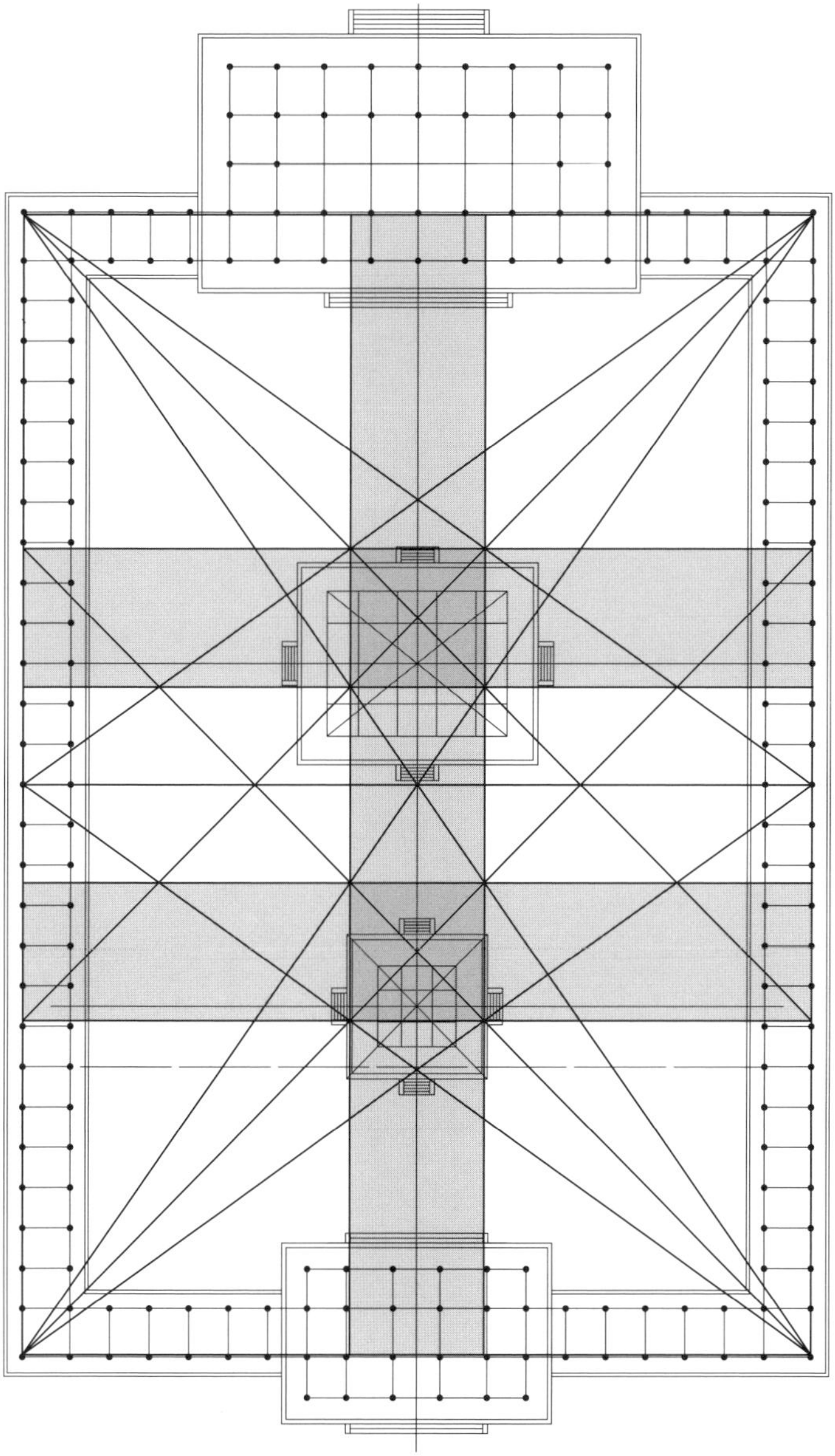

「四天王寺伽藍配置意匠圖式解析圖」より再描画（記入された寸法値は省略）

図6　√2矩形の描画法（服部勝吉）

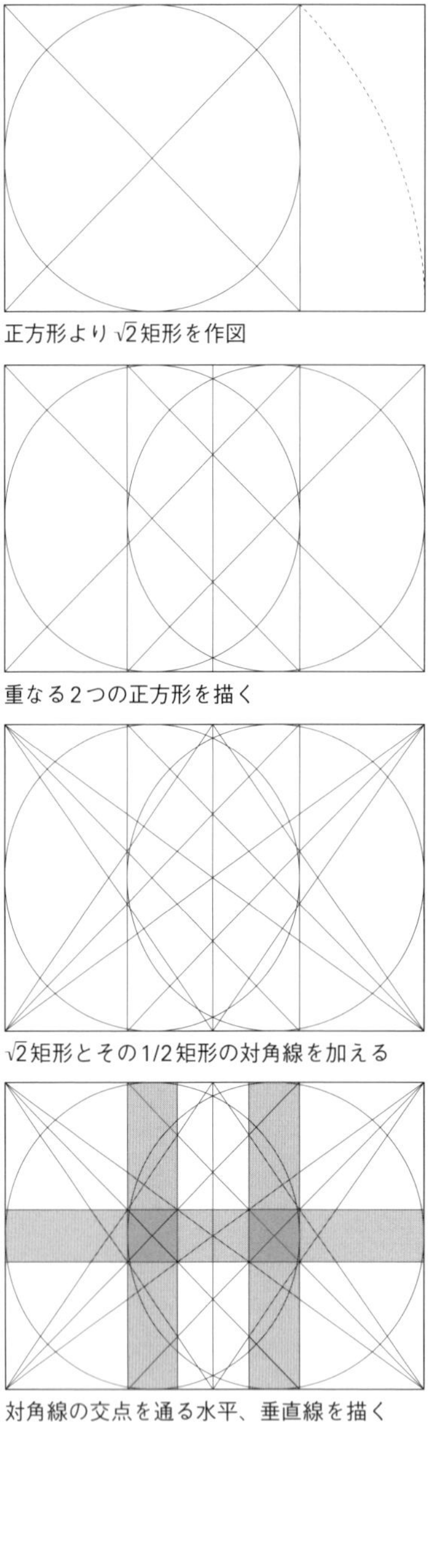
正方形より√2矩形を作図
重なる2つの正方形を描く
√2矩形とその1/2矩形の対角線を加える
対角線の交点を通る水平、垂直線を描く

既に適當任意に選定せられた數値としては、あまりに不思議な値をとる」ことに注目する（註2）。回廊の「外郭線」（外側柱筋）が形成する南北に長い矩形は、二〇〇高麗尺と二八四高麗尺、したがって√2矩形に近似する（1:√2の比は一辺二〇〇尺のとき、他方が二八二・八四二七……尺）。この特徴に注目し、四天王寺伽藍平面図に√2矩形を加えて描画したものが「四天王寺伽藍配置意匠圖式解析圖」として発表された図である（図5）。

四天王寺伽藍平面図に当てはめられた服部の√2矩形の図は、単なる矩形ではなく、重なり合う二つの正方形と長辺を等分した二つの矩形で形成されたもので、さらにそれぞれの対角線などが加えられた複雑な図形である（図6）。これらの対角線や対角線どうしの交点を結んだ直線も、分析の重要な手がかりになっている。たとえば「中門は、所謂十字帯が矩形南邊を限る廣さを、桁行中央間三間の基準とし、南廻廊が矩形南邊の中側にとられるものとして、五間に三間の當時中門の制に從つて適當な完數値を選び、全屋の大いさを出した結果、桁行10, 12, 12, 12, 10梁行10, 12, 10と定められたと觀じられる。從って南廻廊の梁間は、中門柱間の關係から十二尺が適當な良形値として選ばれ、東西の両翼廊は残る七十二尺宛を適當に分けて柱間十尺六間、隅の間十二尺一間（これは東西廻廊の梁間をも等しく十二尺とするために便利である）と作ったものであらう。……」とする計画の手順を想定している。

「十字帯」と呼ぶものは、対角線どうしの交点を手がかりとしてつくられた帯で、図5、図6に示したように伽藍の中央に南北方向に一本、東西方向に二本が描かれる。この帯の幅が中門の中央三間の幅や塔の基壇幅に近似することが指摘された。

服部はまた、法隆寺西院伽藍についても、実測数値資料を手がかりに分析を試み、四天王寺伽藍と同様に回廊の形成する輪郭が√2矩形に適合することを指摘している。この議論もまた、関野貞の高麗尺を回廊に適合した際に起こる、端数とも見える寸法値に対する疑義からであった。

譬へば伽藍計畫の骨子をなす回廊の廣さが、東西徑二百五十四尺に對して、南北徑百七十八尺五寸を算することは、譬へ任意に選ばれた結果の形や都合の良い數値であったと觀じても、任意そのものにも何等かの據り所があったであらうし、その比例に何の計畫も存しなかったとは云ひ難い想がするのである。……

「法隆寺重脩小志」

寸法分析は長谷川の法隆寺伽藍復原案に基づいて行われた。つまりこの議論は時代の制約と資料の限界のなかで行われたものである。当時は、講堂を回廊北辺に付属した正面七間の仏堂とみており、また、その正面総間寸法を八五高麗尺として中門と真（芯・心）を合わせた位置に予想した。このため、回廊の柱間一般を一〇・五高麗尺と判断しながらも、北辺講堂の左右の回廊については、柱間寸法を九・五高麗尺と予想することになった。また実測値は、回廊北辺が南辺よりもわずかに短い台形をなすが、この伽藍平面に基づいて√2矩形を適用したものが「法隆寺西院草創伽藍復原圖」（図7）である。

法隆寺伽藍の分析にも採用された、四天王寺伽藍に当てはめられた独特の√2矩形は、「法隆寺伽藍では、基準方形の對角線を西に倒して基準矩形の長邊を得、南北百八十尺、東西二百五十四尺五五六の√2矩形が、

図7　服部勝吉の法隆寺西院伽藍の分析図

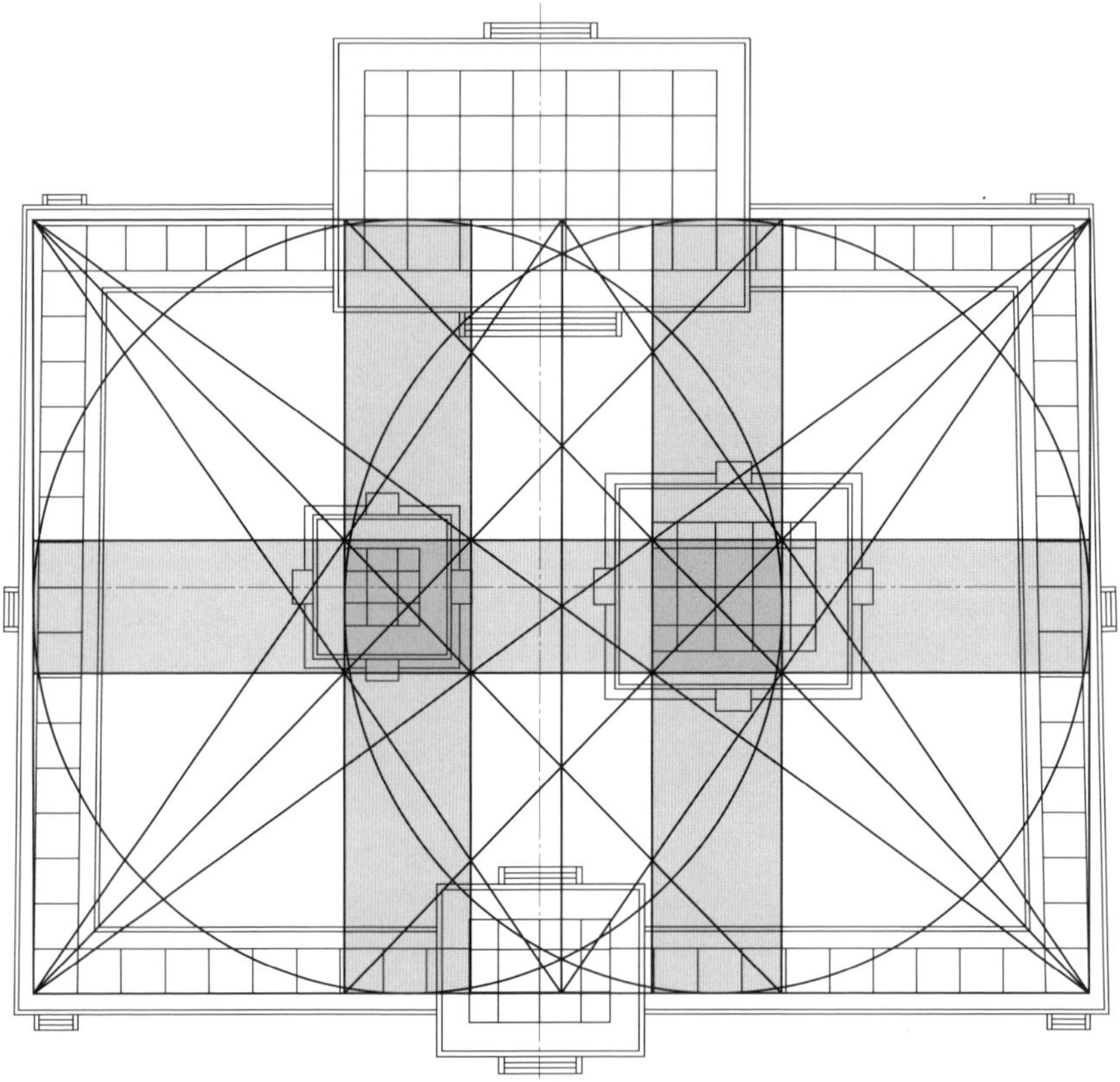

「法隆寺西院草創伽藍復原圖」より再描画（記載の寸法値は省略）

西院回廊外劃基準として與へられる。而して金堂を基準方形側の極線中點に、塔婆を反對の西方曲線中點に位置せしめ」るものである。ところが、「但し南面併置する金堂塔婆の體勢と、中門及び講堂の配置を考慮して、兩主要堂宇の實際位置は、極線中點よりは少しく北に寄せてあるのを相違する」としている。堂塔を東西に併置する伽藍配置の特殊性を指摘しているが、結局、想定した規準線にうまく適合しないことを述べたものである。

また、他書では、「今四天王寺伽藍配置復原に對して吟味した矩形的性質其他を、此の法隆寺西院伽藍にも顧慮するに、矩形縦置と横置の相違に起因する配置意匠の相違が金堂・塔婆の位置、更に中門・講堂の位置引いては伽藍中心線の矩形に對する位置關係等に屢々あらはれて、矩形意匠性質の規準的意向に於いての相違こそなけれ、四天王寺式伽藍配置法から出でゝしかもよほど技巧的意匠に長じた配置性質を示してゐるものである事が知られる」としている（註3）。

四天王寺伽藍の分析で一定の成果を得たと考えられた$\sqrt{2}$矩形を、法隆寺伽藍に当てはめた際、想定した規準線に合致しない点が多々現れることを指摘し、その原因を「技巧的意匠に長じた配置性質」と判断する。しかし、想定した規準線が合わないとすれば、四天王寺伽藍の分析に遡って想定された矩形そのものの妥当性を再検討すべき状況である。

伽藍の分析は、南辺全幅に$\sqrt{2}$矩形の長辺が充てられている。法隆寺伽藍だけをみれば、$\sqrt{2}$矩形の想定もその適用の仕方も疑義の残るところだが、四天王寺伽藍に$\sqrt{2}$矩形がよく適合していることが、法隆寺伽藍分析案の議論の難しさを補っている。とはいえ、$\sqrt{2}$矩形が計画方法として採用されたという予想の論拠は、結局、四天王寺伽藍に対する適合の度合いだけであり、特殊な$\sqrt{2}$矩形が用いられたとする傍証が、他に存在しない点に注意しておかなければならない。

以上の議論が注目する特殊な$\sqrt{2}$矩形への関心は、先の章で述べた、伊東忠太による$\sqrt{2}$比例への注目に起因することは確実である。したがって、先行する西欧古典主義のなかで醸成された比例論の延長に位置づけることができる。しかし服部は、伊東よりもさらに一歩を踏み出し、$\sqrt{2}$矩形と対角線を組み合わせた特殊な幾何学図形をつくってこれを遺構に当てはめている点、この図形を、建立当初の建築設計の技法として明確に位置づけているから、両者の議論は、みかけよりも大きな相違を含んでいる。服部の議論は、分析に用いた特殊な√2矩形が、四天王寺伽藍に一部適合するようにみえる以外、古代に存在したとする確かな根拠は何も示していない。結局、創作と復原という二つの作業が混淆したともみえる議論である。

二・二　戦後の伽藍分析

遺構を図法的に解析する研究のなかに、中国数学を手がかりとした議論もあった。高田克己は、中国古代数学の「規矩《きく》」（コンパス「規」と曲尺《さしがね》「矩」によって象徴される円と方の組み合わせを、このように呼んでいる）を核とし、これに正六角形や正八角形をも組み合わせた複雑な図形を遺構に当てはめ、分析を行っている。「基本図形の方と円の内外接及び六棱八棱の径によって組合せ、統一形態としての意匠計画は東洋古典造形にとっては欠くことのできない法であったことが予想される」（**註4**）とし、遺構分析の前提として、**図8**に掲載した図、およびその類型図式を手がかりとしている。引用したように、高田はこの種の図形を組み合わせた「意匠計画」に「欠くことのできない法」が存在したと捉えている。つまり彼の立論の立場は、設計技術の復原的な解読をめざしたもの、ということになる。

高田の議論は『礼記』や『周礼』に根拠を求め、漢鏡の規矩文などを対象とした分析、四天王寺伽藍の分析など多岐にわたる。またダイナミック・シンメトリー（Dynamic Symmetry）説に従った玉虫厨子立面の分析なども進めているが、いずれも幾何学的、図法的な解析の議論である。

伊東忠太に始まる√2:1の比例に注目する系譜に対し、日本の古代建築の分析に際して古代中国数学に手がかりを求めている点に、より確かな蓋然性が存在するかのようにもみえる。しかし、円とその内接正方形の図法的な連鎖は、結局、ダイナミック・シンメトリー説と同じ様相を表し平方根の連鎖を生み出すのである。実際に行われた分析の内容が背後にある文明の相違に関わりなく、伊東がすでに指摘してきた結論とよく似た結果にたどり着くのは必然のことであった。

伽藍の図法的分析研究は、以上のような問題を抱える分析法であったためであろうか、戦後の研究史のな

図8　高田克己の法隆寺西院伽藍・金堂平面の分析図

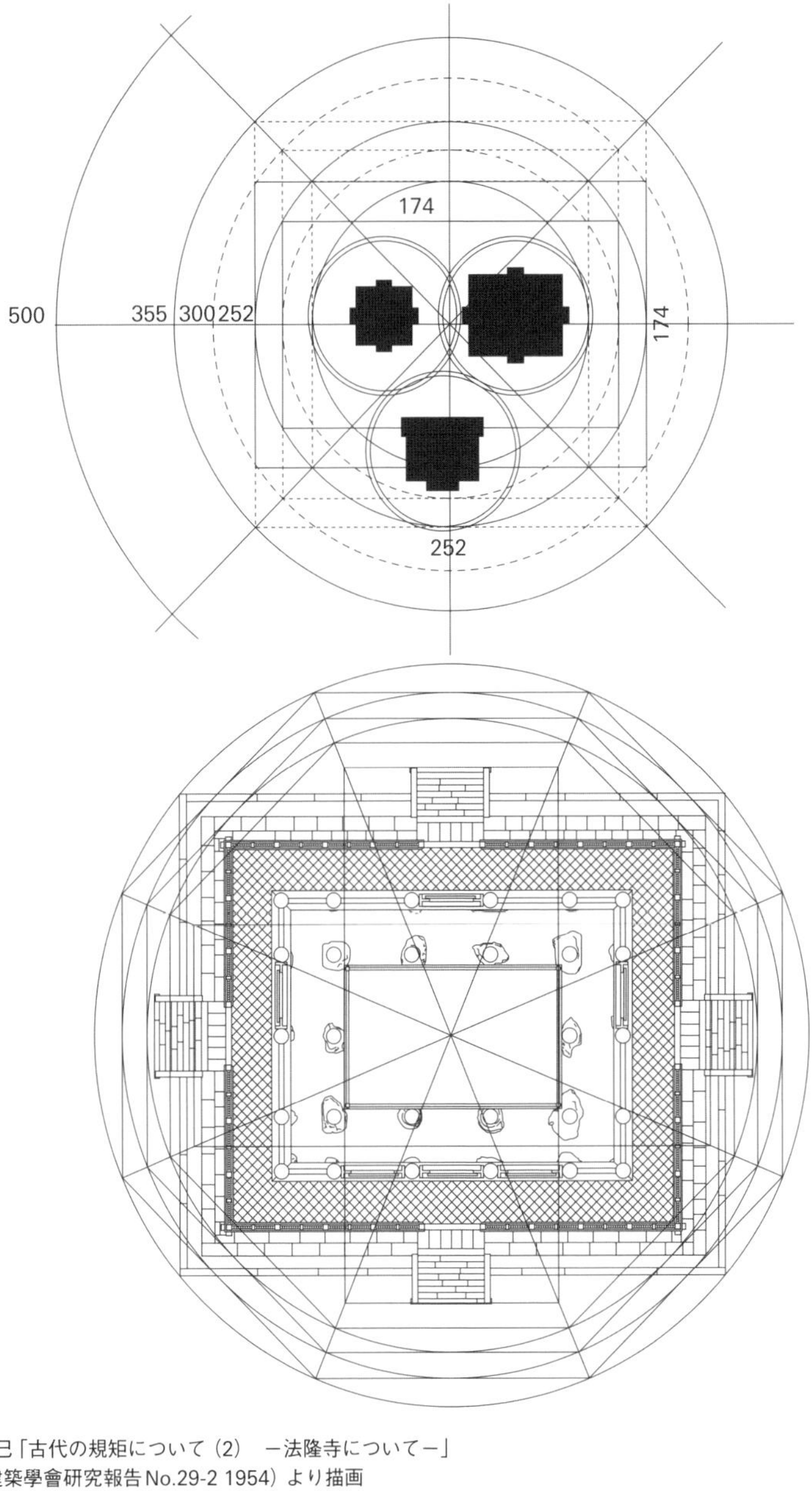

高田克己「古代の規矩について（2）　－法隆寺について－」
（日本建築學會研究報告No.29-2 1954）より描画

かでは目立った議論が少ない。しかし櫻井敏雄は、建長寺古指図を対象に、戦前の伝統的視点をもって伽藍配置の計画法を分析している。この古図には一部に寸法値が記入されており、これらを手がかりに伽藍の計画方法を復原的に捉えようとしたもので、その分析法は、たとえば以下のようなものである（註5）。

……一二八尺の正方形を基本としながら、出来るだけ簡便に三門の真々を決定できる幾何学的な手法を探すと、前庭仏殿正面にできる一二八尺四方の正方形を横に二分して（六四×一二八尺）南側の矩形の対角線を展開してみると、非常に近い近似値が得られる。この矩形は√5矩形をなすので……

「建長寺伽藍の設計計画について——
元弘元年の指図を中心として」

この後、√5矩形から導かれる値が一四三・一〇八三五尺、指図の寸法が一四三・五〇尺となって近似値が得られることを指摘している。数値は確かによく適合しており、そのかぎりで説得力のある興味深い指摘である。しかし、ダイナミック・シンメトリー説を主張しているともいえる内容であるから、√5矩形などの特殊な幾何学図形が、中世初頭頃の伽藍の地割計画で用いられたのかどうかということこそ議論されるべき問題である。櫻井は同様の主旨で、他のさまざまな伽藍を対象とした分析の成果を発表しているが、数値や図形がよく適合するという主張と、往時の設計技術がそのような方法をもっていた、と主張することとを明確に区分して議論すべきである。櫻井に限らず、特別な比例や幾何学に手がかりを求めた議論は、その方法や図形が特殊であればあるほど、対象遺構の建立された時代に、確かに存在したことを論証することが必要である。この手続きをとらなければ、想定が偶然に適合する場合でも、適合することが想定の妥当性を保証するという循環論に陥ることになる。しかし研究史のなかで、この問題に対処した議論はほとんどない。『礼記』や『周礼』の記述と漢鏡の分析を論拠とした高田の議論も、想定された図形が伽藍配置や個々の建築の設計に、確かに採用されたのか否かという地点で循環論を成している。

岡田英男博士は、若草伽藍の計画規模の推定や飛鳥寺、山田寺、川原寺、四天王寺などの伽藍計画の分析を試みている（註6）。いずれの分析も高麗尺を用いたとする前提に立ち、さらに竹島が法隆寺金堂・塔の分析で提案した〇・七五高麗尺という単位寸法を、伽藍計画においても単位として機能したと判断している。岡田はこの単位寸法を「支」と記すから、前章で採り上げた石井の抽象的な単位寸法（単位長、註7）ではなく、竹島が主張した垂木割計画を踏襲したものであることがわかる。しかしそのために、岡田の本意は不明瞭なものになっている。「支」を仮定することで、不明瞭であった回廊総長の数値に有意性を見出そうとしたのであろうが、必ずしも成功しているとは言い難いためである。

彼の議論は、突き詰めていけば、伽藍計画が垂木割に依存するという議論である。このアイデアは、回廊の垂木割が現実に存在したであろうから可能性がないとは言い切れない。しかし、少なくとも現状の回廊垂木割は〇・七五高麗尺にはなっていない。また、回廊に接続する中門の柱間については、下重、上重ともに複雑な支数が現れている。たとえば岡田は、下重の中央間を13・1/3支、二重の中央間を10・1/4支とみるなど、1/2、1/3、1/6支などの端数が付随する「支数」を想定している。金堂では中央の柱を一二支、脇の間を八支、塔では中の間を一〇支、脇の間を七支として竹島の議論を踏襲するから、中門だけが例外的に端数の支数をもつように見えるが、金堂の上重や塔の二重以上の検討については、伽藍配置の分析を主旨とするため積極的な言及がない。したがって、論考を辿るだけでは見えにくいが、この議論の前提に立てば、「支」では割り切れない相当数の部位が各所に潜在していることになる。

垂木割のアイデアをもって伽藍計画を解明しようとした視点は、斬新な印象を与える一方、個々の建築であればともかく、巨大な規模をもつ伽藍計画が、なぜ繊細な部材である垂木割に、また寸法計画としてみれば度制単位のままではなく〇・七五高麗尺というやや複雑な値に支配されなければならないのか、という基本的な問題を抱えている。さらに、先に指摘したように、冷静に各部の寸法値をみれば、「支」という単位の整数倍数をとる部位は、わずかに金堂と塔の初重柱間に想定できるにすぎない。つまり、伽藍計画にとって初重平面が特別なものであるとしても、金堂と塔の初重以外に想定できないのであるから、これをもって伽藍計画の寸法計画の単位とするには無理がある(註8)。古代遺構の垂木割計画の詳細が不明である以上、伽藍計画に拡張しようとした岡田の分析は冒険的であったと言わざるをえない。

このように、小さな寸法単位を想定する一方、法隆寺伽藍の長辺と短辺が√2:1の比をもつことにも言及している。これは、先に述べた服部の議論を踏襲したものだが、文末の注で「なお、√2矩形は古代ギリシヤにおいても、建築意匠などの調和の基本として用いられた」としている。√2:1の比に対する岡田の言及は、伽藍計画ばかりでなく遺構分析においても各所に見られるが、もちろん古代ギリシアの「建築意匠などの調和の基本」とする指摘は根拠のある議論ではない。

二・三　考古学分野の伽藍分析研究

建築史の分野では、高麗尺の想定とともに、特定の比例に言及する議論が繰り返されてきたが、石田茂作博士の説には、これら建築史の分野で蓄積された影響がほとんどみられない。時代が前後するが、石田の議論をみておきたい。

彼の議論もまた、四天王寺伽藍の分析を嚆矢としている。四天王寺、山田寺、中宮寺、片岡王寺、奥山久米寺、日向寺、大窪寺、横井廃寺、軍首里廃寺、皇龍寺など一三の伽藍遺址を比較し、まず、四天王寺式伽藍に共通する配置方法を求めている。分析は、塔と金堂の距離に注目し、これを「一」としたときの南大門から中門まで(一・五)、中門から塔まで(「一」に近く)、金堂と講堂の距離(一・五に近く)、南北幅(三・五倍)など各幅(「二・五倍」に近く)、回廊の東西所の相対的な距離に注目したものであった。規模の大小を越えた、伽藍配置を支配する法則を見出そうとしたものであろう(註9)。しかし、表で整理された各伽藍の実測値は、指摘されるほど明快な倍数をとっているわけではなく、端数値が算出される場合も多い。発掘資料に基づく資料が多いため、柱真の精確な位置が不明瞭な場合が含まれていることも予想される。このため「比率」に注目することで立論を試みたものであろう。指摘されたとおり、確かに、一定の傾向を見出すことができないわけではない。

この成果に基づいて、四天王寺式伽藍の地割法として提案された議論は、図9に掲載した理念図に集約されている。この図が示す地割法の起源となる正方形の輪郭は、明確な手順を踏んだ結果として先の建物間隔の比率が獲得できる計画手順の出発点として、石田が推定したものである。

石田は、法隆寺伽藍の分析においても、四天王寺式伽藍の分析と同様の手順を踏んで議論を進めている（註10）。法隆寺を含め法輪寺、立部寺、禅寂寺、海会寺、軽寺など一二の伽藍遺構と遺址から、四天王寺式伽藍の分析と同様に金堂と塔の距離を一とし、南大門から中門まで、中門から塔まで、金堂と講堂の距離、回廊の東西幅、南北幅の比率を求めている。しかし、これら遺構、遺址資料の比率平均値は四天王寺式伽藍の場合ほど明確ではない。たとえば「回廊東西」二・七五、「回廊南北」一・八などである。法隆寺式の伽藍配置の場合、四天王寺式の場合のようによく揃った配置が見られず、バリエーションが多いためである。

法隆寺伽藍については「廻廊の東西は金堂・塔の心々距離の約三倍、廻廊の南北は約二倍であったようである。そしてその金堂と塔を結ぶ心々の線から中門との距離が一であることは、東西三南北二の比率の長方形を劃し、それを東西に三等分、南北に二等分し、その交点に塔・金堂を配したものと思われる」とする指摘に留まっている。発掘の資料ではなく、建築遺構として揃った伽藍であるから厳密な数値資料の採取が可能であり、もっと緻密な寸法分析の議論が可能であったとも思われる。しかし、大づかみに伽藍の傾向を把握した指摘は、先入観から離れて確かな傾向を指摘している。

二・四　むすび——伽藍計画法分析の研究史

個々の論者の議論を採り上げて述べたように、建築史研究者の伽藍計画法の分析では、伊東が指摘した√2比と関野が主張した高麗尺を有用な手がかりとして、数値資料や特殊な図形に基づく緻密な分析が進められた。論者によって一尺を単位とする議論も〇・七五尺とする議論もみられたが、いずれも高麗尺を想定した点は共通している。ここでは、柱間構成法の主張としてみたとき対立しているともみえた両先達の議論が併存し、議論の基盤を形成している点が興味深い。言い換えれば、伽藍計画の研究史は、両先達の議論の背景

図9　石田茂作の四天王寺式伽藍の分析図

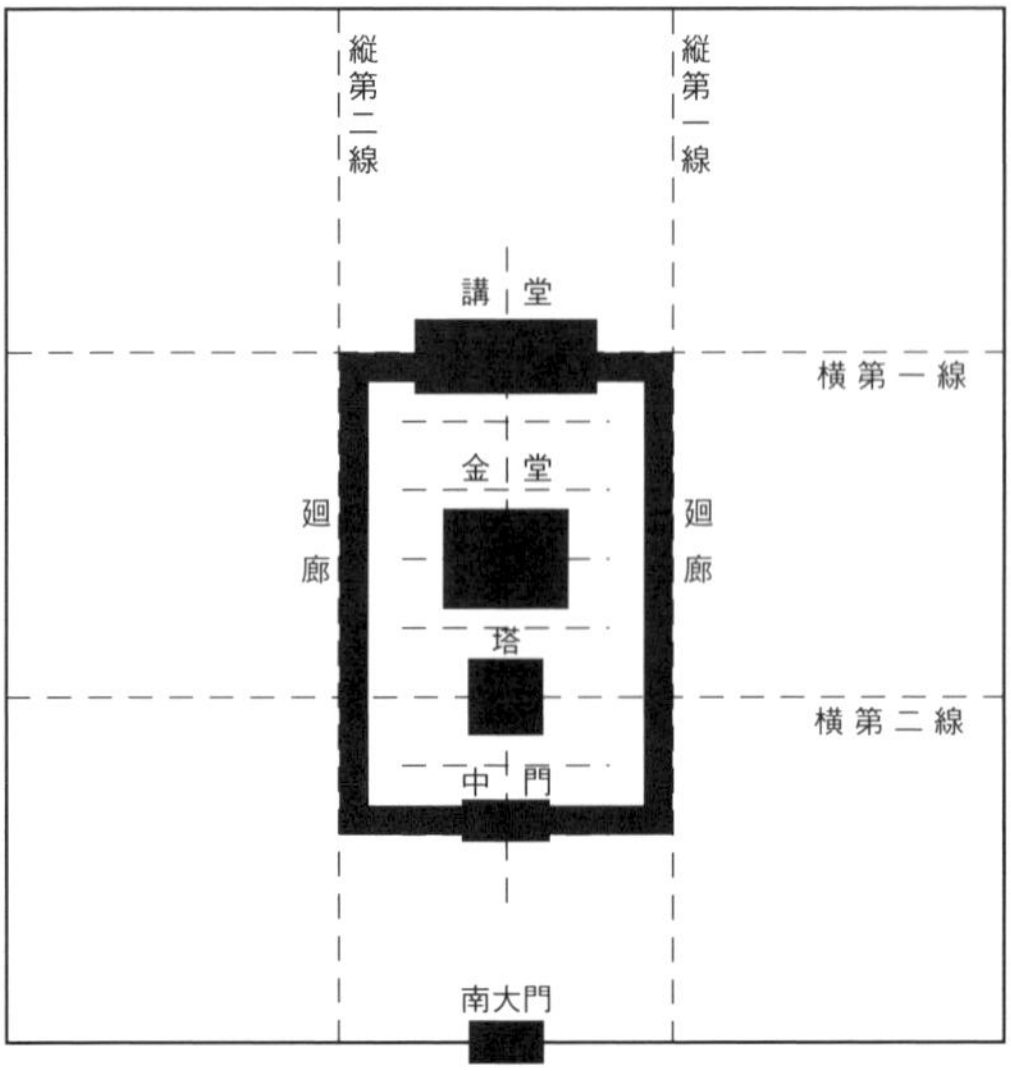

石田茂作「伽藍論攷」「四天王寺式伽藍配置地割法」に基づいて作図

に潜在する本質的な相違を無化する過程であったことになる。両先達の議論が補完しあうものなのかそれとも対立するものなのか判断が難しく、また解釈が錯綜し平板に受け止められていった理由は、このような研究史の様相に起因するのである。

建築史研究者による伽藍計画法の研究史の特徴は、石田説に代表される考古学の研究史と明確な相違をもっている。つまり、建築史研究の歴史における主要な議論のうち、特殊な比例と高麗尺の二点の議論から自由な位置に立脚点をもち、先行研究に対しあらためて検討作業を行った議論は、最近までひとつもなかったといってよい。金堂、塔、中門の遺構分析では、村田治郎博士が行った関野の議論の再検討のように唐尺の可能性も同等に存在しうることが指摘されてきたにもかかわらず、伽藍分析では高麗尺以外の可能性は、ほとんど顧みられなかったようである。

法隆寺金堂および塔の修理工事報告書は、それぞれ造営尺度として高麗尺と唐尺のいずれの可能性も指摘する立場に留まっている（註11）。一方、法隆寺回廊の修理工事報告書は、回廊の寸法計画を扱った項で、各部の寸法値の高麗尺換算値を記すに留めている。最初から高麗尺を想定した議論を進めており、唐尺への言及や他の造営尺度の可能性については一切触れていない。回廊に接続する中門、金堂、塔は、いずれも唐尺の可能性が残されているにもかかわらず、回廊の寸法計画だけが高麗尺で計画されたと主張していることになり。修理工事報告書としては珍しく一方的な議論に終始している（註12）。

伽藍の寸法計画、配置計画は、建築遺構の分析と比較すれば、相対的に地割計画との距離が近いことが予想されるのは当然である。このことが、伽藍計画の造営尺度に高麗尺（註13）を想定することに無理のない素地をつくっているのであろう。しかし回廊も建築に違いないのであるから、可能性を広げて唐尺の可能性について、ぜひとも検討を加えるべきであった。

このように、伽藍の寸法計画では、ほとんど、高麗尺以外の造営尺度の検討がなされることがなかった。しかし最近になって、山田寺の伽藍計画について、やや唐突に唐尺を想定した議論が現れている。おそらくこれは、倒壊した回廊の復原にあたって、必ずしも高麗尺が妥当であると判断できるわけではなく（註14）、それればかりか金堂祉の分析では高麗尺が否定されるなど（註15）、従来の視点では解読が困難であったためであろう。最近の山田寺を巡る分析研究の成果は、長く続いた高麗尺偏重の視点を解放し、ようやくバランスのとれた視野を手に入れつつあることを示している（註16）。山田寺の伽藍計画については、第三部の法隆寺伽藍の項で、詳しく採り上げることにしたい。

註

1　長谷川輝雄『四天王寺建築論』建築雑誌四七七号　一九二五・一二
2　服部勝吉『法隆寺重脩小志』彰国社　一九四六
3　服部勝吉『國史講座・日本建築史』日本文學社　一九三三
4　高田克己「古代の規矩について(2)—法隆寺について—」日本建築学会研究報告　第二九—二　一九五四・一〇
5　櫻井敏雄「建長寺伽藍の設計計画について—元弘元年の指図を中心として　禅宗寺院伽藍計画に関する研究(1)」日本建築学会計画系論文報告集　三五〇号　一九八五
6　岡田英男『日本建築の構造と技法　下』思文閣出版　二〇〇五　初出は『法隆寺発掘調査概報Ⅱ』(法隆寺　一九八三)

7　石井邦信『日本古代建築における寸法計画の研究』私家版　一九七五

8　現状の回廊の垂木割は〇・七五高麗尺にはなっていないが、岡田は、回廊柱間寸法を一〇・五高麗尺とみているから、回廊の当初垂木割は〇・七五高麗尺（柱間にちょうど一四支が配される）と考えてさしつかえない、と判断している。しかし山田寺回廊の復原を経て以後、法隆寺回廊の垂木割は一・〇唐尺と考えられるようになった。

9　石田茂作『伽藍論攷　仏教考古学の研究』養徳社　一九四八

10　石田茂作『法隆寺雑記帳』学生社　一九六九（一九六四年の「法隆寺夏期大学講演要旨」）

11　『法隆寺国宝保存報告書第十四冊　国宝法隆寺金堂修理工事報告』法隆寺国宝保存委員会　一九五六
『法隆寺国宝保存報告書第十三冊　国宝法隆寺五重塔修理工事報告』法隆寺国宝保存委員会　一九五五
いずれの報告書も、高麗尺、唐尺の両方の可能性を指摘するに留め、結論を保留している。

12　『法隆寺国宝保存報告書第十四冊　国宝法隆寺廻廊他五棟修理工事報告』奈良県教育委員会　一九八三

13　「大宝令雑令」（「令集解」）は土地測量の単位寸法を「大尺」を用いること、「大尺」は「尺」の一・二倍であることが記されている。「大尺」を高麗尺とみなしてきたため、高麗尺は、建築よりも伽藍計画の単位寸法として、より自然な印象を与える。（雑令第一条）凡度十分為寸。十寸為尺。一尺二寸為大尺一尺。十尺為丈。

14　細見啓三「山田寺回廊」建築史学一号　一九八三
この論考では、山田寺回廊の構成と部材の大きさについて高麗尺を前提として分析しているが、註14に掲載した論考で、金堂平面の分析では高麗尺が成立しないことが指摘されているにもかかわらず、唐尺の可能性については検討が行われていない。唐尺と高麗尺の簡単な換算関係から見ても、高麗尺を想定するためには強い根拠が必要であるがこれについても言及がない。しかし、唐尺で行った分析結果の方が、ややバランスの良い結果が得られるようである（溝口明則「山田寺金堂と法隆寺中門の柱間寸法計画について　古代建築の柱間寸法計画と垂木割計画（１）」日本建築学会計画系論文集五一六号　一九九八・一〇）

15　川越俊一・工藤圭章「山田寺金堂址の調査」『仏教芸術』一二二号　一九七九
山田寺金堂祉から推定された平面は、高麗尺（略三六㎝）でも、唐尺（略三〇㎝）でも平易な完数が得られないとして三三㎝程の特異な造営尺度を想定した。度量衡史からみて無理のある結論だが、ともかく、高麗尺では説明がつかないと指摘した点は注目される。

16　奈良文化財研究所『山田寺発掘調査報告』奈良文化財研究所学報第六三冊　二〇〇二

第三章　柱間完数制と法隆寺建築の寸法計画を巡る研究史

前章までで述べたように、比例に手がかりを求めた設計技術の分析研究は、十分な注意をもって扱わなければならない。前近代の建築設計技術のなかで、設計方法として確かに比例が採用された可能性が予想できるものは、おそらく西欧建築史においても範囲が限られるのである。さらに、比例論的分析研究は、西欧古典主義の文脈のなかで「美の証明」のために実践されてきた経緯にも注意しておかなければならない。設計技術の復原研究と比例的構図論の研究とは、錯綜した研究史を形成し、比例の概念はつねに混乱の原因となってきたとみることができる。

一方、造営尺度の実長を特定しようとしてきた研究史は、背後に、狩谷棭斎（江戸時代後期の考証学者）などに代表される近世から続く度量衡史研究の歴史をもち、絶対的な大きさをもつ度制と造営の寸法単位の探究をめざしたものである。このため、比例論とは一線を画する視点を保ち続けてきたといってよい。法隆寺建築の設計技術と造営尺度の研究史を俯瞰しておこう。

三・一　尺度論的分析研究

法隆寺金堂の造営尺度に関する議論は、明治三八年（一九〇五）に関野が発表した「法隆寺金堂塔婆及中門非再建論」を嚆矢とする（註1）。遺構の実測資料から建立当時の造営尺度の実長を分析的に求めるという研究は、方法を含めてこの論考から始まった。「高麗尺」は「唐尺」の一・二倍の長さの尺度で、後の大宝律令に記された「大尺」と「尺」に相当すると考えられた。関野の主張は、「高麗尺」と「唐尺」とが大化改新を挟んで交代するとし、金堂下重の各柱間寸法が「高麗尺」の簡単な整数倍の値をとるから、造営尺度として「高麗尺」が用いられた、したがって、現存する法隆寺建築の建立は大化以前に遡る、とする主張である。ここには「高麗尺」の想定とともに、「柱間完数制」の想定が含まれている。「柱間完数制」は、当時の度制単位に準拠し、その簡単な整数倍をもって柱間寸法が計画されたとする説で、したがって柱間寸法を分析すれば、当時の造営尺度とその実長が理解できるとする。

図10は、関野の金堂の分析のもとになった実測寸法資料、図11は、その資料に基づいた関野の分析結果を平面図上に整理したものである。解体工事などの契機をもたなかったにもかかわらず精密な実測調査が行われている。先の論考は、上重の柱間寸法について柱頂と柱底の二種類の数値を掲載するが、柱頂の実測値と分析結果だけを採り上げた。高麗尺による換算の結果は、これを単位とする簡明な整数値として整理できる傾向が顕著であり、図11に掲載したように、下重各柱間寸法などに明快な完尺の値が認められる。これだけをみれば「高麗尺」の想定は妥当であったと判断されるであろう。しかし子細にみれば、下重の総間寸法は、四面ともに想定された完数よりも二寸程大きく、上重の柱間寸法のほうがよく適合している。古代遺構といえども、五分程度ならばともかく、四面ともに二寸を超える相違が現れれば見過ごすことができないが、これは、近世の尺度論諸説と正倉院所蔵のものさしの調査結果、薬師寺東塔など古代遺構の実測調査に基づく数値資料などの検討結果に基づいて、あらかじめ高麗尺の長さを一・一七六現尺と推定し、この値をもって実測値を換算したためである。許容の幅をもたない固定した長さとし、換算値は金堂に限らず五重塔、中門の分析にも採用している。下重柱間を完尺柱間とみなし、これによく適合する換算値を算出して用いることも可能であったと思われるが、しかしこの場合、上重各柱間がやや短くなる傾向が現れる。後述する村田の議論では、上、下重で異なる換算値を認めることでよりよく適合する造営尺度を想定できるとしている。村田の指摘については後に触れる。

さて、関野の議論に見られる上重柱間寸法の解釈は、下重の柱間が高麗尺の完尺寸法をとる傾向に対し、やや趣が異なっている。総間寸法は桁行（正面）、梁間（側面）ともに完尺と想定されたが、個々の柱間寸法は、いずれも寸の単位をもつ値、五尺三寸、八尺七寸、八尺四寸などの値とみなされた。

厳密に言えば、尺の単位の値が想定できたとしても、これだけで柱間寸法の決定がどのようになされたのかがすべて明らかになるというわけではない。たとえば端の間が高麗尺の七尺でも五尺でもなく、六尺が選択された理由は必ずしも明瞭ではない。とはいえ、ここに計画意図を見出すことができる、と受け止めることは可能である。しかし、上重に見られる寸の単位の柱間寸法は判断の難しい値である。換算の値次第では、完数寸法計画とみることが可能であるかどうかも確実とは言い難く、完数寸法とみても計画の意図は判然としない。つまり、たとえば端の間の五尺三寸という値は、いったい何を根拠に決定されたのか不明なままなのである。したがって上重柱間寸法を含めて考えれば、金堂の造営尺度の問題は、関野の分析によって解決した、とみることは難しい。

関野は先述（32ページ）のように柱間寸法の決定は、「建築家」の感覚的な判断に由来し、これを完数の値になるよう調整したもの、とする考えである。したがって関野の説では、明快とは言い難いとしても、上重の柱間寸法について一応の説明がなされていると捉えなければならない。

関野の柱間決定法の考え方は、結果的に「柱間比例決定説」を否定した議論になっている。先の章で述べたように、特定の柱間をやや恣意的に採り上げ、比例に従って決定されたとみる議論に比べ、日本建築にとってはるかに蓋然性が高いといってよい。しかし、柱間の大きさが自由に感覚的に決定できるとしても、実際には具体的な大きさと無関係に決定できるわけではない。個々の柱間の大きさが、個別に適当に定められて、これを集積した結果として建築の規模が決まるとすれば、伽藍計画は成り立たないであろう。

建築規模計画については、研究史のなかでほとんど顧みられることがなかったが、一定の規模計画が存在し柱間の大小のバランス感覚が支配する範囲のなかで、初めて柱間を決定する際の自由が保証される、と捉えなければ「柱間自由決定説」は成立しない。石井邦信が厳しく批判したように、あまりに自由度が高ければ、計画としての実効性が失われるのである（註2）。したがって、柱間寸法計画に一定の自由度を認めようとすれば、背後に規模計画法が潜在する複合的な問題として捉え直さなければならない。

関野の分析の成果は、金堂下重の完尺をとる柱間寸法計画について一定の成果が認められるとしても、上重の寸の単位が現れる柱間寸法については疑義が残る。この疑義は、五重塔の寸法分析では、さらに

図10　関野貞の法隆寺金堂の柱間寸法計画
実測値の高麗尺・唐尺換算値

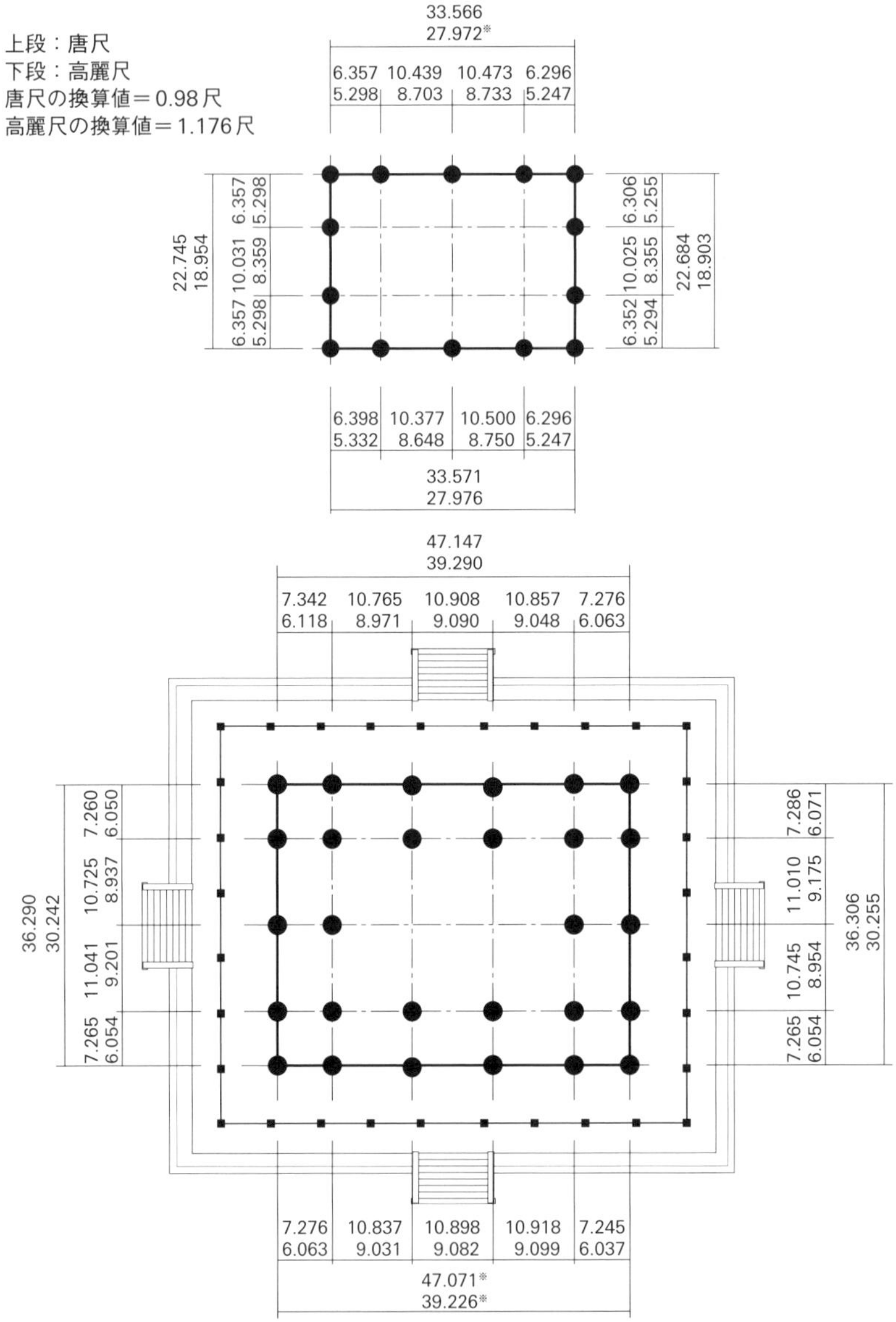

※一部合計が合致しない値が含まれるが、関野の掲示のままとする。
関野貞「法隆寺金堂塔婆及中門非再建論」（建築雑誌218号 1905年2月）による

図11　関野貞の法隆寺金堂の柱間寸法計画
高麗尺による完数寸法計画

高麗尺による完数

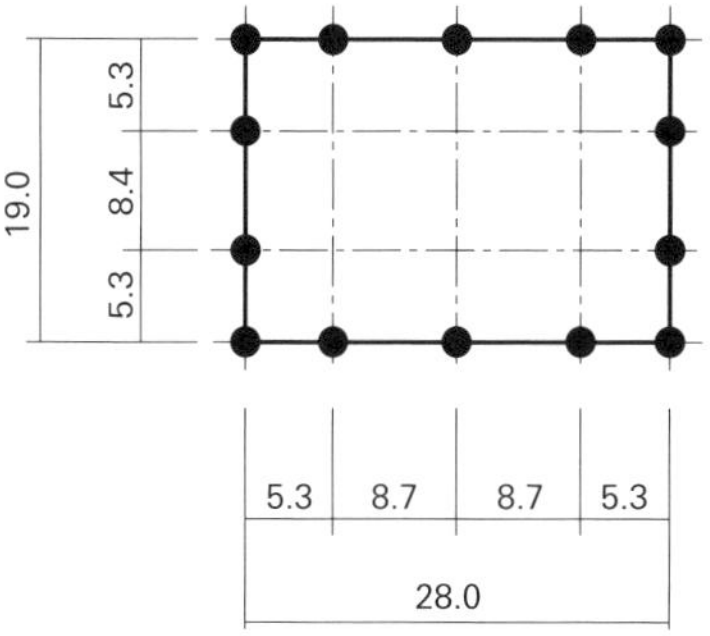

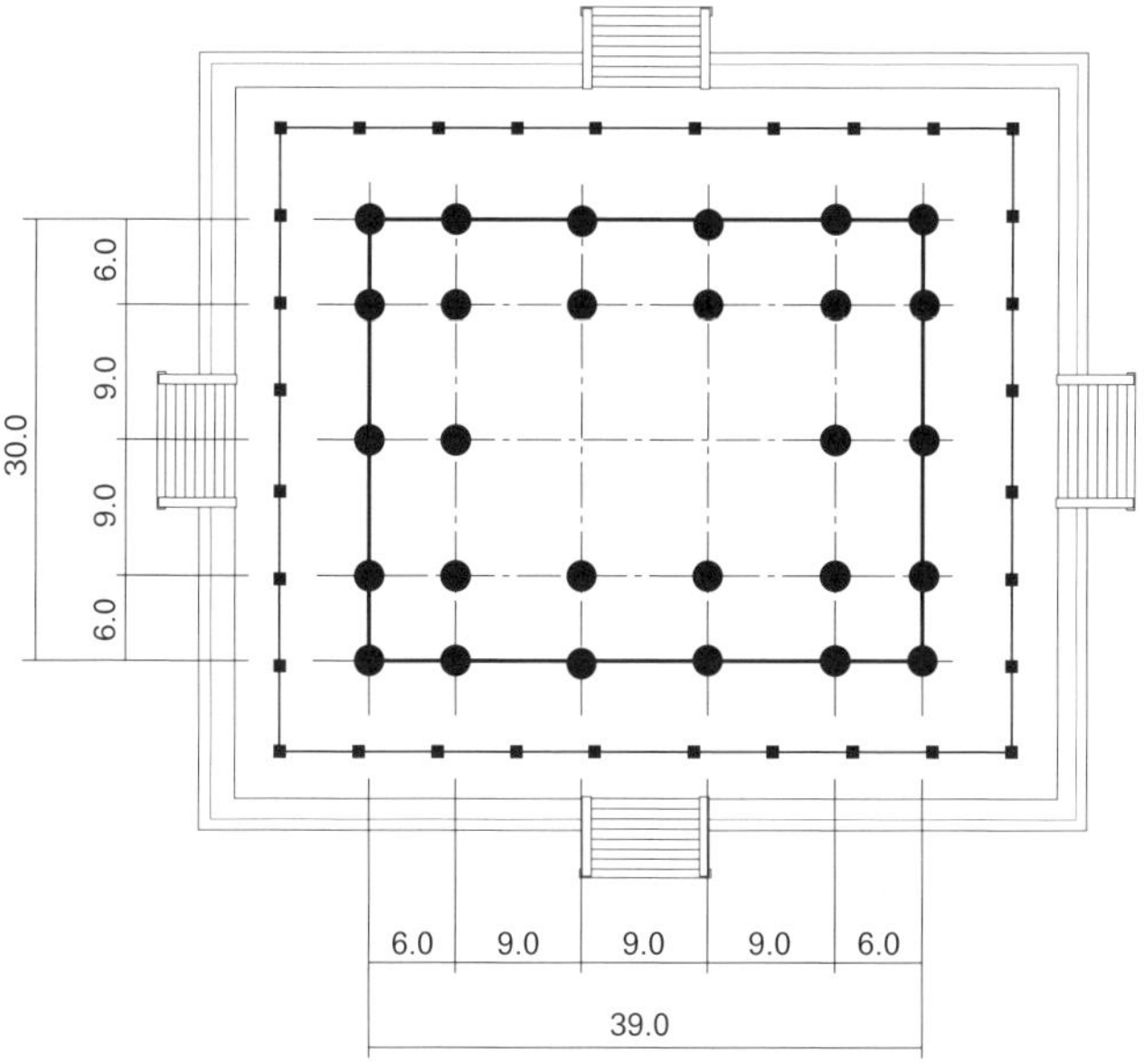

関野貞「法隆寺金堂塔婆及中門非再建論」（建築雑誌218号 1905年2月）による

鮮明なものになる。各重総間寸法は、高麗尺で初重一八・〇尺、二重一五・八尺、以下、一三・五尺、一一・二尺、九・〇尺と考えられた。図12は五重塔の明治時代の実測史料、図13はこの数値に基づく関野の分析である。一見して出自の不明瞭な数値が現れるが、関野の主張は、初重総間一八・〇尺に対し五重総間をその半分の九・〇尺とし、二重から四重までの各重総間寸法は、上下両端の総間からつくられる逓減の平均二・二五尺に合わせたものとした。実測値に従えば、二・二尺ないし二・三尺の逓減を交互に繰り返すとみることになるが、「此の如く各層の差を或は二尺二寸となし、或は二尺三寸となせしは故《いたず》らに煩雑なる寸法を避けんが爲め寸以下を捨て去りし爲めか、或は實測の際多少の誤差ありて實際は各層二尺二寸五分宛の減縮をなせる者偶《たまたま》此の如くなるに至りしか、更に一層嚴密の研究を擁すべきも……」と判断している。

各重柱間寸法については個々に言及しないが、先に計画された総間寸法から導かれるとみなされたようである。各重の柱間寸法は、原則として高麗尺の寸の単位で整理されたが、初重は中の間七・五尺、脇の間五・二五尺、三重は中の間六・〇尺、脇の間三・七五尺、つまり二か所の脇の間に五分の値が含まれている。中の間の整った完数値の代償のように、脇の間に完数と判断し難い値が現れるが、いずれも中の間の一寸の増減を行えば、これらの端数の出現を避けることができるから、完数制を前提とした際に疑義の残る結論である。初重脇の間を五尺と四分の一尺、三重脇の間を三尺と四分の三尺とみなすが、この端数は一尺の四等分で現れる値であるから一種の整った数値、とする判断もありそうに思われる。後述する竹島の議論に同様の判断が含まれているように思われる（註3）。

中門の分析では、また別の問題が潜在している。下重桁行総間寸法は、実測値を高麗尺に換算して三三・四〇一尺と算出し、これを三四・〇尺の高麗尺完数と判断している。梁間総間寸法も同様で、換算値二三・七三二尺を二四・〇尺という完数と判断する。いずれも換算された値は完数との乖離が大きい。これだけでは、単に換算値がやや大きすぎたことに起因するようにみえるが、上重では桁行総間二六・二七六尺を二六・二尺、梁間総間一六・七二六尺を一六・七尺と判断するから、上重では下重と同様の換算値で判断を進め、さらに下重では認めなかった寸の単位を容認している。下重の総間寸法は、上重と同様の判断が可能であれば、それぞれ桁行三三・四尺、梁行二三・七尺とみなければならないはずである。

また、下重各部が尺の単位に近い値をとるもっと都合のいい換算値を想定し、これをもって上重に当てはめた場合は、上重の桁行総間を二五・八尺、梁間総間を一六・四尺と判断すべきところであろう。しかし上重の各柱間寸法は、このようにとってみても尺の値を認め難く寸の単位の値とみることになる。結局、同一の換算値では、下重は実測値の傾向がやや小さめで、上重は反対に大きめの傾向がみられるのである。

分析の過程に現れるこの種の判断の難しい場面は、実際に分析を進めた当事者が最もよく認識するところであるから、示された結論はおそらく苦悩の結果であったと思われる。とはいえ、下重桁行総間の換算結果である三三・四尺を三四・〇尺とみなす判断は、中の間を一〇・〇尺、脇の間を七・〇尺とする想定を総間にやや強引に当てはめたもののようで、総間に六寸もの寸法差が現れている。これほどの寸法差では、古代建築といえども容認できる範囲を超えている。

関野の高麗尺説は、一見してよく適合しているようにみえるが、対象や細部によって意外に問題を残している。この原因の一部は、実測値（現尺の値）に対し、推定された建立当時の尺度の換算値（現尺×一・一七六）を固定して扱った点にあると思われるが、この値を遺構ごとに柔軟に変化させれば、また別の問題が起きかねない。また一方、比較の対象として採り上げた唐尺の値は、中門の桁行総間寸法など、意外によく適合している箇所もある。自説に都合のいい数値ばかりでなく、これら唐尺の値を丁寧に並記して議論を進めている点は、冷静な判断を示そうとする姿勢がよく表れている。

関野の説が発表された直後、五重塔が唐尺でも完数が得られる、とする喜田貞吉博士の反論が提出された。関野が初重総間を一八高麗尺と判断した点を、二一・六唐尺ともなるから唐尺の可能性もあり得る、という指摘であった。喜田の用いた数値は、関野の論考から引用したものである。しかしこの議論は、後に村田治郎によって批判を受けるように、尺の単位の完数と寸の単位の完数との相違を無視したものであった。つまり、二一・六唐尺も完数に違いないが（完数

図12　関野貞の法隆寺五重塔の柱間寸法計画
実測値の高麗尺、唐尺換算値

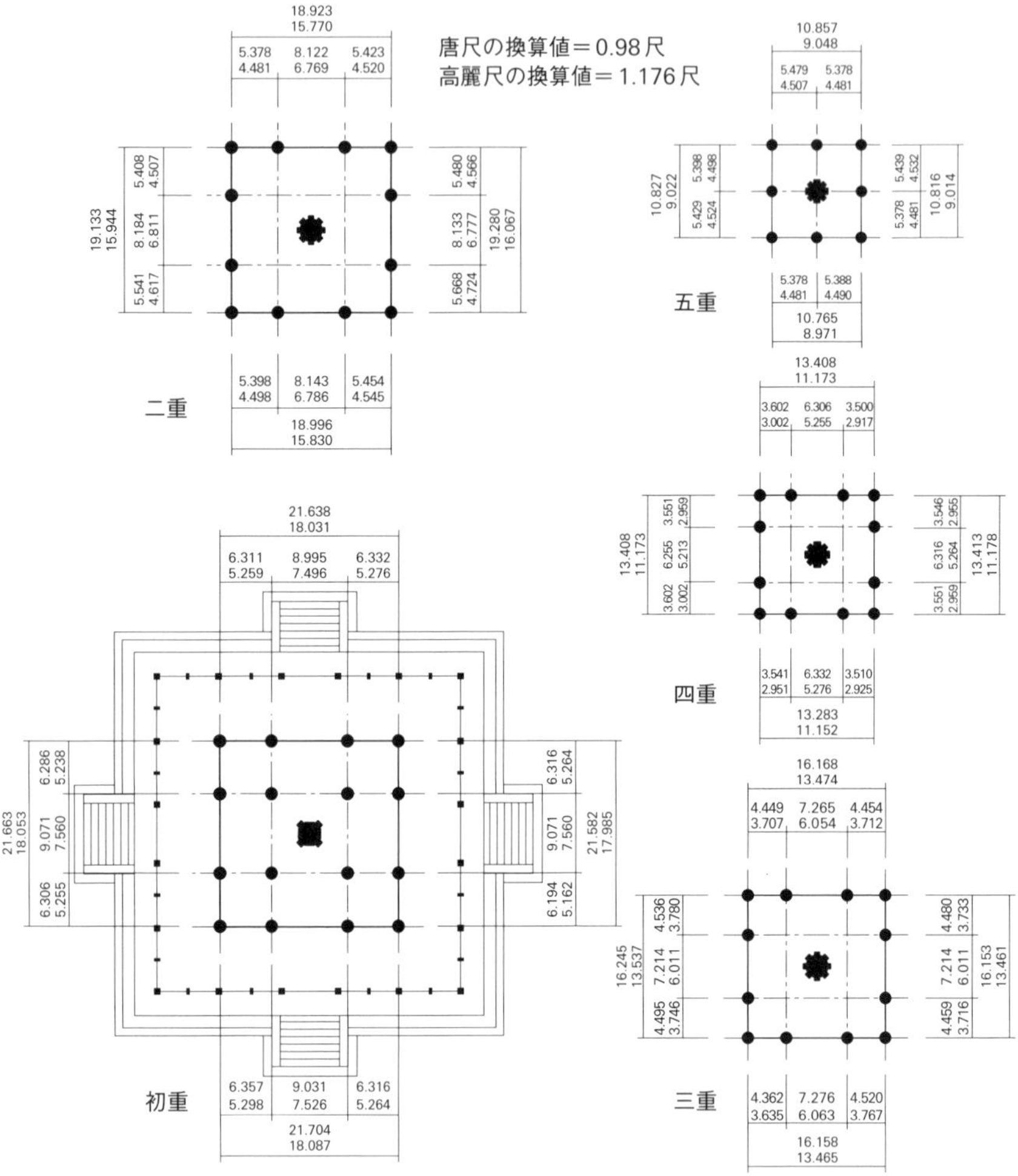

関野貞「法隆寺金堂塔婆及中門非再建論」（建築雑誌218号 1905年2月）

図13　関野貞の法隆寺五重塔の柱間寸法計画
高麗尺による完数寸法計画

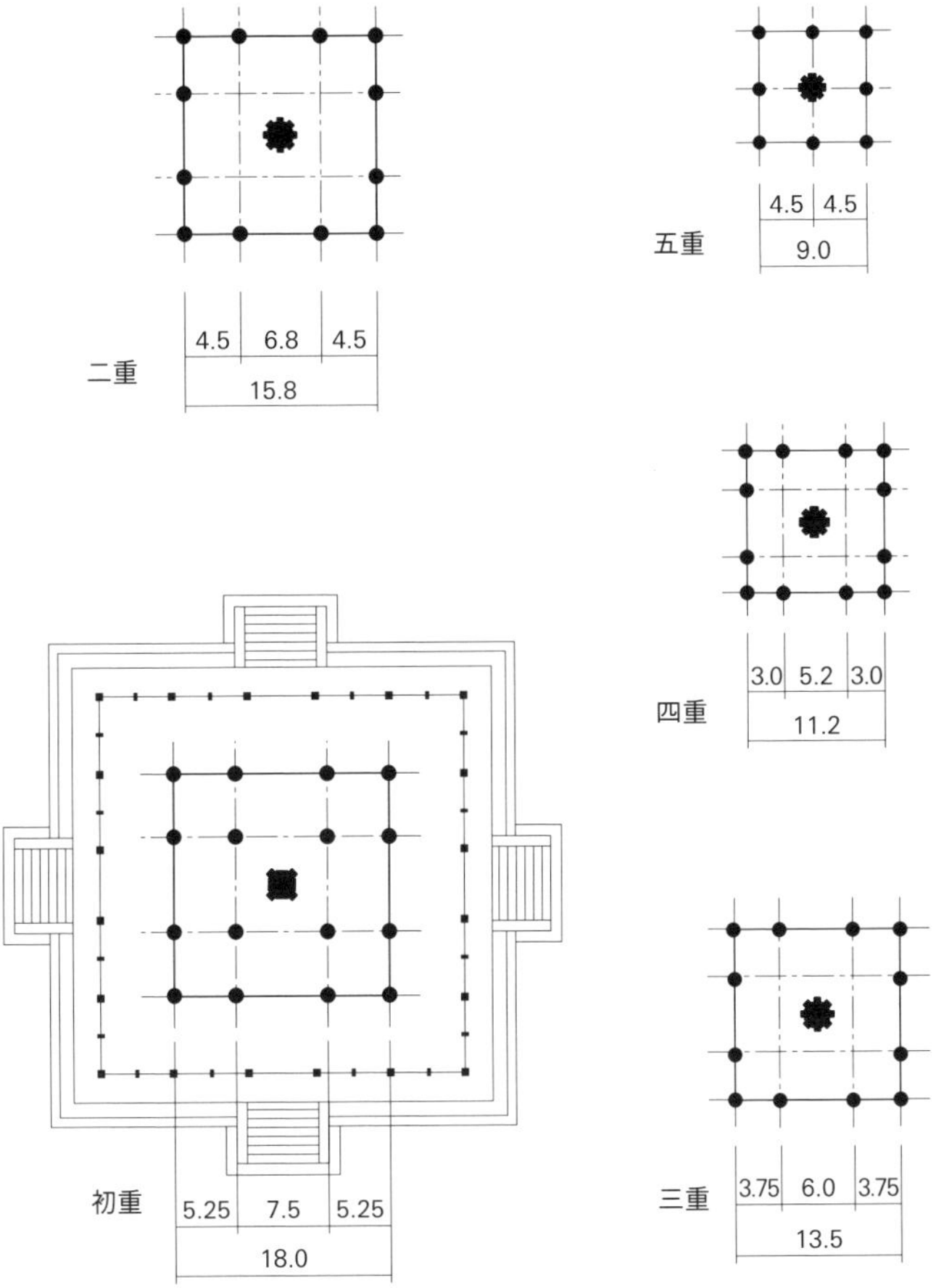

関野貞「法隆寺金堂塔婆及中門非再建論」（建築雑誌218号 1905年2月）

の概念については後述）、関野の主張が一段と明快な解釈であることは指摘するまでもない。完数制説の要旨は、単に割り切れる数値が見出せるかどうかではなく、数値の背後に設計者の意図が明確に見出せるか否か、という点にあるためである。

戦後の村田の議論が発表されるまで、高麗尺の想定が真に批判的に検討されることはなかったようである。再建論の立場の喜田の主張は、高麗尺が使われたとしても、焼失後の再建時に、創建の礎石をそのまま再利用すれば、高麗尺の柱間寸法が継承されるとする判断を示し、また法制史の研究者である三浦周行博士によって、高麗尺の使用は大化改新以前の建立を裏付ける根拠にならないことも指摘されたが、いずれも高麗尺の想定そのものを批判的に捉えた議論ではなかった。

三・二　唐尺説からの反論

戦後、村田は関野の説いた寸法計画を詳細に検討し、あらためて唐尺が使用された可能性を指摘した（註4）。関野は、高麗尺の換算値を現尺の一・一七六倍として固定して分析を試みたが、村田は換算値をより柔軟に扱うべきとして関野の測値を再検討している。「金堂の関野先生の計算は、第一層の方を完数とみるために、高麗尺の二寸から三寸ちかくの誤差が出来て、実は甚だ説明が苦しい」。したがって、金堂の分析では、高麗尺の換算値を、下重一・一八三尺、上重一・一七四尺とすることで、関野が結論とした完数も、より実測値に近い高麗尺の推定寸法が算出できると指摘する。

実測寸法から造営尺度を割り出すのであるから、下重と上重の現尺との換算値にわずかな相違が現れることもあり得る。たとえば円教寺講堂（永亨一二年・一四四〇）の造営尺度は、各部の実測値から下重〇・九九七一尺、上重一・〇〇〇尺と算出される（註5）。これはもちろん上重と下重で異なるものさしが使われたことを意味するわけではない。私たちは、実測寸法資料を手がかりに当時の造営尺度の実長を復原する以外に確実な方法をもっていないが、そのような分析方法では、造営尺度の実長を真に厳密に復原することが困難であることを意味するにすぎない。しかし円教寺講堂の場合、上重と下重で同一寸法の造営尺度が想定できないとはいえ、その差は一尺につき三厘（約一㎜）に満たない。古代の遺構と中世の遺構とでは施工精度に差があるとしても、村田が想定した法隆寺金堂下重の造営尺度一・一八三尺と上重の造営尺度一・一七四尺の寸法差は、一尺につき九厘（約三㎜）である。わずかな値にみえるが、金堂桁行総間でこの相違を換算すれば三寸五分もの相違を生み出す。村田の判断は、同一の遺構の造営尺度とみなすには差が大きすぎるであろう。

しかし、村田の議論は、換算値の柔軟な扱いを主張しようとするもので、真意は唐尺の可能性を見出そうとするものであった。村田の金堂の分析は、唐尺を〇・九六二尺とし、中の間を含む中央三間と側面の中央二間を一一・〇尺、脇の間を七・五尺とみなす。図14、図15は、村田の主張を図示したもので、関野の論考に掲載された実測数値資料を唐尺に換算したものと、これを唐尺の完数に整理したものである。これらの値は、確かに明快な完数値である。しかし、実測値との相違は無視できるほどに小さくはなく、中の間実測値の換算値は一一・〇尺よりも一寸程大きい傾向にあり、脇の間の換算値は七・四尺に近い傾向がある。この傾向については「施工にあたり両端間は唐尺の一寸だけ狭くして、これを中の間の方へ加えたのではないかと、想像せしめるものがある」と指摘している。このように個々の柱間寸法では曖昧な点が残るが、しかし総間に関しては桁行四八・〇尺、梁間三七・〇ともによく換算値に適合している。そのような値をとるように換算値を想定したためだが、このとき、どちらか一方の総間ではなく両総間ともに、よく完尺の値を示す点は注目すべきである。

五重塔の各部の分析も同様で、高麗尺と唐尺との比較を列挙するが、高麗尺と同様に唐尺でも各所に完数が得られることを指摘している。また、先に指摘した、関野の初重脇の間に現れる五・二五尺の値については、「第二層以上ならばとにかくとして第一層の柱間として如何なものであろうかと言いたい。唐尺の方では第一層の柱間が、すべて寸で終っていて、五分というような数が出ていないから、少しく唐尺の方が優れているとみてもよかろう」と判断する。しかし村田の分析でも、二重と三重の脇の間に五分の値が現れる（図16、図17）。いずれも当時の実測数値の限界ともみえるが、完数制という点からみれば両者に差はなく、初

図14　村田治郎の法隆寺金堂の柱間寸法計画
実測値の唐尺換算値

唐尺の換算値＝0.962尺

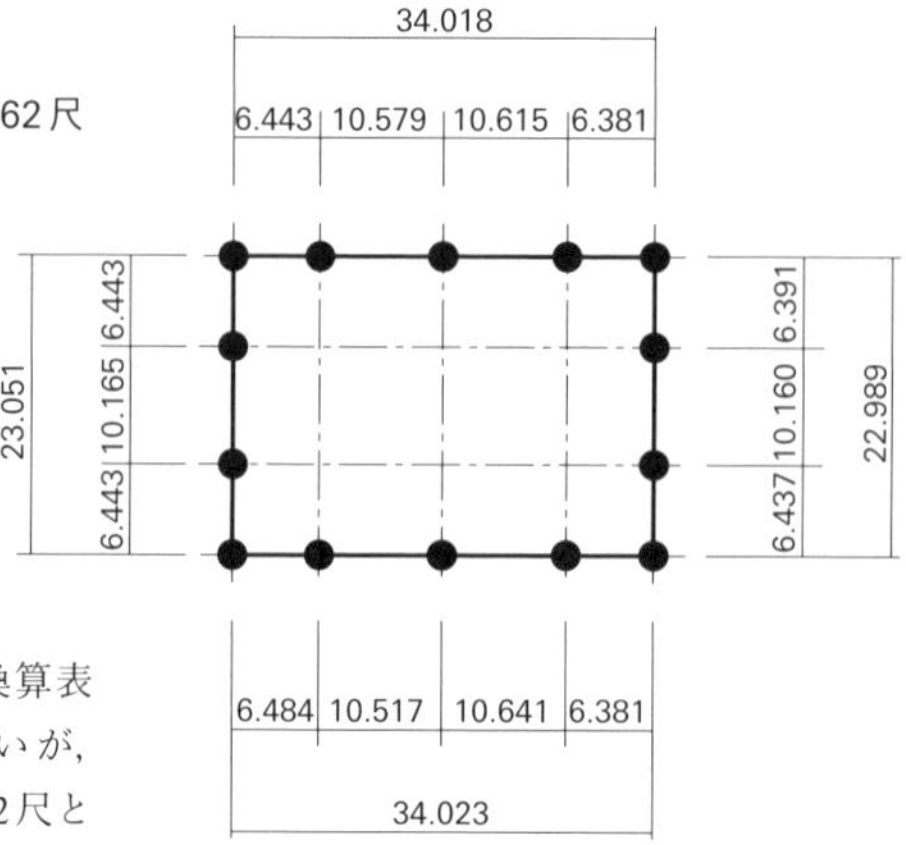

上重柱間寸法の換算表が示されていないが，唐尺の換算を0.962尺とするので，これに従って算出する。

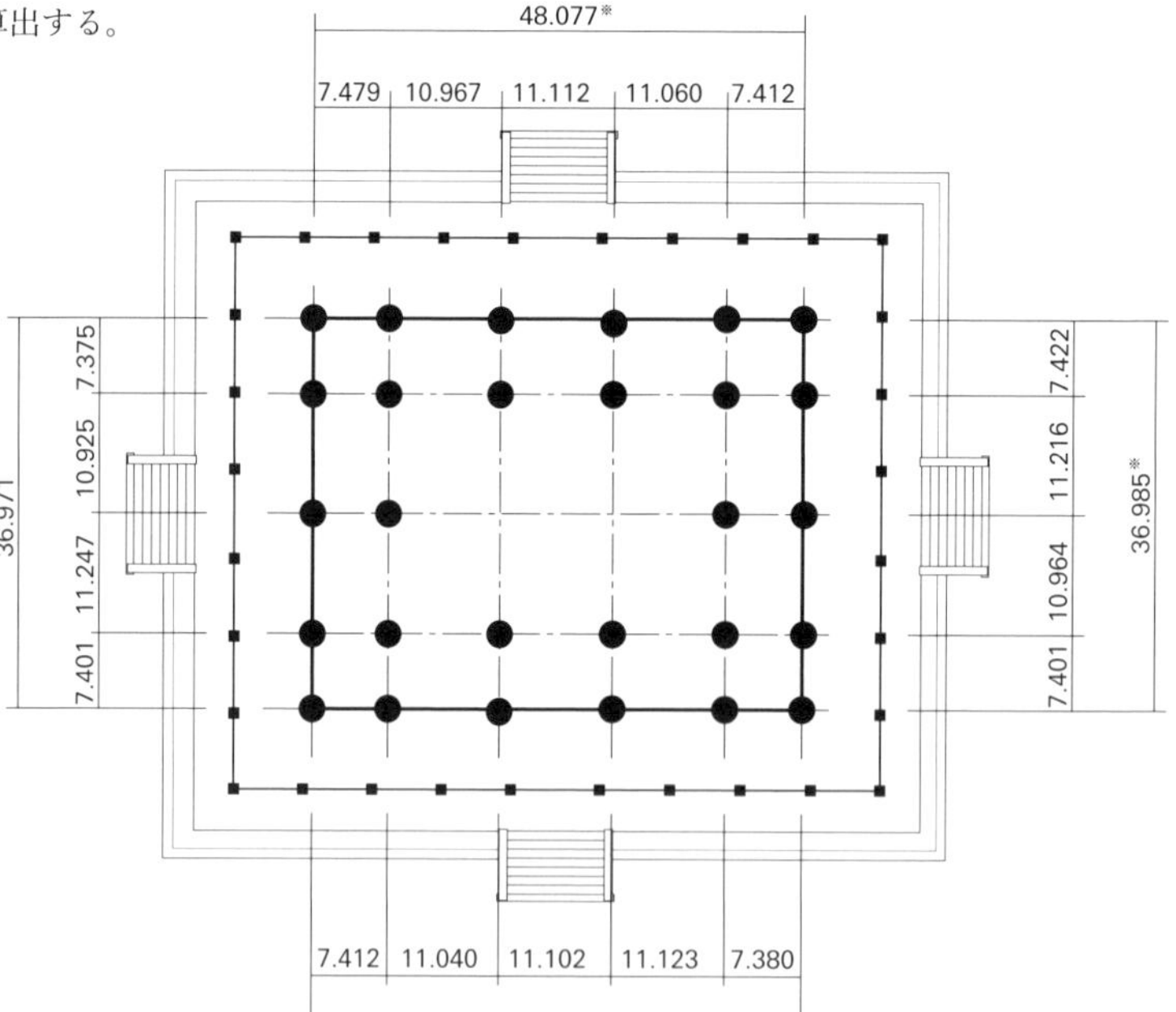

※合計が合致しないが、村田の掲示のままとする。
村田治郎「法隆寺の尺度問題」（仏教芸術4号 1949年）

図15　村田治郎の法隆寺金堂の柱間寸法計画
唐尺による完数寸法計画

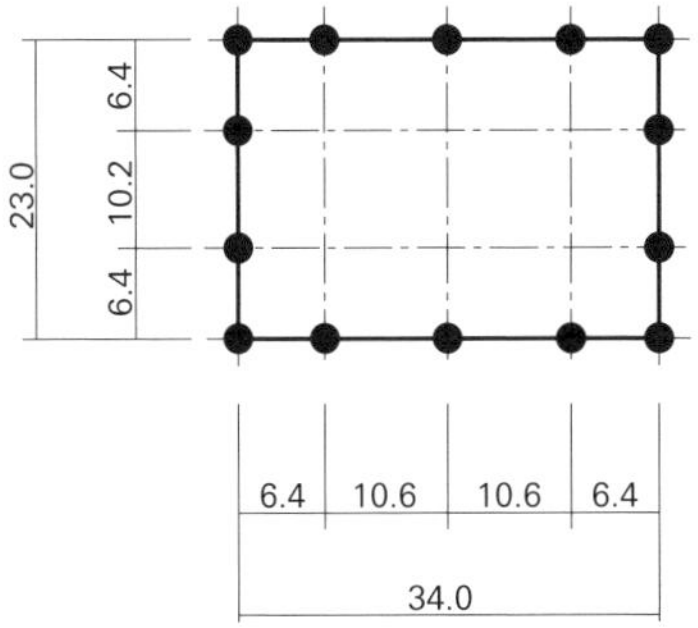

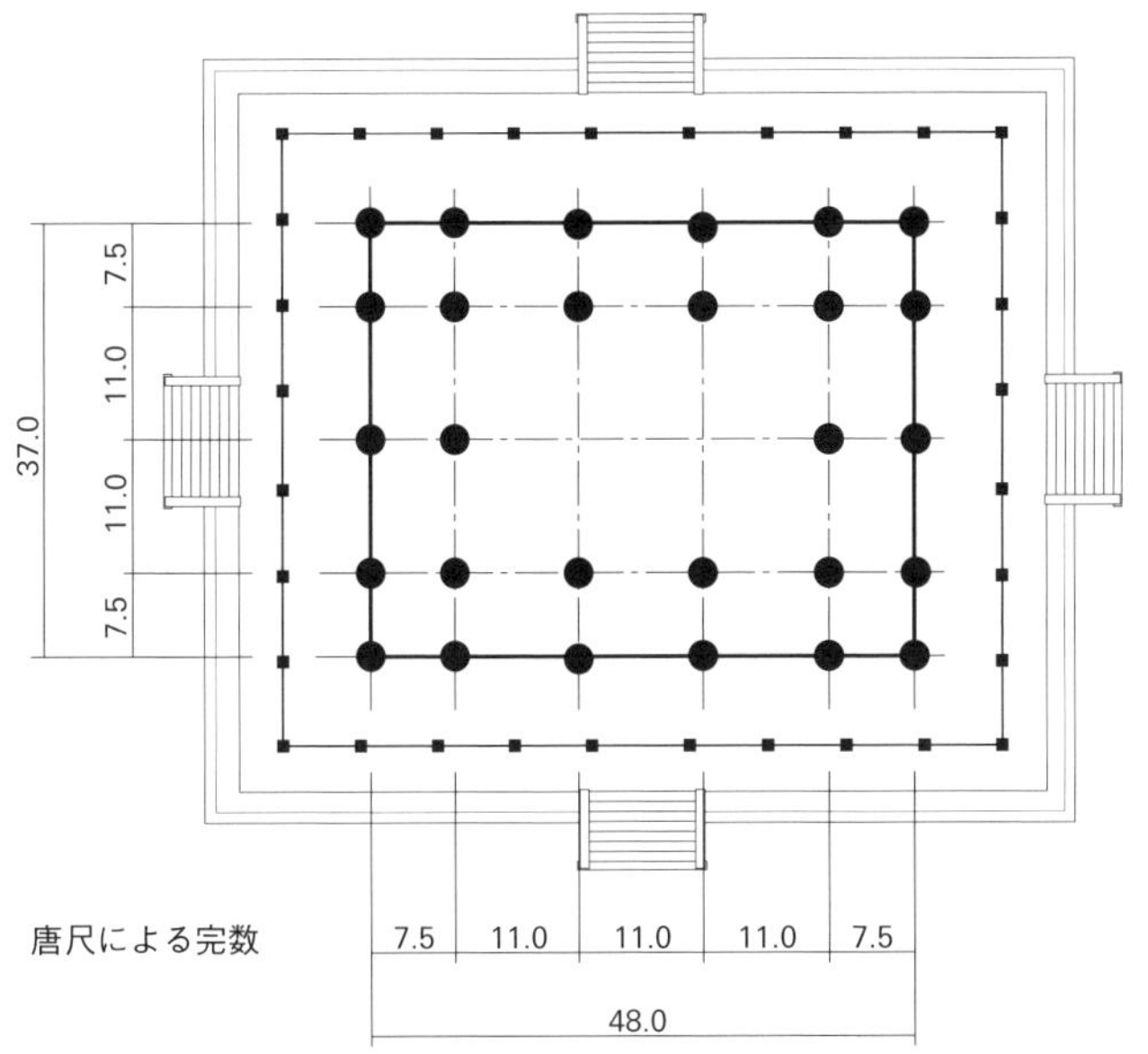

村田治郎「法隆寺の尺度問題」（仏教芸術4号 1949年）

図16　村田治郎の法隆寺五重塔の柱間寸法計画
実測値の唐尺換算値

唐尺の換算値＝0.964尺

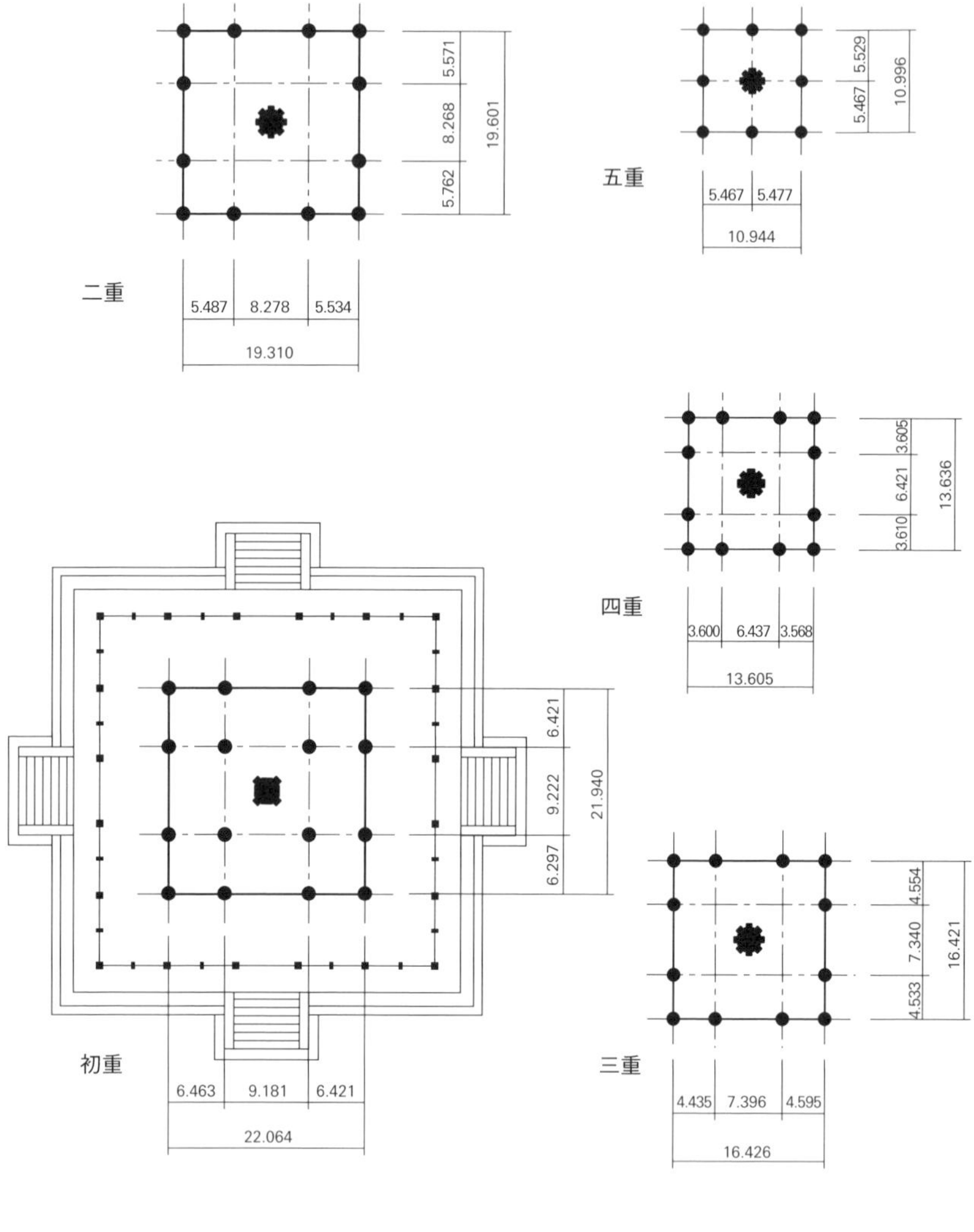

村田治郎「法隆寺の尺度問題」（仏教芸術4号 1949年）

図17　村田治郎の法隆寺五重塔の柱間寸法計画
唐尺による完数寸法計画

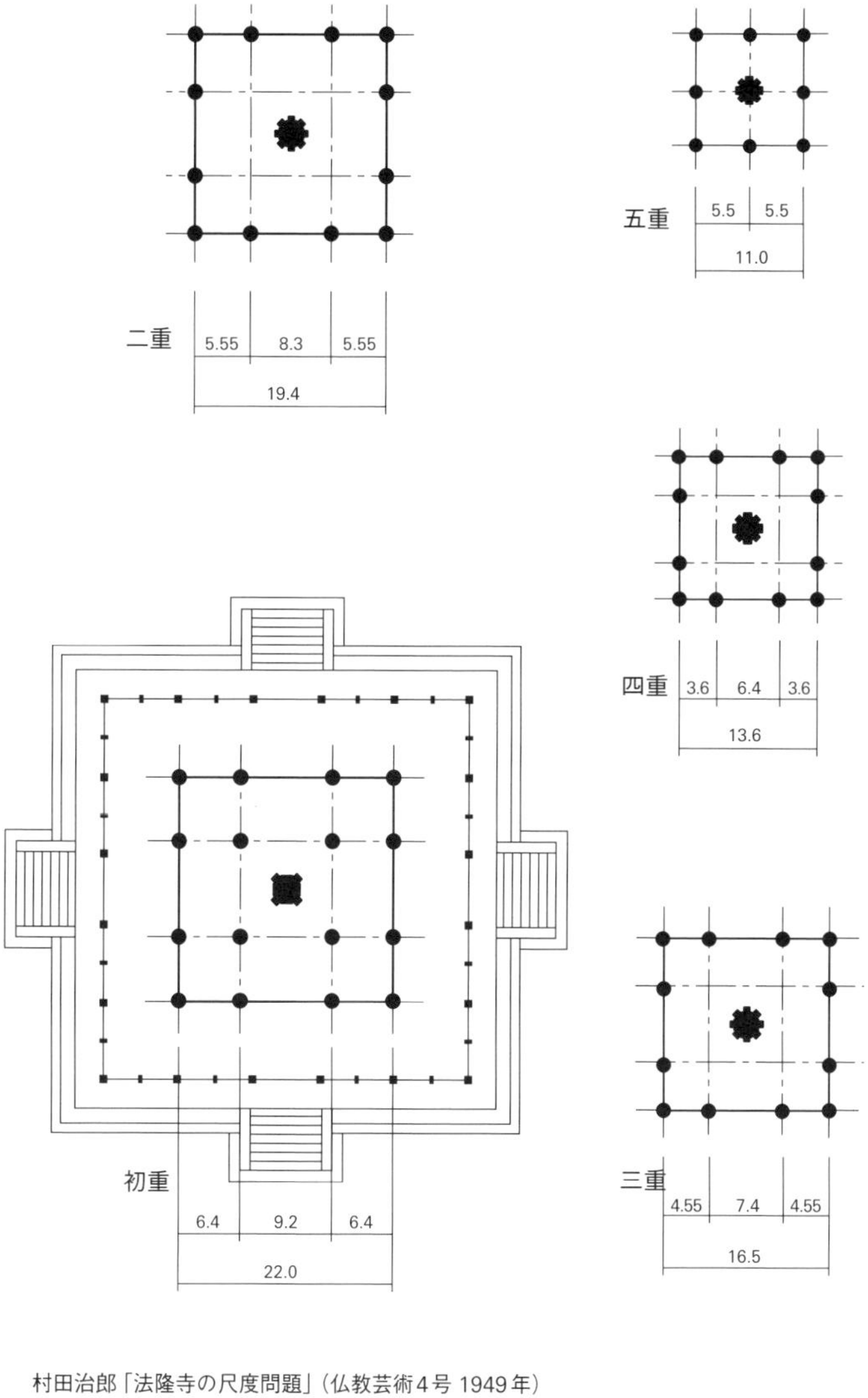

村田治郎「法隆寺の尺度問題」（仏教芸術4号 1949年）

重に現れないという理由だけで唐尺の方がよく適合するとは言い切れない。

中門の分析では、先に指摘したように、関野の高麗尺の想定では桁行総間で六寸もの差が現れるが、これに対し、「第一層に対しては、高麗尺一・一七六曲尺の長さが、必ずしもよく適合したものとは言えまいと思う」とする判断を示し、同様の換算値で唐尺（したがって一・一七六尺の六分の五）を想定したとき、この総間が四〇・〇尺ちょうどになることを指摘している。さらに法起寺、法輪寺両三重塔の分析結果を掲げ、ここでも高麗尺の優位が一方的なものではなく、唐尺の想定でも完数が得られることを述べている。

これらの分析を経て、村田は、関野の主張した高麗尺と同程度に、唐尺の可能性が存在することを指摘した。周知のように、唐尺一に対し高麗尺は一・二という関係にあるから、一方が完数をとれば一方もまた完数を得やすい傾向がある。しかし村田の主張は、関野の主張とは異なる場所で完数となる値を求めているため現尺との換算値を関野の前提と変えているから、単に両尺度が簡単な換算関係にあるために同等の可能性があると主張したものではない。

分析方法としてみた村田の論述の特徴は、関野が固定して扱った現尺との換算値を柔軟に扱い、このことで完数制の可能性を押し広げたことにあると思われる。明治末以来、さまざまな論者が認めてきた高麗尺説が必ずしも決定的なものでないことを示して見せた点は、村田の大きな功績であったと思われる。しかし後述するように、戦後の議論では、村田の指摘を真剣に受け止めたと思われる議論はほとんどみられない。それはおそらく、続いて述べる竹島の所説の存在が大きかったためである。

三・三　解体調査に伴う金堂柱間寸法の分析

関野の分析は、下重の柱間寸法計画について一定の成果が認められるとしても、上重の柱間寸法については疑義を残すものであった。戦後の解体修理を契機とした技法調査で目標になったことは、上重の柱間寸法を含めた、より説得力のある柱間寸法計画の探究であったと思われる。

戦後、金堂の解体修理を担当した竹島卓一は、関野の説、村田の説を踏まえてあらためて金堂の造営尺度の分析を試みている（註6）。解体修理を契機とした実測調査は、最も信頼のおける数値資料を提供しているが、竹島の主張はこの最新の数値資料に基づいて組み立てられた。この時点で先行研究の立場と大きく異なっている。

まず下重の中の間と脇の間が三対二の関係にあることを手がかりに、完数制に従ったものであれば、中の間が三の倍数の寸法であったであろうことを予想し、村田説の中の間一一・〇カラ尺（唐尺。竹島は、高麗尺、唐尺の表記がそれぞれの尺度の発生地を想像させ誤解を招くとして、カタカナの表記を工夫している。以下この表記に準ずる）は可能性が低く、関野の主張した九コマ尺の可能性が高いとしている（図18）。解体時の精密調査の実測値から現尺との換算値を算出しているから、関野の分析とは換算値が異なるが、高麗尺説の再評価という論調である。

竹島の議論のうち最も注目すべき点は、上重の柱間寸法の分析に際し、垂木割《たるきわり》を手がかりとしたことである。これは、下重の分析に用いた換算値をもって上重柱間を分析すると、柱間寸法に端数ともみえる値が目立つためであり、関野の分析の不足を解決しようとするものであった。また、垂木割が柱間寸法計画に影響を及ぼした可能性を確かなものとするため、中門と法起寺、法輪寺両三重塔の垂木割を検討し、五重塔もまた同様の計画に従ったであろうことを指摘している。

金堂と同様にコマ尺が想定された五重塔の分析は、関野の主張よりもさらに多くの柱間で、五分の値をもつ柱間寸法が想定された（図19）。初重の想定は、関野の議論と変わらず脇の間に五・二五コマ尺が現れ、二重総間の一五・七五コマ尺、二重中の間の六・七五コマ尺、三重脇の間の三・七五コマ尺、四重総間の一一・二五コマ尺、四重中の間の五・二五コマ尺など各所に五分の値を想定している。村田が指摘した端数の問題が、さらに鮮明に現れているから、これは柱間完数制という視点からみればかえって後退した議論である。ところが竹島は、完数制の概念に対し、二寸五分や七寸五分の方が三寸や七寸などより「完数性が高い」とする独特の解釈を試みている。完数制の概念を巡る研究史については、竹島の主張も含め、あらためて後の章で採り上げる。

完数制の解釈はともかく、中世の「枝割制」に類似した寸法計画が存在したという指摘は、関野が「後世

図18　竹島卓一の法隆寺金堂の柱間寸法計画
コマ尺による計画寸法

竹島は，垂木割の概念を手がかりとし，これを柱間寸法計画の単位と捉える。これは，整った完数値をとらない金堂上重の柱間寸法の計画技法を解明するための手だてであった。
また，五重塔の垂木割は柱間ごとに整って配置されているわけではないので，支数で表した数値は，仮想された柱間寸法の単位である。垂木割の性格を伴うとしても，実際の垂木割から離れたものである。

高麗尺の換算値＝1.185尺

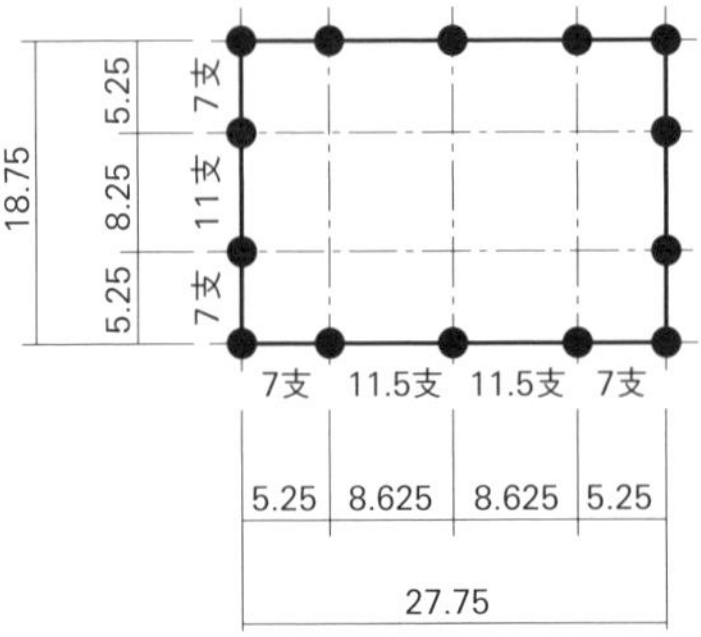

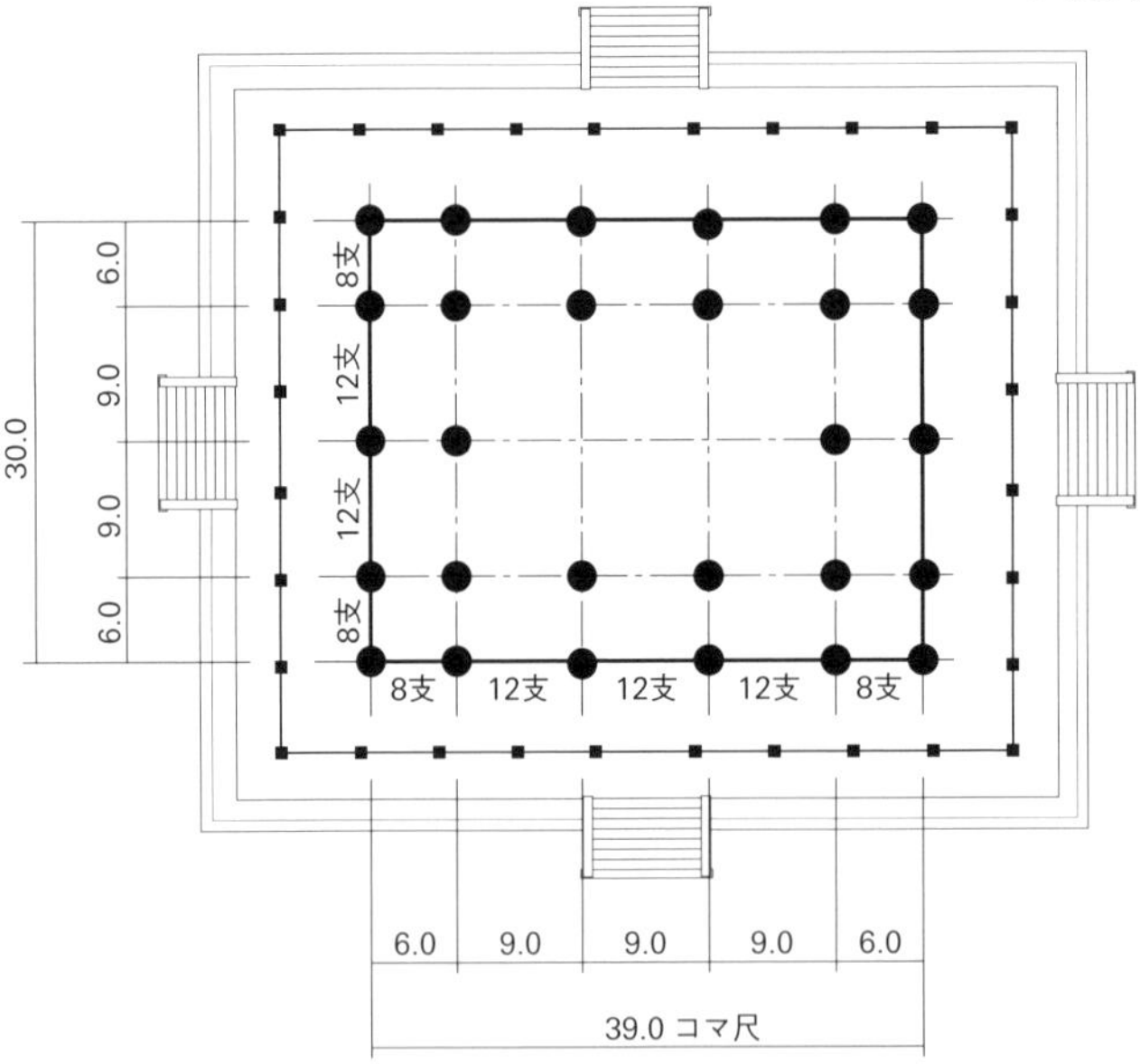

竹島卓一「建築技法から見た法隆寺金堂の諸問題」（中央公論美術出版 1975年）

図19　竹島卓一の法隆寺五重塔の柱間寸法計画
コマ尺による計画寸法

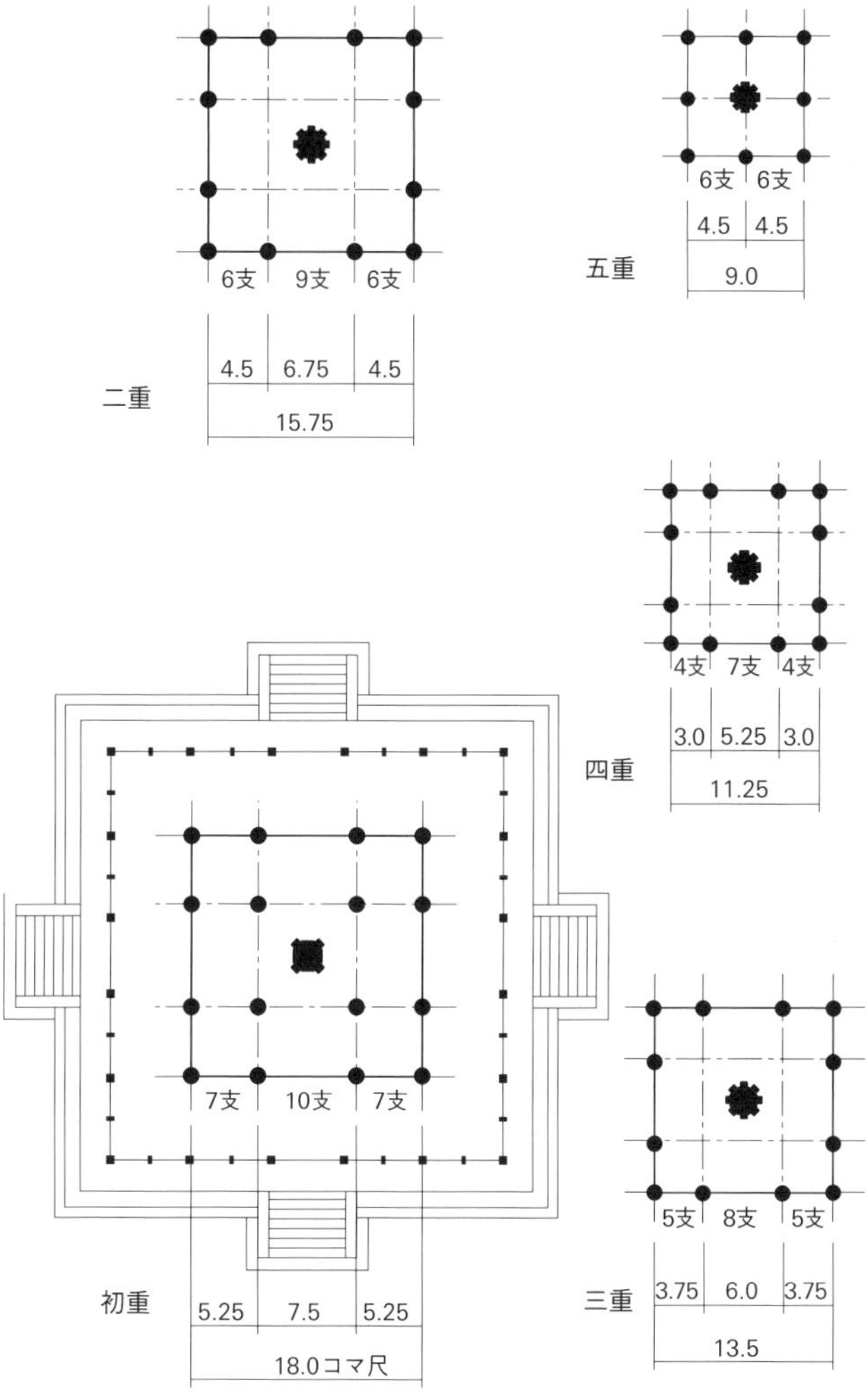

竹島卓一「建築技法から見た法隆寺金堂の諸問題」（中央公論美術出版 1975年）

の所謂垂木割と何等の関係も有せざるをもって」としたように、初期の研究では顧みられることのなかった視点である。垂木割が柱間寸法の単位となる、という捉え方は、中世以後の日本の社寺建築では通例のこと、つまり「枝割制」である。第二部で採り上げるように、中世以後、垂木歩み（垂木の間隔）は原則として均一の間隔を保ち、隣り合う垂木の真々間隔（一枝寸法）が柱間の寸法単位として機能する。一枝寸法は無限小数や循環小数などの端数を示すことが多いため、その整数倍である柱間寸法も端数の値をもつ場合が多い。竹島は、この「枝割制」を手がかりに、金堂上重の柱間寸法の出自を説明しようと試みた。示された垂木の一枝寸法は、コマ尺で七寸五分（この長さはカラ尺で九寸に換算される）という長さで、下重と上重に共通する柱間の寸法単位とみなされた。この結果、下重の柱間は一二枝間（一枝寸法×一二枝分となる寸法の柱間）と八枝間、上重柱間は、正面の中央間が一一枝半、脇の間が七枝、側面中央間が一一枝という垂木割の構成であったと考えられた。これらを柱間寸法で表せば、上重正面中央間は八・六二五コマ尺、脇の間は五・二五コマ尺、側面中央間は八・二五コマ尺という端数寸法（竹島の議論では「完数性が高い」寸法）である。

垂木割への注目は、研究史を画する重要な指摘であり、古代遺構を対象とした寸法計画の分析研究の段階を、新たな局面に推し進めた指摘である。しかし問題をなしとしない。第一に、「枝割制」は、単純に「柱間完数制」と対立する概念とは言えないが、技法の性格上、完数柱間の実現を保証するものではない。柱間完数制とは別の単位に従って柱間寸法を制御する方法である。したがってもし枝割制によく似た方法によって柱間寸法が制御されたとすれば、なぜ下重のすべての柱間がうまい具合にコマ尺で完尺の値をとることになるのだろうか。コマ尺の七寸五分という値は、四枝をもって三コマ尺となるから、確かに尺の単位の寸法に親和的な値である。しかし、すべての柱間が完尺の値をとるためには、あらかじめ、正側各総間の垂木枝数が四の倍数の値となるよう計画しておかなければならないはずで、さらに各柱間寸法を四枝を一単位としてその倍数で制御する必要がある。もし、このようにして下重の柱間寸法が計画できるほど、一枝寸法が柱間の寸法単位として十分に機能したものであったとすれば、上重の柱間寸法になぜ一部で半枝が現れ、さらに寸や分の単位の柱間寸法ばかりが現れなければならなかったのであろう。つまり、コマ尺で七寸五分とする垂木割を柱間の寸法単位とみなすには、下重柱間の柱間寸法が整いすぎていると同時に、上重の柱間寸法は未整理にすぎる、という印象を与えるのである。

第二に、金堂の分析では、中の間と脇の間が三と二の関係にあることと完尺柱間とが両立することが優位に扱われている。しかし塔では逆に、垂木割計画が優先され、各所に現れる五分の値を伴う端数ともみえる総間寸法、柱間寸法を容認する議論になっている。五重塔の造営尺度がコマ尺であったとする立論の根拠は、結局、塔そのものにはなく、金堂の下重柱間の三と二の関係と完尺柱間の両立という想定に帰着する。あらためて塔と金堂の二つの分析結果を比較すれば、塔では寸の単位の完数柱間とカラ尺で九寸（〇・七五コマ尺をカラ尺に換算した値）とする垂木割計画との両立を想定する方が、バランスのとれた議論になるようにも思われる。

第三に、竹島の垂木割説では、〇・七五コマ尺という値の出自が最大の問題として残されている。この値は、柱間完数制が度制の単位である一尺に基づいていることと同じように扱うわけにはいかない。これは一種のモデュール（モドゥルス。単位長）であるから、このような単位長が存在したと主張するためには、この値が現れることになった計画手順の解明と計画上の必然を論ずることが不可欠の要件である。竹島の主張では、一尺を四分の三とすることで、この単位長を獲得した可能性も指摘されるが、しかしその必然については言及がない。

竹島の分析は、以上のように意外に困難な問題を抱えているように思われる。垂木割計画を是認すれば、中世枝割制の遺構のように、上重の柱間寸法に寸の単位の柱間寸法が現れることが自然で、下重柱間に現れる完尺の柱間構成はかえって不自然で奇妙なものにみえる。この原因の一端は、コマ尺を想定したことにある。かえって、カラ尺を想定した方が違和感のない議論になるとも思われるが、そうであっても、カラ尺で九寸となる一枝寸法の出自とその計画手順は、やはり不明瞭なままである。一枝寸法が九寸となる計画的必然が、この議論の妥当性を支える課題としてますます鮮明になるであろう。

とはいえ垂木割への注目は、研究史を劇的に画する議論であり、大いなる功績と考えられる。この一点をとってみても竹島の分析視点の鋭さがよく示されている。ところが後の研究史は、垂木割の可能性に言及した竹島の価値について十分に受け止めて来なかったように思われる。そして造営尺度についても、コマ尺を自明のこととするような議論が繰り返され、真剣に再検討を試みた議論は見あたらない。

なお、柱間寸法の分析とは異なるが、堀内仁之博士による金堂および五重塔を対象とした柱長さ、組物の出、柱上の大斗下端から側桁上端間での積み上げ高さなど、そして大斗など組物を構成する部材寸法を対象に分析を試みた一連の意欲的な論考がある（註7）。いずれも緻密な検討が繰り返されるが、コマ尺を前提とした議論であり、また金堂柱長さの分析では、垂木割から推定された〇・七五コマ尺の基準単位を手がかりとしている。細部や部材の寸法は、相対的に施工誤差と経年変化が著しく、計画寸法を推定していく作業は容易ではない。したがってコマ尺を当てはめればコマ尺があったように見える可能性は高い。とはいえ、あらためて造営尺度の検討を行うには実測寸法の斑《むら》が大きすぎる。たとえば堀内の指摘した「積み上げ高さ」だけを採り上げてみれば、この値はコマ尺で六・五〇尺と判断されたが、実測値からみればやや短い傾向にある。やや長めになるが、カラ尺で七・五〇尺と判断したとしても差し支えない値である。例を挙げればきりがないが、コマ尺で完数が現れる場面でカラ尺に換算すれば確かに端数を伴うが、コマ尺が端数となる場面ではカラ尺で完数となる場合も、意外なほど多い。

堀内の議論は、造営尺度の検討を含んだものではなく、議論の前提をコマ尺とみなして論述したものだが、細部の実測値から造営尺度の実長を判断することが非常に困難な作業であることを示している。コマ尺が用いられたかどうかの判断を保留しても、たとえば二重の柱長さが初重柱長さのほぼ二分の一にあたることなど、部材どうしや一つの部材各部の寸法どうしの相対的な関係を指摘する点は興味深く、また重要な指摘である。これらの試みは、コマ尺の妥当性を検証したものとして受け止められたようだが、施工誤差を伴う細部を対象とした分析をもって、コマ尺（高麗尺）の妥当性を検証した議論と判断することは難しい。したがってカラ尺（唐尺）の可能性も依然として残されていると考えられる。

三・四　「中脇差」への注目

石井は、自著『日本古代建築における寸法計画の研究』で、古代の堂塔遺構を対象に、柱間の大小を制御する技法について分析を試みている（註8）。彼の議論を要約すれば、原則として等間隔に配置された「規準格子」に基づいて、ここに柱の真（芯、心）を合致させるか、柱の面《つら》を合致させるかを使い分けることで、柱間寸法に大小の寸法差をつくり出したとする（図20、図21）。最小の柱間寸法は、格子の内側に、柱の面を合わせた二本の柱を位置づける。最大の柱間は、同様に格子の外側に柱を位置づけることで生み出される。柱真を格子に合致させるものと、内面、外面を合致させるものとの組み合わせによって、多様な柱間寸法が生み出せるとする。これらは内面と内面、内面と真、真と真、真と外面、外面と外面の五つのバリエーションを生成する。また内面と外面の組み合わせは、真と真の組み合わせと同じ柱間寸法になる。

石井の議論の特徴は、規準格子の間隔が、柱径の半分の値を単位とし、この値の整数倍の値であったとみなした点である。つまり、柱径の半分の値が単位長（モデュール）として機能し、柱径と柱間の両方の基準になるとする主張である。従来の研究では、柱の太さと柱間寸法とのあいだに計画的な相関が予想されたとしても、それを具体的に指摘した議論は存在しなかったから、その点で画期的な視点をもった議論であったと評価される。しかし、ここで指摘された柱径と柱間の関係、背後にある規準格子の存在などが真に想定できるとすれば、内面と内面による最小柱間から外面と外面の最大柱間まで想定された柱間寸法のバリエーションは、柱径の半分の値で最大四つ分、柱径で示せば、最大柱間と最小柱間の差は柱二本分を超えることがない。塔のように、制約が大きく柱間の大小が比較的小さい建築では問題になりにくいが、法隆寺金堂のように中の間と端の間の間に大きな寸法差がある場合は、このままでは説明できない。石井は、柱径、つまり単位長二つ分を幅とした格子を部分的に挿入することで説明しようとし、これを「複格子」と呼んだ。また、唐招提寺金堂の分析では、中央部の柱間を大きくとることができるよう、中央の規準格子四つ分

図20　石井邦信の柱間構成法（塔）

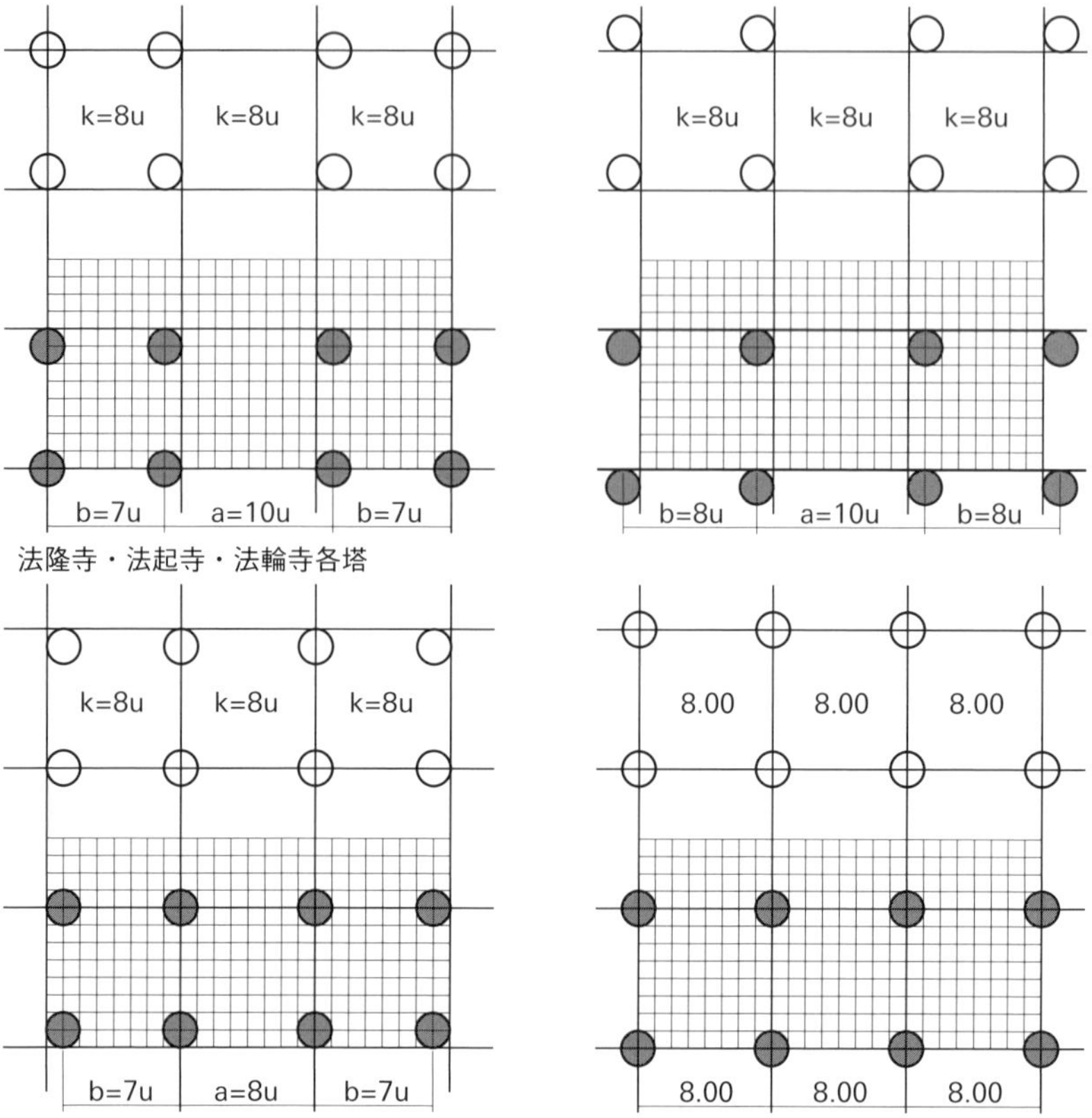

法隆寺・法起寺・法輪寺各塔

海竜王寺・室生寺・醍醐寺各塔

石井邦信「ICO型分類による層塔柱間構成の解析 日本古代建築寸法計画の解析的研究・その3」
（日本建築学会論文報告集219号 1974）に従って作図

「規準格子」に対し，柱が内法，真，外法の位置関係をとることで柱間の大小を生み出すとする。さらに，柱径（あるいは大斗幅）の1/2の長さが「規準格子」をつくる寸法単位（図ではu）となる。薬師寺東塔の場合はu=1.00尺（造営尺度）。

古代塔の初層平面は24u（u=単位長）が基本となり，8u＋8u＋8u=24u，7u＋10u＋7u＝24uなどを生み出す平方格子が潜在していると考えられた。古代塔は，一種の規模計画となる「規準格子」に従い，論理的な手続きを経て柱間構成が決められたとする。ただ，柱径が実測値と精確に適合しない点，同様の論理が仏堂では，やや説得力を欠く点が惜しまれる。

図21　石井邦信の柱間構成法（仏堂）

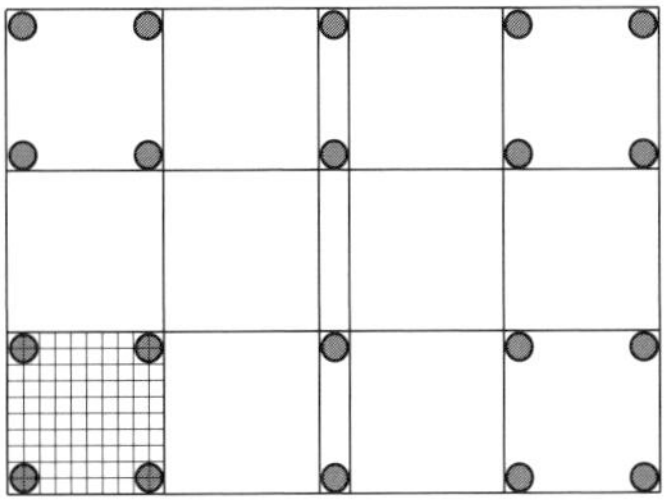

法隆寺中門

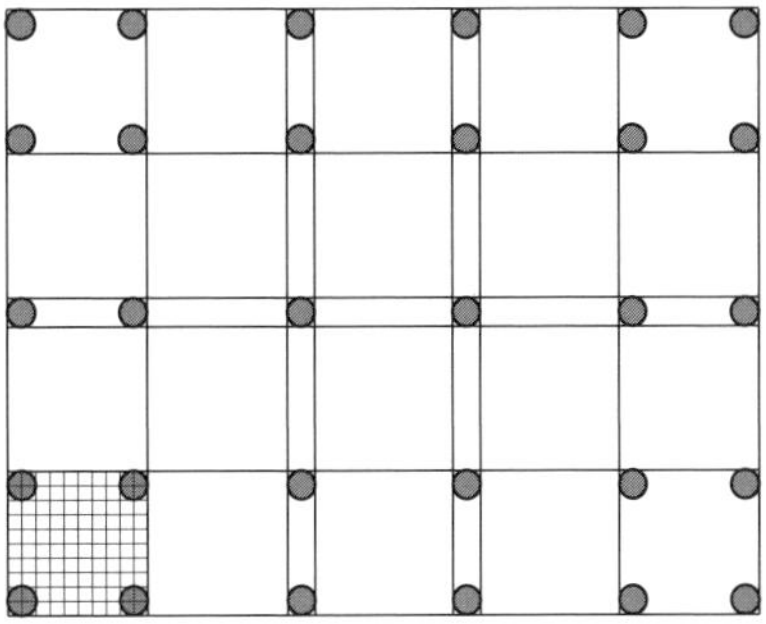

法隆寺金堂

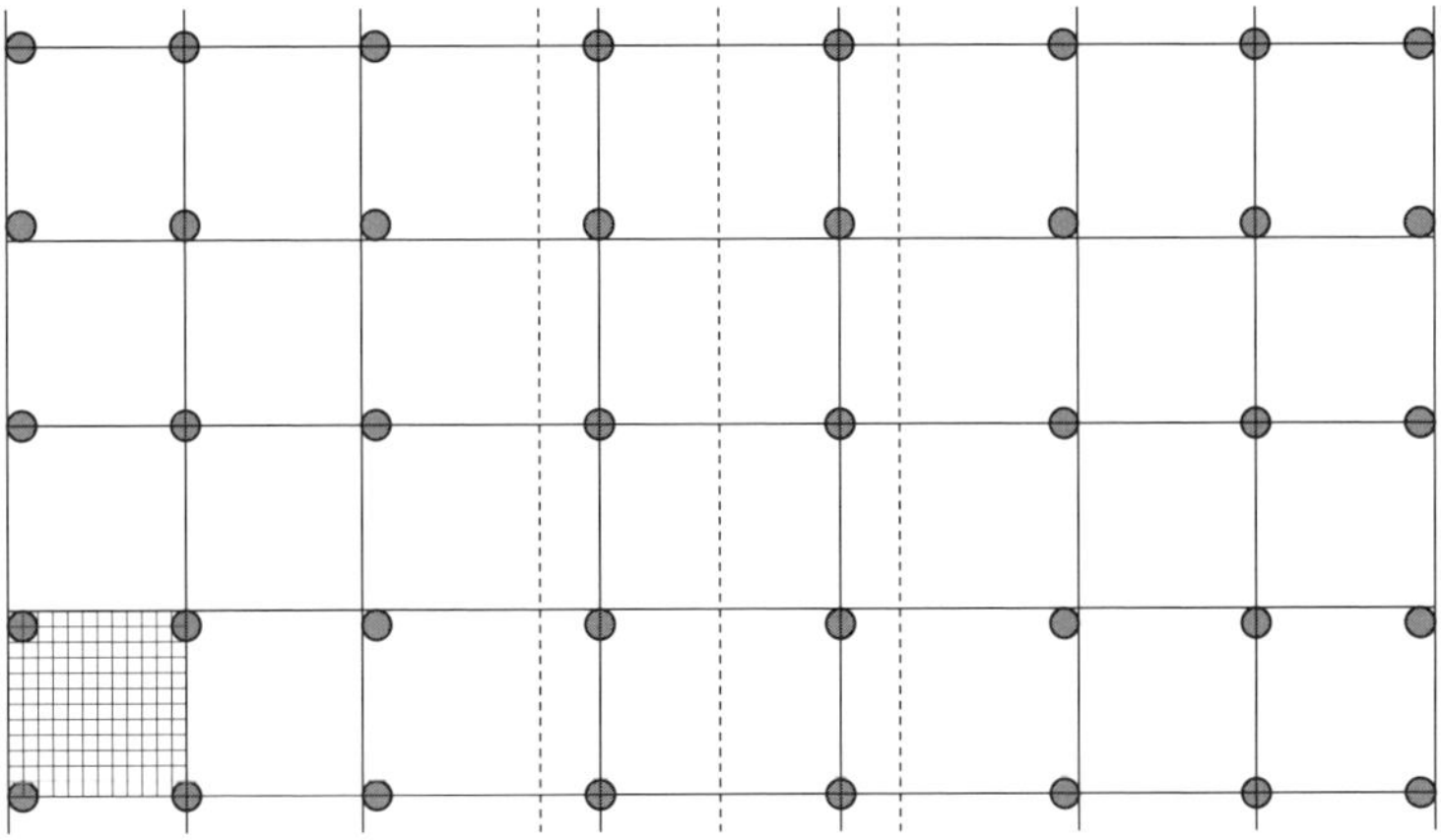

唐招提寺金堂

古代仏堂の平面を対象とした石井の分析結果。第一次的な「規準格子」に手を加え，一部を割り直すとみなされた唐招提寺金堂，「複格子」を用いると考えられた法隆寺金堂，同中門の例である。ここでは特殊なものばかりを採り上げげた。石井説が，仏堂を対象にしたとき，塔の平面のようにすっきりとした議論が成り立たないことを示した例である。「複格子」などの想定は，柱間構成法としてみれば複雑にすぎ，かえって技法の内容が不明瞭になっている。また，想定された柱径は単位長（u）の2倍とみなされたが実測値との相違も目立つ。明快な議論とはいえないが，画期的な視点をもつ議論であった。

を三つに割り直すことで対処している。

部材（柱径）と部位（柱間）とを、ひとつの単位長によって説明づけようとした試みは注目に値する興味深い議論である。法隆寺金堂については、竹島の分析と比べて考察の経緯が大きく異なっているにもかかわらず、単位長はコマ尺の七寸五分と考えられており、竹島の議論と同様のモデュールを提案する結果となった。しかし、単位長、規準格子、柱径、柱間寸法が相互に連携し合う計画法が与える明快な印象にもかかわらず、「複格子」を想定せざるを得ない遺構や、規準格子を割り直す操作などが仏堂において目立つことは、設計方法の復原的研究として、まだ十分に検討を尽くしたものではないことを示している。

石井はまた、堀内と同様に部材寸法の分析も試みているが、その手がかりもまた柱径の二分の一となる単位長（コマ尺で〇・七五尺）である（註9）。堀内はこの単位を金堂柱長さに限定して議論し、他の部位、部材の分析ではコマ尺を手がかりとしたが、石井は〇・七五コマ尺を垂木割などに限定したものではなく汎用の単位として捉えた。したがって竹島、堀内の考察では、〇・七五コマ尺の単位は垂木割計画に結び付けられた単位とみなすが、石井説では、先行して単位長が存在し、垂木割もこれに準じたという判断になるであろう。両者は、同一の長さをともに単位とみなすが、距離のある議論である。

石井の議論は、従来の「柱間比例決定説」や「柱間自由決定説」とは異なる、あらたな柱間構成法を提案したものだが、彼の主張は柱間構成法の範囲に留まるものではない。関野以来継承された「柱間自由決定説」を批判的に検討し、「幾何図法的」な設計技術の分析研究に対する批判とともに、建築生産の様相から、現実の実効性が認められないとした。

従来説に対する批判的視点から見たとき、彼の主張した「規準格子」に従う柱間構成法の最大の特徴は、計画される建築の平面規模の輪郭があらかじめ決定される点にある。この主張は、従来説と根本的に異なっており、一種の規模計画が存在した可能性を指し示そうとしたものであった。従来説の不備を鋭く突いた議論であったにもかかわらず、その意義が十分に理解されてきたとは言い難い。ただ、白井裕泰博士は、石井の規準格子を用いた推論が規模計画法であることに注目し、伽藍を構成する建物どうしの柱間の相対的な大きさについて記した『匠明』の記述を重ね合わせ、法隆寺の主要建築を対象として論を展開している。積極的な設計技法を論ずるよりも、『匠明』の記述との比較を通じて傾向を述べた意味合いが強いが、古代遺構を対象に規模計画の問題を積極的に扱おうとした議論である（註10）。

三・五　むすび――法隆寺建築の造営尺度と寸法計画の諸相

法隆寺建築の寸法計画や造営尺度に関しては、夥しい論者が言及してきたようにみえる。しかし自ら分析を行った論考は意外に少ない。

関野貞の議論は、遺構に則した新しい研究の視点と方法を提起し実践してみせたという点で、研究史上、最も高く評価されるべき議論である。尺度論に基づいた視点は、一世紀前の議論とは思えないほど卓抜したもので、「柱間完数制」の提案は、今日もなお古代遺構の分析研究にとって重要な手がかりである。ただ、当時の寸法資料の限界や、再建非再建論争のなかで組み立てられた議論の方向など、立論にとって制約の多い時代の限界も認められる。したがって再検討の余地を残す議論となった。

村田治郎が試みた再検討は、造営尺度の換算値を柔軟に扱う提案など重要な示唆を含んでいる。ただこのことが、金堂下重と上重の推定造営尺度を大きく引き離してしまったことなど、一部に問題を生ずる原因になったと思われる。とはいえ、高麗尺以外の造営尺度の可能性を指摘し、研究の発展する素地を切り開いたという点で、関野の主張と対比される重要な議論である。

また、戦後の解体修理工事を契機とした竹島卓一の主張は、最も信頼のおける分析資料を提示するとともに、垂木割に注目した斬新な研究視点を提案した。この議論は、戦前までの研究水準を大きく越えたもので、戦後の研究水準を最もよく示す議論である。

一方、石井邦信の議論は、柱径に注目し、柱間寸法との関係を検討するという新しい視点とともに、完数寸法に注目してきた寸法計画の研究史に単位長（モデュール）というあらたな可能性を提示した。法隆寺建築に関する石井の議論は、結果的に竹島の垂木割計画の想定と似ているが、石井の単位長の概念は、垂木割など建築の一部に結び付けられた単位ではなく、汎用の性格をもつ抽象的な寸法単位である。しかし最も注目される議論は、規模計画が存在する可能性を示すとともに、具体的なイメージとして提示してみせたことにあると思われる。

さて、尺度論としてみた研究史は、高麗尺の提案、唐尺の可能性の指摘、そしてまたコマ尺説への回帰という過程を踏んできたようにみえるが、いずれの説も、自説の主張とともに他者の議論を尊重する立場を守っている。このことは、相互に簡単な換算関係をもつ二つの尺度であるため、いずれの議論も他方よりも決定的に優位に立つことができなかったことを示している。法隆寺建築の造営尺度は、二つの可能性に絞られているとみて差し支えないが、一世紀を越えた現在においても明確な結論が出ているわけではない。法隆寺建築の造営尺度を巡る問題は、いまなお検討すべき重要課題として残されている。

註

1 関野貞「法隆寺金堂塔婆及中門非再建論」建築雑誌二一八号　一九〇五・二

2 石井邦信『日本古代建築における寸法計画の研究』私家版　一九七五

3 竹島卓一『建築技法から見た法隆寺金堂の諸問題』中央公論美術出版　一九七五

4 村田治郎「法隆寺の尺度論」『仏教芸術』四号　一九四九・一〇

5 円教寺講堂は、下層では全柱間を九・二〇四尺とし垂木一二枝を配する。完数柱間のようだが一〇尺に垂木一三枝を配した枝割制の遺構で、一枝寸法は〇・七六九二三尺。したがって下層の造営尺度は〇・九九七一尺と算出される。一方上層は、九・〇尺間と七・五〇尺間で構成されるから、造営尺度は現尺と同寸。中世の枝割制については第二部にて述べる。

6 前掲・註3

7 堀内仁之「法隆寺建築（金堂・五重塔）の研究　No.1　立面構成について」日本建築学会論文報告集　第一八七号　一九七一
同「法隆寺建築（金堂・五重塔）の研究　No.2　部材寸法について」日本建築学会論文報告集　第一八八号　一九七一

8 前掲・註2論文および「日本古代建築寸法計画の解析的研究・その1　法隆寺金堂・五重塔の柱間寸法・大斗長・柱径についての検討」日本建築学会論文報告集二一四号　一九七三

9 石井は、法隆寺金堂の単位長も柱径の二分の一とみなしたが、これは柱の頂部、すなわち最小の径に相当する。法隆寺建築を対象に議論すれば、単位長を体現する柱径がどの位置になるのか、胴張の制御はいかなるものであったかなど、見過ごせない問題である。しかし、単位長二つが柱径になるという議論は、古代の多くの遺構の分析を通じて導かれた。法隆寺金堂に関する議論に限れば、単位長を〇・七五コマ尺とみなした原因は、先行研究である竹島や浅野の影響も予想される。

10 白井裕泰「伽藍における堂・門・塔」日本建築学会大会学術講演梗概集　一九八七

第四章　柱間完数制の概念を巡る研究史

日本建築史の研究史のなかで、「完数」という概念が採り上げられ、問題にされた機会は限られたものであった。周知のように「完数」の概念は、明治三八年、関野貞「法隆寺金堂塔婆及中門非再建論」において、造営尺度を推定するための手がかりとして生み出された。その意味するところはとくに難解なものではなく、以後一〇〇年のあいだ、この概念に大きな変化はなかったと考えてよさそうに思われる。ところがあらためて点検してみると、論者によって解釈に相違が認められる。この相違は意外に大きく見過ごせない問題を含んでいる。本章では、「完数」を巡る研究史を簡単に整理することで完数制の可能性と限界を検討し、合わせて本書で用いている「完数」の概念を定位する。

四・一　研究史初期の完数の概念

関野は、大化以前に使われたと考えた高麗尺をもって、柱間寸法に「完数」が得られることを指摘することで、当時の法隆寺再建論に対する反論とした。完数という言葉の使い方は、たとえば、

……一見此建物の寸尺は唐尺に據りたる者と考ふるを妥當とすべきが如くなれども更に各柱間の寸尺を研究するときは表に示せる如く高麗尺にては中の間及左右脇間は完數恰も九尺となり左右脇の間は六尺となり而して唐尺にては此の如き便宜の完數を得ること能はざるを見るべし

「法隆寺金堂塔婆及中門非再建論」

更に前表により金堂上層の寸尺を見るに桁行は明らかに高麗尺の二十八尺なりしことを示し梁間十九尺なりしことをあらはし取捨せる奇零は極めて少し然るに唐尺にては此の如き恰好なる完數を得ること能はずまた其柱間に於ても表に示せるが如き高麗尺にて便宜なる寸尺を得たり

「同」

などの表現、「便宜の完数」「恰好なる完数」として現れる（註1）。引用中の傍点は引用者が付した。なお引用文中の「表」は、実測値と完数の換算値を並記したものだが省略する。

周知のように高麗尺は唐尺の一・二倍の長さをもつから、いずれかの寸法で割り切れる値は、また一方でも割り切れる可能性が高い。関野は表の中で、金堂の中の間実測値の高麗尺換算値を「九、〇一三」、脇の間実測値の換算値を「五、九九五」とし、その「完数」をそれぞれ「九」高麗尺、「六」高麗尺と整理している。また、この表に並記した唐尺の値は、中の間の実測値を「一〇、八一六」、脇の間実測値を「七、一九三八」と記している。とくに換算後の整理した値を示していないが、これらの値の唐尺換算値は七・二唐尺および一〇・八唐尺、つまり寸の値で割り切れる値とみることができる。

また、金堂上層の柱間寸法について、「其柱間に於ても表に示せるが如き高麗尺にて便宜なる寸尺」と述べ、「完数」ということばを用いないが、表の「完数」の項では「八、七」、あるいは「五、三」高麗尺など寸の単位で割り切れる値が並んでおり、同様の意味として用いている。

前掲「唐尺にては此の如き便宜の完数を得ること能はざる」という表現は、唐尺の七・二尺および一〇・八尺という値も完数に違いないが、高麗尺の換算値、つまり尺単位の完数のように「便宜の完数」ではないと判断していると考えられる。もし尺の単位の値に限って「完数」とみなし、寸の単位の値は含まないという意図であれば、単に「完数を得ること能はざる」と表現すべきところである。したがって関野が「完数」を尺の単位に限定したと受け取ることは難しい。

金堂と五重塔の裳階寸法の比較を論じたところでは、「今高麗尺及唐尺の寸尺を見建造當時の計畫を揣摩するに必ずや唐尺にて七尺五寸の者なりしなるべし高麗尺にては之に反し此の如き恰當なる寸尺を得ること能はざるなり」とする。裳階の奥行、つまり側柱《がわばしら》真から裳階柱《もこしばしら》真までの値が金堂、塔を問わず、いずれも唐尺に換算して七尺五寸となることに注目した議論で、ここでは「完数」ということばを用いないが、唐尺の七尺五寸を、高麗尺の換算値よりも「恰當なる寸尺」（寸尺＝寸法）と判断しているから、この値も完数か、あるいはそれに近い「便宜な」値、と判断したことを示している。

また、法隆寺各遺構の各部実測値を示す表では、「第三欄」に「完数」という項目を付して実測値を四捨五入した値を記している。これらの値は、先に述べた金堂下層の柱間寸法のように高麗尺換算値で尺単位となる値もあれば、金堂や中門の上層のように寸の単位を記す場合、五重塔の各部分寸法のように、実測値に対する保留が残るが、逓減から理論的に導いた値として、一部に五分の値をもつ柱間寸法も掲載している(註2)。したがってこの「第三欄」は、「其奇零を凡四捨五入して完數」（奇零＝端数）としたものであるから、「完数」は、尺や寸などの具体的な単位とは直接関係のない概念と見ることができる。

このように、関野が注目し立論の根拠とした寸法値は、尺あるいは寸（操作の結果として現れる五分の値も含まれるようでもある）で割り切れる値であるが、議論の主旨は、高麗尺の尺単位で割り切れる金堂の柱間寸法、上層の正側総間寸法、塔初重と五重の総間寸法をもって、非再建論を導こうとするのであるから、尺単位の寸法が強調される傾向にあるのは当然である。しかし、関野が問題としているのは「便宜な」値であり「恰當なる寸尺（寸法）」であるから、その値の背後に、往時の寸法計画として積極的な意図が認められるものに注目していることが明らかである。つまり、完数の概念の核心は、寸法単位が尺に限定されるか、寸や分を含むのかという問題ではなく、計画意図が窺える寸法値（数値）と受け止められる。

関野の主張は、造営尺度として高麗尺が用いられたのなら、法隆寺建築は大化以前の建立であった可能性が高いとするものであった。この関野の説、非再建論を受けた津田左右吉博士の議論は、法起寺および法輪寺両三重塔の関野の実測値を用いて、唐尺でも寸単位の完数が得られるから唐尺の可能性も残り、したがって天武朝の再建の可能性が残ることを指摘し、関野への反論としたものであった。津田説に対する村田治郎の再反論は、津田の議論を、完数の概念がよく理解できていないとし、法起寺三重塔の論述で「……高麗尺では第一層と最上層（＝第三層）とが尺の完数であるのに、唐尺では寸の完数に過ぎないから、どちらの方が価値が高いかは、一見して明らかである」として両者の完数の優劣を論じている（註3）。

ここで指摘された内容は、「尺の完数」、「寸の完数」という表現をとっているから、やはり完数が特定の寸法単位に結び付けられたものとは捉えていないこと、そして背後の計画意図について、つまり尺と寸では、尺の単位の完数の方が計画意図がより鮮明であることを指摘している。

関野が示した完数の概念は、ものさしの目盛に合致する値を用いて「奇零を避け」ることである。完数の概念と具体的な寸法単位の関係については、後の津田の指摘や村田の議論を合わせて考慮すれば、尺や寸など、具体的な度制単位に結び付けられた概念ではないと考えてよい。しかし、法隆寺五重塔の分析で一部に五分をもつ寸法値に言及するにあたり、初重総間に一八尺（高麗尺）、五重総間に九尺の完数を充て、これにしたがう逓減のなかで他の重の総間寸法や各柱間寸法が決められたと考えており、操作が加わることで五分の値が現れたと考えている。したがって関野は、現実的に、分の単位の値を完数とは考えていないようで、尺と寸の単位で割り切れる値をもって完数とみなしたと考えられる。そして以後の研究史もまた、完数の概念を、概ねそのように捉えてきた。

柱間寸法を対象として考えられた当初の完数の概念は、対象に即した一定の大きさをもつ範囲で議論が繰り返されてきた。しかし、もっと小さな部位や部材を対象とした場合においても採用された概念である。大森健二博士は、

……上古建築においては、斗栱の基準として、まず肘木長さをとるのである。……

例えば法隆寺大講堂についてみると、平三ツ斗の秤肘木は長さ四・九六尺（復原長五・〇〇尺）、実肘木長さ七・九六尺（復原長八・〇〇尺）となり、肘木長さが一つの完数として定められ、この場合肘木長さを基準として斗栱組の行われたことが判る。このように肘木長さを完数として、斗栱の基準としている例は中尊寺金色堂にもみられ、金色堂では肘木長さは三・一〇尺……また鳳凰堂の裳階肘木長さは三・二〇尺となり、いずれも肘木長さは完数で、斗栱における基準単位であったことを示している。

『中世建築における構造と技術の発達について』

と述べている（註4）。法隆寺講堂では、肘木の出に尺の単位を充てたと捉え、これを完数としているが、続く中尊寺金色堂、平等院鳳凰堂の肘木長さの解釈を見れば、寸の単位の寸法値を含めて完数と捉えていることがわかる。また、前章で指摘したように、法隆寺建築の部材寸法の分析を行った堀内の議論も、寸の単位の値を含めて完数とみなしている（註5）。

四・二　限定された完数の概念

このように、度制に従い「奇零を避け」る完数の概念は、現実的に有効な単位を尺ないし寸、とみなすことが伝統的な解釈であったと受け止めることができる。ところが、竹島卓一は完数の概念を限定し、独特の解釈を試みている。

竹島は、法隆寺金堂の寸法計画の分析研究のなかで、下重の柱間寸法のように、簡単な尺の倍数をもたない上重の柱間寸法計画に対し、分析の手がかりとして垂木割に注目した。このとき、垂木歩みの長さであると同時に柱間寸法の単位となる寸法値として想定した値は、コマ尺の七寸五分である。ここで検討しておくべき竹島の議論は、七寸や三寸よりも七寸五分のほうが「完数性が高い」とする判断である（註6）。

……また、端数が出ても、一様には扱えないこと。これは、例えば五寸という端数は、最も完数性が高く、次が二寸五分・七寸五分で、三寸とか七寸という端数は、却って端数的性格が強く、単純に桁数だけや、数値の大小で、一様に扱うことのできない場合があるということである。

『建築技法から見た法隆寺金堂の諸問題』

この解釈は、先に述べた関野、津田、村田、大森の完数の概念とはずいぶん距離がある。竹島の議論には、「五寸という端数」「三寸とか七寸という端数」という表現があるから、完数の概念を尺の単位の値に限定し、「完尺」の意味で用いていることがわかる。そのうえで、たとえば七寸五分の値が七寸よりも「完数性が高い」とする主張は、どういう意味に捉えればよいのであろうか。

竹島は、最も「完数性が高い」（端数の）値を五寸とする。そして二寸五分や七寸五分は、五寸の次に

「完数性が高」く、その程度は七寸や三寸に勝るとする。竹島の主張を延長すれば、三寸三分三厘三毛……の値は、三倍すれば一尺になるから「完数性が高い」ことになる。しかしこの値は、一尺を三等分した値を度制で示したものであるから循環小数であり、伝統的な完数概念の対極に位置する「奇零」（端数）の値である。これらの値は、いずれも整数倍することによって尺単位の値をとるから、「完数性が高い」という表現は、尺単位の値との親和性の度合いを示したものと受け止められる。

　したがって七寸五分や二寸五分の値の方が、七寸や三寸の値よりも「完数性が高い」とした竹島の真意は、多様な端数の値のなかに、尺の単位と簡単な倍数あるいは約数の関係にある特別な端数の値が存在することを指摘しようとしたものである。「単純に桁数だけや、数値の大小で、一様に扱うことのできない場合がある」という表現は、背後の計画意図を重視したことで現れた捉え方である。

　さて一般に、一cubit（腕尺、肘尺）、一尺などの単位を手がかりに、それより大きな値をとるとき、この単位の簡単な整数倍数を用いる技法が想定できる。この技法こそ完数制である。一方、これら単位寸法よりも小さな値をとる場合、下位の度制単位（一cubitに対して一palm（掌尺）、一尺に対して一寸など）を手がかりとする方法と、当該の単位寸法を、適宜等分割して求める方法とが考えられる。

　ウィトルウィウスが述べるモドゥルスの概念は、計画ごとに長さが異なる現場尺であるから度制の単位寸法ではなく、したがって下位の単位をもたない。このため細部の計画では、一モドゥルスを二等分や三等分する技法を次々に繰り返すことで、細部の大きさを獲得する（註7）。

　木割書の技法においても、寸や分の単位の実寸による部材指定の技法（『匠明・殿屋集』など）と、「柱太サ五ツニ割《わり》」や「三分一算《さんぶいちかぞえ》」（いずれも『匠明・堂記集』三間四面堂之図）などの等分割技法があるから、一尺より小さな長さを手に入れる方法として、日本建築においても、下位の適当な寸法単位を用いる方法と基準の長さを等分割する技法という、二つの技法が存在していたであろうことがわかる。一尺に対し下位のものさしの目盛、つまり寸の単位の寸法をとる場合は、度制単位を手がかりとするから伝統的な完数制に該当する。一方、等分割技法は、度制の単位に依存せずに行う直接的な操作である。つまり、両者は技法として異質なもので、そのため同時に併存し混在し得る技法であった。

等分割技法は、たとえば一尺を五等分した値を、あらためて五倍すればもとの一尺になるから、操作のもととなった単位長さと親和的な関係をもつことは当然である。このとき、五等分したことで現れた値は二寸という値であるが、この値が完数であるのは五で割るという操作の結果にすぎない。分割の仕方によって五寸になる場合も三寸三分三厘三毛……になる場合も、そして二寸五分になる場合もあり得る。このとき、等分割した値が完数をとるか端数をとるかは結果にすぎないから、技法としての完数制とは無関係である。

竹島が指摘した「完数性が高い」という意味は、数値の出自に関わる技法の相違、つまり寸法値の性格を度制の側からみた視点と、長さを獲得する等分割技法の側からみた視点のうち、とくに等分割技法に注目して立論したことで、従来の、度制に準拠する捉え方とは異なる議論になったものである。竹島が述べた「完数性」（の高低）という術語は、垂木割の基準と考えられたコマ尺七寸五分の値が、カラ尺で換算すれば九寸になることを意識して、伝統的な見方で完数とみられるカラ尺九寸よりも、一見して端数のようにみえるコマ尺七寸五分の方が寸法計画としてより有意な値であること、つまりコマ尺が妥当であることを示そうとしたものであろう。この結果、伝統的な完数の概念から離れるとともに、度制と等分割技法を混同して捉えたようにも見える曖昧さを伴う議論になり、後に続く完数の解釈に混乱を招くことになった（註8）。

四・三　設計意図としての完数制

完数は現象を意味するにすぎないが、完数制は、数値の背後に計画意図が窺えることを意味する。完数制という概念が構想された初期から、この概念は、整った数値を通じて背後の設計意図を理解できることこそが核心であった。

竹島の試みは、完数制を再定義しようとしたものではなく、背後の計画意図を見届けようとしたもので、完数制と異なる等分割技法の可能性を示そうとした、と考えられる。設計意図を中心に据えてみれば、完数制と等分割技法とは、いずれも部位、部材の大きさを制御するそれぞれ独立した手だてである。したがって、等分割の結果が完数であったとしても端数であったとしても、単に操作の結果にすぎず問題になることではない。しかし竹島の議論は、操作の結果現れた垂木割の長さがコマ尺とカラ尺の二様の解釈が成り立つため、これらを完数として見たときの優劣を意識したもので、この結果、いずれも端数とみなすために完数の概念を尺に限定した、と考えられる。垂木割の解釈については、従来の完数の概念を踏襲し、完数制から見ればカラ尺が有利であり、等分割技法から見ればコマ尺が有利である、とする地点に留まるべきであったと思われる。

後の章で採り上げ詳述するが、古代初期頃の遺構を対象として「総間完数制」と名付けた柱間寸法計画の技法を提案した(註9)。この技法は、古代遺構のなかでは例外的に現れる、しかし無視することのできない端数柱間寸法に注目し、背後の設計手順を採り上げ検討を加えたものである。この技法は、まず、総間寸法を完数によって決定し、これを適当に等分割して柱間寸法を決定する。この結果、総間の寸法値と分割する柱間数の組み合わせによって端数柱間寸法が現れることがある、とするものである。

総間や複数の柱間にわたる幅を対象とするから、規模にふさわしい寸法値として五丈(山田寺金堂)や一〇丈(法隆寺創建および再建講堂)という値、つまり丈の単位の値が認められる。しかし薬師寺東塔の二重総間のように、遺構の規模によっては、尺の単位の寸法(一七尺)を対象とすることもあり得る。このような技法を的確に表す用語として、「総間完数制」という用語を工夫したが、総間寸法が平易な完数をもつことと表裏の関係をもって、柱間寸法に端数値を生み出すことがある、ということが特徴である。

さて、総間完数制において「完数」と呼んだものは、伝統的な完数の概念に従って「奇零」(端数)をもたない値という意味であり、度制単位を限定するものではない。竹島の議論のように尺の単位に限定してしまえば、丈の単位や寸の単位を用いた設計意図を、完数の概念ですくい取れなくなってしまうためである。したがって本書で用いる完数の概念は、特定の度制単位に限定する概念としては受け止めない。しかし、現実的に適用される度制単位は、上限を丈の単位、下限を寸の単位、という範囲で捉えることになるであろう。分や厘の単位は現実的でなく、またこの値から計画意図を見出すことが難しいからである。

竹島の指摘は、結果として、完数制が有用であると同時に、限られた手がかりにすぎないことを示している。

四・四　むすび——完数制概念の再構築

冒頭に掲載したように、完数や完数制の概念は、一〇〇年を越える研究史を通じてほとんど変化することがなかったと考えられる。完数制という視点から見た竹島の議論の特質は、完数の概念を尺の単位に限定したこと以外にはない。等分割技法は、「完数性」が高くとも低くとも、完数制そのものとは関係のない議論である。竹島の説を例外として、完数とは、度制の単位寸法で割り切れる数値であること、特定の単位に限定する概念ではないこと、しかし現実的に丈、尺、寸の単位をもって数値が割り切れること、を意味した概念と受け止められる。

設計技術の復原研究にとって、完数制は現在でもきわめて重要な手がかりに違いない。しかしこの概念は、学術用語として使われた当時の問題意識に制約された、造営尺度を特定することへの強い関心が生み出した可能性と限界とを抱えた概念、と捉えなければならないであろう。

矛盾するようだが、真に完数制であるかどうかは、結局、往時の計画意図が十分に明らかにならなければ、判断ができないのである。一方、その計画意図が不明な時点で、これを解読していく重要な手がかりのひとつとして完数制の概念が機能している。分析の途上で想定する暫定的なものであったとしても、この概念は、設計技術の解読研究にとって、変わらず重要な手がかりである。

註

1　関野貞「法隆寺金堂塔婆及中門非再建論」建築雑誌二一八号　一九〇五・二

2　関野は、法隆寺五重塔の総間寸法について、初重総間を一八尺とし、中の間を七尺五寸とみなした結果、脇の間を五尺二寸五分という値と捉えることになった。法起寺三重塔の初重においても同様の柱間寸法を想定している。また、五重総間を高麗尺で九尺とした結果、理論上、重ごとに二尺二寸五分ずつの逓減が起きると考えることになった。しかしこれでは、総間寸法に五分の値を伴う重が現れる。このため各重総間寸法は、寸単位の値をとって計画を行った可能性も指摘している。

3 村田治郎「法隆寺の尺度問題」『法隆寺建築様式論攷』中央公論美術出版　一九八六　所収　初出は『仏教芸術』四号一九四九・一〇

4 大森健二『中世建築における構造と技術の発達について』私家版　一九六一

5 堀内仁之「法隆寺建築（金堂・五重塔）の研究No.1　立面構成について」日本建築学会論文報告集　第一八七号　一九七一
同「法隆寺建築（金堂・五重塔）の研究No.2　部材寸法について」日本建築学会論文報告集　第一八八号　一九七一
また、浅野清『昭和修理を通して見た法隆寺建築の研究』（中央公論美術出版　一九八三）では、金堂に高麗尺が用いられた可能性を指摘する際に、高麗尺の寸の単位の完数（高麗尺で三尺四寸）となる組物寸法を根拠に議論している。ただ、視点を変えれば別の位置で唐尺（浅野は「天平尺」と表記）の可能性を指摘することができる。

6 竹島卓一『建築技法から見た法隆寺金堂の諸問題』中央公論美術出版　一九七五

7 森田慶一訳註『ウィトルーウィウス建築書』東海大学出版会　一九六九

8 たとえば大森の所説（前掲・註4）に「鳳凰堂の肘木長さには二種類あって、ひとつは大斗上秤肘木のうち壁付肘木の四・〇〇尺のものであり、他は同じく秤肘木の持出しになっている肘木（これが斗栱の出を決定する）の三・七六尺のものである。……後者については三・七五尺と見、3¾尺の完数値と解することもできるが……」とする平等院鳳凰堂の肘木長に関する議論がある（傍点は引用者）。「3¾尺の完数値」と指摘するが、この値は伝統的な完数の概念からみれば明らかに端数である。また、竹島は、完数の概念を尺の単位に限定するから、3¾尺は「完数性が高い」値であるとしても、同様に端数とみなされる。竹島の議論は、「完数性」という独特の用語を用いるが、この術語は誤解を招きやすく、混乱を招く原因になっている。

9 溝口明則「山田寺金堂と法隆寺中門の柱間寸法計画について」日本建築学会計画系論文集六〇三　一九九九

第五章　規模計画と設計技術

前章で述べたように、完数値への注目は設計意図を見出そうとすることを意味していた。設計技術の復原研究は、往時の設計者の意図を理解することで計画過程を復原しようとする。設計者の意図を解読する、という視点で捉えれば、柱間完数制を手がかりとするだけで必要十分であるとはいえない。竹島卓一の試みは、結果的に混乱をもたらすことになったが、数値の背後にある設計意図を積極的に解読しようとする試みとして重要な指摘であった。

完数値を認め、背後の設計意図を見出そうとする研究は、長いあいだ柱間寸法計画に関心を注いできた。つまり、遺構の一部を採り上げ注目することを繰り返した。伊東忠太に始まる「柱間比例決定説」や関野貞に始まる「柱間自由決定説」と「柱間完数制説」を構築してきたわが国の建築設計技術史研究は、当初から個々の柱間の大きさを決定する方法に、強い関心を抱いてきたのである。

一〇〇年を越える研究史は、結果的に、建築の全体計画あるいは規模計画に、積極的な注意を向けることがなかった。多種多様な規模をもつ古代遺構を通観すれば、その背後に、規模を決定する一貫した技法が存在した、と予想することは容易なことではない。また、総間寸法に無限小数などの端数寸法が常用される中世遺構を観察すれば、やはり、一貫した規模計画の技法を想像することは難しい。そして、近世木割法を代表する『匠明』のなかにも、規模計画を予想させる明確な記述を見ることがない。したがって、研究史のなかに規模計画という発想が現れなかったことは、やむをえないことであったとも思われる。

しかし、仏堂や塔のように複雑な構築物、とくに古代遺構は、伽藍の中でそれぞれ一定の体積を占める存在である。伽藍内の相対的な規模を決める計画は存在せず、私たちは、現在、成り行きでできあがった伽藍を目撃している、と考えることの方がはるかに難しい。それにもかかわらず、研究史は建築の規模計画に注目しなかった。この理由を検討する作業を通じて、間接的に、建築規模計画を復原する際の問題点を整理しておきたい。

五・一　研究史初期の設計技術のイメージ

第一章で見てきたように、伊東忠太の「比例」概念は、古典主義の系譜に位置づけることができる。したがって、わが国の歴史上の建築設計技術を復原的に捉えようとする視点から見たとき、伊東に端を発するいわゆる「柱間比例決定説」は、古典主義に由来する寸法資料解釈の視点にすぎないもので、設計過程の復原研究とは異質な性格をもつものであったと考えなければならない。

しかし「比」や「比例」の概念は、一方で木割書の解読研究でも採用された。たとえば、「柱太サ」に対する「根（長押）成」を「六分算」とする、つまり柱径を一としたとき、柱径に対し長押成を〇・六とするなどの関係は、これを「比例」とみなし、一に対する〇・六の値を「比例係数」として位置づける解釈である。

柱間構成に整数比などを認める比例と木割書の解読研究で用いられた比例とは、現代の数学の常識では相違をもたない。しかし前者は西欧古典主義のなかで醸成された、特定の比や簡易な整数比への注目に由来している。このため前者の立場は、無自覚であったとしても、古典主義と同様の技法が日本の古代や中世に存在したと主張したことになる。一方後者の「比例係数」は、一見してウィトルウィウスの表現に類似するようにもみえ、オーダーとの比較のなかで語られたこともあるが、この発想は、研究者が木割書の特質を把握し表現するために、近代数学に手がかりを求めたものである。近代数学の概念をもって木割システムの特徴をすくい上げようとしたもので、木割書が記述された時代に、文字どおりに「比例係数」などの概念が存在した、と主張するものではない。木割システムの「比例」的性格は、後に詳しく述べるように、曲尺《さしがね》を用いた巧妙な計測技法に由来するもので、古典主義とも近代数学とも関係がないものである。

「比例」の概念を導入する解釈が抱えてきた問題は、第一に、数学としても、部材の大きさ決定の技法としても、そのような概念が前近代の東アジアに存在しなかった以上、往時の技法として想定できないこと。第二に、この概念は、二つの柱間や部位あるいは部材のあいだに見出される、相対的な一対一対応の関係に注目することを強いるため、結果的に、建築の部分に過剰に注目することを促し、全体計画への注意を逸らしてしまうものであったこと、である。さらに、相対的な関係に注目することが、それぞれの柱間の具体的な大きさや寸法値、つまり絶対的な大きさに対して注意を向けにくくする。

一方、関野の「柱間完数制」は、背後に「建築家の好む所に従」って柱間の大小を決定する（その後に完数寸法に整理する）という計画の手順が予想された。この議論も、遺構の規模が単なる結果として、あるいは成り行きで決定されるかのような印象を与えてきたようである。関野は多くの奈良時代遺構の調査を経験しており、多種多様な遺構の姿を見てきたことで、このような印象をもつことになったのだと思われる。とはいえ関野の議論は、積極的な根拠をもっているわけではない。

研究史初頭の二つの学説のいずれにおいても、全体計画への注目が希薄であったことが、後の研究史で規模計画を考える契機を逸する原因であったと考えられる。

五・二　中世遺構と規模計画

繁垂木をもつ中世遺構の多くのものが、柱間寸法に端数値をもっている。これは、柱間寸法や総間寸法を端数一枝寸法の倍数とするために起こる現象である。これらの遺構の寸法値を見るかぎり、規模計画があったとしても、どのような技法であったかを予想することはきわめて困難なことと映る。しかしこれは、現在の延床面積などの建築規模のイメージに支配された判断である。中世に、柱真規準線で囲まれた範囲の面積、というような規模の捉え方が存在したと考えることには、何の根拠もないであろう。とはいえ、何らかの強い全体枠の規制が存在したと考えられる根拠は少なくない。

中世前半に遡る仏堂のなかに、「来迎《らいごう》柱の後退」と呼ばれる現象が散見される。典型的なものは福井・明通寺本堂（正嘉二年・一二五八）、奈良・長弓寺本堂（弘安二年・一二七九）、鶴林寺本堂（応永四年・一三九七）などで見ることができる。前の二つの仏堂はよくにた平面構成をもっており、いずれも等間六間の奥行を等分して前方三間分を外陣に、後半分のうち最後の一間を庇の間（後陣）として、二間分を内陣の奥行に充てている。そして、内陣の背面を区画する二本の来迎柱が、入側隅柱と側柱の柱筋からはずれ、わずかに後退するという共通の特徴が認められる。

明通寺本堂の場合、「後退」によって獲得された奥行は実寸にして二尺程にすぎず、四枝分程を後退させた長弓寺本堂の場合も、この操作で獲得できた奥行は、実寸で二尺五寸に満たない（図22）。特定の柱だけを柱筋からずらすから、頭貫、長押などの横材で柱どうしを繋ぐ自然な構造体から離れ、別に横材の収まりを工夫しなければならなくなる。二つの遺構は、いずれも、入側隅柱とその背後の背面側柱を繋ぐ繋梁の上に束を立て、ここに来迎柱筋の横材を収めている。わずか二尺程の奥行と引き換えに、脆弱ともみえる不自然な架構を余儀なくされている。

それなら、横材の収まりと構造を勘案して、背後から一間分入った柱筋を、来迎柱も含めてすべて一律に後退させてしまったらどうであろう。同様の工夫を実践した遺構に香川・本山寺本堂（正安二年・一三〇〇）がある。この仏堂は、図23のように来迎柱を含む柱筋全体を揃えて後退させている。そのように理解できる理由は、来迎柱筋全体が後退したことで後陣の奥行が圧迫されていることがみてとれるためである。

背面両隅の間（端の間を一辺とする平面上の矩形の間）に注目しよう。通例隅の間は、桁行端の間と梁行端の間を同寸として、正方形の平面を形づくっている。これは、隅の間の上部に、対角線に沿って化粧隅木が架けられるためで、このように収めないと桁行と梁行の配付垂木が隅木を挟んで不揃いになるためである。ところが本山寺本堂は、来迎柱を含む柱筋の後退が背面の柱間を圧迫し、正方形であるべき隅の間平面を横長矩形に変形させている。隅木を柱真に収めようとすれば、このままでは振隅《ふれずみ》を起こすことになり、隅木を挟んで桁行と梁行の垂木歩みが揃わなくなる。そのためこの遺構は、入側隅柱から延び出た根肘木上の斗に隅木を架ける異例の収まりを工夫して振隅《ふれずみ》を避けている。さて、これほどの工夫をもって獲得できた内陣の奥行寸法は、わずかに一尺二寸五分程である。

いま、三つの事例を挙げてみてきたように、「来迎柱の後退」という現象は、通例では考えにくい無理な

図22　長弓寺本堂平面図

長弓寺本堂の来迎柱は，背面の入側柱筋から4枝（2.45尺）後退する。

来迎柱筋の頭貫の両端は，入側隅柱と背面の側柱に渡した繋梁の上に立てた束に収めている。

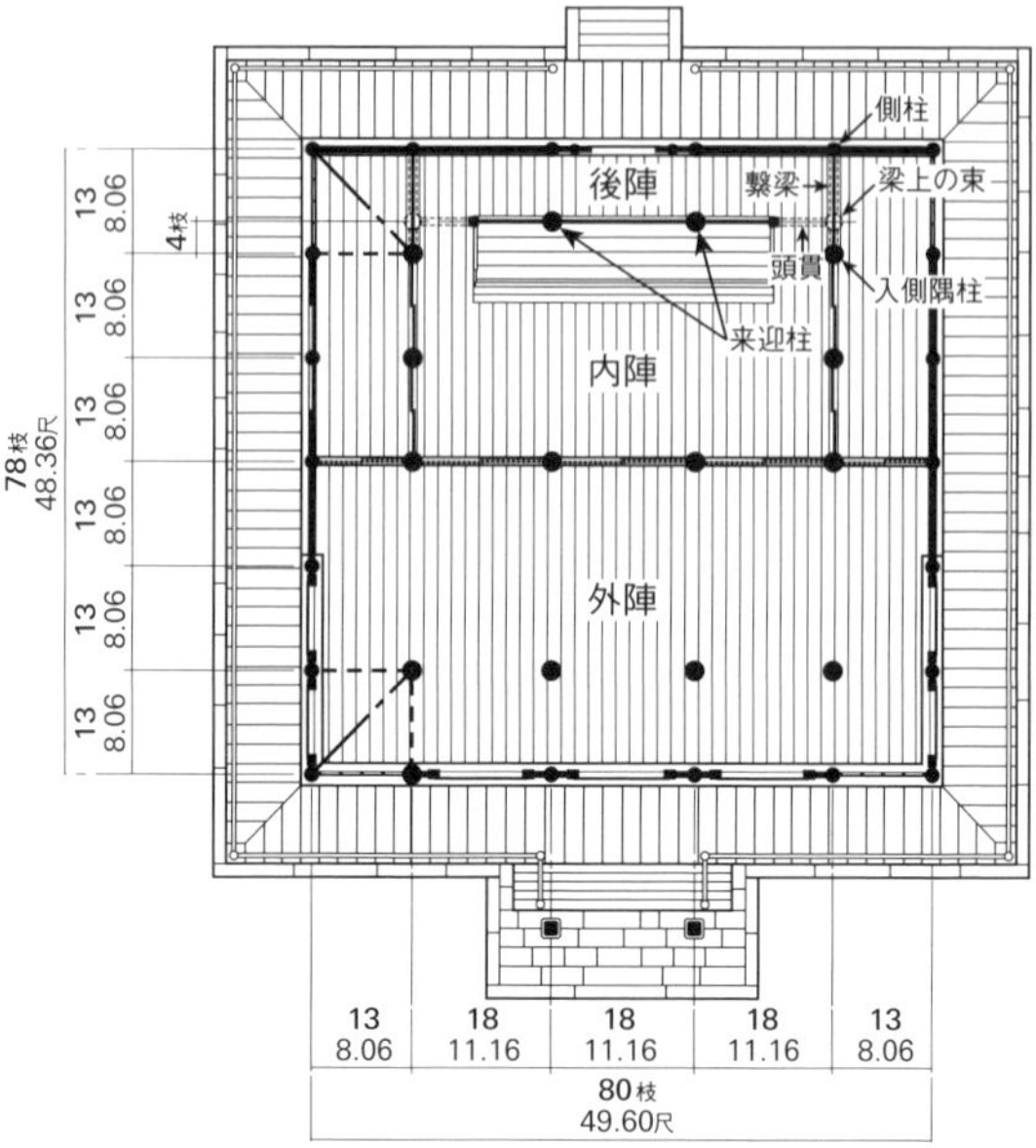

図23　本山寺本堂平面図

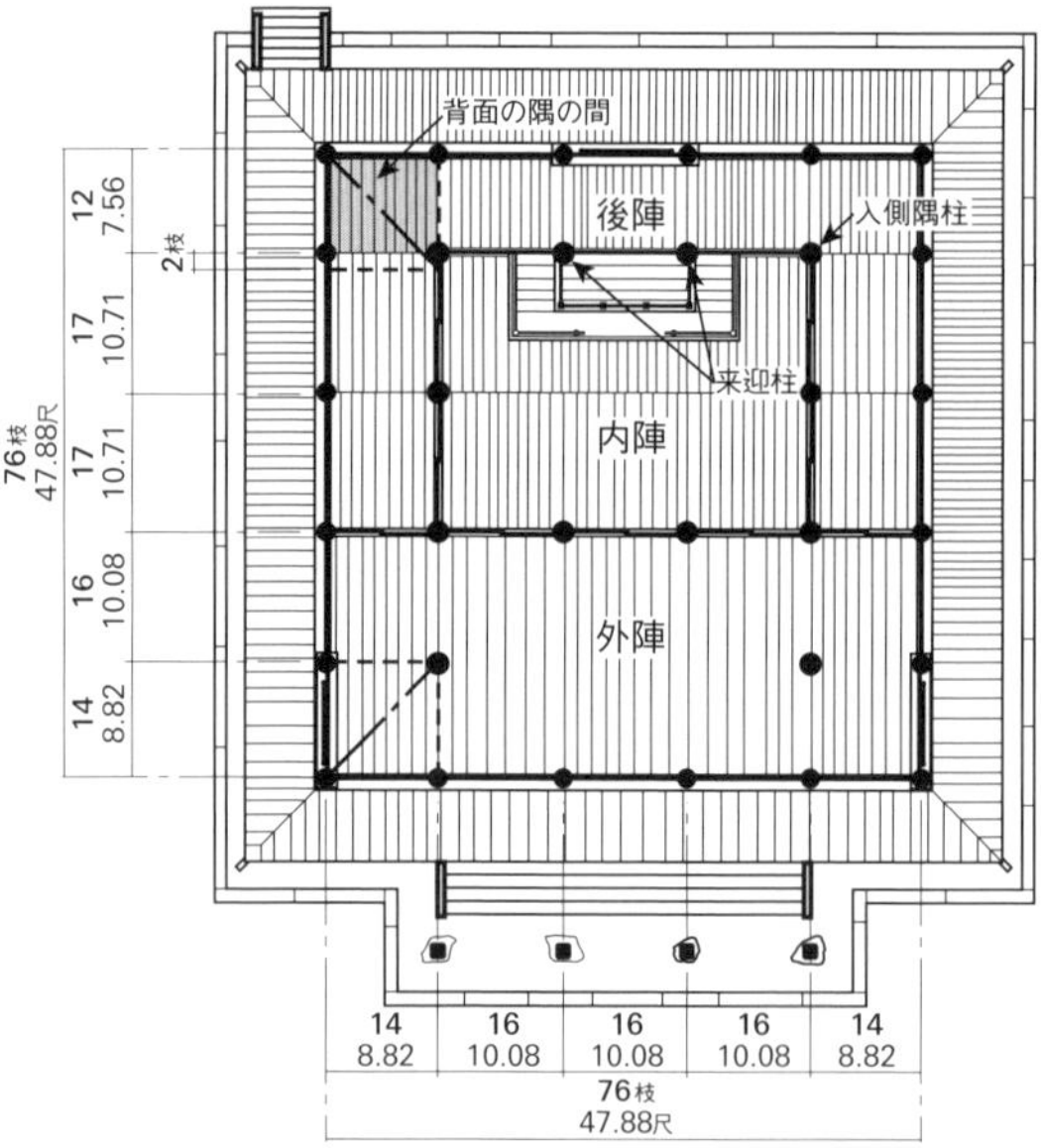

正方形平面をもつ本山寺本堂では，来迎柱と背面入側柱，その脇の側柱がすべて一律に後退する。
このため背面の隅の間は正方形の平面を維持できず，奥行の浅い矩形を形成する。
この結果，背面隅木が入側隅柱の真に載らず外へ踏み出すため，根肘木上に載せる工夫が施された。

収まりを工夫し、一部あるいは一列の柱筋上すべての柱を移動し、その結果として、わずかに二尺前後の奥行を手に入れていることになる。しかし、内陣奥行を十分に確保して、さらに不利な収まりを回避する方法はごく簡単なはずである。二尺程度であれば、仏堂の奥行全体をその分だけ拡大すれば問題なく回避できるであろう。また、平面全体を正方形とする本山寺本堂の場合は、一尺二寸程の長さであれば、正側の総間に加え、ともに拡大することで正方形平面を保つことができたであろう。「来迎柱の後退」という、奇妙ともみえる現象は、各部の大きさがその枠組みのなかでそれぞれ工夫して調整されるような、あらかじめ決められた強固な全体枠が潜在することを意味している、と考えるほかはない。

近世の仏堂においても、来迎柱の後退はよくみられる。しかし近世では、来迎柱を来迎壁の収まりや仏壇回りの荘厳のための化粧材として、内法柱などとして扱う。つまり、架構を担う部材ではなく、来迎壁とともに一種の間仕切りを形成する。したがって、構造体に無理を強いる中世の「来迎柱の後退」とは別物である。

来迎柱の後退は、中世中頃から後半の遺構にも認められるから、中世を通じて見出すことのできる現象であり、この現象が現れる原因は、結局、全体計画の存在に帰結すると捉えられる。しかし、従来のように柱間が「自由に決定された」と理解していれば、この現象を設計技術の問題として論理的に説明することは困難である。

五・三　木割法の比例的性格と建築規模

建築規模が結果的なもので、成り行きで決定されるかのような考えを支えてきた原因はいくつかあるが、長期にわたって木割書と木割法の代表とみなされてきた『匠明』の記述法にも起因している。周知のように『匠明』は、冒頭に指図を示し、続いて部材寸法の大きさを指定する記述を繰り返して細部構成を記す、という構成をとっている。指図については、中の間に対する脇の間の相対的な大きさがどのような計画で決められたのかなど、その成立過程については一切記していない。また柱間の垂木枝数を記してはいても、柱間寸法など絶対的な大きさをただひとつに決定して記すわけではないから、続く本文に記されるように、中の間に適当な寸法を与えることで、指図全体は比例的（相似的）拡大、縮小に対応するもののようにみえる。なぜこのようなシステムになったのであろう。

まず、木割書に記された対象は、個別に計画される建築ではなく汎用性をもつ存在、いわば抽象的な存在でなければならない。したがって、具体的な大きさを記して規模を固定するような記述は回避されなければならなかったであろう。第二に、後に詳述するように、部材間の相対的な大きさを一対一対応に固定するように組み立てられたシステムが建築全体を網羅することで、結果的に全体計画に「比例」的性格を与えているためである。つまり、規模計画を固定せずに記すことのできるシステムを獲得したことで、汎用の建築を記述することが可能になっている。

「殿屋集」を除く四つの巻では、いずれも各建物の記述の冒頭で柱間寸法を示し、続いて柱間から柱太さを求める記述が現れる。さまざまな部材の多くが柱太さから導かれるのであるから、当然の記述の手順である。このとき、柱太さを導く柱間は、「門記集」のように、正面一間の建物であれば、その「表ノ間」から、複数の柱間をもつ場合は「中ノ間」から導かれることが通例である。しかし、「社記集」では「妻ノ間」が用いられる場合も、二間構成の「妻惣間」つまり側面総間から導かれる場合もある。また、「塔記集」では「門腰」つまり三間総間から柱太さが導かれる。これらの記述のなかで規模計画を含意しているようにみえるわずかな例は、「門記集」のうちの正面一間の構成の門を扱った記述、「門腰」から柱太さを導く「塔記集」の記述である。

「堂記集」内「三間四面堂」のように、冒頭の指図ですべての柱間に垂木枝数を記し、記述の最初の項で、「中ノ間壱丈弐尺斗《ばかり》」と記すため、総間寸法は、中ノ間の垂木枝数二〇枝とその寸法値一丈二尺から一枝寸法を求め、総間の枝数倍とすることでようやく知ることができる。続く記述のなかには、たとえば腰長押の位置指定の記述のように、中の間が「壱丈五尺」のとき、「壱丈」のとき、「壱丈ヨリ小間」などの場合が想定されてそれぞれについて記すから、結果的に、可変の中の間と固定した垂木枝数からそれぞれの場合の一枝寸法が決まり、総間寸法もそれぞれ算出することが可能になる。このような記述法をとるため、あたかも規模計画が中の間を通じて間接的に制御されるような印象を与えるのである。しかし距離を置いてみてみれば、一般の具体的な建築計画において、一部分（中の間）の大きさを変化させることで、間接的に全体の大きさ、つまり規模計画を制御しなければならない理由が存在するだろうか。

『匠明』の記述法は、多様な部材の大きさを導く基準として、まず「柱太サ」を指定するところから始まるが、この指定法は、「大塔」に現れる「三分算《かぞえ》」（3/100）を最小で唯一の例とし、「四分算」（一例）「六分算」（二例）「七分算」（「門記集」の角柱厚さに多用。一四例）「八分算」（「塔記集」を中心に一〇例）など順に大きくなり、四例が認められる「壱寸六分算」（16/100）まで、「五分算」を除いてほぼ間断なく連なっている。そして唐突に「五間弐間平棟門」に現れる「弐寸弐分算」（22/100）を最大とする。全体の二五％を占める最多の例は「寸算」（柱間の1/10）の二八例で、「壱寸壱分算」（11/100）の二二例が続き、この二例で半数近くを占めている。したがって「柱太サ」を求める標準は「寸算」であり、これを中央においてバリエーションを広げるという特徴が認められる。つまり、木割法にとって、簡単な手続きで「柱太サ」を求めることが重要な事項であり、その方法は、多くの場合中の間として現れる最大柱間をもって「寸算」とすることを標準とし、「柱太サ」を求めるというシステムであることがわかる。

「塔記集」は、例外的に総間（三間）から「柱太サ」を求めるが、中の間から「柱太サ」を求めようとしない理由は、いわゆる比例係数が大きくなるとともに複雑な値になることを嫌ったためであろう。「三重塔」の場合、総間の「八分算」とするが、同様の柱太サを中の間から求めた場合を算出すると、初重では二寸一分三厘三毛の「算」、二重では二寸二分四厘の「算」となる。例外的に現れた「五間弐間平棟門」の「比例係数」に比肩する数値であるから、中の間からではなく総間から「八分算」とするほうが簡明な記述が可能になる。したがって「塔記集」の「柱太サ」が総間から導かれた原因は、建築規模とは無関係で、柱径を求める平易な記述法を実現しようとしたためと判断することができる。

『匠明』が建築規模について言及しない理由は、多様な部材の大きさを、整理されたシステムで平易に示すことが最大の目的であるためで、この方法によって汎用的性格を獲得しようとする。そのため冒頭に指図を示して建築全体の様相を示すに留め、この指図へ至る計画手順は示さない。あらかじめ示した完成図へ向けて、部材の大きさをどのように獲得していくかという技法が記されたものであって、誤解を恐れずにいえば、一種の仕様書の性格を帯びたものである。したがって、建築設計技術に関わるすべての技法や考え方が余すところなく記録されている、というような受け取り方は適切ではない。

古代以来十分な経験を蓄積し、成熟を遂げた近世の設計技術が、その技術書のなかで建築規模を採り上げないことが、ただちに古代、中世の建築規模計画の存在を否定する理由になりえないことは当然である。木割書に建築規模について積極的な言及がないことを理由に、規模計画は曖昧なものであって、単に部分の集積による結果にすぎない、などと捉えることは木割書研究の成果を無視した大きな誤りである。

ウィトルウィウスに始まりルネサンスを経て確立した古典主義の「比例」は、ピタゴラス数学に基づいた、古代ギリシア数学の一部としての比例であり、一九世紀以後注目されるようになった黄金比や√2比ないしダイナミック・シンメトリーも、数学としての背景をもち、これを造形の美の問題に用いたものである。木割法の「比例」は、ピタゴラス数学とも、これを含むプラトン主義などの思想的背景とも無縁である。それゆえに古典建築のオーダーと木割法を、表面上似てみえるシステムの特徴をもって安易に結び付けてはならないし、また、古典主義の「比例」と木割法の「比例」を、あたかも同じもののように受け止めてしまうことも、あってはならないことである。

とはいえ、木割法の「比例」を中国数学に基づいたもの、と受け止めることも正しくない。木割法を支える基盤は数学ではなく、巧妙に工夫された曲尺の計測技法であり、補足のためにごく簡単な演算を加えた技法である。そしてこの技法によって部材間に一対一対応の関係を獲得し、これを独特の体系へ昇華したものと捉えられる。この内容を、『匠明』「三間四面堂之圖」に従って、当時の曲尺（おそらく長手一尺五寸、妻手七寸五分程度の長さで五分の目盛をもつもの）を用いて簡単に追ってみよう。

冒頭で「一、柱太サ　中ノ間ニ〆《シテ》壱寸弐分算　丸柱ニスヘシ」と記している。周知のように、この文意は柱径が「中ノ間」の〇・一二倍であることを意味している。曲尺が短いため、**図24**に示したように、柱径の半分の長さをとって操作を始めることになるであろう。まず、板材の上に六寸の長さをとる。これは、中ノ間一丈二尺の長さの一〇分の一を、さらに半分とした長さである。この長さを板の上に描き、この幅に一〇の目盛（現実的に一尺の目盛の位置）が合致するよう曲尺を斜めに当てる。このときの目盛一つ分（一寸の目盛の位置）までの水平長さは、一〇分の一の縮尺で表した中ノ間の半分の長さである。したがって目盛一寸二分がとれれば、この幅は、柱径の半分の一〇分の一長さになる。

当時の曲尺に二分という目盛はなかったであろうが、この長さの計測が直接問題になることはない。要は、この長さの一〇倍である実際の長さが計測できればいいからである。つまり、目盛で一尺二寸までの水平幅をとれば、この長さが原寸の柱径の半分の長さになる。以上の操作は、柱径の半分の長さを、いったん一〇分の一の縮尺の世界で獲得し、これを一〇倍して実際の長さを得る、という操作である。

続く文章「同柱五ツ割　壱分棰厚サニ〆《シテ》成ハ弐分増ニ可用」は、こうして得られた柱径を五等分し、その一つ分の幅を垂木の幅にするとともに、垂木の高さはその一・二倍にしなさい、という文意である。すでに柱径の半分の幅が獲得できているので、今度はこの幅に目盛が五の倍数に当たるよう曲尺を当てる。実際の操作では目盛一尺の位置を当てることになる。この状態で四寸の目盛までの長さを水平にとれば垂木の幅が獲得できる。規準となる幅が柱径の半分であるから、その五分の一の長さを二倍すれば目的の長さになるためである。さらに、獲得した垂木の幅に、曲尺の目盛を五の倍数、実際には五寸の目盛に当て、このままの状態で六寸の目盛までの水平長さをとれば、この長さが垂木の高さ（幅の一・二倍）になる。

図24の下半は、「（橋子成）五分算」「棖成ハ六分算」「柱貫成ハ七分算」「（大斗）成ハ五分半算」「丸桁成ハ七分算」など、「分算」という用語を用いた記述を集めたものである。これ以外にも「（向拝）柱太サハ八分算」「萱覆成ハ四分半算」など多くの例がある。いずれも柱径の半分の幅に、目盛が一〇の倍数の目盛（ここでも一尺の目盛）が当たるように曲尺を斜めに

図24　『匠明』「三間四面堂之圖」における木割法と曲尺操作

一、柱太サ中ノ間ニ〆壱寸弐分算丸柱ニスヘシ　同柱五ツ割壱分棰厚サニ〆成ハ弐分増ニ可用

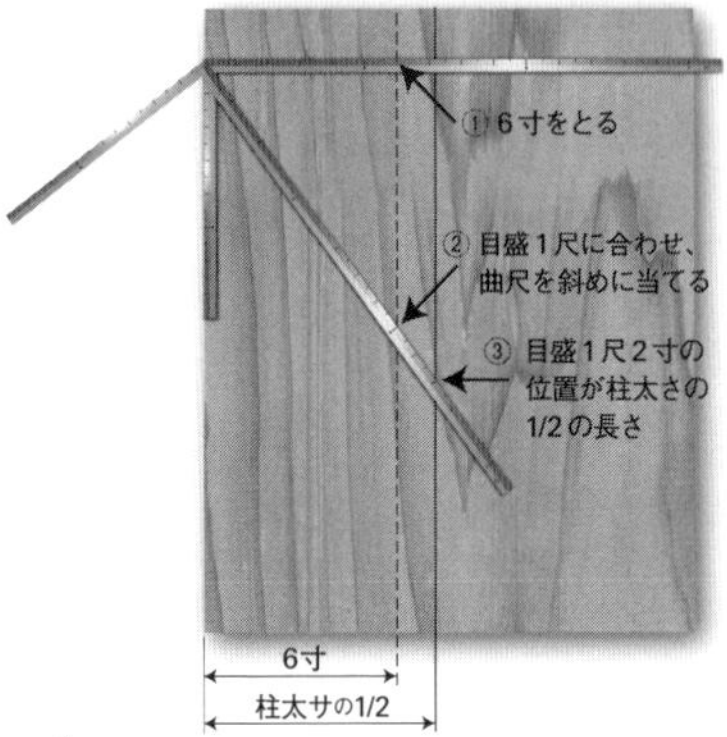

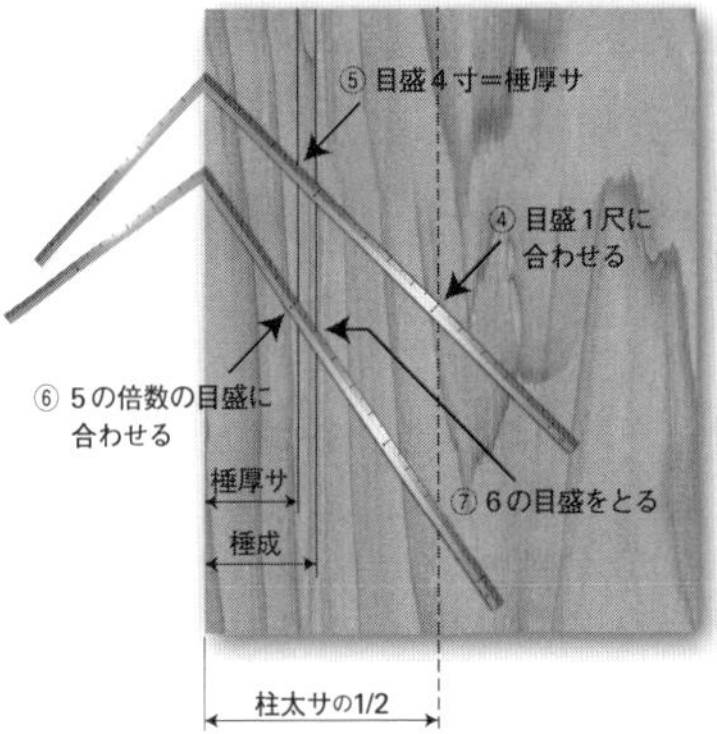

中ノ間壱丈弐尺の場合

一、……（橋子）成ハ五分算……

一、梠成ハ六分算……

一、柱貫成ハ七分算　厚サ三分壱算……

一、接物ハ大斗広サ柱同　四方ニ〆然共少大キクモ可用　成ハ五分半算
……
同肱木厚サハ大斗幅三ツ割ニ〆壱分ヲスヘシ　成ハニ分増

一、丸桁成ハ七分算　厚サ棰壱枝木間壱ツ可用

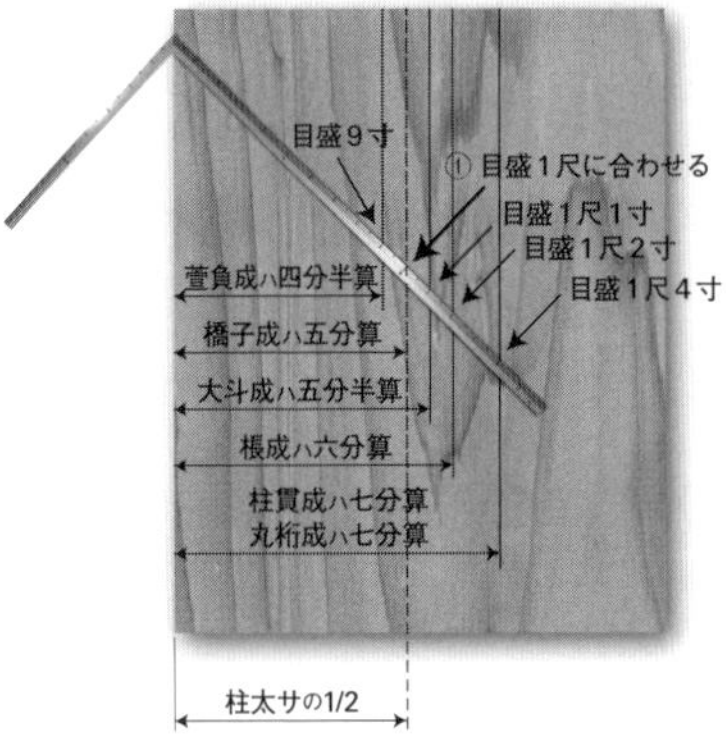

置けば、この操作だけで一度に多様な長さを獲得することができる。「五分半算」「四分半算」など「半算」の表現は、曲尺に五分の目盛があれば容易に計測できる。また、「柱貫厚サ三分壱算」や「梎頭《クビ》リ成三分壱算」も、当該の幅に目盛が三の倍数になるよう曲尺を当てることで、具体的な長さが獲得できる。肘木幅は大斗幅（＝柱径）の三分の一で求めることができ、この幅に目盛が三の倍数になるように曲尺を当て、このままで目盛五つ分をとれば、巻斗の木口幅が獲得できる。斗の姿を制御する「五間割」などの表現も、斗の幅ないし高さを五等分するよう曲尺の目盛が当たるように置くだけで、斗尻の幅、高さ、敷面高さなどが獲得できる。つまり、一見して数学書のように、あるいは計算を求めているようにみえる木割書の記述は、曲尺を用いた簡単な計測操作によって獲得できるものばかりである。「多宝之塔」の項に記された「寸数」（＝「寸算」）や「カソエ」などの表現から「算」は「かぞえ」と読むもののようで、たとえば二倍するなど、簡単な多少の計算を伴うとしても、文字どおり曲尺の目盛を「数える」という意味合いが込められているようである。

木割法の背後には曲尺を用いた計測技法が存在し、木割書の簡潔な表現を支えている。とすれば、いわゆる「比例係数」は、私たちの「比例」概念とは確かに無関係のものであり、「三分壱」など分数表現と見えるものも、中国数学のように分数計算を求めるものではない。ここにあるものは、よく工夫された計測技法とごく簡単な演算が補足的に機能している世界である。つまり数学から遠い世界であり、建築技術独自の世界がある、と捉えることができる（註1）。

では、比例的性格はどこから現れるのであろうか。部材相互の大きさが一対一対応の関係にあり、この関係の網が、形状の固定した建築のほぼ全体を網羅しているシステムは、一部の大きさの変化がシステムのすべてに対して一対一対応に反映する。したがって第一の原因は、冒頭の指図と各項目の記述によって示された、部位と部材相互の相対的な大きさが固定されたシステムにあり、第二の原因は、どのように斜めに置かれようとも、曲尺の目盛が等間隔である状態が保たれる、ということにある。比例的性格は、曲尺を自在に斜めに置くという、その計測技法の様相に起因しているのである。

ものさしは、理念として絶対的で不変の度制単位の実長を、実体として表したものである。しかし、述べてきた計測技法は、ものさしの本来の使い方ではない。絶対的な長さを計測するのではなく、等間隔に並ぶ目盛を用いて、効率よく等分割を行うことをめざした技法である。したがって、目盛どうしの相対的な関係、つまりつねに等間隔であることが機能し、必然的に「比例」的性格を帯びることになる。

　さて、以上に述べた木割法の性格が原因となって、あたかも全体計画は、比例的ないし相似的に、拡大や縮小を可能にするかのように受け取られてきた。これは、西欧古典主義のオーダーのイメージであり、同時に建築規模が成り行きで現れるという捉え方である。しかし『匠明』は、規模の変化に対し、単純な相似的拡大や縮小を起こすのではなく、規模が大きくなるにつれて相対的に高さを低く抑えるような複雑な変化を記している。このシステムの特徴については、中川武博士の議論がある。中川は、『匠明・三間四面堂之圖』の内法高さの指定が、中の間が「壱丈ヨリ小」、「壱丈斗《バカリ》」「壱丈弐尺斗《バカリ》」の場合に分け、「腰根」の位置指定の場合も「壱丈ヨリ小間」、「一丈五尺斗《バカリ》ヨリ上大間」などの場合に分けて記述することに注目し、建物が大きくなるにつれて、相対的に背を低くしようとするいわば反・比例的な特徴があることを述べ、「小ハ高ク大ハ下《ヒキ》ク」とする『匠明』の理念を示したものと判断している（註2）。

　規模の変化に対し、先に述べた比例的なシステムによって相似的な変化が自動的に発動してしまう状態をいかに抑制し修正するか、ということがシステムのなかに組み込まれている、と考えなければならない。つまり『匠明』は、中川が指摘したように、部材間の一対一対応の関係が実現し全体を網羅することで起こる相似的拡大や縮小の様相を、可としていないのである。比例的性格は積極的にめざされたものではなく、曲尺技法に基づいた部材間の相互関係を、建物全体を覆うシステムへと押し広げた結果として付随してしまうことになった、とみることができる。つまり、指摘されたシステムの特徴は、相似的な拡大と縮小を許容する古典主義のオーダーとは本質的に異なる性格をもつことを示している。

　建築の設計技術を復原的に捉えようとする際に、考えなければならない最重要問題は、建築規模計画が存在していた可能性を想定し、その具体的な方法を探求することである。

建築は具体的な大きさが支配するなかで計画されるから、相対的な概念である数学的な比例や、相似に基づく方法が規模計画を支えることはできないはずである。また、規模の捉え方も規模計画の方法も、時代によって多様な方法が予想されるから、現在の常識的な規模の概念をもって理解しようとしたのでは、おそらく解読は困難である。しかし建築規模計画は、材料の数量、施工計画と運営、費用など、造営の管理全般に関わる前提的な計画を支えるものである。そして、部分の寸法計画は、規模計画の支配下で遂行されると考えなければならない。個別の場面で比例的な性格をもつ技法が存在したとしても、結局、絶対的な枠組みである規模計画という輪郭のなかで初めて機能できるのである。

五・四　木割書の「比例係数」に関する自由度の解釈について

『匠明』の木割法については、自由な変更や調整が可能なものであるかのように受け止められてきた。たとえば、『匠明』の指図は、まず適当な完数によって柱間寸法を決定し、その後、木割法によって垂木割を決定したのち、一枝寸法に基づいて各柱間寸法を調整して成立した、などの手続きが存在したとする意見である。これは関野の「柱間自由決定説」を『匠明』の解釈に強引に当てはめたものらしく、学術的判断とは無縁の俗説である。しかし、木割書研究の成果が大きく進展してきた今日においても、いまもってこの種の解釈が生き延びている。この種の先入観のうち最も大きな影響を与えてきたものは、いわゆる「比例係数」を自由に変更できるとする説である。長押の例でいえば、成は柱径の〇・六倍と記しているが、これは単なる目処にすぎず、たとえば〇・五倍や〇・七倍などに変更できるもの、とみる説である。「比例係数」は一定の範囲にあるとしても、自由な変更を許容するものと受け止められてきたが、最大の理由は、『匠明』の記述に精確に合致する遺構が発見できないことによる。

例に挙げた長押の成などは、柱径の〇・六倍であろうと〇・七倍であろうと、確かに直接システムに影響するものではなさそうである。しかし、垂木の幅や成であったらどうだろうか。「三間四面堂之圖」の場合、垂木の「厚サ」は、「柱太サ五ツ割」の一つ分と記し、成は「弐分増」つまり幅の一・二倍とする。これはまた、中の間の「壱寸弐分算」（12/100）とする柱径から導かれる値で、同時に冒頭の指図に、中の間は垂木二〇枝と記されているから、ほぼ「背返し」（垂木木間《コマ》の幅と垂木成とが同一の状態、**図29**参照）が成立する。この垂木割のもとで六枝掛組物を成立させるため「蒔斗行」（巻斗の桁行方向の長さ）を「極弐本木間壱ツ」とし、肘木の長さも六枝掛に合わせて決定される。巻斗の斗尻幅である肘木の幅は、大斗幅の「三ツ割」であり、その大斗幅は「柱　同《ハシラトオナジ》」あるいは「少シ大キクモ」としている。つまりこれらの部材は、柱径⇕垂木幅⇕垂木成⇕一枝寸法⇕中の間二〇枝⇕柱径（中の間の12/100）という、「背返し」がほぼ実現する一対一対応の関係をもち合い、同時に、柱径⇕垂木幅⇕垂木成⇕一枝寸法⇕巻斗行⇕肘木長と肘木幅⇕大斗幅⇕柱径など、相互に緊密な関係をもって円環するシステムを形成している。ここで多少の変化を許容できる範囲があるとすれば、肘木の幅と長さ、巻斗の幅（肘木幅の5/3）と巻斗長さの関係がそれぞれ別系統の指示であるから、ここに集約されて矛盾を起こさずにシステムが成立することが可能であるかもしれない。しかし、許容できる範囲が非常に限定されていることがわかる。

　中の間の〇・一二倍が柱径を生み、その五分の一が垂木幅を、その一・二倍が垂木成を生み、この関係がほぼ背返しの関係を保つことのできる状態は、中の間が一九枝前後の場合だけである。したがって「三間四面堂之圖」では二〇枝、「五間四面堂之圖」では一八枝としている。このような関係は、自在に変更可能なものではないことが明らかで、たとえば中の間を二二枝や一六枝とすることは、「比例係数」の変更を含んでシステムを組み替えなければならない。しかしそのとき、「比例係数」が都合よく平易な値をとるという保証はない。中の間の垂木枝数と柱径や垂木幅、垂木成などを生む「比例係数」は、よく吟味された特別な平衡状態を保っており、簡単に差し替えられるものではないのである。

　木割法は、このように緊密な関係の連鎖によってシステムを組み立てている。もし垂木幅を、柱径の四分の一などの値に変更したとすれば、それだけですべての関係は崩壊してしまう。「背返し」を前提とすれば、一枝寸法は五分の四倍に延び、これに合わせた巻斗の長さは、柱径から求められた大斗の大きさに比してずいぶん大きなものになる。つまり三斗構えのバランスが大きく変化してしまう。**図25**の中央の図は、『匠明』の記述どおりに垂木幅を柱径の五分の一としたものので、これと比較するため左右に併置して示したものは、垂木幅が柱径の四分の一および六分の一とした場合である。

垂木幅の変化が影響を与える対象はこれだけではないが、一見してわかりやすいものに限定した。勾欄も垂木幅の支配を受け、幣軸の「表」や扉厚さも垂木幅の影響を受ける。軸の太さが板扉の厚さの影響下にあるとすれば、図のように扉の吊下の位置も変化するであろう。最も明快なものは、三斗構えや丸桁の断面形状で、図のようにプロポーションが極度に変化する。垂木幅を柱径の四分の一あるいは六分の一とした左右の図は和様のバランスを逸脱しており、一見して成立できるものでないことが明らかである。

さて、先に述べたように、長押の成は柱径の〇・六倍を目処とし、〇・五倍や〇・七倍も許容する可能性があると記したが、これも描画してみれば事態が明らかになる。**図25**の下の図は、長押の成を三段階に変えたものである。柱径の〇・五倍とした例では目に見えて細すぎ、〇・七倍では太すぎることが歴然としている。いずれも和様建築のバランスから逸脱した印象を与えており、本当に柱径の〇・五倍や〇・七倍が成立するのかどうかは、大いに疑わしいことがわかる。

例外的だが、「比例係数」を変化させたようにも見える事例がある。『匠明』「塔記集」内「三重塔之事」では、初重の木割の基準となる柱径を初重総間の「八分算」(8/100)とする。しかし垂木幅の獲得法では、総間の「七分算」(7/100)という実際に用いない特別な柱径を想定し、この「五ツ割」をもって垂木幅とする。これは垂木幅のために仮想された柱径である。しかし二重では、垂木幅も含めた各部材の木割の基準として、二重総間の「八分算」として「腰柱」(上重の柱)の径を求めている。垂木幅は、初重と同様に腰柱の「五ツ割」の一つ分である。冒頭の指図で初重総間を三二枝、二重総間を二八枝とするから、二重総間は初重総間の八分の七に相当する。このため、初重総間

図25　『匠明・堂記集』「三間四面堂之圖」における「比例係数」の変化がもたらす影響

※ 便宜上、丸桁の木口を柱上に図示する

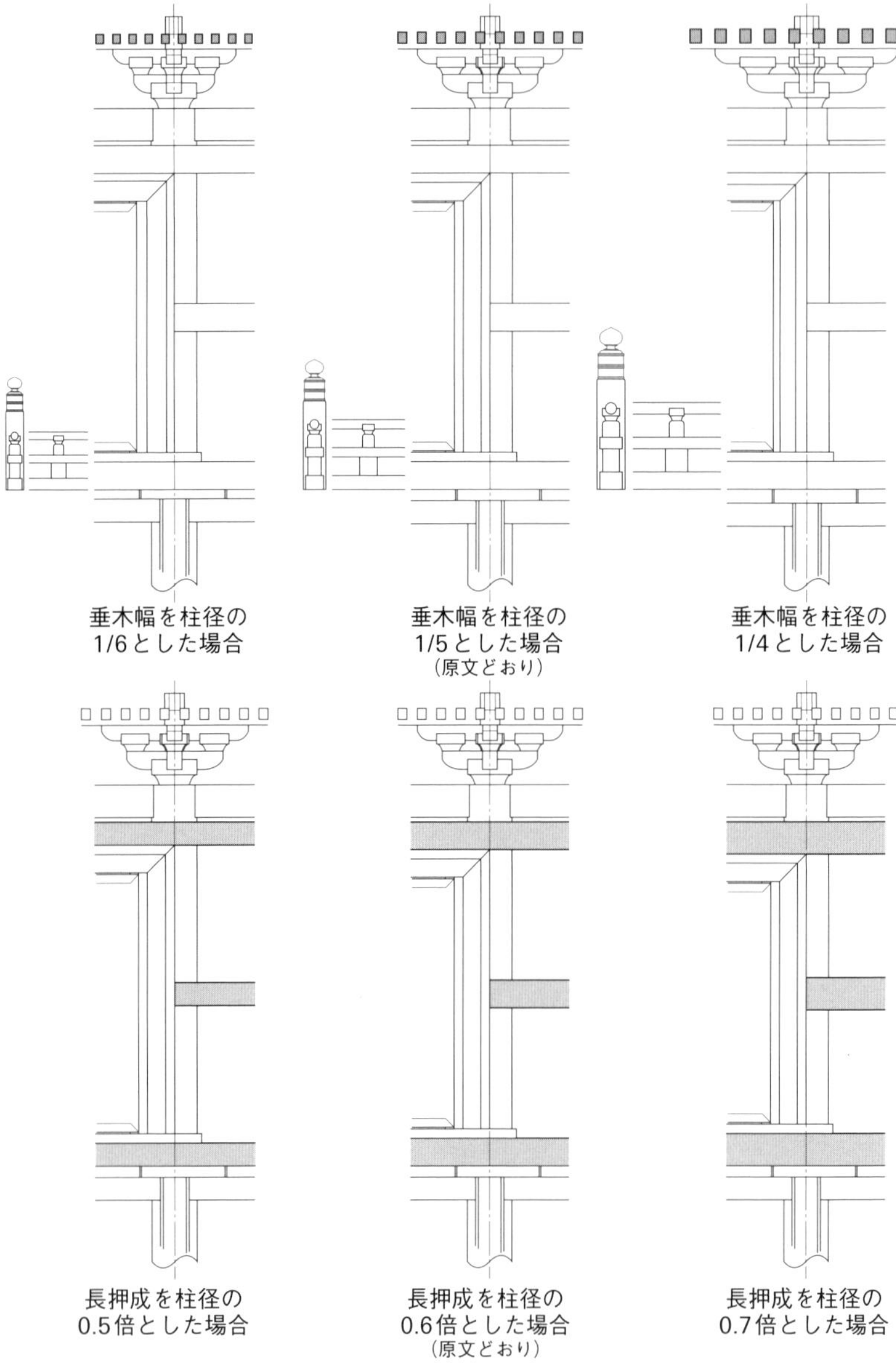

の「七分算」と二重総間の「八分算」とする計算の結果は、同一の柱径を導く記述になっている。したがって垂木幅も、初重と二重で同一の大きさになる。二重の大斗幅は、初重と二重の柱径の相違に連動して、初重大斗幅の八分の七の大きさとなるが、巻斗の桁行長さおよび肘木長さは、六枝掛の実現のため、垂木歩みに支配されて初重と二重で同一となる（註3）。しかし肘木厚さは大斗幅の三分の一、成は幅の一・二倍、巻斗の成は肘木高さに「少シ下《ヒキ》ク」とするから、初重と二重で、巻斗と肘木の長さが共通であるとともに、両者の高さや厚さは初重の方がかなり大きいことになる。組物のバランスは、初重と二重で大きく異なるのである。初重組物は、相対的に部材が太く大きい割りに、斗どうしの間隔が詰まった状態になる。このため、初重の巻斗では、長さ○・七二四尺に対し幅○・七一一……尺となってほぼ正方形になる。つまり方斗と巻斗がほぼ同一の形状になる。組物として限界の状態で、柱径（＝大斗幅）がこれよりわずかでも大きくなれば、ここから肘木を介して決定される巻斗の厚さ（奥行）も大きくなり、結果的に方斗より巻斗の方が大きくなるという臨界点にあることがわかる。

この事例は、初重のシステムのなかから垂木幅だけを採り上げ、二重の「比例係数」を当てはめたようにもみえる事例である。つまり、一部の部材を採り上げて「比例係数」を変更したとき、システムとして何が起こるかを、結果的に示したものになっている。初重組物は限界の平衡を保ってかろうじて成立していることからわかるように、「比例係数」の変更が非常に難しい作業であることがわかる。

以上のように、木割書に記された「比例係数」を変更することは、予想されてきたように簡単なものではない。一部の「比例係数」を変更することは、システムを通じてその影響を各所に波及させ、思わぬところにほころびを現出させる。したがって、指定された「比例係数」が一切の自由度を許容しないと断定することも難しいが、綿密な解読作業を経てきた木割書研究の成果からみれば、一部の部材を恣意的に採り上げ、その「比例係数」が適宜変更可能であるとする見方が安易な姿勢に映ることは否定できない。

それでは、具体的な遺構で『匠明』の記述どおりの「比例係数」が認められない現象を、どのように捉えればよいのであろう。『木砕之注文』などのように、柱径を基準とするのではなく正八角形の柱断面に基づいて、その「面」を基準とする木割法も発見されている。『匠明』の成立時期にも関わることだが、遺構分析の現場では、『匠明』と異なる木割システムや別系統のアイデアをもつ設計の技法が存在した可能性、未知の技法、未知のシステムが存在した可能性を考慮に入れておかなければならない。

また、木割書が具体的な技術を記す際に、的確に記述することをめざしてシステムの整合、整理を求めていけば、この過程を通じて、いったん、現実の技術から離れた内容を記す可能性も予想することができる。

建築設計技術の研究史は、『匠明』の記述を古代遺構に適用できると捉えていた時代があった（註4）。しかし木割書研究が進展するにつれて、『匠明』を古代以来の技法とみなし、その「比例係数」を適宜変更させることが可能であるかのように捉えた判断は、誤りであることが明らかになりつつある。

五・五　むすび――設計技術における「自由」と完数制および規模計画

浅野清博士は、奈良時代の建築について、「意匠計画の面において総合的、合理的で都城における都市計画や、条理にみる国土計画のような巨視的な立場から、宮城、寺院の地割り、堂塔、諸屋宇の配置に至るまで、周到に配慮された統一ある計画をみせ、さらに個々の建物も適切なスケールを具え、各部の比例は整い、部材内の太さも均斉のとれた、がっしりした骨組みの細部まで意匠のいきとどいた、階調ある形態をつくり出しており、これは強力な統一政権の下にあって、整然とした組織と高度な芸術性に恵まれた中国文化が正しく受容された結果であったといえるだろう」とする評価を与えている（註5）。ここで指摘された「比例」は単純な数学的意味ではなく、バランス、均衡を意味していると捉えることができる。

石井邦信は、「巨視的立場から個々の建築に至る周到な配慮、条理から寺地へ、寺地から伽藍配置へ、そして各建築におよぶ連帯的統一が背景にある。この各建築の平面や立面が全体的制約を受けるであろうと考えられるのにその内部構成に至って急に設計計画上最も基本的な柱間が任意に定められ、さらに柱その他の部分部材に全く独立にしているとは、いかにも考え難い」と指摘する（註6）。両者の意見は古代建築に限定したものだが、柱間が自由に決定されたとする見解に対し、強い疑義を表したものである。

設計技術、計画技法の復原は、設計過程の手順を解読することである。対象となるものの大きさが決定される過程は、それ以前の決定項に支配された限定のなかで決定されることが理解できたとき、初めて、その計画上の必然を理解することができる。このような設計過程の連鎖を分析的に遡及していくと最終的にたどり着くもの、あるいは、想定せざるを得なくなるものが規模計画、全体計画である。設計の過程はここから始まって手順を進めていくから、規模計画は、設計過程の出発点を形成するものであり、設計過程の第一次的な決定項である。したがってこの概念は、漠然とした面積などの概念ではなく、以後の設計の過程を支配し、同時に保証するような規制力をもったものと考えなければならない。そのような第一次的決定項が理解できれば、私たちは、ようやく設計の中間の過程で起こる自由の問題を、真に検討することができるようになると思われる。

註

1 数学に基づく方法と計測技法の相違を簡単なモデルで考えてみよう。いま、ある長さ（m）をn等分しようとする。数学的処理は、まず対象の長さを数であるmに還元し、これをnで除することで解を得て、これを計測することで目的の長さを得る。mとnという二つの数を得て、数的に処理（演算）するという過程が数学に属する理由である。
一方、曲尺技法にみられる計測法は、n個（の倍数）の目盛に当たるよう曲尺を斜めに当てて目盛一つ分の長さを獲得する。この過程では、当該の長さが数（m）に還元されないから、数はnというひとつの項目だけが現れる。したがって演算は介在せず、数的行為としては数えることだけが存在する。これは数学以前の様相であり、古代ギリシア数学にも古代中国数学にも属さない、建築現場において工夫された技法である。おそらく近代以前には、この種の技法が世界各地に存在していたと思われる。

2 中川武「建築規模の変化と木割の方法」日本建築学会計画系論文報告集三六二号　一九八六
議論は多岐にわたり、柱間数の増加に伴って起こる内法高さや破風立所の変化、反・比例的な調整法が『匠明』と『建仁寺派家伝書』のシステムの相違に起因することなどについて論及している。

3 二重の垂木割について『匠明』は、「棰下ハは腰柱五ツニ割壱分ニ〆成ハ二分マシ。但木間モ同可用」とする。長押に関する記述に「門腰丈六ニ〆ハ」とあるから初重総間を一丈六尺と想定すると、指図ではここに三二枝を配しているから、一枝寸法は〇・五尺と算出できる。二重総間は二八枝。したがって一丈四尺、一枝〇・五尺と解することができる。一方、垂木幅は初重、二重とも同一で〇・二二四尺、成は一・二倍の〇・二六八八尺であるから、「但木間モ同可用」をそのとおり受け取れば、一枝寸法は〇・四九二八尺となって〇・五尺に合致しない。わずかな相違のようだが、総間（二八枝）で二寸の寸法差が現れるため、この記述は解釈上大きな問題である。この記述について、伊藤要太郎は、二重総間の実際の垂木割は、初重と同じ〇・五尺と判断し、これとは別に「成ハ二分マシ。但木間モ同」に従って、初重よりもわずかに小さい巻斗の長さ（＝棰弐本木間壱ツ）をつくるための記述と解している（伊藤要太郎『匠明五巻考』鹿島出版会　一九七一）。初重巻斗長さは〇・七二四尺、二重は〇・七一六八尺とする解釈である。しかし両者の寸法差は七厘程であるから、意識して相違をつくったと判断するにはあまりに小さすぎる。二重の一枝寸法が〇・五尺のままで、垂木幅に対し垂木成が一・二三二……倍であれば「木間モ同」とする状態が成り立つ。したがって精確に「背返し」を実現するためには、この無限小数を記述しなければならないが、これはもちろん不可能である。「成ハ二分マシ」として概数を示し、「但木間モ同可用」とする補足を加えることで無限小数の存在を間接的に指摘し、〇・五寸の一枝寸法の下で「背返し」の実現を示そうとした、とする解釈が最も無理がないと思われる。

4 『国宝白水阿弥陀堂修理工事報告書』国宝白水阿弥陀堂修理工事事務所　一九五六
組物など各部の部材実測値について、『匠明・三間四面堂』の記述に基づいて「比例係数」を算出し、比較を行っている。修理工事報告書の技法調査として意欲的な分析であり、内容そのものはきわめて興味深い。しかし、分析の意図は不明瞭で、単に、部材の大きさのバランスが示す傾向を捉えるための指標として『匠明』が使われたのか、『匠明』と同然の技法が古代からあったとする主張を前提とした分析なのか判然としない。あたかも古代末の仏堂が『匠明』の記述と同じ木割法をもち、単に「比例係数」を変化させて設計したものであるかのような印象を与えるものになっている。現在から見れば、誤解を招きかねない比較分析であることが残念だが、その意欲的姿勢は十分に評価されるべきである。

5 浅野清『奈良時代建築の研究』中央公論美術出版　一九六九

6 石井邦信『日本古代建築における寸法計画の研究』私家版　一九七五

第一部　まとめ

柱間比例決定説の出自は、$\sqrt{2}:1$の比に注目した伊東の比例論から始まった。伊東の議論は、この特別な比だけに注目したものだったが、後の研究史に大きな二つの系譜を生み出した。第一のものは、大小の柱間が比で決定されるとする柱間比例決定説である。この系譜は、$\sqrt{2}$比など特定の比に限定せず、複数の簡単な整数比を想定していった。第二の系譜は、$\sqrt{2}$例を手がかりとした古代伽藍の分析研究である。柱間比例決定説は、古代遺構の範囲を越えて中世遺構へも適用され、禅宗様の詰組と柱間構成法の議論へ連なるものであったし、四天王寺伽藍に始まる伽藍計画法の分析研究も、中世の禅宗伽藍の配置計画に$\sqrt{5}$の比を想定する議論を生み出すまでに展開した。

一方、柱間完数制説は、度制の単位寸法を用いて柱間寸法を決定するとする議論であるが、同時に一種の自由決定説であり、比例決定説とは一線を画した議論である。しかし遺構によっては、比例決定説と完数制説が補完的に機能するようにみえる場面もあり、両者の系譜はやや溶け合いながら設計技術の研究史を形成することになった。しかしこの二つの議論は、研究史初期の様相をみれば、明らかに別種の議論であったことがわかる。

古代遺構をみれば、柱間完数制説の妥当性は疑う余地がないが、それにもかかわらず比例論が生き延びてきたもうひとつの理由は、木割法がすぐれて比例的性格をもつためであったと思われる。しかし、伊東に始まる比例論は、後の系譜に連なる論者が、その真意をどのように受け止めてきたかはともかく、西欧古典主義の延長に位置するものであり、これに対する木割法の比例的性格は、曲尺を用いた巧妙な部材の計測技法とシステムの様相に由来すると捉えるべきで、古典主義の思想的背景を形成してきたピタゴラス数学とは無縁のものである。これらの相違は本質的なものだが、近代数学の常識的な視点からみれば同じもののようにみえてしまうことが、混乱を招く原因であったと考えられる。

曲尺の計測技法に基づく部材間の比例的関係が建築全体を網羅するという木割法の性格は、結果的に建築規模の可変的性格を伴うことになり、具体的な規模計画法を示すことを困難にした。この結果、それぞれの項目の冒頭に、指図によるモデルを示すことで建築の姿を現し、モデルが成立する過程そのもの（設計技術論的に最も興味深い問題は、まさしくこの成立過程である）については、言及を控えるという記述法をとることになったと考えられる。木割書の記述法は、建築規模計画の存在感を希薄なものにし、また、比例論と柱間完数制のいずれの議論も、まず個々の柱間や柱間どうしの関係など、建築の部分へ注目することから始まったため、規模計画へ注目する視点は、長い間欠落していたと考えなければならない。

法隆寺建築に関しては、上記のさまざまな立場から分析研究が行われたが、他の遺構に比べてとりわけ難解な対象であるため、現在においても確かな結論へ到達したとは言い難い。ただ、竹島が注目した垂木割は、尺度論の限界を広げる重要な手がかりとして、可能性を予感させる視点であった。

一世紀を超える研究史から、冷静に、批判的に学ぶべきことは、当面以下に掲げるものである。わが国の建築設計技術を復原的に捉えようとすれば、古典主義に起源をもつ比例論を手がかりにすることは、混乱を起こしかねないこと。完数制説は最も確かな手がかりであるが、当初の関心に従って尺度論の性格が強いため、具体的な柱間構成法としてみたとき十分な手がかりとは言い難いこと。そして、具体的な柱間構成法を解明するためには、建築規模計画について十分に留意し検討しなければならないこと、である。

第二部　分析のための諸前提

法隆寺建築の柱間寸法計画を検討するためには、あらかじめいくつかの分析の手がかりについて考察を進めておく必要がある。その第一の手がかりは、竹島卓一博士が指摘した柱間寸法計画に影響を与える垂木割計画の問題である。古代遺構の垂木割計画は、柱間ごとに垂木の間隔がわずかずつ異なることが通例で、その計画法が見えにくい。したがって古代遺構の垂木割計画を検討するためには、まず中世の垂木割計画の特徴を理解しておく必要があると考えられる。

垂木割計画に注目したとき、この様相が最も明確に現れる時代は、端数柱間寸法をもつ枝割制の遺構が現れた中世以後の時代である。第一章では中世の枝割制を採り上げ、垂木の端数一枝寸法の獲得法を考察するが、古代遺構の分析に直接関わる枝割の技法に限定して論ずるため、中世前期を対象にすることとする。この作業は、次に続く古代遺構全般の垂木割計画を解明するための前提的な考察となる。中世の垂木割計画は、平行垂木を用いる法隆寺建築の分析にとっても重要な手がかりになるであろう。

第二章では、中世の垂木割計画を手がかりに、古代の柱間完数制の遺構における垂木割計画の様相を検討する。古代と中世の柱間寸法計画は、一方が完数制をとり他方は枝割制をとるから、現象としてみれば対照的である。しかし、古代遺構の垂木割計画は、柱間寸法計画に直接寄与しているようにみえないからといって、無計画に配置されているわけではない。そこでは一定程度の垂木密度を確保するための、指標としての計画技法が存在していたと考えられる。

垂木割計画とは別に、古代の柱間構成法についても、再度点検する必要があると考えている。柱間完数制は古代遺構におけるよく知られた技法であるが、しかし例外をなしとしない。山田寺金堂址の分析を通じて、柱間完数制、枝割制のいずれでもない柱間寸法計画が存在した可能性について考察する。またこの考察は、大化改新直前の時代の仏堂址に、確かに高麗尺が用いられていたのかどうか、造営尺度の再検討をも含む考察となる。

先行研究の成果を批判的に検討し、柱間構成法とこれに影響を与える垂木割計画の役割とその変遷を、中世から古代に遡りつつ俯瞰し、法隆寺建築の寸法計画の検討に資するための前提を整理しておくことが、第二部の目的である。

第一章　中世前期の垂木割計画と柱間寸法

　中世以後、日本の社寺建築は、垂木の歩みをもって柱間寸法の単位とし端数寸法の柱間を常用してきた。古代遺構の柱間が、尺や寸を単位とした平易な値をとることと著しい対照をみせている。しかし、これらの特徴を対比的にみせている原因のひとつは、柱間寸法にばかり注目してきた研究史にある。中世以後の遺構にみられる垂木割は、端数値をもつ柱間寸法の説明のために注目されたのであって、垂木割計画そのものを設計技術の問題として扱ってきたわけではない。さらに、古代遺構の垂木割計画についてはほとんど論じられたことがない。例外的に、大森健二博士による平等院鳳凰堂・中堂の背面裳階《もこし》中の間を対象とした垂木の割り付けに関する論考がある（**註1**）。裳階中の間は一七枝の垂木を配するが、この割り付け法は、まず、両端と中央に三枝を配置し、それぞれの垂木の間の中央にさらに垂木を配置する、という過程を繰り返す。垂木の本数は順に三枝、五枝、九枝、一七枝と増加していく。大変興味深い技法が指摘されているが、もし施工の利便性を求めて一七枝という垂木枝数が選択されたとすれば、この種の技法は他の遺構においても各所で見出されるはずである。しかし、鳳凰堂・中堂裳階の垂木割り付けの技法は例外である。一七枝の垂木の割付は、施工の利便性に従って選択されたものではなく、かえって一七枝という垂木枝数が先行して決定されたことで、そのような施工法が工夫されたと考えなければならない。

　第一部で指摘したように、竹島卓一博士の垂木割計画への注目は、法隆寺建築の分析にとってきわめて重要な指摘である。しかし、古代遺構の垂木割計画については、ほとんど先行研究が存在しない。したがって急務の問題は、古代遺構の垂木割計画の様相を理解することである。このための手がかりは、中世遺構の垂木割計画以外にない。本章は、中世前期の堂塔遺構の垂木割計画を整理し、古代遺構の検討へ進む準備とする。

一・一　枝割制をどう捉えるか

通例、仏堂では、垂木は柱真（芯・心）を手挟んで配置される（垂木木間真と柱真が合致する。図26）。そして垂木の歩みは、それぞれの柱間ごとに単一の間隔を保っている。古代の遺構では、完数寸法をもつ個々の柱間ごとに垂木の間隔（一枝寸法）がわずかな相違を見せるが、中世の枝割制の遺構は、図に挙げたように、どの柱間においても一枝寸法がすべて同じ値をとることが原則である。図27は、平等院鳳凰堂（天喜元年・一〇五三）の中堂背面の裳階の垂木割を図示したもので、中の間、脇の間、裳階の間の垂木歩みが少しずつ異なっている。最小の値をとる裳階の間の一枝寸法と最大の値をとる脇の間の一枝寸法の寸法差は、二分（六㎜）程と算出されるから、垂木歩みが乱れるといっても意外なほどわずかなものである。とはいえ、もし裳階の間の一枝寸法が脇の間でも実現していたとすれば、脇の間の柱間寸法は一〇尺ではなく九・七五尺となったはずで、柱間寸法としてみれば二寸五分もの寸法差が現れる。一枝寸法のわずか二分の寸法差は、見かけよりも大きな影響を与える値であることがわかる。柱間寸法の施工誤差とみなすことができる値を三分～五分程度とすれば、一枝寸法で許容できる誤差の範囲は二厘から三厘程である。つまり、垂木歩みの寸法差は、他の部材寸法とは性格の異なる数値であり、配置された枝数倍の値である柱間寸法を対象として、誤差を検討しなければならない値である。

中世以後の枝割制の遺構に見られる垂木歩みは、図28に示したように、原則としてどの柱間をとっても同一間隔を保ち、いずれの柱間寸法も同一の一枝寸法の整数倍の値をもっている。したがって、古代末から中世初頭頃を境に、完数柱間は端数柱間へ、そして乱れのある垂木歩みは統一されるという二つの対照的な変化が同時に起きている。図28は、端数一枝寸法（垂木の真々間隔）の整数倍をもって柱間寸法を計画する枝割制の例である。したがって、枝割制下の端数柱間寸法の問題は、端数一枝寸法の出自という問題である。

端数一枝寸法がどのような計画によって出現するのかという疑問は、従来、近世木割書に記された技法を手がかりに説明されてきた。たとえば『匠明』「堂記集」内「三間四面堂之圖」では、柱径を中の間の「一寸二分算《かぞえ》」、つまり中の間寸法の12/100の値をとる

図26　柱間と垂木割の相関

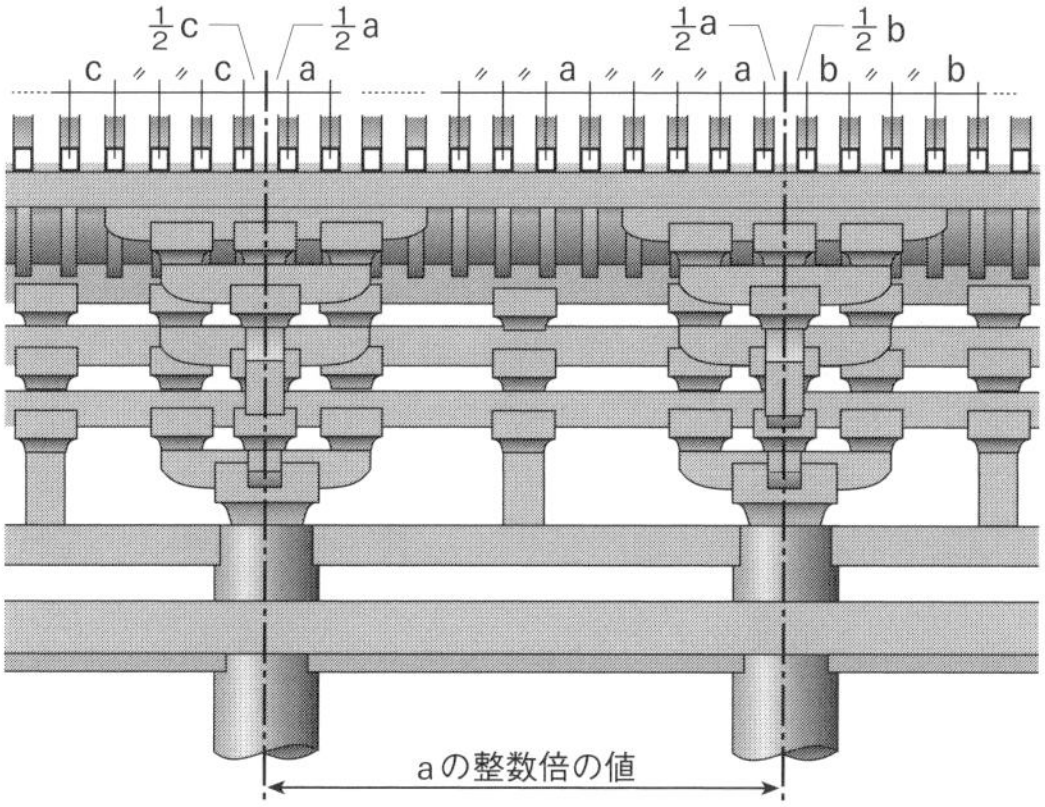

古代仏堂，中世の塔や仏堂は，垂木割が個々の柱間と緊密な関係にあるが，この関係は垂木木間真と柱真を合致させるために現れる。このため，柱間ごとにそれぞれの垂木割が実現する余地が生まれる。柱間完数制の場合（a ≠ b ≠ c）も枝割制の場合（a = b = c）も，垂木割と柱間寸法が関わり合う原因は，この収まりに由来する。

図27　古代遺構の垂木割（完数性）平等院鳳凰堂・中堂（天喜元年・1053）の木組（背面）

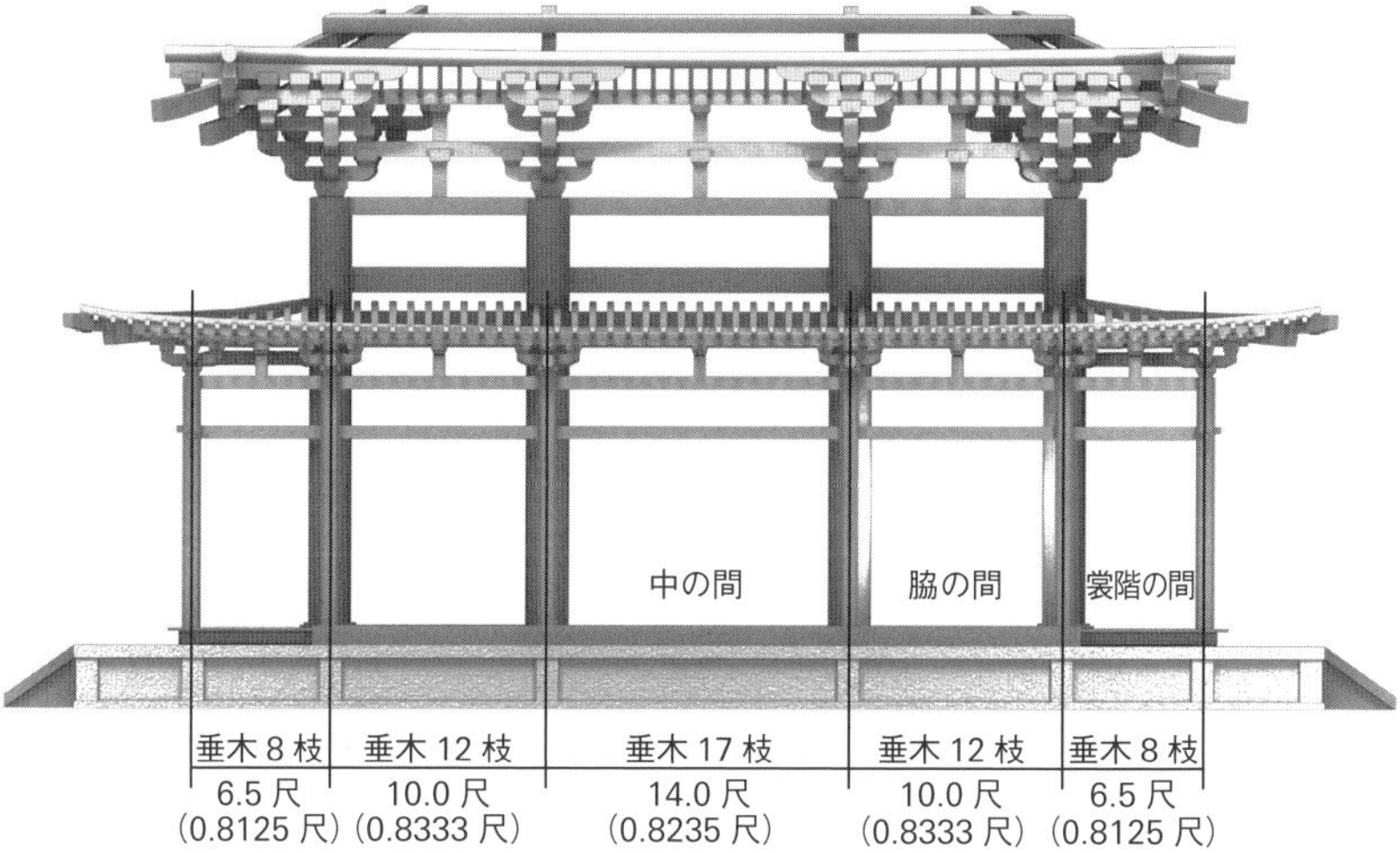

平等院鳳凰堂・中堂の柱間寸法と垂木割

古代遺構の垂木割の様相を，平等院鳳凰堂・中堂背面の裳階を例に見てみよう。中堂の裳階の柱間寸法は，柱間完数制に従って6.5尺としている。ここに配された垂木は，中の間14.0尺に17枝，脇の間10.0尺に12枝，端の間6.5尺に8枝である。垂木の一枝寸法は順に0.8235尺，0.8333尺，0.8125尺となる。一枝寸法は近似しているが単一の値をとっているわけではなく，柱間ごとに乱れを見せている。しかし垂木割の乱れは最大2分（6mm）程で，決して大きなものではない。柱間完数制であっても，基本となる垂木割や垂木の密度を制御する計画方法が潜在していたことを予想させるものである。

図28　中世遺構の垂木割（枝割制）浄土寺本堂（広島・至徳二年・1345）の木組

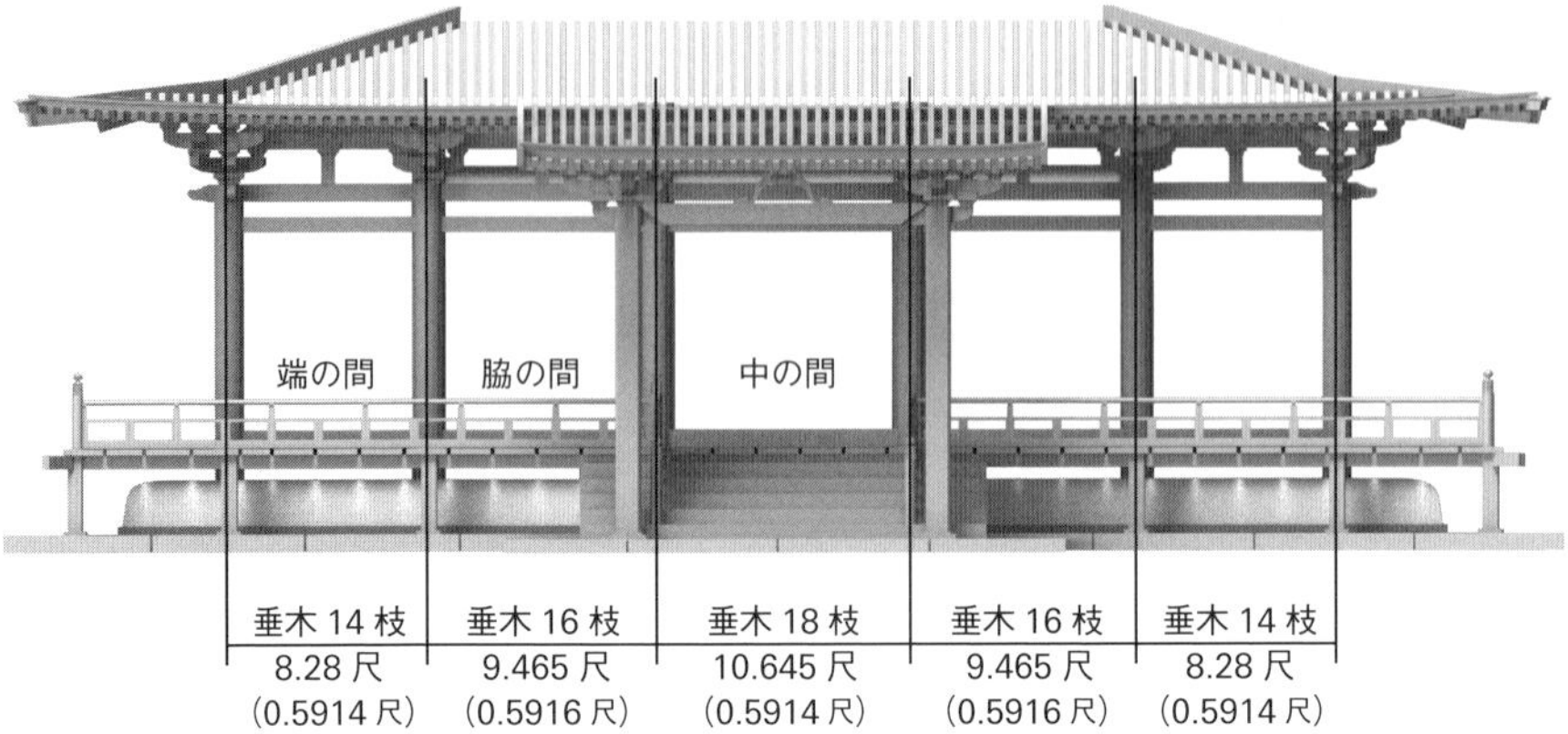

浄土寺本堂（広島・至徳二年1345）の木組

浄土寺本堂の柱間寸法と垂木割

中世枝割制の柱間寸法は，上図のように完数の値ではなく端数寸法を取ることが多い。垂木の真々間隔（一枝寸法）は，中の間0.5914尺，脇の間0.5916尺，端の間0.5914尺となって，計算上ごくわずかな相違（2毛。1毛は0.03mm）が現れるが，同一の寸法を繰り返している。したがって端数柱間寸法が現れる原因は，端数の値をもつ一枝寸法に準拠し，この倍数の値をとって計画しているためである。浄土寺本堂は，この種の柱間寸法をもつ典型的な遺構である。

よう指定し、垂木幅は柱経の五分の一、垂木成は垂木幅の一・二倍と指定する。本繁垂木の垂木密度を実現するため、ほぼ「背返し」の関係が成立することがめざされたと考えられている。「背返し」は、垂木成が垂木と垂木の内法の間隔に充てられる状態を意味するから、一枝寸法は、垂木幅に垂木成を加えた値、つまり垂木幅の二・二倍の値をとることになる。つまり一枝寸法は、柱径の1/5×2.2の値となる（図29、註2）。

このような手続きを経て得られる一枝寸法が整った値であろうはずはなく、したがって端数一枝寸法の出現はほぼ必然的なことと考えられてきた（註3）。また同時に、木割法に現れる「比例係数」（五分の一や一・二倍などの値）は、単なる寸法計画上の目処であるとも予想され、実際の遺構では、必ずしも記述どおりに計画されるとは限らないとも考えられてきた。つまり、端数一枝寸法は木割法の手続きによって現れるが、実際には比例係数が適宜変更される可能性があり、したがって遺構による検証は困難である、という議論である。

しかし、「比例係数」の自由な変更を理由に検証を放棄しているから、この議論は単に臆測を表明したものにすぎない。そして第一部で述べたように、木割法の「比例係数」が自由に変更できるものかどうかは慎重に考えなければならないことである。それにもかかわらず正当とみなされた原因は、『匠明』に代表される木割法が、古代以来連綿と続く伝統の設計技術であるとする判断が存在していたためである（註4）。しかし、現在の木割書研究の成果は、『匠明』に記された木割法が古代まで遡るとする見方が根拠のない憶測であることを明らかにしている（註5）。したがって、枝割制発生期の端数一枝寸法の出自を理解するためには、中世の遺構の様相をよく観察し検討することから始めなければならない。

一・二　柱間寸法の傾向

中世のおよそ四〇〇年間に建立された五間堂以上の規模の仏堂は、一〇〇棟程が残されており、そのうち九〇棟程の遺構が繁垂木の仏堂である。これらの遺構を観察すれば、すべてを完数柱間とする例、一部に完数柱間をもつ例、すべてを端数柱間とする例がある。このうち一部に完数柱間（ほとんどが完尺柱間）

図29 『匠明』「堂記集」内「三間四面堂之圖」に見られる一枝寸法の獲得法

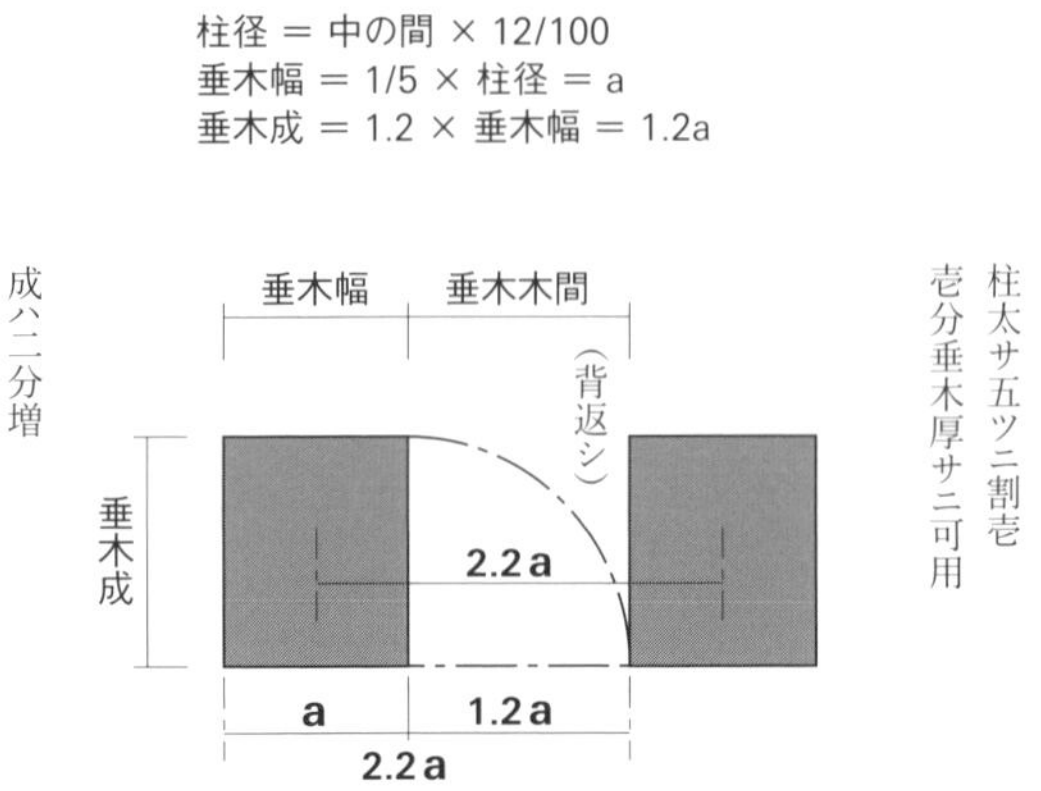

一、柱太サ中ノ間ニ〆壱寸弐分算
丸柱ニスヘシ　同柱五ツ割壱分
棰厚サニ〆　成ハ弐分増ニ可用

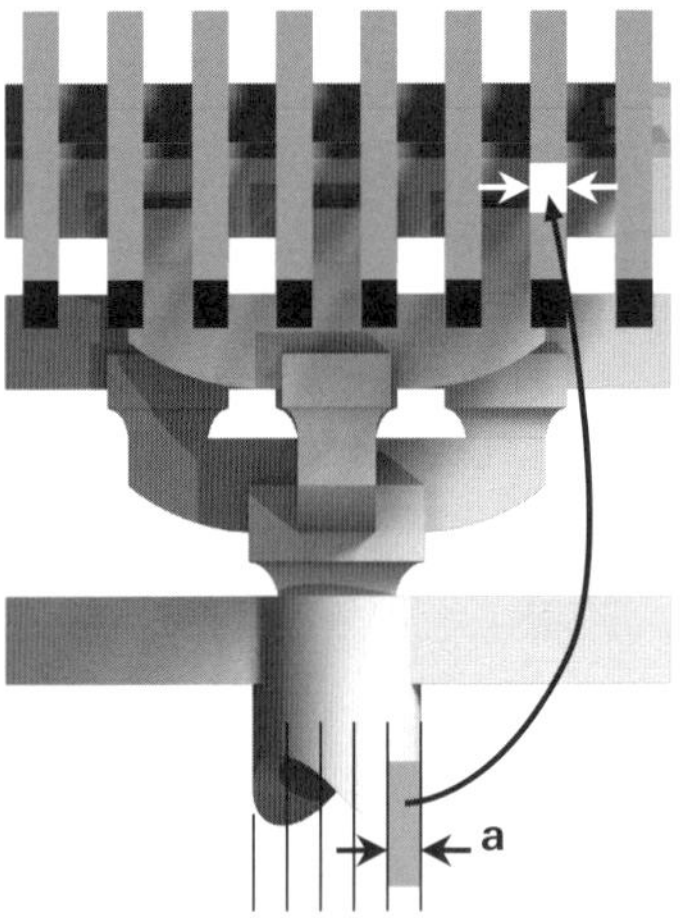

『匠明』「堂記集」内「三間四面堂之圖」に記された垂木割の寸法計画、中の間は「1丈2尺斗」を標準とし、冒頭の指図で垂木20枝を配するから、厳密には「背返し」の状態にならない。しかし垂木の密度にとって「背返し」が目処であったと考えられている。

をもつ遺構が相当数に上っている。完尺柱間は、『匠明』の「中ノ間壱丈弐尺斗」とする記述に従って中の間に現れる可能性も予想されるが、中の間だけに完数をとる遺構は少ない。中脇三間を完尺同寸法の柱間とする霊山寺本堂（弘安六年・一二八三）、側面五間のうち中央の三間を完尺柱間とする大善寺本堂（弘安九年・一二八六）、脇の間と端の間および側面五間のうちの第四の間を完尺柱間とする室生寺灌頂堂（延慶元年・一三〇八）など、完数柱間の位置は多様である。また、一三〇〇年代に下ると、明王院本堂（元応三年・一三二一）や広島・浄土寺本堂（嘉暦二年・一三二七）のように、完数柱間を一切もたない遺構が現れる。わずかな遺構を採り上げただけでも、『匠明』の記述をもって解釈することが困難であることがわかる。

ところが、大報恩寺本堂（安貞元年起工・一二二七）や鑁阿寺本堂（正安元年・一二九九、室町時代に大きな改修が想定されている。註6）、大福光寺本堂（嘉暦二年・一三二七）、浄土寺阿弥陀堂（康永四年・一三四五）、岡山・本山寺本堂（岡山・観応元年・一三五〇）など、単一の一枝寸法を実現しながらもすべての柱間を完尺柱間とする遺構も存在している。前二つの遺構は〇・六六六……尺の一枝寸法を、後三例は〇・五尺の一枝寸法をもつことが注目されており、「二尺あて三枝」あるいは「一尺あて二枝」となる一枝寸法をもって完尺柱間を実現したと考えられてきたが（註7）、この一枝寸法は、明らかに『匠明』の記述と異なったものである。

中世仏堂は、完数柱間を部分的にもつ、あるいは全くもたない遺構が存在する一方、一枝寸法の統一を実現しつつすべての柱間を完尺とする遺構も存在している。中世に見られるこの状況こそ、中世の枝割制を解読するための手がかりとして捉えなければならない。つまり、この状況の全体を説明できる議論でなければ、中世の枝割制を解読したことにはならない。

なお、枝割制は古代末頃に現れ、以後幕末まで継承された制であるが、その計画技法の内容は、少なくとも中世前期の枝割制、同後期の枝割制、近世木割法支配下の枝割制の三種類に区分される。また、中世後期の枝割制は、仏堂と塔でそれぞれ独立した技法を見出すことができる（註8）。しかし本書の目的に従って、中世前期の枝割制に限定して論を進めることとする。

中世前期、後期の区分は、およそ鎌倉時代と室町時代に合致するが、一枝寸法の獲得法に限定すれば、鎌倉時代に支配的であった方法が近世初頭頃まで継承されるとともに、室町時代に隆盛する技法が一二〇〇年代の末期頃に先例をもっている。二様の寸法計画は一二〇〇年代末期から併存していくのである。したがって、中世前期と中世後期の区分は、そのような技法の相違を含むものとして扱う。

一・三　和様五間仏堂の垂木割計画

中世の仏堂で、建立年代が確かな最も古い遺構は、京都・大報恩寺本堂（安貞元年・一二二七起工）である。この仏堂の柱間寸法は、最大のものから順に一六・一二尺（中の間）、一四・一〇尺（脇の間）、一二・〇九尺（側面第二の間）、そして一〇・〇七尺（端の間）とする四種類である。これらの柱間寸法は、造営尺度一・〇〇七尺のもとで、それぞれ一六尺、一四尺、一二尺、一〇尺という尺単位の値と考えられている（註9）。先に触れたように、すべての柱間寸法を完尺としている。同時に、垂木割が柱間ごとに異なることはなく、同一の一枝寸法を繰り返している。垂木枝数は順に二四枝、二一枝、一八枝、一五枝が配されているから一枝寸法は〇・六六六……尺、つまり「二尺あて三枝」と考えられている。

この仏堂は、柱間完数制と枝割制とが同時に実現している遺構で、大森健二は「……柱間に対し棰《たるき》をまったく巧妙に配したにすぎない」もので、過渡期の技法であると判断した（註10）。しかし、過渡期の特別な遺構とみなすには、同一の一枝寸法をもつ遺構が意外なほど多く、中世前半にわたって分布し、後半においても事例を見出すことができる。栃木・鑁阿《ばんな》寺本堂（正安元年・一二九九。室町改修）は、造営尺度を一・〇〇六尺と想定したとき、一六・〇尺（側面中央間）、一二・〇尺（中の間、脇の間）、一〇・〇尺（正面端の間と側面脇の間および端の間）の完尺柱間構成をもち、それぞれ垂木を二四枝、一八枝、一五枝とする。大報恩寺本堂と同然の寸法計画であるが、過渡的な技法とみなすには時代が下りすぎている。

一方、山梨・大善寺本堂（弘安九年・一二八六）は、中の間を一三・一〇尺、垂木二〇枝、脇の間を一二・四六五尺、垂木一九枝、端の間を一〇・七二尺、垂木一六枝、側面の中央三間の柱間をいずれも一一・九九五尺、垂木一八枝としている。側面の中央柱間と端の間の様相に多少の施工誤差が見られるが、垂木割は一枝の長さが〇・六六七尺程と予想される。しかし、正面の中の間と脇の間の一枝寸法は〇・六五五五尺~〇・六五六尺で、端の間と側面各柱間に見られる一枝寸法よりもやや小さく、一分程の寸法差がある。この問題は後に述べることとし、大善寺本堂の支配的な一枝寸法が〇・六六七尺程であったことに注目しておきたい。同様の一枝寸法は、西明寺本堂（前身五間堂・鎌倉前期。註11）、室生寺灌頂堂（延慶元年・一三〇八）、千葉・笠森観音堂（慶長二年・一五九七再建）にも認めることができる。これらの遺構を通観して理解できることは、「二尺あて三枝」となる一枝寸法が多くの遺構で認められることと、完尺柱間の実現が可能であるにもかかわらず、必ずしも完尺柱間構成をとるとは限らないことである。したがって過渡期の技法とみることも、「柱間に対し椎をまったく巧妙に配したにすぎない」という見方も、いったん保留しておく必要がある。

先に述べたように、一枝寸法のわずかな相違は、柱間寸法に意外なほど大きな影響をもたらす。施工誤差を考慮すべき対象は柱間寸法であるから、垂木割計画は、一枝寸法の相違が一分程度であっても見過ごすことができない。したがって大善寺本堂の計画は、中の間と左右脇の間の三間の柱間に限って、確かに一枝寸法が短くなるような特別な計画が存在した、と考えなければならない。

大善寺本堂の中の間と左右の脇の間が構成する中央三間分の総間寸法は三八・〇三尺、計五八枝の垂木が置かれている。このとき三間に共通する一枝寸法は〇・六五五尺程である。しかし、この総間寸法に垂木が五七枝配されていたとすれば、このときの一枝寸法は〇・六六七尺程となって他の柱間の一枝寸法に合致する。つまり、大報恩寺本堂と同一の一枝寸法（〇・六六六……尺）を用いて柱間を計画したが、中の間と脇の間については三間分の全幅を五七枝分に決定した後、全幅の寸法を変えずに垂木一枝を加えて五八枝に割り直し、この垂木割に合わせて中の間と脇の間の大きさを決定する、という複雑な手順がとられたことが予想される。この原因は、基本計画では中の間が奇数枝になるから、中の間の偶数枝の構成をめざして調整を行ったためだと考えられる（註12）。

中の間を偶数枝とするため中の間だけに一枝を加えて割り直せば、柱間ごとの垂木歩みの相違が大きくなる。一方、正面五間の総間全体で割り直す方法は、隅の間平面を正方形から変形させ、隅木の収まりに複雑な工夫を強いることになる。隅の間を正方形平面のまとするなら、調整した垂木割の影響が側面の柱間にまで広がることになる。したがって端の間を除いて中央三間をもって割り直すという選択が、最も現実的であったことがわかる（図30）。しかしこの調整の結果、脇の間の一枝寸法が短くなり、脇の間と端の間境の柱上の組物は、端の間側の半分で六枝掛組物が成立しながら、脇の間側で巻斗幅と垂木の歩みが合致していない。左右対称の組物に対し、端の間側と脇の間側で垂木の歩みがわずかに異なったためである。

大報恩寺本堂、西明寺本堂、大善寺本堂、鑁阿寺本堂、室生寺灌頂堂、笠森観音堂に共通する「二尺あて三枝」とする一枝寸法は、現存遺構では、古代末の中尊寺金色堂（天治元年・一一二四）を嚆矢とする。一間四面（方三間）の小規模な金色堂は、個々の柱間と垂木割を合致させないが、三間総間寸法を一丈八尺とし、総間総長にわたって二七枝の垂木を配している。したがってこの一枝寸法は、大報恩寺本堂に遡ること一〇〇年、そして、再建された笠森観音堂を対象外としても、同本堂から下ること一〇〇年の間に分布している。また、この一枝寸法は、一枝寸法の統一と完尺柱間構成とを実現することが可能であるが、端数柱間寸法をもつ遺構の方が多い。したがって「二尺あて三枝」（註13）という垂木割計画が、完数柱間と単一の垂木割とを両立させる過渡期の技法とする判断は首肯し難い。この状況を念頭に置いて他の垂木割計画の検討に移ろう。

福井・明通寺本堂（正嘉二年・一二五八）は、中の間を一二・〇八尺とし垂木二〇枝を配している。したがって一枝寸法は〇・六〇四尺となるが、この一枝寸法は例外で、他のすべての柱間の一枝寸法を〇・六三尺とする。とくに注目すべき柱間は、一〇・〇八尺の寸法値をもつ脇の間である。遺構の造営尺度は現尺よりもやや長く一・〇〇八尺と判断できるから、この柱間寸法は一〇尺の完数柱間であり、垂木はこの柱間に一六枝を配している。この一枝寸法は中の間以外のすべての柱間で繰り返されるから、造営尺度で〇・

図30　大善寺本堂の垂木割の調整法

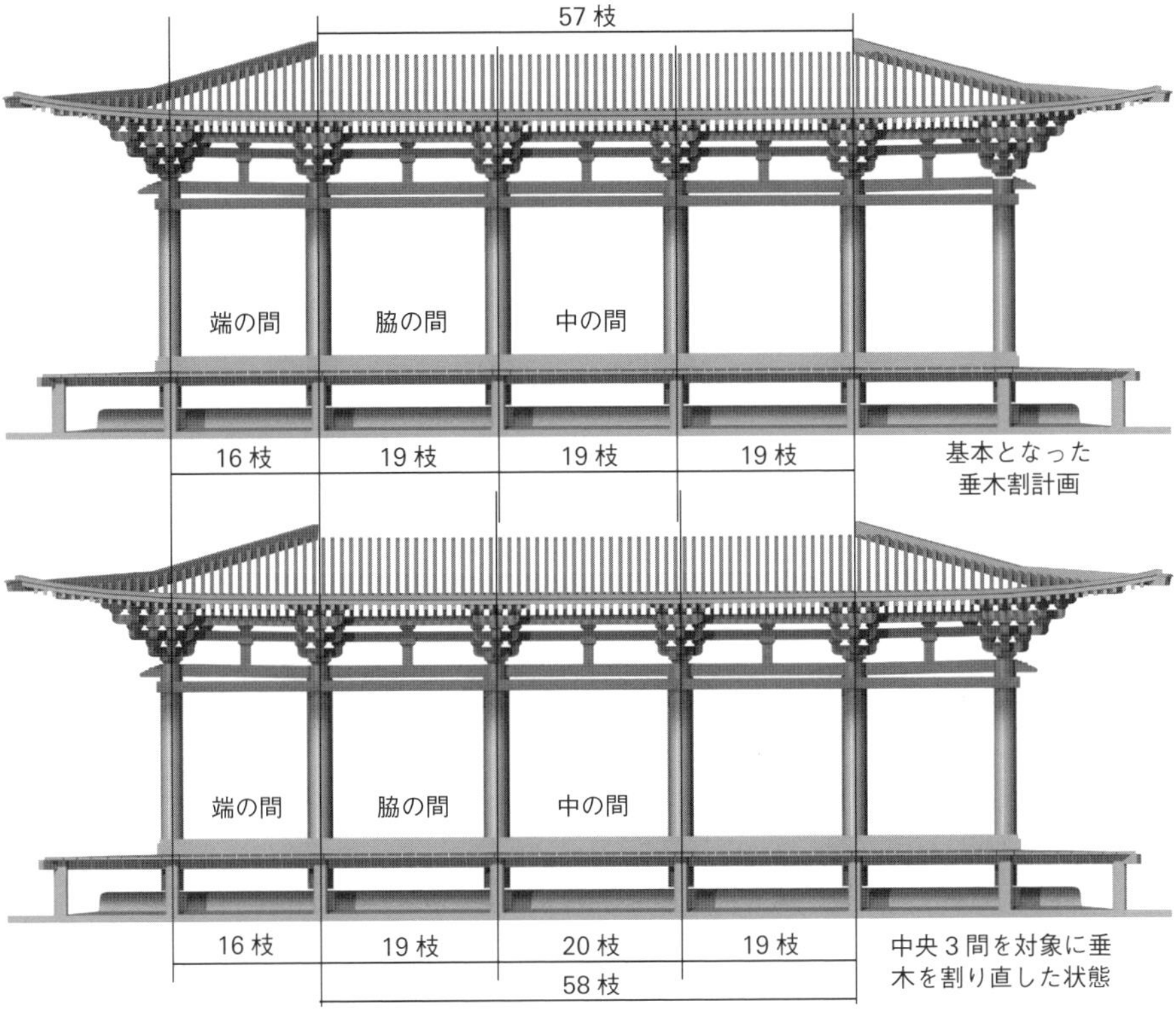

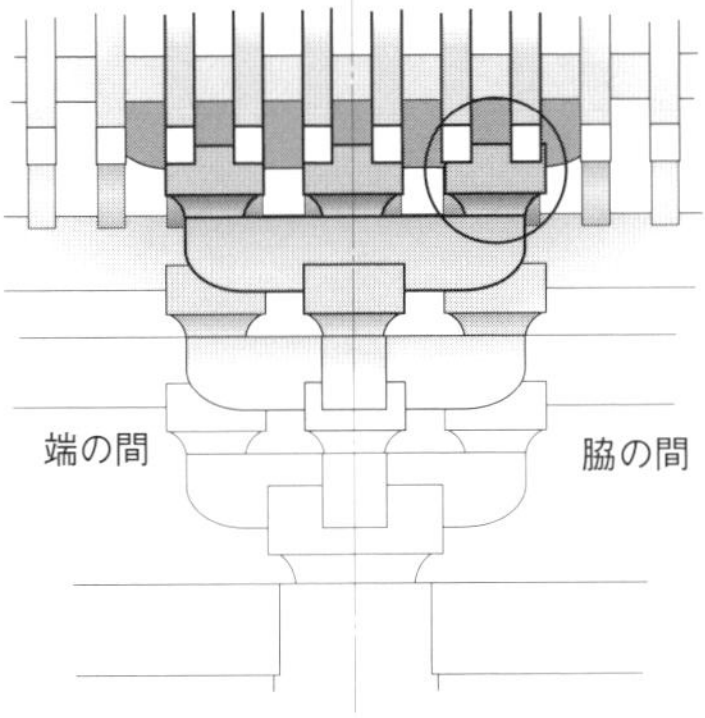

大善寺本堂は，正面の中央3間57枝分を58枝に割り直し，この垂木割の20枝分をとって中の間寸法とした。端の間は基本計画の垂木割のままであるため，正面では2種類の一枝寸法が並ぶことになった。
このため，脇の間と端の間境の柱上の組物では，端の間側だけ六枝掛組物が成立し，脇の間側は，垂木の位置と巻斗幅がうまく合致していない。

六二五尺という値が基本となる垂木割の寸法である。

同様の垂木割は、弘安六年（一二八三）建立の奈良・霊山寺本堂においても認められる。一枝寸法はすべての柱間で同一の値をとり、端の間および六間等間構成とする側面の柱間が端数寸法をもつ。しかし中の間と脇の間を一〇尺の完数柱間とし（造営尺度一・〇〇六尺）、ここに垂木一六枝を配している。正安二年（一三〇〇）建立の方五間堂、香川・本山寺本堂も同様で、各部に端数寸法の柱間をもつが、中の間と脇の間を一〇尺の柱間（造営尺度一・〇〇八尺）として垂木一六枝を配している。

いずれの遺構も、端数柱間とともに一〇尺の柱間をもち、ここに垂木一六枝を配している。七間堂の遺構である滋賀県の長命寺本堂（大永二年・一五二二）と浄厳院本堂（室町末期）においても、端数柱間をもち、単一の垂木歩みを繰り返すが、脇の間あるいは端の間を一〇尺柱間として垂木一六枝を配している。

広島・西国寺金堂（至徳三年・一三八六）は、中の間を一〇・〇尺として垂木一八枝、脇の間を八・八九尺として垂木一六枝、端の間を七・七六五尺として垂木一四枝を配している。側面の柱間も、この三種類の大きさの柱間をもって構成する。したがって一枝寸法は同一で〇・五五五尺程である。ここでは、一〇尺である中の間に垂木一八枝を配していることに注目しよう。福井・中山寺本堂（室町初期）の柱間構成も西国寺金堂によく似ており、側面第一の間を一二・二四尺として二二枝を配するほかは、中の間一〇・〇一尺に垂木一八枝、脇の間八・九〇尺に垂木一六枝、端の間七・七八九尺に垂木一四枝を配しており、一枝寸法は〇・五五六尺ほどで統一がとれている。この遺構も中の間に注目しておきたい。

二つの仏堂は、いずれも端数寸法の柱間を用いる枝割制の遺構だが、中の間に一〇尺の完数柱間をもっており、ここに垂木一八枝を配置している点が共通している。

同様の垂木割をもつ例は、文禄三年（一五九四）に再建に近い大改修が想定された山形・羽黒山正善院黄金堂に認められる。この仏堂は、尺と同寸の造営尺度のもとで、すべての柱間を一〇尺とし、この柱間に垂木を一八枝ずつ配している。また、福島・勝常寺薬師堂（室町時代）は、側面五間のうち中央の三間をそれぞれ八・〇尺の完尺柱間として垂木一四枝を配し、一枝寸法を〇・五七一四尺とするが、中の間一一・一五尺に垂木二〇枝、脇の間と端の間（正側とも）を一〇・〇尺として垂木一八枝を配するから、垂木割の基本計画は、先に挙げた広島・西国寺金堂、福井・中山寺本堂、山形・羽黒山正善院黄金堂と同一の計画であったと捉えられる。側面の中央三間については、後にあらためて検討したい。

以上の事例を手がかりにして、完数柱間をもたない遺構である和歌山・長保寺本堂（延慶四年・一三一一）の垂木割計画を検討しよう。この仏堂は、側面第一の間を最大柱間として九・三四九尺とし、垂木一七枝を配している。中の間と脇の間を同寸とし、八・七九八尺として垂木一六枝を配し、七・一四八尺の端の間に垂木一三枝を配している。したがって一枝寸法は〇・五五〇尺、つまり、造営尺度を〇・九九〇尺としたとき、一〇尺に垂木を一八枝配した垂木割計画を想定することができる。また、大坂・孝恩寺本堂（鎌倉末期）は中の間と脇の間をそれぞれ八・八三四尺として垂木一六枝を配し、端の間を七・七二五尺として垂木一四枝を配する。一枝寸法は〇・五五二尺程となるから、造営尺度〇・九九三六尺のもとで一〇尺に垂木を一八枝配した垂木割計画が認められる。西国寺金堂、中山寺本堂、羽黒山黄金堂、勝常寺薬師堂の四つの仏堂は、いずれも一〇尺柱間をもち、ここに一八枝の垂木を配するとともに他の端数寸法の柱間の垂木割も同一であるから、一枝寸法の出自はいずれも一〇尺／一八枝（〇・五五五……尺）である。また、長保寺本堂と孝恩寺本堂の事例は、実際に一〇尺の柱間をもたなくとも同種の垂木割計画が潜在し、端数一枝寸法を生み出していることを示している。

大報恩寺本堂や鑁阿寺本堂とは別に、すべての柱間を完尺寸法としながら垂木割に乱れのない一群の遺構がある。これらの遺構は、岡山・本山寺本堂（観応元年・一三五〇）愛媛・興隆寺本堂（文中四年・一三七五）、京都・念仏寺本堂（文保二年・一三一八。室町初期の建立も想定されている。註14）、京都・大福光寺本堂（嘉暦二年・一三二七）、和歌山・薬王寺観音堂（貞和三年・一三四七）である。また、中世後期に下る同様の遺構は、福井・羽賀寺本堂（文安四年・一四四七）、岐阜・国分寺本堂（室町時代）、山形・若松寺観音堂（永正六年・一五〇九）である。これら八棟の遺構は一枝寸法を一〇尺に二〇枝（〇・五尺）配し偶数枝の柱間を構成するから、「一尺あて二枝」として尺の倍数の柱間が繰り返される。

個別に「二尺あて三枝」「一尺あて二枝」などに解釈されてきた一枝寸法は、福井・明通寺本堂のグループの一〇尺柱間に垂木一六枝を配した例、広島・西国寺金堂が代表する一〇尺柱間に垂木一八枝を配した例と比較すれば、共通する特質として、一〇尺を基準寸法として垂木を一五枝（二尺あて三枝）、一六枝、一八枝、二〇枝（一尺あて二枝）と配した可能性を予想することができる。つまり、これらの垂木割計画のバリエーションは、共通する基準寸法として一〇尺という値を共有しているのである。さらに、長保寺本堂と孝恩寺本堂の検討から明らかなように、一〇尺柱間をもたず、すべての柱間を端数寸法とする遺構においても潜在する一〇尺という基準寸法が認められた。この垂木割計画の可能性を検証するため、さらに事例を加えて検討しよう。

一二〇〇年代の仏堂は、枝割制の遺構であっても一部に完数柱間をもち、多くの例が一〇尺柱間をもっている。しかし一三〇〇年代に入ると完数柱間をまったくもたない遺構が現れる。広島・浄土寺本堂（嘉暦二年・一三二七）はその好例である。三種類の柱間が認められるが、それぞれ中の間、脇の間、端の間に代表される。中の間は一〇・六四五尺、垂木一八枝、脇の間は九・四六五尺、垂木一六枝、端の間は八・二八〇尺、垂木一四枝という構成である。一枝寸法は単一の歩みをもち、総間四六・一三五尺、垂木七八枝から算出すると〇・五九一五尺である。したがって造営尺度一・〇〇五五尺のもとで、一〇尺に一七枝（一枝＝〇・五八八二尺）の垂木を配した計画を予想することができる。また、愛知・滝山寺本堂（室町初期）は、中の間一〇・五八四尺に垂木一八枝を配し、脇の間八・二三二尺に垂木一四枝、端の間七・六四四尺に垂木一三枝、側面第三、第四の柱間九・九九六尺に垂木一七枝を配している。一枝寸法に乱れはなく、側面の九・九九六尺とする柱間が一〇尺柱間であったとみられるから、造営尺度〇・九九九六尺のもとで一〇尺に一七枝（一枝＝〇・五八八二尺）の垂木を配した計画を予想することができる。

広島・明王院本堂（元応三年・一三二一）は四方相称の平面構成をもつ仏堂で、中の間、脇の間、端の間の三種類の柱間寸法をそれぞれ九・五〇二尺、七・

八九一尺、六・八三七尺とする。各柱間にはそれぞれ垂木一八枝、一五枝、一三枝が配され一枝寸法はほとんど乱れがない。総間寸法三八・九五七尺と垂木枝数七四枝から、一枝寸法は〇・五二六四尺となる。したがって造営尺度一・〇〇〇二尺のもとで、一〇尺に垂木一九枝を配した垂木割計画が想定される。同様の垂木割計画は、和歌山・利生護国寺本堂（弘和元年・一三八一）、福井・神宮寺本堂（天文二二年・一五五三）にも認めることができる。

以上の検討を整理すれば、中世前期の垂木割計画は一〇尺を共通の基準寸法とし、ここに垂木を一五枝、一六枝、一七枝、一八枝、一九枝、二〇枝と配することで一枝寸法を獲得したと考えることができる。垂木枝数のバリエーションは、おおよそ鎌倉時代の初頭から南北朝へ至る過程で、仏堂の規模が徐々に縮小する過程に並行して現れる現象で、規模の縮小に合わせてほぼ一定の垂木密度を確保するためであったと考えられる。そうであれば、大規模な仏堂では一〇尺に配される計画垂木枝数が少なくなるはずである。七間堂では、兵庫・太山寺本堂（弘安八年・一二八五以後）が一〇尺に垂木一四枝（ただし完数制の遺構）、兵庫・円教寺講堂・下層（永享一二年・一四四〇）と滋賀・園城寺金堂（慶長四年・一五九九）では一〇尺に垂木一三枝を配した垂木割計画が認められる。また一方、規模の小さな仏堂では、滋賀・石津寺本堂（延文四年・一三五九）、愛知・高田寺本堂（室町時代）の二棟の遺構に、一〇尺に二一枝、一〇尺に垂木を二二枝配した例がある。一〇尺に二三枝の垂木を配した遺構は五間堂では見あたらないが三間堂に例がある（註15）。

ここで述べた端数一枝寸法の獲得法は、中世前期では、中世繁垂木の和様七間堂、五間堂のうち、中世前期では、ほぼすべての仏堂、中世後期では約半数に認めることができる。中世前期の少数の例外、たとえば長弓寺本堂（弘安二年・一二七九）などは、中世後期に展開する新しい計画方法を先取りしたもので、垂木割の基準寸法である一〇尺を、九尺や八尺とする方法である。これらの技法は中世前期の方法に依存しながら、部分的に完数柱間を実現し、その利便性を求めて派生的に現れることになったと考えられる（註16）。表1は、中世の和様五間堂と七間堂の垂木割計画（一枝寸法の計画技法）を整理したものである。このなかには、中世四〇〇年間の様相を俯瞰するため中世後期に下る遺構

表1　中世の和様五間堂・七間堂の一枝寸法

一枝寸法＼年代	1200年代 前半	1200年代 後半	1300年代 前半	1300年代 後半	1400年代 前半	1400年代 後半	1500年代 前半	1500年代 後半
10尺／10枝 1.0尺								金峰山寺 金堂
10尺／11枝 0.9091尺	中世では該当遺構なし							
10尺／12枝 0.8333尺	中世では該当遺構なし							
10尺／13枝 0.7692尺						円教寺 講堂下重		園城寺 金堂
10尺／14枝 0.7143尺		兵庫大山寺 本堂						
10尺／15枝 0.6667尺	大報恩寺 本堂 西明寺 本堂/前身	大善寺 本堂 鑁阿寺 本堂	室生寺 灌頂堂					笠森 観音堂
10尺／16枝 0.625尺		明通寺 本堂 霊山寺 本堂	香川本山寺 本堂 松尾寺 本堂	六波羅蜜寺 本堂			東光寺 本堂/基本計画 長命寺 本堂	浄厳院 本堂
10尺／17枝 0.5882尺			広島浄土寺 本堂		滝山寺 本堂			
10尺／18枝 0.5556尺			長保寺 本堂 孝恩寺 本堂	西国寺 金堂	中山寺 本堂	勝常寺 薬師堂		羽黒山正善院 黄金堂
10尺／19枝 0.5264尺			明王院 本堂	利生護国寺 本堂		愛媛浄土寺 本堂		福井神宮寺 本堂
10尺／20枝 0.5尺			念仏寺 本堂 大福光寺 本堂 薬王寺 観音堂 岡山本山寺 本堂	興隆寺 本堂	羽賀寺 本堂	岐阜国分寺 本堂	若松寺 観音堂	
10尺／21枝 0.4762尺	五間堂・七間堂では該当遺構なし							
10尺／22枝 0.4545尺				石津寺 本堂		高田寺 本堂		
10尺／23枝 0.4348尺	五間堂・七間堂では該当遺構なし							
9尺／12枝 0.75尺						円教寺 講堂上重 島根清水寺 本堂（室町）		
9尺／13枝 0.6923尺				金剛輪寺 本堂 道成寺 本堂				
9尺／14枝 0.6429尺				善水寺 本堂	桑実寺 本堂（室町初期）			
9尺／15枝 0.6尺							薬王院 本堂	
8尺／13枝 0.6154尺		長弓寺 本堂		鞆淵神社 大日堂（室町初期）	観心寺 本堂			
8尺／14枝 0.5714尺			愛媛太山寺 本堂	鶴林寺 本堂		不動院 本堂		

も含めている。また別に、例外的に七尺を基準とする遺構も少数存在する。しかし、中世後期に至っても一〇尺を基準とする垂木割の技法が継承されており、この技法が、中世全体を通じて基幹となる技法であったことがわかる。

一・四　塔の垂木割計画

仏堂の垂木割計画の様相が判明したため、塔についても確認しておこう。中世前期の塔の垂木割計画は、仏堂に比べてはるかに難解である。その原因は、重ごとに垂木の歩みが細かく変化する例が多く、表面的に観察しただけでは、基本となった垂木割計画が判然としない遺構が多いためである。本書では、中世前期を中心に数例を紹介するに留める（註17）。

福井・明通寺三重塔（文永七年・一二七〇）は、中世の塔のなかで、垂木割が最も複雑な様相を見せる遺構のひとつである。実測値は、初重中の間が五・三〇八尺、垂木一〇枝、端の間四・二四六尺、垂木八枝、総間一三・八〇尺で垂木二六枝、一枝寸法は〇・五三〇八尺となって各柱間とも同一の寸法である。二重は中の間四・二〇尺、垂木八枝、脇間三・六七五尺、七枝、総間は一一・五五尺、垂木二二枝、一枝寸法は〇・五二五尺となってどの柱間でもこの値を取っている。三重は三間の柱間とも三・一二尺、垂木六枝とし、総間九・三六尺、垂木一八枝、一枝寸法は〇・五二尺である。このようにそれぞれの重で一枝寸法が整い、柱間寸法はこの倍数の値をもつから、枝割制の遺構といってよい。しかし、重ごとに一枝寸法がわずかずつ変化する様相が注目される。

先行研究では、このように変化する垂木割を、枝割制の初期の時代であるため、「……全重にわたって枝割で決められてはいるが、上重ほど一枝寸法を小さくするといった、自由なやり方がまだ見られるのである」とする（註18）。この議論は、古代の垂木割が「自由」であったとする考えと、そのような「自由」が明通寺三重塔にも残るとする見方である。しかし「自由なやり方」とは、いったいどのようなものか。

逓減を精密に制御するためには、重を越えて単一の長さをもつ基準となる寸法が必要である。枝割制の塔の遺構の場合、この基準寸法を一枝寸法が担っている。したがって明通寺三重塔においても、表面に現れてはいないが、単位として機能する単一の一枝寸法が潜在している可能性を考えてみる必要がある。

各重総間の垂木枝数から一枝ずつを減じてみよう。このとき、初重は二五枝、二重は二一枝、三重は一七枝となる。このときの一枝寸法を総間寸法から算出すると、初重〇・五五二尺、二重〇・五五尺、三重〇・五五〇六尺となるから、ごくわずかな相違があるが、各重に共通した単位寸法と判断することができる。またこの値は、一〇尺に垂木一八枝を配したときの一枝寸法〇・五五五六尺という値と判断できる。また、造営尺度は〇・九九三六尺と算出される。

同様の一枝寸法をもつ仏堂は、すでに触れたように、和歌山・長保寺本堂、広島・西国寺金堂、福井・中山寺本堂、大阪・孝恩寺本堂、福島・勝常寺薬師堂、山形・羽黒山黄金堂の計六棟が認められた。同時代に共通した一枝寸法が認められるから、明通寺三重塔は、各重の総間で垂木の割り直しという二次操作が加わっていることを予想しなければならない。一〇尺／一八枝の垂木割と逓減を四枝ずつ落とすという計画によって総間寸法を決定した後、あらためて総間の垂木枝数に一枝ずつ加えるという手順である。

このような操作がなぜ必要だったのであろうか。この遺構は、三手先尾垂木付組物を用いて丸桁を送り出すが、その出の長さを、総間に一枝ずつ増加させた二次調整後の重それぞれの一枝寸法に合わせて六枝分としている（二重だけわずかな相違がある）。巻斗の幅は七・〇寸に統一し、重ごとに肘木の長さを垂木割に合わせて六枝掛組物を実現しようとしたと考えられている（**註19**）。

六枝掛組物は、柱間で六枝以上の幅を必要とするから、柱間の大きさが六枝に足りなければ隣接する組物どうしが衝突を起こす。**図31**は、六枝掛組物で構成された三手先尾垂木付組物である。厳密な六枝掛組物は柱真から左右に三枝に近い（二枝に垂木幅と木間幅の半分）幅をもつ。一方、一〇尺／一八枝の垂木割計画から予想される明通寺三重塔の基本計画は、三重総間を一七枝とするから六枝掛組物の幅三つ分に足りていない。したがって、三重総間を一八枝に割り直した原因は、組物の構成に起因すると考えることができる。

垂木を割り直し、これに合わせてつくられた組物は、肘木長さに調整を加えて初重と二重の一枝寸法に合わせているが、巻斗は同寸の部材を全重で採用して

図31　六枝掛組物

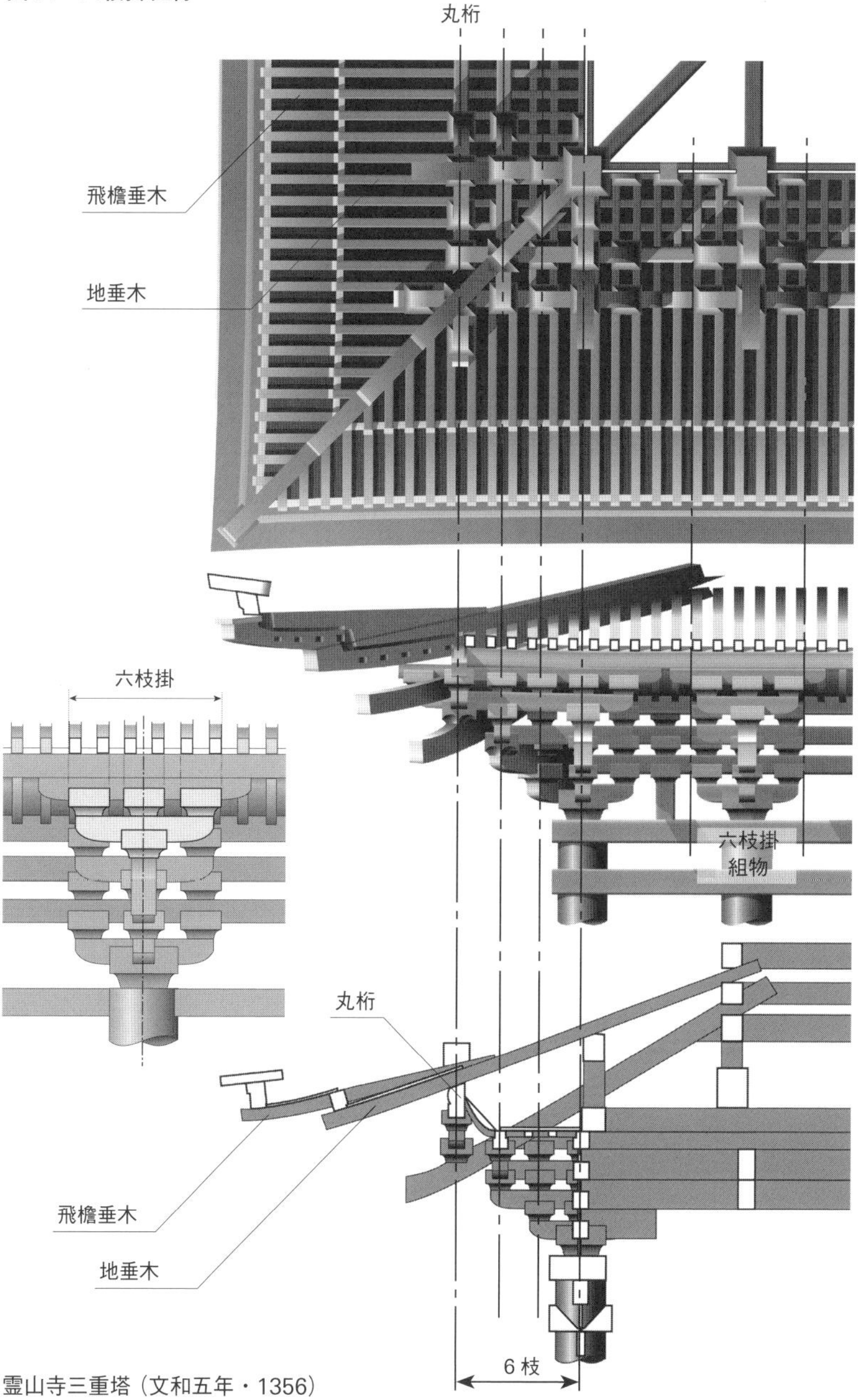

霊山寺三重塔（文和五年・1356）

いる。組物を考慮して、三重の一枝寸法に近似させるため、初重と二重の総間にも、それぞれ一枝を加えて割り直しを行ったと考えられる。

初重と二重の垂木を割り直した原因はこればかりではない。完成した塔は、総間で割り直した重それぞれの一枝寸法に従って軒を構成しているから、もし、一部の一枝寸法だけが大きく異なれば、軒の出に現れた変化が塔のシルエットに影響を与えかねない。機械的に算出すれば、三重の軒総長は、基本計画の一枝寸法の場合と割り直した一枝寸法の場合とで一尺を超える寸法差がある。このため、三重だけを割り直すと、軒先の逓減は、初重と二重が四枝の逓減であるのに対し、二重と三重では六枝に近い逓減を生み出してしまうのである。

しかし、重ごとに垂木割を変化させた原因は、これですべて解決したわけではない。本当の問題は三重総間が一七枝になってしまう基本計画そのものである。

一・五　中世初期の規模計画

中世前期の枝割制には、垂木歩みを利用した規模計画が潜在する。あらかじめ垂木の本数を定めておき、これに一〇尺を基準とする垂木割計画で得られる一枝寸法の長さを重ね合わせることで建築規模計画とするものである。この計画方法は中世初頭頃に現れ、中頃には消滅してしまう過渡的な技法であった。

仏堂では、京都・大報恩寺本堂が「千本釈迦堂」の通称どおりに垂木を一〇〇〇本もち、山梨・大善寺本堂の九〇四本、滋賀・善水寺本堂（貞治五年・一三六六）と福島・勝常寺薬師堂（室町時代）に共通する八九六本、滋賀・西明寺本堂・前身五間堂（鎌倉前期）の七〇〇本、奈良・室生寺灌頂堂の七〇四本などが代表的なものである。

九〇〇本や七〇〇本の垂木は、四の倍数であっても八の倍数ではない。したがって二軒繁垂木の場合、正面総間と側面総間は必ず一方が偶数枝、他方が奇数枝の歩みとなる。ところが、先に述べたように正面総間（中の間）を偶数枝とする制があるようで、大善寺本堂では中の間と脇の間を合計した三間に垂木を一枝加えて五八枝に割り直している。この操作の結果、九〇〇本の垂木量に、さらに四本（一枝の増加は、正背面それぞれの飛檐垂木《ひえんだるき》と地垂木《じだるき》（図30参照）の合計で、四本の増加となる）の垂木が加えられた。つまり大善寺本堂の基本計画は、垂木の総本数を九〇〇本とした、と考えなければならない。また勝常寺薬師堂では、側面の中央三間、四三枝を等間構成とするため、一枝を抜いて四二枝（一四枝×三間）としており、この三間の柱間だけ垂木歩みがわずかに延びている（註20）。この場合は九〇〇本の垂木量から側面で一枝分、つまり垂木四本が差し引かれて八九六本に変化している。西明寺本堂・前身五間堂は、額面どおりに七〇〇本の垂木で計画した結果、中の間が半枝分、側面の背面側の端の間が半枝分小さくなり垂木歩みが乱れている。この形跡は、七間堂に拡張された現在の遺構においてもそれぞれの柱間寸法に残っている。

垂木量は、なぜ計画の初期段階で決定されたのだろうか。私たちの素直な感覚からすると奇妙な現象であるように思われる。しかし垂木量は、単なる部材量と捉えられていたわけではない。その歩み（真々間隔）が寸法計画の単位として機能する、という認識があったと考えなければならない。軒隅の配付《はいつけ》垂木、打越《うちこし》垂木（向拝などに使われる長く延びた垂木）、飛檐垂木、地垂木などいずれも同じように一本と捉えるのであるから、垂木の長短を無視した捉え方である。したがって、部材としての垂木よりも、その間隔に注目していることは確実で、等間隔に配置される垂木の特質を手がかりに全体の寸法計画を掌握しようとしている、と捉えられる。しかし一方、一枝寸法として後の時代が理解していった、垂木の間隔だけを抽象して単位寸法とみなす、という捉え方には、まだ届いていないのであろう。部材量を制御することで、単位寸法を間接的に制御しようとする方法であり、私たちが本数と枝数を区別するような視点が、まだ未分化であったと考えることができる。

とはいえ、間接的であっても、計画の初期的な段階で垂木の本数を絶対的に固定することによって、柱間の大きさなどを漸次決定していくための確かな枠組みを獲得することができる。したがってこの技法は、各部位の相対的な大きさを決定するための土台を提供するとともに、さらに一枝寸法の決定（一〇尺を何枝で割るかの決定）を重ね合わせることで、枝数で制御される各部位に絶対的な大きさを与える機能をもっている。

中世前期の規模計画は、計画の第一次的段階で垂木量を決定する。与条件が極度に少ないため判断を支える基準が数そのものに依存する。したがって一〇〇の倍数のような平易な数値が選ばれることになったと考えられる。しかしこの方法は、選択された垂木量に固有の数的制約に支配される。四の倍数であったり八の倍数であったりする多様な特質である。このため複雑な二次調整が必要となる場合が多く、一三世紀の終わり頃までに消失した。私たちには馴染みのない考え方であるが、それでもこの技法は、規模計画法として機能し、建物の部位と細部の制御を可能にする素地を与えたのである。

明通寺三重塔は、各重の総間に一枝を加える以前の基本計画では、計一二〇〇本の垂木が使われており、これが規模計画の役割を果たしたと考えられる。この垂木量をもって飛檐軒五枝、地軒一二枝（うち丸桁の出六枝）という大きな軒構成をとり、さらに逓減を四枝としたことで、三重総間の垂木枝数が一七枝となり、六枝掛組物の構成に不足することになった。三重総間枝数の調整と組物の調整、軒先のシルエットを整えるなどの理由で、各重それぞれに一枝ずつ（四面の飛檐垂木と地垂木で合計八本）の垂木を加え、全体で二四本の垂木を増加させることになった。

もし軒構成がもっと短ければ、総間の垂木枝数に余裕が生ずるから、垂木の二次的な割り直しや増加は防げたのではないか。実在する遺構では、霊山寺三重塔（文和五年・一三五六）にこの例をみることができる。この三重塔は、明通寺三重塔の飛檐軒五枝、地軒一二枝とする構成に対し、飛檐軒四枝、地軒一一枝（うち丸桁の出六枝）とするやや短い軒構成を選択した結果、逓減を四枝としても三重総間に二〇枝の垂木をもつことになった。初重総間は、二八枝、中の間一二枝、脇の間八枝の構成をとり、二重は総間を二四枝、中の間一〇枝、脇の間七枝、三重総間は二〇枝、中の間八枝、脇の間六枝とする。軒構成は飛檐軒四枝、地軒一一枝とするから、垂木量は一二〇〇本で、一枝寸法は各重、各部を通じて単一の長さをもっている。したがって二次的な調整の跡はまったく見られない。一枝寸法は一〇尺に二五枝を配した値、〇・四尺（造営尺度は、初重総間の一枝寸法から一・〇〇九尺）である。この事例と比較することによって、先に述べた明通寺三重塔の計画過程で起きた状況を理解することができる。

広島・明王院五重塔（貞和四年・一三四八）の各重平面寸法と垂木割に関する分析について、修理工事報告書は以下のように記している（註21）。

……（前略）……各重の柱間寸尺は、初重柱間寸尺及びその一枝寸法を基準として各重二支ずつ逓減するという方法によってその総柱間がまず決定された後、支割を適宜割り付け中央間・脇間寸法を決めていた。したがって支割寸法は各重それぞれ無関係に定まるところとなり、二重では中央間と脇間で支割寸法を異にする結果ともなっていた。

『国宝明王院五重塔修理工事報告書』

また各重軒隅は、同一の垂木歩みと形式、同一の寸法が繰り返されている。このため、軒隅と間内《けんうち》（ないし「まうち」。側柱筋の内側）で一枝寸法が異なる場合や、二重のように、軒に加えて中の間と脇の間でも一枝寸法が異なる事態が起きている。

……（二重の）中央間柱上斗栱では、中央間及び脇間の支割寸法が異なるため、枠肘木・秤肘木の斗心間隔が左右異なっていた。即ち中央間側はその二支寸法〇・九九六尺、脇間側はその二支寸法一尺〇四八とされていた。また同様に隅肘木においても、内方脇間側の斗心寸法は脇間支割寸法に準じて二支寸法一尺〇四八であるのに対して、外方は手先寸法一尺〇二八を基準にして定められていた。

『同』

垂木歩みに合わせて、左右の出の寸法の異なる斗栱《ときょう》（組物）が使われており、一枝寸法は、初重柱間とすべての軒、二重中の間、二重脇の間、三重柱間、四重柱間、五重柱間の六種類が存在する。修理工事報告書では、各重の一枝寸法が総間寸法の基準になったと判断しているが、これほどのバリエーションが現れた原因については述べていない。垂木割が柱間寸法や逓減の基準になるとすれば、単一の長さの計画垂木割が存在したと考えなければならない。したがって問題は、潜在する計画上の一枝寸法を見出すことである。

いま、先に考察した明通寺三重塔の計画方法を手がかりとして、明王院五重塔の計画方法を推定してみよう。この五重塔は、垂木量を二一〇〇本として計画を始めたと考えられる。この値も四の倍数であっても八の倍数ではないから、正方形の平面である塔では、計算上、各面に半枝が現れる。これは、たとえば、総間左端の側柱上で柱真が垂木木間真を踏んだとすれば、右端では柱真に垂木真が載るような事態が起きることで、このままでは垂木が収まらない。

さて、塔のひとつの面の垂木量五二五本（二一〇〇本の四分の一）に注目して、各重の割り当て量をみてみよう。逓減を二枝落とすから、初重から順に四本ずつを減ずるため、垂木本数は、初重から順に一一三、一〇九、一〇五、一〇一、九七本という割り当てになる。二軒繁垂木、三手先尾垂木付の六枝掛組物を用いるから、軒隅の垂木構成として飛檐軒五枝、地軒一二枝が最も考えやすい。このとき各重総間に割り当てられる垂木本数は、初重から順に五五本、五一本、四七本、四三本、三九本となる。したがって総間の垂木枝数は、順に、二七枝半、二五枝半、二三枝半、二一枝半、一九枝半となって、すべての重で半枝分の長さが現れる。

このままでは実際に垂木を配置することが困難であるから、各重で垂木本数の二次調整が行われた。初重は半枝分を加えて二八枝とし、二七枝半の幅をもつ総間全体を二八枝に割り直して中の間一〇枝と脇の間九枝に区分した。しかし二重は、計画上の垂木枝数に従って脇の間を八枝分、中の間九・五枝分に区分し、中の間を九枝半の幅のままで一〇枝の垂木を配した。これは初重中の間よりも小さい中の間をとろうとしたためで、このため二重の垂木割が柱間ごとに乱れることになった。三重は二三枝半の幅をもつ総間を、一枝半加えて二五枝に割り直し、中の間を九枝、脇の間を八枝に区分したが、半枝だけではなく一枝半を加えた理由は、中の間をやや大きくとる中の間と脇の間の柱間構成を優先するとともに、上下の重の柱間構成とバランスを保つための配慮である。四重は二一枝半の総間寸法を、半枝を加えた二二枝で割り直し、中の間を八枝、脇の間を七枝とした。五重は一九枝半の幅の総間寸法に一九枝を配置し、中の間七枝、脇の間六枝に区分している。こうして二次調整を経た各重の垂木割は、重ごとに一枝寸法が異なり、五重を最大とし三重を最小とする。これらの垂木歩みのままそれぞれの重でそれぞれの軒を構成すると、軒隅の出入りが不揃いとなって塔のシルエットが整わない。わずか二枝の逓減では、軒先の出入りは非常に繊細な問題となる。このため、二次調整後の垂木割に合わせて構成した初重の軒を、各重の軒で繰り返すことになったと考えられる。

したがって計画段階の一枝寸法は、二重脇の間に唯一残されたことがわかる。この値は実測値で〇・五二四四尺。初重総間寸法を、計画上の垂木枝数二七枝半で除した値、〇・五二六四尺に合致するから、この値が計画上の一枝寸法であったことが確かめられる。これは造営尺度一・〇〇一六尺のもとで、一〇尺に垂木一九枝を配した値であり、隣接する金堂の垂木割計画と同じものである。

厳島神社五重塔（貞和四年・一三四八）は、いわば明王院五重塔の対極に位置する遺構である。この遺構の垂木総本数は二二〇〇本、明王院五重塔よりも一〇〇本多く、八の倍数の値である。垂木量が多いため三間の各柱間から一枝ずつ減じて三枝の逓減をとることが可能であった。このため各部の垂木割は、二次調整を一切介さずにすべての重、すべての柱間で一枝寸法を同一としている。明王院五重塔のような問題が一切起きなかった原因は、単に垂木量が多いためで偶発的に解消されたものと考えられるが、この垂木量と各部の垂木割の構成はおそらく五重塔の理想的な計画として受け止められ、後世に繰り返し写されることになった。また初重、三重、五重を写す派生的な三重塔も生み出している（註22）。

垂木量を先行して決定する明通寺三重塔の規模計画を手がかりとすることで、明王院五重塔の基本計画の一枝寸法を見出すことができたが、同様の計画方法は古代末まで遡る。浄瑠璃寺三重塔は治承二年（一一七八）、浄土池の対岸から現地へ移築されたと伝えられている。各重の軒構成は、飛檐軒四枝、地軒一〇枝。初重の中の間四・二〇尺に垂木一〇枝を配し、脇の間は二・九四尺として垂木七枝を配するから、一枝寸法は中の間、脇の間とも〇・四二尺である。二重中の間は三・三六尺に垂木八枝を配し、脇の間は初重と同様に二・九四尺に七枝を配する。二重の一枝寸法も〇・四二尺で乱れがない。三重は三間等間の構成で各二・八一五尺の柱間に垂木七枝を配する。したがって三重は、一枝が〇・四〇二尺となって、初重と二重よりわずかに短い。垂木の総量は一一一二本である。

三手先尾垂木付組物の出の寸法（側柱真〜丸桁真）は、初重と二重が同寸で二・一尺、三重はわずかに短く二・〇一尺。いずれも垂木五枝が配されている。この値から各重の丸桁間寸法（総間寸法に左右の丸桁の出の寸法、柱真〜丸桁真の寸法を加えたもの）を算出すると、初重は一四・二八尺、垂木三四枝、二重は一三・四四尺、垂木三二枝、三重は一二・四六五尺、垂木三一枝と算出される。

初重総間一〇・〇八尺は、造営尺度一・〇〇八尺として、一〇尺の完数値と考えられるから、垂木割は一〇尺に垂木二四枝を配する計画と判断される。一枝寸法は〇・四一六七尺である。

初重と二重に共通するこの一枝寸法（実測値で〇・四二尺）で三重丸桁間寸法を除すると、この値は二九枝半に相当する。垂木二一枝が配される八・四四五尺の総間は、四分の寸法差で一〇尺／二四枝の垂木割の二〇枝分（八・四尺）に相当するから、丸桁間からこれを差し引いた残りの九枝半の長さを二つに割り、組物の出の寸法を四・七五枝分（初重と二重の丸桁の出の寸法は、計画一枝寸法の五枝分）とする計画であったと考えられる。さらに等間構成を実現するため、二〇枝分の総間幅に一枝を加えて二一枝（三間に七枝ずつ）を配置している。

この遺構の基本計画は、垂木総量を一一〇〇本とし、初重と二重の逓減を二枝、二重と三重の逓減を二枝半としたシルエットに基づいている。初重と二重は計画寸法がそのまま現れるが、三重は半枝をもつため、いずれにしても調整が必要になる。等間構成に合わせて総間に一枝を加え、さらに基本計画で四・七五枝分とした組物の出に五枝の垂木を配置したため、結果的に一二本の垂木が増加し、一一一二本の垂木量になった。中世前期の遺構に特徴的な、垂木総量を一〇〇の倍数で計画する遺構のうち、確認できる最も早い例である。しかし、総間ではなく丸桁間を垂木割の基準とする点は古代的である。

半枝の出現は、滋賀・西明寺三重塔（鎌倉中期）、岡山・長福寺三重塔（弘安八年・一二八五）、長野・大法寺三重塔（正慶二年・一三三三）、京都・岩船寺三重塔（嘉吉二年・一四四二）など、垂木総量を一三〇〇本とする基本計画をもつと考えられる遺構と原理的に同じ現象であり、八の倍数でないために起こることである。これらの遺構は、いずれかの重の総間寸法に、計画一枝寸法で半枝分となる長さが必ず現れている。なお垂木割の基本計画は、西明寺三重塔と長福寺三重塔が一〇尺に垂木二二枝、大法寺三重塔が一〇尺に二七枝、岩船寺三重塔が一〇尺に二六枝を配する計画である。

一方、垂木量を一二〇〇本とする塔では原理的に半枝が現れることがない。この最も明快な例は、先に挙げた奈良・霊山寺三重塔（文和五年・一三五六）である。

しかし、同様に一二〇〇本の垂木量で計画された明通寺三重塔（文永七年・一二七〇）は、各重で垂木を割り直した形跡が認められた。基本となった計画一枝寸法は、一〇尺に垂木一八枝を配したものである。

以上の考察を整理しよう。中世前期の塔は、垂木量を先行して決定するという計画方法をもつが、選択された数値固有の性格に影響を受け、二次的な調整を余儀なくされることが通例であった。しかし、塔のシルエットの構成の基準となる計画段階の垂木割は、単一の長さをもって初めて各部の単位長として機能する。各重総間寸法と逓減の制御は、この基準となる単一の一枝寸法に基づいている。したがって注目すべきは、この計画段階の垂木割計画である。垂木割計画には、塔の規模と時代によってバリエーションが認められたが、一〇尺に一八枝、（明通寺三重塔）、一九枝（明王院五重塔）、二〇枝（興福寺三重塔・鎌倉初期）、二二枝（西明寺三重塔・鎌倉中期、長福寺三重塔・弘安八年・一二八五）、二四枝（浄瑠璃寺三重塔・治承二年・一一七八移築、海住山寺五重塔・建保二年・一二一四）、二五枝（霊山寺三重塔）、二六枝（岩船寺三重塔・嘉吉二年・一四四二）、二七枝（大法寺三重塔・正慶二年・一三三三）などの例が認められる。なお、中世後期に下っても一〇尺に一九枝、二四枝、二五枝、二六枝などの一枝寸法が確認できる。このうち、とくに一〇尺に二五枝を配する垂木割は、一枝寸法が完数（〇・四尺）となって寸法計画が容易になるためか、滋賀・捴見寺三重塔（享徳三年・一四五四）など六棟が認められる。一方、中世後期は、整った垂木量をもつ遺構が見られなくなると同時に、一丈二尺、一丈五尺、一丈六尺など適当な完数を初重総間に充てることで規模を決定し、結果的に一枝寸法を決定するようにみえる遺構が現れる。厳島神社五重塔はその初期の例で、初重総間を一丈五尺とする。これら中世後期の塔については、中世前期の技法と異なる様相を窺うことができるが、法隆寺建築の分析にとって直接の手がかりとならないため、本書では詳述を省略することとする。

一・六　端数一枝寸法の獲得法

設計技術を扱った論考は、遺構の分析研究、木割書の解読研究を問わず、扱うテーマの性格を反映して数値資料を手がかりに議論を進めることが通例である。煩雑ともみえる夥しい小数表現を伴って議論が進められる点は、この種の論考に共通する際立った特徴である。しかし、小数表現は立論のための表現手段にすぎず、分析内容を説明する多様な小数が、そのまま往時の設計技術における寸法値の捉え方であると主張するものではないことを、明記しておかなければならない。

一〇尺を一五枝から二二枝にわたる数値で分割した結果現れる端数寸法は、無限小数や循環小数として現れることが多い。このため、煩瑣な端数が現れることが、この技法の可能性に対する疑義として感じられることも多いようである。たとえば大森は、私論について「しかし、実際問題として、(一丈の)一七等分や一九等分というような割り切れない数字をもって建物の基準としたでしょうか」と記している(註23)。問題の所在は、「割り切れない数字」という認識である。第一に、もし一枝寸法に〇・六尺や〇・五尺などの平易な数値、寸の単位の完数値ばかりが検出されていれば、枝割制遺構の柱間寸法計画は、建築設計技術史研究の重要なテーマにはなっていなかった。この状態であれば、寸の単位の完数柱間ばかりが見出されるはずだからである。中世の遺構研究は、計画の意図も内容もよくわからない、夥しい量と種類の端数柱間寸法が観察される、という地点から始まっている点は、誰しも認めざるを得ない事実である。第二に、「割り切れない数字」は、論考としての表現手段であるとともに、私たちの数に対する印象に基づくものであるから、中世の工人も同様の認識をもっていたと考えることに大きな誤謬が含まれている。第三に、一〇尺ものの長さを対象に、これを一七等分や一九等分するという操作は、具体的な操作として想像し難い、という批判も含まれているであろう。

中世の工人たちが行っていた現場の技法を復原できる資料は皆無だが、試みに、上述の端数一枝寸法を曲尺《さしがね》を用いて獲得する手順を素描してみよう。

(一) 曲尺を用いて一尺の長さをとる。
(二) 一尺の幅に、求める枝数（たとえば一七枝とする）に相当する目盛が合致するよう、曲尺を斜めに当てる。
(三) この状態で、目盛一〇個分までの長さを水平にとる。

この長さが求める一枝寸法〇・五八八二……尺（一〇尺を一七等分したひとつ分の長さ）である。これだけの操作であるが、実際にこの技法を行うためには、二尺を超える長さの曲尺が必要になる。中世に遡る曲尺の遺例は未発見だが、近世初頭頃の遺例では、通例、長手の目盛を一尺五寸、妻手の目盛を七寸五分とする例が多い。この長さの曲尺であれば少し工夫が必要である。

(一) 曲尺を用いて五寸の長さをとる。
(二) 五寸の幅を、求める枝数（一七枝）の半分の値で等分割するよう、曲尺の目盛を当てる。つまり、目盛〇〜八寸五分（目盛上の値）の幅が、五寸の幅に合致するよう曲尺を斜めに置く。
(三) この状態で、目盛一〇個分（目盛上で一尺の位置）までの水平の長さをとる。

(三)の操作の時点で、先に挙げた操作と同じ結果に至るから、求める一枝寸法を実長として獲得することになる。この手順を図32に掲載する。
一〇尺を基準寸法として垂木枝数を一五枝、一六枝、一八枝、一九枝などに変更した場合でも、もちろん手順は同様である。単に曲尺を当てる際の目盛の数を変えるにすぎない。また、ここでは一〇尺を基準寸法とする例を挙げたが、九・〇尺、八・〇尺、七・〇尺などを垂木割の基準寸法とした場合（中世後期に現れる技法）でも、やはり手順は同様である。最初の手順で五寸とした長さを四寸五分、四寸、三寸五分などとする相違にすぎない。

図32　端数一枝寸法を求める技法（一枝寸法＝10尺/17枝の場合）

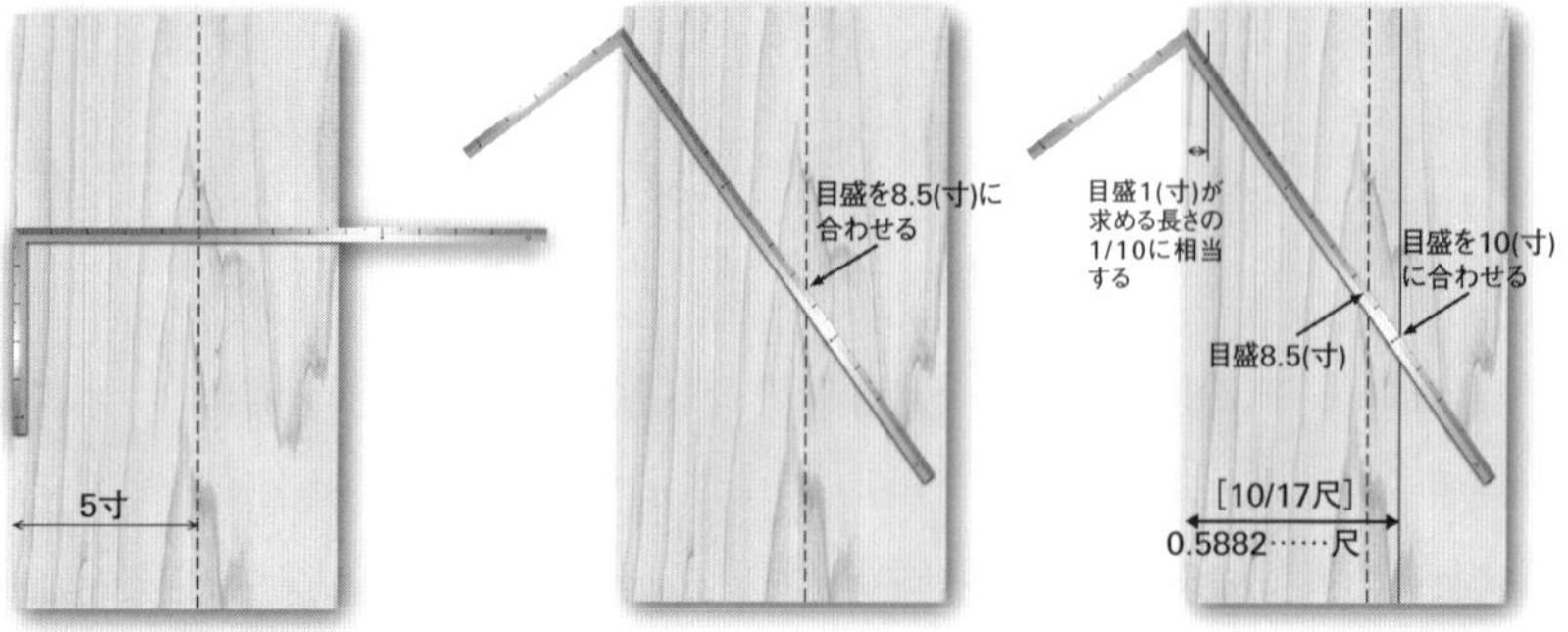

手順1
求める一枝寸法の長さがいくつであっても，まず，右端から5寸の位置に垂線を描く。

手順2
［10尺/17枝＝0.5882……尺］の一枝寸法を求める場合。目盛［8.5（寸）］が5寸の垂線に合致するよう，曲尺を斜めに当てる。

手順3
左端から10（寸）の目盛の位置までの幅が，求める一枝寸法の実長（＝0.5882……尺）になる。

以上に記した技法は、操作としてみれば簡単なものだが、その内容は巧妙なものである。まず、一〇尺を一尺とみなして縮尺1/10の世界をつくる。ここで（曲尺を斜めに当てて）一七等分したときの目盛ひとつ分の長さは、求める一枝寸法の1/10の長さである。したがってこれを一〇倍すれば（目盛一〇の長さをとれば）原寸の一枝寸法の長さを得る。つまり、いったん縮尺1/10として操作し、原寸に戻るという過程を経ている。この過程で獲得された一枝寸法は、一度として数値に置き換えられることがなく、計算を介することもない。つまり、操作のなかに、「割り切れない数字」が現れる場面は一切存在せず、したがって「割り切れない」などという認識も存在しない。操作の対象は数値ではなく「長さ」なのであるから、数値としての端数という認識はありえないのである。

　前近代の設計技術は、とくに細部の大きさを獲得する際に、私たちのように数として操作する、つまり演算を介するという過程を経てはいない。目の前にある具体的な「長さ」をそのまま操作の対象とする。等分割の際に用いられる曲尺の技法は、目盛が等分に配置されているという特徴を利用したものにすぎず、度制の実長とは無関係である。したがって往時の曲尺の目盛がさほど細かくなくとも問題が起こらない。上述のように、五分の目盛があれば、結果的に、私たちが無限小数として把握する長さを獲得できる(註24)。

それでは、このような操作で端数一枝寸法を求めたとき、精確な柱間寸法はどのような手順で獲得するのだろう。広島・浄土寺本堂(嘉暦二年・一三二七)は一〇尺に垂木一七枝(一枝＝〇・五八八二尺)を配した遺構で、完数柱間をもたない例である。この遺構を題材として柱間寸法の獲得法を予想してみよう。

先に述べたように、正側と側面の柱間で、三種類の柱間を組み合わせており、それぞれ中の間、脇の間、端の間に代表される。造営尺度は一・〇〇五五尺で、造営尺で各柱間寸法を算出すれば、中の間は一〇・五八八尺、垂木一八枝、脇の間は九・四一二尺、垂木一六枝、端の間は八・二三五尺、垂木一四枝という構成である。

まず、先の操作で手に入った一枝寸法の長さを、板材にでも写し、これを用いて柱間寸法を求めることになるであろう。中の間は一八枝であるから、一〇尺の長さを計測し、ここに写した長さ(一枝寸法)ひとつ

図33　端数柱間寸法を求める技法(浄土寺本堂の場合)

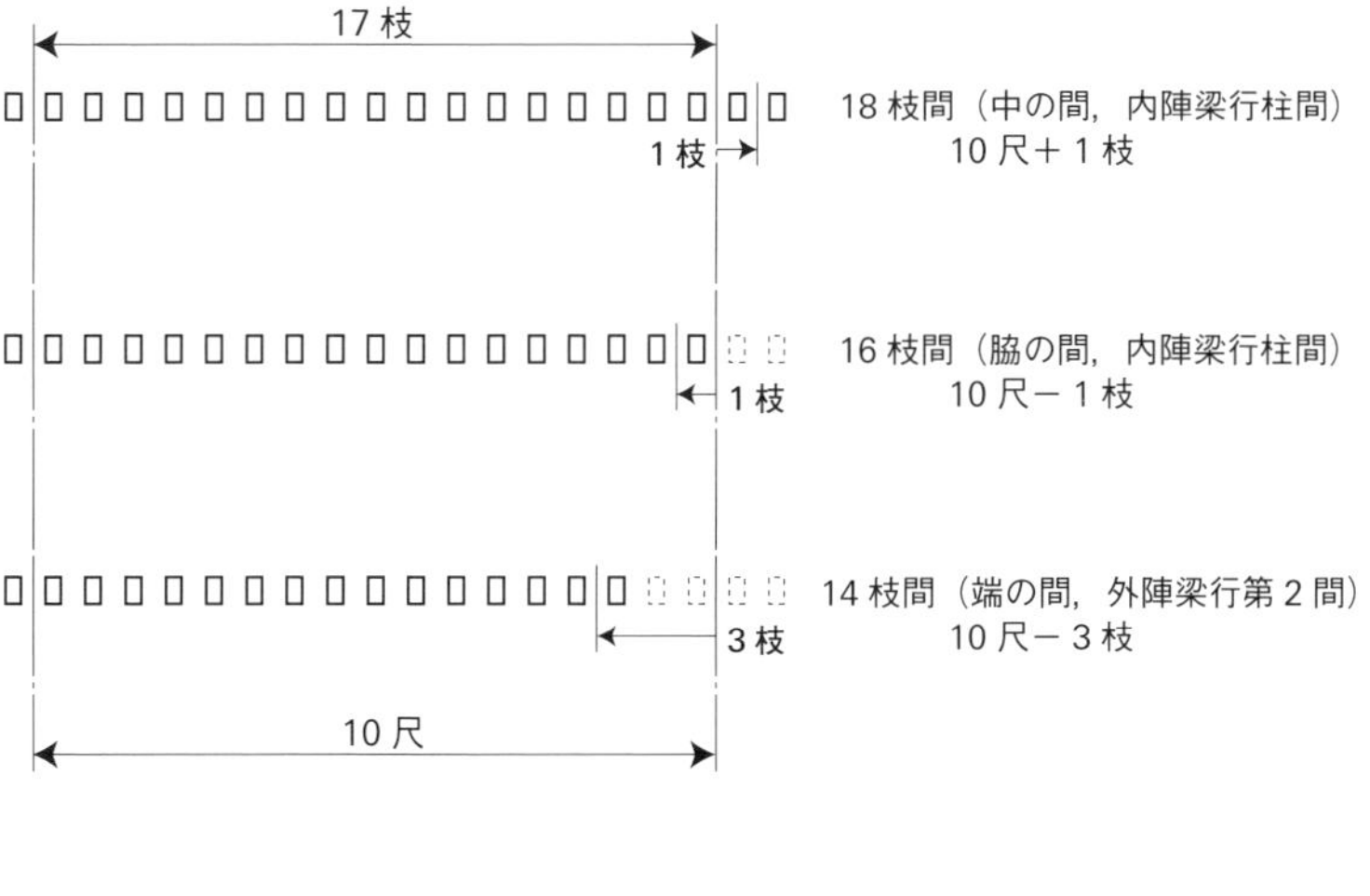

分を加えれば獲得できる。脇の間は一六枝だから、一〇尺から板上の長さひとつ分を差し引いて獲得できる。端の間の場合一四枝は、一〇尺から当該の単位長さ三つ分を差し引くことになる。この様相を図33に掲載する。実際の現場の様相はさまざまに想像されるから、述べたとおりの手順であったかどうかは定かではない。しかし、多様な長さの端数柱間寸法(長さ)が意外なほど簡単な操作で獲得できるものであったことは、十分に予想することができる。

一・七　中世の繁垂木と「本繁垂木」

木割法の述べる「本繁垂木」は、第一部で述べたように「柱太サ」から垂木幅を求め、垂木幅の「二分増」(一・二倍)などの操作を経て垂木成を求め、垂木の断面を決定する。また、「背返し」(垂木木間の幅と垂木成とが同一の状態。124ページ図29参照)をもって結果的に一枝寸法が決まる、と考えられてきた。木割法の一枝寸法の獲得技法は、部材断面の決定を介して一枝寸法を獲得するから、「背返し」はきわめて重要な制である。

しかし述べてきたように、中世の一枝寸法の獲得法は、垂木の断面とは無関係に、直接一枝寸法を求める技法であるから、「背返し」という制があったとすれば、この制は、垂木の断面を決定する役割を担うものである。本書では、「本繁垂木」という用語を近世木割法の用語として捉えるため中世では用いないこととし、単に「繁垂木」と表記しているが、中世の遺構を観察するかぎり「背返し」とも見える遺構は少なくない。垂木は繊細な部材であり、また当初材が残りづらいから、部材加工上の施工誤差や経年変化などを勘案すれば、確かに「背返し」の制が存在したとするにはためらいが残る。しかし、この制は垂木の視覚的な密度にとって重要な制と思われるため、中世に存在しなかったと断定することも困難である。もし中世に「背返し」が存在したとすれば、あらかじめ決定された一枝寸法から、垂木の断面を獲得する技法として存在した可能性が高い。木割法とは逆の手順になるがこの過程を予想してみよう。

一枝寸法を曲尺で一一等分し、目盛五つ分を垂木幅、六つ分を垂木成とすれば、結果的に「二分増」の垂木成が手に入るとともに「背返し」が実現する。したがって、この操作もまた、簡単な曲尺技法として推定することができる。これをもとに遺構について検討する。中世遺構の垂木の幅や成について詳細な実測調査結果を掲載した修理工事報告書は少ない。ここでは、大報恩寺本堂（安貞元年・一二二七起工）、浄土寺本堂（嘉暦二年・一三二七）、六波羅蜜寺本堂（貞治二年・一三六三）をみてみよう。

大報恩寺本堂の垂木は、地垂木成〇・三八尺、幅〇・二九尺、飛檐垂木は木負位置で成〇・三八尺、幅〇・二八尺と報告されている（註25）。わずかな相違があるが、地垂木をもとに考えてみよう。垂木成、幅の値は造営尺度に換算すると、それぞれ〇・三七八一尺、〇・二八八六尺である。合計は、およそ〇・六六六……尺となるので、成と幅の合計が一枝寸法に合致し、いわゆる「背返し」の状態が実現している。**図34**に示したように、一枝寸法を一二分割して七つ分を成、五つ分を幅に充てれば、垂木の成と幅は、造営尺でそれぞれ〇・三八八……尺、〇・二七七……尺となる。実測値に比して成は一分大きく幅は一分小さいが、ほぼ、同寸の垂木断面を獲得することが可能である。

ところが浄土寺本堂の垂木は、やや様相が異なっている。実測値は垂木成〇・三三尺、垂木幅〇・二七五尺である（註26）。図に示したように、一枝寸法〇・五八八二……尺を求め、これを一一等分して垂木の断面寸法を求めると、垂木成（目盛六つ分）〇・三二一尺、垂木幅（目盛五つ分）〇・二六七尺と算出される。しかしこれらの値は、造営尺度の延びを勘案しても実測値よりやや短い。おそらく浄土寺本堂の垂木は、一枝寸法の近似値である完数〇・六尺に基づいて、これを一一等分して獲得したのだと考えられる。このとき垂木成は〇・三二七尺、垂木幅は〇・二七三尺となって実測値に合致する。厳密に「背返し」が実現しているとは言い難い遺構である。

六波羅蜜寺本堂の垂木実測値は、垂木成〇・三四尺、垂木幅〇・二五一尺である（註27）。一枝寸法は一〇尺／一六枝（〇・六二五尺）を用い、造営尺度は尺に等しい。垂木成、垂木幅を合計すると〇・六尺となって一枝寸法に届かない。したがってこの遺構の垂木割も、浄土寺本堂と同じく、一枝寸法に近似する完数〇・六尺を一二等分し、七つ分を垂木の成（〇・三五尺）、五つ分を垂木の幅（〇・二五尺）とした可

図34　「背返し」と中世の一枝寸法

大報恩寺本堂の垂木幅と
垂木成の獲得法（推定）

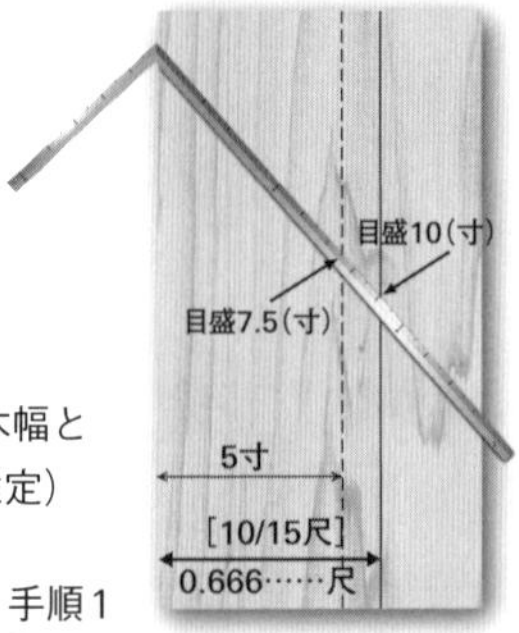

手順1
［10尺／15枝＝0.666……尺］
の一枝寸法を求める。

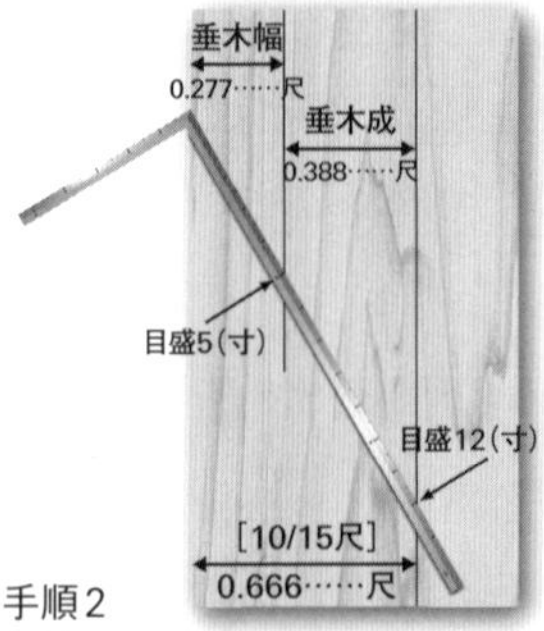

手順2
左端から12（寸）の目盛が一枝寸法に合致するよう曲尺を置く。左端から目盛5つが垂木幅、残り7つが垂木成の長さ。

浄土寺本堂の垂木幅と
垂木成の獲得法
（一枝寸法から求める場合）

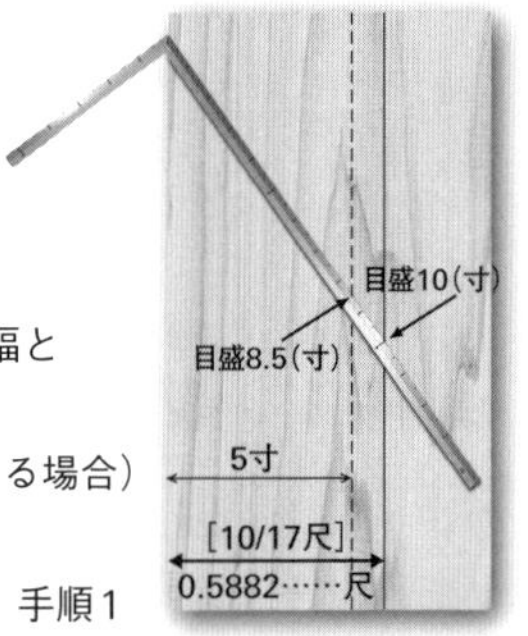

手順1
［10尺／17枝＝0.5882……尺］
の一枝寸法を求める。

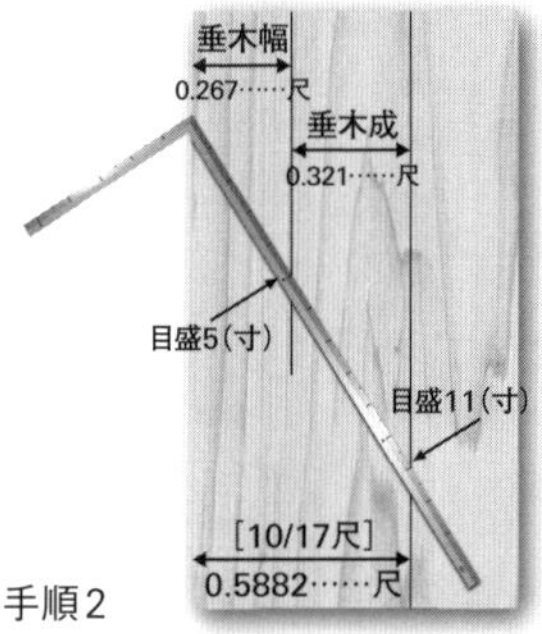

手順2
左端から11（寸）の目盛が一枝寸法に合致するよう曲尺を置く。左端から目盛5つが垂木幅、残り6つが垂木成の長さ。

浄土寺本堂の垂木幅と
垂木成の獲得法
（推定された実際の技法）

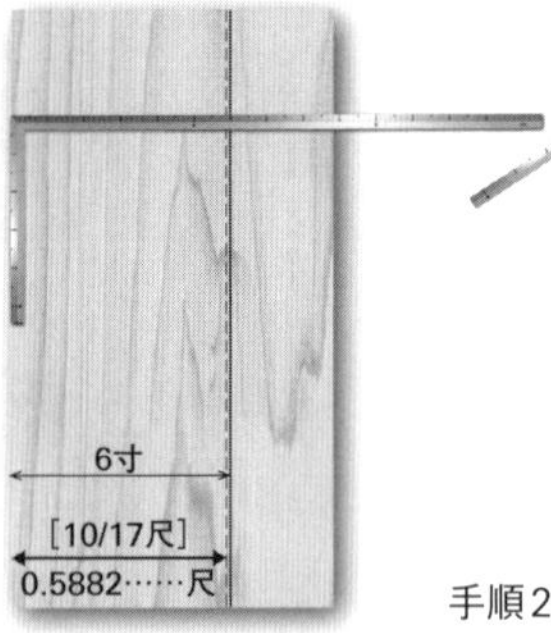

手順1
一枝寸法の近似完数値6寸の長さを求める。

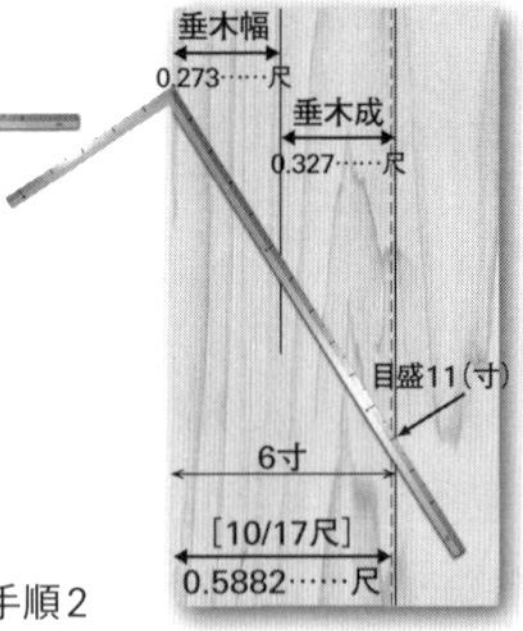

手順2
左端から11（寸）の目盛が一枝寸法に合致するよう曲尺を置く。左端から目盛5つが垂木幅、残り6つが垂木成の長さ。

能性が高い。厳密な「背返し」は成立していないことに注目しておきたい。

三つの遺構をみて来たように、「背返し」が実現していたとしても、中世では一枝寸法の決定が先行し、垂木の断面は、先行する一枝寸法に基づいて実現した、と捉えなければならない。大報恩寺本堂の事例は「背返し」の様相が垂木太さの基準として確立していた可能性を示しているから、残り二つの遺構についても計画の背後に「背返し」が潜在していた可能性を予想することができる。しかし、中世では、一枝寸法を生み出す機能をもつともみえる近世木割法の「背返し」とは異なり、先行して一枝寸法が決定されるから、「背返し」が潜在していたとしても、これを忠実に実現しなければならない必然が希薄である。垂木密度に違和感が残らない範囲であれば、垂木が多少細く、あるいは太くともかまわないと判断するため、浄土寺本堂や六波羅蜜寺本堂のように、簡易な技法が現れるのであろう。

さて、「背返し」は、垂木の相対的な太さの基準ではあっても、この制が一枝寸法を直接的に決定するものではないことを確認した。この性格は『匠明』に記された木割法にも共通する特徴である。伊藤要太郎博士は、『匠明』の垂木歩みについて「棰の木間寸法は（柱間－棰幅×棰数）／棰数　で定まる」としている（註28）。この計算値は、垂木幅の「二分増」などで決定する垂木成の値に近似するが、しかし精確に合致するわけではない。したがって、『匠明』においても「背返し」は目処として機能していたとしても、この制が直接一枝寸法を決定する機能をもつものではなかったのである（註29）。

中世遺構を観察しながら、ときに私たちが混乱に陥る原因は、私たちと前近代の工匠たちとの「長さ」に対する認識の相違にあるのだと思われる。私たちは「長さ」を数値に変換する、あるいは翻訳することを当然のことと理解している。そのうえで演算を介して解を求め、これを「長さ」に還すのである。しかしこの認識は、位取り記数法、整数と小数の概念、正数と負数の操作、筆算の経験など、近代（初等）数学に支えられている。数を巡る経験的認識は、前近代の認識と大きく隔たっているのである。

前近代の工匠技術は、「長さ」を数に変換することなく、直接的な操作の対象として認識していた。近代数学の常識が前近代の工人と共有されるはずのないことは自明のことであるが、論考のなかで繰り返さざるをえない小数表現は、つねに、長さの操作と数的処理とを取り違える錯覚を引き起こしかねず、工匠技術の内容を、数学的操作（私たちの数表現と演算）としてイメージしてしまう危険を孕んでいる。数が普遍的であったとしても、「長さ」を数として捉えるかどうかは、文化の問題であり歴史の問題である。私たちは、小数表現以外に有効な数表現の方法をもち合わせていない。往古の技法を記述する際に、現代の常識という制約の下で考察を進め、表現することを余儀なくされている。

一・八　むすび——中世枝割制の特質

垂木割計画の様相を理解するため、中世前期の堂塔を対象に枝割制の計画方法をみてきた。中世前期の垂木割計画は、『匠明』など木割書に記された内容と異なる方法が認められる。この方法は、一〇尺という基準寸法をもとに、ここに垂木枝数を適宜与えることで、直接的に一枝寸法を獲得する技法である。仏堂では垂木一五枝を嚆矢とし、時代の推移に合わせて一六枝、一七枝、一八枝、一九枝、二〇枝、二一枝、二二枝、二三枝の例が認められた。また大規模な仏堂では一〇尺に垂木一三枝、一四枝の例を見出すことになった。塔では一〇尺に垂木一八枝、一九枝、二〇枝、二二枝、二四枝、二五枝、二六枝、二七枝の例が認められた（中世前期に限定した事例であり、後期ではさらにバリエーションが増える）。これらの技法は、仏堂、塔ともに、中世後期においても、中世中頃に現れた新しい方法と並行して継承され、近世初頭頃まで見出すことができる。したがってこの方法は、直接垂木の太さに関わらない。垂木幅や垂木成は、本繁垂木の状態になるよう一枝寸法から導かれると考えられる。

中世前期の枝割制は、堂塔の規模計画と深く関わっていると考えられるが、いま注目しておきたい点は、一〇尺という不変の基準寸法を等分割して一枝寸法を求める、という方法である。

また、一〇〇の倍数の値をもつ垂木量を見出すことになった。これらは一種の規模計画と考えられたが、枝割制の初期段階に限定して現れたもので、仏堂では一二〇〇年代の末期頃に、塔では一三〇〇年の中頃に消失するようである。これらの技法は、垂木の配置が柱間寸法、ひいては平面寸法を支配するため、垂木に依存して、建築規模に規制を与えようとしたもののように思われる。しかし、垂木の間隔をもって各部の寸法値を制御するために本数を手がかりとすること、また、このため二次的な調整を要する場面が付随するなど、技法として生硬なところが窺われる。あらかじめ垂木量を決定するという計画法は、おそらく発明されたばかりの枝割制と強く結び付いていたであろうから、古代に遡る可能性は少ない。しかし、研究史が言及してこなかった規模計画が、中世前期に確かに存在したことは、注目すべきことである（註30）。

註

1 大森健二『中世建築における構造と技術の発達について』私家版 一九六一

2 中川武『木割の研究』私家版 一九八三
指図では、中の間に二〇枝の垂木を配すると記されているから、ここから一枝寸法は、中の間寸法の二〇分の一になる。「背返し」を前提とすれば、一枝寸法は二つの方法で決定されることになる。「背返し」が実現するよう注意深く、しかし簡単な「比例係数」を選択している、と考えられている。

3 大森健二『社寺建築の技術 中世を中心とした歴史・技法・意匠』理工学社 一九九八
「『匠明』の堂記集において本堂建築の木割り法を見ますと、初めに柱間寸法を基準と考え、この一割二分を丸柱の直径とします。……（略）……次に、柱径の二割を棰の幅とし、棰成はこの二割増しとします。棰の間隔（これを木間といいます）は棰成と同じにします。この配置の仕方を本繁棰といいます。この棰のピッチ、すなわち一支の寸法を基準尺度として、各部の寸法を整えていこうとするわけです。このような技法は『匠明』において始まったことではなく、中世建築においてすでに完成を見ています」という記載がある。

中世の枝割制を『匠明』の木割法と同様のものと捉えているが、本文で示すように、中世の一枝寸法の獲得法は、『匠明』に記された方法とは異質である。したがって本書では、『匠明』の木割法をイメージさせてしまう「本繁垂木」という用語は用いない。中世遺構においては、一見して「背返し」が成立しているように見えても、単に「繁垂木」と呼ぶこととする。「背返し」が意識されていたとしても、一枝寸法の獲得手順が『匠明』とは異なるためである。『匠明』の表記を中世以前に遡らせてしまうことは、中世の技法を不明瞭にするばかりでなく、『匠明』の正当な価値も見損なうことに繋がる。

4 『国宝白水阿弥陀堂修理工事報告書』国宝白水阿弥陀堂

修理工事事務所　一九五六

5 この報告書では、細部の寸法を『匠明・堂記集』三間四面堂之圖の各部の比例係数と比較する試みがみられる。意図のよくわからない試みだが、当時、古代末期の遺構の分析に、近世の木割書の記述が有効なものだと考えられていたことを示している。

しかし、古代遺構の分析研究に際し、『匠明』の記述を論拠とするような研究姿勢は、現在でも潜在しているようである。また、『匠明』を論拠とする議論ほど、最新の木割書研究の成果に触れず、俗説とも言うべき旧時代の解釈に依存している場合が多い。旧態依然とした議論は、現在でも決して消滅したわけではない。

6 太田博太郎監修『日本建築史基礎資料集成七　仏堂Ⅳ』中央公論美術出版　一九七五

7 大森健二「日本建築に於ける柱間寸法決定の技法に就いて」日本建築学会近畿支部研究報告　一九五四

8 溝口明則『中世建築における設計技術（枝割制）の研究』私家版　一九九〇

一見して同じように見える「枝割制」は、背後の計画法に従って少なくとも中世前期、同後期、近世以後の三つの時代に区分できる。この区分は一枝寸法の獲得法および仏堂と塔のそれぞれの規模計画の変化に従った分類である。本書では中世前期の「枝割制」に限定して議論する。

9 『国宝大報恩寺本堂修理工事報告書』京都府教育委員会　一九五四

10 前掲・註1

11 西明寺本寺本堂・前身五間堂は、中の間と側面端の間（背面側）で一枝寸法がわずかに短くなるが、この値は半枝の長さに相当する。大善寺本堂と同様に、全体を支配する計画が潜在した結果、部分的に変化が起きたことが予想されるが、詳細な分析は別稿に譲る。

12 中世の仏堂は、五間堂以上の規模になると中の間を奇数枝とした例が見られない。この理由はいまだに不明瞭であるが、強く意識された制であったと考えられる。中の間を偶数枝とする制が強い規制力をもっていたであろうことは、二次調整を行った大善寺本堂の事例によっても理解することができる。

13 前掲・註1

14 伊藤延男『中世和様建築の研究』彰国社　一九六一

15 一〇尺に垂木を二一枝配した遺構は、和歌山・地蔵峰寺本堂（室町中期）、二三枝を配した例は福島・定法寺観音堂（永正元年・一五〇四）がある。

16 前掲・註8

17 溝口明則「中世前期・層塔遺構の枝割制と垂木の総量」建築史学十号　一九八一

中世前期の技法についてはは右掲の文献に、中世後期の塔の計画法に関するまとまった議論としては、前掲・註8の文献にて詳述している。

18 濱島正士「塔の柱間寸法と支割について」建築学会論文報告集一四三号　一九六八

「三重塔で枝割の方式がほぼ完備しているのは、鎌倉時代中頃の明通寺塔が最初である。初重総間は完数でなく、すでに基準の一枝寸法が存在したものであろう。二・三重とも中央まで二枝、脇間で一枝、計四枝ずつ落としているが、一枝寸法についてもそれぞれ五厘ずつ小さくしているので、逓減寸法は三重の方が少し小さい。……このように、全重にわたって枝割で決められてはいるが、上重ほど一枝寸法を小さくするといった、自由なやり方がまだ見られるのである」

19 濱島正士『日本佛塔の形式、構造と比例に関する研究』私家版　一九八三

明通寺三重塔について、「初重から三重まで柱間・組物とも枝割によって整然と割り付けられており、組物の三斗と軒の垂木六本が揃う六枝掛となる。しかも、初重総間は完数でなく、基準寸法としての一枝寸法を先に決め、その倍数で各柱間を決めたもので、……ここに完全な枝割の方式がみられるのであるが、一枝寸法を上重ほど小さくするといった自由さがある」。

重ごとに一枝寸法が異なるという現象の説明について、一枝寸法の具体的な獲得法や逓減の制御法については触れずに「自由なやり方」や「自由さ」を指摘するが、計画内容が不詳であれば「自由」であるかどうかの判断も不可能なはずで、不用意な憶測というべきである。

六枝掛組物は、等間隔に並ぶ垂木のうち、二本分の外法の幅が、巻斗外面に合致し、三斗幅全体の巻斗の外面幅と垂木六枝分の外法幅が合致する状態をいう。仏堂の六枝掛組物の初出は、霊山寺本堂（弘安六年・一二八三）と考えられており、この頃六枝掛組物が成立したとみなされている。この収まりが現れる本来の意味は、三斗構えの巻斗真々間の距離が、ちょうど二枝分の長さになるように肘木の長さを決定し、側柱真からの丸桁の出を一枝寸法の倍数で制御することで、軒隅で垂木を乱さずに丸桁真と垂木木間真を合致させようとするためである。したがって、巻斗と垂木の外面の合致は付随的なものである。巻斗真々間が二枝となる形状は、蓮華王院本堂（三十三間堂・文永三年・一二六六）にみられる。枝掛組物を構成する肘木の長さは、巻斗真々間を二枝とするから、丸桁の出の寸法を偶数の枝数倍とする。三手先尾垂木付組物の場合、丸桁の出は六枝分となるから総間～丸桁まで均一な垂木割が可能になり、軒隅で交差する丸桁の鼻を、垂木が手挟む収まりが実現する。

20 本文で述べたように、勝常寺薬師堂の一枝寸法は、一〇／一八枝（造営尺度一・〇〇〇八尺）である。

中の間一一・一五尺に垂木二〇枝、脇の間と端の間、側面端の間を一〇・〇尺として垂木一八枝を配する。ただ側面三間（等間）は八・〇尺の柱間に垂木一四枝を配するから、一枝は〇・五七一四尺になっている。一見して柱間完数制の遺構のようだが、中の間の寸法から、本来は枝割制の遺構であることがわかる。側面三間は、三間全幅で垂木が四三枝であったら、二三・八八八……尺になるはずであった。しかしここから一枝を抜いて四二枝とし、三間を一四枝ずつの等間構成とする過程で二四・〇尺とし、八・〇尺柱間の等間三間の完数柱間構

成に変更したようである。この変更は、一枝を抜いて、さらに柱間をわずかに拡大することでうまく完数柱間がとれるためであろう。このとき減じた一枝（両側面の地垂木、飛檐垂木、計四本）によって、九〇〇本の垂木が八九六本に減少した。側面の一枝寸法が変化した原因、部分的に完数柱間が現れた原因は、以上のように考えられる。

21 『国宝明王院五重塔修理工事報告書』兵庫県教育委員会　一九六二

22 前掲・註8

厳島神社五重塔と同様の垂木割をもつ五重塔は、妙成寺五重塔（元和四年・一六一八）、五重を扇垂木とする日光東照宮五重塔（文政元年・一八一八）が、厳島神社五重塔の初重、三重、五重をもって構成する三重塔は西国寺三重塔（永享元年・一四二九）、八幡神社三重塔（文正元年・一四六六）がある。塔の計画は、中世後期に至って雛形を繰り返し写す傾向が現れるが、厳島神社五重塔はその初期の例である。註8の文献では、その他中世後期の三重塔において、同一構成の遺構が繰り返し建立されたことを指摘している。総じて中世後期の塔は、雛形を再生産する方向へ向かい、前期の塔の計画法と著しい対比をみせている。

23 前掲・註1

24 私たちの小数の概念、位取り記数法の概念は、丈、尺、寸、分、厘などで表される度制の階梯と同じものではない。度制の階梯は、一キュービット＝六パーム＝二四ディジットなどの地中海周辺の例が示すように、数の進法とは関係なく、長さの単位相互のあいだに簡単な整数の換算関係をとったものである。

公定尺が現れる以前、長さの指標は人体各部を利用したものであったから、雑多な長さの指標が併存し、場面に合わせて適宜使い分けられていた。アタやツカはよく知られた例である。度制システムは、公定尺を生み出す過程で、これらの雑多な長さの指標と公定尺とを平明な換算関係で取り結ぶことで、それぞれの長さの指標を絶対化し、度制システムとして構築した。これは世界史的視野でみればすべての初期文明にあてはまり、東アジアの度制も同様であった。

ただ、中国の公定尺は、早い時期に数の進法（一〇進法）の影響を受け、換算値をすべて一〇とするシステムを構築した。このため東アジアでは、数の進法と度制システムとが、まるで同一のもののように見えるのである。しかし本来、たとえば尺と寸との関係は、原理的に多様な長さの指標のなかの二例にすぎず、相互の換算関係をたまたま一〇としたものにすぎないのである。したがって尺寸を用いた度制の表現は、本来、数の進法とは別物であるから、これをもって、前近代の工匠たちが小数表現や位取記数法を理解していた、と見ることはできない。

25 前掲・註9

26 太田博太郎監修『日本建築史基礎資料集成七　仏堂Ⅳ』中央公論美術出版　一九七五

27 『重要文化財六波羅蜜寺本堂修理工事報告書』京都府教育委員会　一九六八

28 伊藤要太郎『匠明五巻考』　鹿島出版会　一九七一

29 前掲・註2

30 垂木量が先行して一種の規模計画を形成する、という私論は、当初から批判というよりも違和感を指摘されることが多かった。従来の研究史の蓄積や木割法のイメージからすると、確かに距離のある技法に思える。しかしこれらの指摘は、規模計画あるいは全体計画を考慮しなければならないとする立場から見れば、かえって不可解なものである。規模計画について、その可能性を考慮してこなかった研究史に由来する違和感は、根拠のない感覚的なものにすぎないであろう。

第二章　古代の柱間完数制と垂木割計画

古代遺構の柱間寸法が完数によって計画されたとする説は、第一部で指摘したように関野貞博士によって提唱された。この考え方を受け継いでいる大森の主張をみてみよう（註1）。

> 上古日本建築においては、その柱間寸尺を決定するに当たっては、之を任意に定め、後世の如く棰枝割にとらわれることがなかったから、その寸尺も施工に便な完数値をとり、煩雑な端数は之を附さなかった。したがって棰割と柱間寸尺との間には何らの関連性がなかったとの説は一般に行なわれている処のものであり、又実例においても、よく之を証することができる。
>
> 「日本建築に於ける柱間寸尺決定の技法に就いて」

完数制は、度制の単位を手がかりとして、整った数値をもって寸法値を決定する技法であり、現在でも有力な説である。度制に素直に依存した寸法計画は、古代遺構の寸法計画技法としてみるにふさわしいが、大森の指摘は、古代建築の柱間寸法が垂木割とは無関係であることを指摘し、後の枝割制に対する古代の完数制の特徴を述べている。しかし両者に「何らの関連性がなかった」と捉えていいのかどうかは、保留すべき判断だと思われる。また、柱間と垂木割が無関係であったとしても、これとは別に、古代遺構の垂木割計画がどのようなものであったかという問題が残されている。古代遺構の垂木割は、枝割制成立以後の遺構ほど整然とした、単一の間隔を繰り返すことはないとしても、思いのほか乱れが小さいという特徴がみられる。これは、整合ある計画法が存在していたことを十分に予想させる現象である。

また大森は、枝割制発生の要因について、古代後期に野小屋が発生することで天井が発達し、合わせて垂木が化粧材となって繊細化することで、仏堂の化粧屋根裏が「意匠的には天井に近く」なるため、「この状態では、棰間の乱れは視覚的に許されない」ものとなることに起因するとしている（註2）。

しかし、古代遺構の垂木割を観察すれば、柱間ごとに異なる垂木割の寸法差は、ほとんどのものが二分（六㎜）程度の相違に収まっていることがわかる。中世に比べて垂木の間隔が広いうえに寸法差はわずかであるから、隣り合う柱間どうしであっても鮮明な相違とは言い難い。この程度の寸法差であれば、柱間ごとに歩みが異なる状態よりも、同じ柱間のなかで起こる、同一であるはずの垂木配置の仕事斑《むら》の方が、よほど大きな問題であろう。

柱間完数制支配下の垂木割計画は、柱間寸法とのあいだに「何らの関連性がなかった」と判断するには整いすぎている。さらに、柱間完数制の遺構といえども、垂木の密度を把握し制御する技法が存在しなかったはずはない。古代遺構の柱間と垂木割は、中世以後のように一対一対応の関係をもっているとは言い難いが、間接的であっても積極的な関わりをもつと捉えるべき問題と思われる。

二・一　古代遺構の完数柱間と垂木割計画

唐招提寺金堂（宝亀年間・七七〇～七八一）は、周知のように天平尺に従ってすべての柱間を完数寸法によって計画したと考えられている。中の間は一六・〇尺、内の脇の間一五・〇尺、外の脇の間一三・〇尺、端の間一一・〇尺、側面中央の二間は一三・五尺である。垂木割は一枝を一尺としているため、柱真は垂木木間真が合致する。しかし側面では、中央の柱真に垂木真が合致し、中央の二間の柱間をそれぞれ一三枝半の垂木割とする、あるいは中央二間にわたり二七枝の垂木をもって総割りとしている。原則として、完尺の柱間寸法計画と、一枝寸法を一尺とした垂木割計画を採用したため、完数柱間計画と整然とした垂木割とが齟齬を起こさずに共存している。ただ、後述の他の遺構の傾向からみると、垂木割計画は、一枝寸法を一尺と捉えるよりも一〇尺に垂木一〇枝を配した計画とみるべきである。

薬師寺東塔（天平二年・七三〇）は、身舎の初重総間を天平尺の二四・〇尺、二重総間を一七・〇尺、三重を一〇・〇尺としている。垂木割はそれぞれ二四枝、一七枝、一〇枝とするから、唐招提寺金堂と同様に一〇尺に垂木一〇枝を配した計画を認めることができる。ところが裳階《もこし》では、初重を五間構成とし、中央の等間三間を、それぞれ八・〇尺等間の構成として柱真に垂木真を載せ各柱間を九枝分とする。裳階の間は五・八尺とし、側柱真を垂木木間真が手挟むから、垂木六枝半を配している。一枝寸法は、端間で〇・八九二三尺、中央各柱間で〇・八八八……尺となり、総間全体三五・六尺の一枝の平均値は〇・八九〇尺となる。二重裳階は三間の構成をとり、中の間を天平尺で八・八二一尺、脇の間を八・五四四尺とする。総間は二六・〇尺となるから、各柱間寸法は、八・八〇尺と八・六〇尺の完数寸法をめざしたのであろう。総間全体の平均一枝寸法は、二六・〇尺に三二枝を配し、一枝寸法は〇・八一二五尺となる。三重裳階では総間寸法を天平尺で一九・〇尺として二三枝を配する。一枝寸法は〇・八二六一尺である。各柱真と垂木の位置関係は明瞭ではないが、隅柱上に限って丸桁を手挟んで垂木木間真が載る構成も、初重、二重と同様である。初重裳階では柱間ごとに一枝寸法が乱れるが、およそ〇・九尺弱、二重と三重の裳階では総間にわたって垂木を均等割としているようで、〇・八尺強の値が認められる。したがって初重裳階の一枝寸法は一〇尺に垂木一一枝（〇・九〇九一尺）、二重と三重では一〇尺に一二枝（〇・八三三三……尺）という垂木割計画を基本とし、完数である総間寸法に合わせて垂木割にわずかな変化が現れたと捉えることができる。

現存する法隆寺舎利殿・絵殿は、承久元年（一二一九）に再建されたが、『東院資材帳』に記された「七丈屋」を、貞観元年（八五九）に礎石柱に改修し、この規模をそのまま踏襲した遺構と考えられている。現存遺構の柱間寸法はすべて九・八三尺とする。承久（一二一九～一二二一）の建立の際に、旧柱間寸法の近似値九・八〇尺を充てたとする可能性も指摘されているが、いずれにしても前身建物の造営尺度で一〇尺柱間を繰り返す構成である。発見古材にもとづいて『七大寺日記』記載当時の状態が復元されたが、木負および萓負断片の痕跡から、一〇尺柱間に垂木を一一枝配していたと判断された（註3）。なお承久再建時では、同じ柱間に垂木を一三枝配している。

法隆寺講堂（正暦元年・九九〇再建）の柱間寸法計画については後の章であらためて検討することとし、

本章では垂木割に限定して述べる。造営尺度を〇・九八九二尺と想定すれば、正面八間の柱間構成のうち端の間は一三・〇尺の完数柱間である。側面中央の二間は一四・五尺、中央の等間構成をとる六間の柱間寸法はおよそ一二・三尺。それぞれの柱間の垂木枝数は、端の間一三枝、側面中央間一四枝、中央六間をそれぞれ一二枝としている。したがって垂木歩みにやや乱れがあるが、基本となった計画は、唐招提寺金堂、薬師寺東塔の身舎と同様に、一〇尺に垂木一〇枝を配した計画であったと考えられる。

平等院鳳凰堂・中堂（天喜元年・一〇三五）は、平安時代の柱間完数制を示す遺構のひとつである。桁行三間、梁行二間の身舎に裳階を巡らし、各柱間寸法は中の間一四・〇尺、脇の間一〇・〇尺、身舎妻の間の二間をともに一三・〇尺とし、裳階の間を六・五尺とする。造営尺度は尺と同寸であり、裳階の間に五寸が出現するほかは、すべて完尺の柱間で構成する。垂木は身舎中の間に一六枝、脇の間に一一枝、妻の間に一四枝を配し、裳階では中の間に一七枝、脇の間に一二枝、妻の間に一六枝、裳階の間に八枝を配している。各柱間の一枝寸法は、身舎では中の間〇・八七五尺、脇の間は〇・九〇九一尺、妻の間は〇・九二八六尺となって一定せず、裳階でも中の間で〇・八二五三尺、脇の間で〇・八三三三尺、妻の間と裳階の間では〇・八一二五尺となって、やはり乱れが認められる。裳階の一枝寸法は、どの柱間でも身舎の一枝寸法より小さい値をとっているが、身舎の垂木割も裳階の垂木割も、中の間、脇の間、妻の間で柱間寸法を共有することから、同一の柱間寸法の下で、垂木の枝数を変えることで、両者の垂木密度に変化を与えていることがわかる。裳階各柱間の垂木枝数は、身舎のそれよりも必ず一枝から二枝多いのである。

これらの一枝寸法も一〇尺を基準寸法とする垂木割計画が予想される。一〇尺柱間である脇の間に、身舎では垂木一一枝、裳階では垂木一二枝を配しており、一枝寸法はそれぞれ〇・九〇九……尺と〇・八三三三……尺である。この一枝寸法を用いて各柱間の垂木枝数を算出すると、身舎中の間では一五・四枝、同妻の間では一四・三枝となり、裳階中の間では一六・八枝、同妻の間では一五・八枝となるから、観察される垂木枝数は、計算上の枝数の最近値となる整数をとっていることがわかる。ただ、身舎中の間は垂木一五枝を選択する方が、一〇尺を一一枝で割った値に、わずかだが近い値をとる。仏堂では、中の間の枝数を偶数枝とすることが優先される傾向があるが、同様の判断に従って一六枝としたようである。

身舎《もや》丸桁間寸法は桁行四三・六尺、丸桁間全体で垂木は四八枝が配されるから、一枝寸法の平均値は〇・九〇八三尺、身舎梁行の丸桁間では、丸桁間寸法三五・六尺に垂木三八枝が配されるから、一枝寸法の平均値は〇・九三六八尺となるが、一枝を加えて三九枝とすれば〇・九一二八尺となる。梁行では、柱間構成が原因で一枝がやや広く、古代遺構でも例外的に大きな乱れが観察される。実際に打たれた垂木枝数は二間の柱間に合わせて偶数枝をとったことで一枝分少なくなった可能性が高い。

以上の考察から、脇の間に現れた一〇尺柱間、および丸桁間から算出される一枝寸法の平均値を手がかりとして、垂木割の基本計画を理解することができる。身舎では一〇尺柱間に垂木一一枝、裳階では同じく一二枝の垂木を配し、この一枝寸法を基準として近似する一枝寸法が実現できるよう、各柱間の垂木枝数を決定した、という計画手順である。

室生寺金堂（平安初期）は、造営尺度を〇・九九五尺とみると完数柱間構成をとることがわかる。八尺柱間に垂木九枝、六尺間二間にわたって一三枝の垂木を配するから、一枝寸法はそれぞれ〇・八八八八尺、〇・九二三一尺である。したがって、一〇尺に垂木一一枝を配した基本計画が潜在していたと考えられる。一〇尺柱間に垂木一一枝、八尺柱間に垂木九枝を配した鶴林寺常行堂（平安末期）の垂木割計画も同様の例である。一方、石山寺本堂・正堂（永長元年・一〇九六）は、全柱間を一〇尺とし、垂木一二枝を配している。これらの例は、いずれも平等院鳳凰堂・裳階の垂木割計画と同じものである。

保元二年（一一五七）に現地に移築されたと考えられている浄瑠璃寺本堂は、現存する九体阿弥陀堂形式の唯一の古代遺構である。正面一一間は四種類の柱間によって構成される。中の間は一四・〇尺の完尺柱間で垂木二〇枝を配し、脇の間七・二五尺に垂木一〇枝、端の間八・〇尺に垂木一一枝を配しており、残る柱間をすべて六・五〇尺として垂木九枝を配している。側面四間のうち端の間は正面と同様で、中央二間は、中の間と同寸の身舎梁行一間を二等分し、七・〇尺の柱間として垂木一〇枝を配している。脇の間の柱間寸法に七・二五尺という端数とも見える値が現れた原因がよくわからないが、柱間完数制の遺構と考えられており、造営尺度は尺と同寸である。

各柱間の垂木の一枝寸法は、端の間の〇・七二七三尺を最大として脇の間の〇・七二五尺、六・五尺間の〇・七二二二尺、中の間と側面中央間の〇・七尺まで、計四種類の値が認められる。軒構成が当初形式を踏襲しているとする確証がないが、垂木密度は平安末期頃の遺構として違和感がなく、やや短い中の間の垂木割を除いて、乱れの少ない状態を保っている。この垂木割計画は、一〇尺の基準寸法に垂木一四枝を配した計画で、各柱間の垂木割は、〇・七一四三尺という一枝寸法に基づいて配置されたと考えることができる。

先の章で触れた中尊寺金色堂（天治元年・一一二四）は、正側総間を一八・〇九尺とし、個々の柱間と無関係に、総間（丸桁間）全幅にわたって二七枝の垂木を均等に配置している。造営尺一・〇〇五尺のとき総間は一八尺の完数柱間となるから、一枝寸法は〇・六六六六……尺、したがって一〇尺に垂木を一五枝配する垂木割計画であった。

願成寺阿弥陀堂（白水阿弥陀堂）は、永暦元年（一一六〇）の建立とされる方三間、四方相称の一間四面堂の遺構である。修理工事報告書では現在の軒がどの程度旧規を踏襲するか明らかにしていないが、当初の垂木がわずかに遺存すること、中世遺構に比べて一枝寸法が長いことなどから、旧規が残されたと判断できる（註4）。垂木割は中の間で枝割制様の収まりをもち、柱真に垂木木間真が合致するようにみえるが、側柱上では垂木が略柱真に載っている。中の間一三・〇一尺に垂木一八枝を配し、端間九・〇〇九尺におよそ一二枝半を配している。修理工事報告書に指摘されたとおり完尺の柱間構成と判断できるが、そうであれば、半枝をもつが、枝割制の遺構ともみえる垂木割計画法を検討する必要がある。

柱間と垂木割の関係は、

一　側柱真にほぼ垂木真が載っており、各柱間ごとに垂木木間が柱真を手挟んで配置されるという柱間完数制、後の枝割制に共通する原則がみられない。

二　脇の間に垂木一二・五枝が配されたとすれば、

脇の間の一枝寸法は〇・七二〇七尺、中の間の一枝寸法は〇・七二二八尺となってほとんど差がない。したがって、垂木歩みが均一の間隔で施設された可能性が残る。

三　垂木は丸桁を手挟んで打たれるから、丸桁間か、少なくとも端の間＋丸桁真の範囲で垂木が一律に配された可能性が残る。

という三点にまとめることができる。第一に挙げた特徴は、柱間が垂木割を規制する柱間完数制、垂木割が柱間を規制する枝割制の、いずれの可能性も排除するものであり、第二の特徴は、反対に枝割制の可能性を示唆するものであるが、第一の特徴と建立年代が古代末に遡ることから、枝割制を想定することは困難である。第二の特徴は、第三の特徴とともに、中尊寺金色堂と同様に、丸桁間に垂木を均一の間隔で配する計画を予想させる。したがってまず、組物の出の寸法を整理しよう。

修理工事報告書には、古材が多数残された肘木の寸法資料が示されている。平の方向の肘木長（巻斗真々寸法）は、出の方向の肘木（柱真〜巻斗真）の二倍の値を示しており、一手分の長さが統一している。このため一手分の長さとしてみる資料は多く、最大値と最小値の寸法差が三分程の仕事斑《むら》に留まっている。したがって、この平均値をもって一手分の肘木長（柱真〜巻斗真寸法）の計画寸法と想定しよう。この値は一・七四六五尺となるから、総間寸法三一・〇二八尺に加えることで、丸桁間の真々寸法三四・五二一尺が算出できる。丸桁間全体にわたり垂木四八枝を配しているから、一枝寸法は〇・七一九二尺となるが、造営尺度尺を一・〇〇一尺とすると、一枝寸法が基準一枝寸法一〇尺／一四枝（〇・七一四三尺）に近似しており、この値が基準一枝寸法であったと想定できる。

基準一枝寸法の四八枝分は、三四・二八六尺という値である。したがって丸桁間寸法は、この値を完数値である三四・五尺に整理した値、と理解することが妥当である。このため一枝寸法はわずかに延びて〇・七一八八尺に変化したと考えられるから、垂木割計画は丸桁間総長にわたり、垂木を一律に配した可能性が高いと考えられる。垂木歩みと中の間とがよく適合し、あたかも枝割制の遺構のようにみえるが、柱真と垂木木間真は厳密には合致しない。わずかな相違のため、枝割制とよく似た相貌をもつことになった。

表2　古代仏堂の垂木割計画

時代	区分	遺構名　正面×側面 建立年代	柱間垂木枝数(上段)・柱間寸法(中段)・一枝寸法(下段) 正　面(中間 端間)	側　面(最大 最小)	造営尺度 一枝寸法・他	備　考
古代前期	奈良時代	法隆寺伝法堂 前身建物　5×4 天平初年729～頃	12 11.87 0.9892	-切妻- 8.85 －－	10尺／10枝 0.9892尺 完数制	
		法隆寺食堂 7×4 天平時代729～748	10 9.765 0.9765	-切妻- 7.79 －－	10尺／10枝 0.9765尺 完数制	
		唐招提寺講堂 9×4 天平宝字五年761頃	13　11 12.738　11.22 0.9798　1.02	11.5　11 11.22　11.22 0.9757　1.02	10尺／10枝 0.9790尺 完数制	
		唐招提寺金堂 7×4 宝亀七年776頃	16　15　13　11 15.75　14.75　12.75　10.85 0.9844　0.9833　0.9808　0.9864	13.5　11 13.30　10.85 0.9852　0.9864	10尺／10枝 0.9835尺 完数制	側面柱間の半枝の出現は,側面総間の真に柱真が合致し,ここに垂木真が合致するためである。
		新薬師寺本堂 7×5 奈良末～平安初	16　10 15.75　9.85 0.9844　0.985	10 9.85 0.985	10尺／10枝 0.985尺 完数制	
古代後期	平安時代	室生寺金堂 5×4 平安初期	9 7.96 0.8844	9　6.5 7.96　5.929 0.8844　0.912	10尺／11枝 0.995尺 完数制	側面柱間の半枝の出現は,側面総間の真に柱真が合致し,ここに垂木真が合致するためである。
		法隆寺絵殿舎利殿 前身七丈屋5×4 貞観元年859修理	11 9.83 0.8936	-切妻- 9.83 －－	10尺／11枝 0.983尺 完数制	「七大寺日記」に記載された時代の復原案に従う。
		法隆寺講堂 8×4 正暦元年990再建	11　13 12.17　12.86 1.0142　0.9892	14　13 14.245　12.86 1.0175　0.9892	10尺／10枝 0.9873尺 完数制	焼失前の前身堂と柱間寸法が異なるが,四隅の礎石をそのまま踏襲する。
		平等院鳳凰堂 身舎　3×2 天喜元年1053	16　11 14.0　10.0 0.875　0.9091	14 13.0 0.9286	10尺／11枝 1.000尺 完数制	
		平等院鳳凰堂 裳階　5×4 天喜元年1053	17　12　8 14.0　10.0　6.50 0.8235　0.8333　0.8125	16　8 13.0　6.50 0.8125　0.8125	10尺／12枝 1.000尺 完数制	中の間の垂木割は,背面裳階に残された当初丸桁の垂木痕跡に従う。
		石山寺本堂 7×4 永長元年1096	12 10.0 0.8333	12 10.0 0.8333	10尺／12枝 1.000尺 完数制	当初材と判断された丸桁断片の垂木釘跡の間隔から,当初垂木割を推定する。
	平安後・末期	中尊寺金色堂 3×3 天治元年1124	27 18.09　(3間総間) 0.67	27 18.09　(3間総間) 0.67	10尺／15枝 1.005尺 (枝割制)	正側とも個々の柱間寸法に無関係に,3間総間に渡って垂木を均等間隔に配置する。
		浄瑠璃寺本堂 11×4 保元二年1157移築	20　11　10　9 14.0　8.0　7.25　6.50 0.70　0.7273　0.725　0.7222	10　9 7.0　6.50 0.70　0.7222	10尺／14枝 1.000尺 完数制	
		願成寺阿弥陀堂 3×3 永暦元年1160	18　12.5(?) 13.01　9.009 0.7228　0.7207 垂木木間真,垂木真は,厳密には柱芯に合致せず	18　12.5(?) 13.01　9.009 0.7228　0.7207 垂木木間真,垂木真は,厳密には柱芯に合致せず	10尺／14枝 1.001尺 完数制	垂木は丸桁間総長にわたって均一に配される。丸桁間34.521尺,一枝寸法0.7188尺。
		鶴林寺常行堂 3×4 平安末期	11　9 10.04　8.03 0.9127　0.8922	11　9 10.04　8.03 0.9127　0.8922	10尺／11枝 1.004尺 完数制	丸桁の当初材に残された釘跡痕跡に基づいて垂木割を推定する。
		富貴寺大堂 3×4 平安末～鎌倉初	13　10 10.01　7.70 0.77　0.77	10 7.70 0.77	10尺／13枝 1.001尺 枝割制	当初の軒詳細は不明。ただし端数ともみえる7尺7寸の柱間寸法から,当初の垂木割を推定できる。
中世前期	鎌倉・南北朝時代	秋篠寺本堂 5×4 鎌倉初期	16　12 12.55　9.52 0.7813　0.7933	13　12 10.03　9.52 0.7715　0.7933	10尺／13枝 1.003尺 完数制	
		南法華寺礼堂 5×4 鎌倉初期頃	18　16 12.89　11.458 0.7161　0.7161	16 11.458 0.7161	10尺／14枝 1.0026尺 枝割制	礎石に基づいて室町時代改修以前の平面の状態が復原できる。一枝寸法は,この平面寸法に従ったもの。
		法隆寺絵殿舎利殿 7×2 承久元年1219再建	13 9.83 0.7562	12 9.83 0.7562	10尺／13枝 0.983尺 完数制	造営尺度が異常に短い原因は,前身建物の柱間寸法を踏襲したため。垂木密度はこの柱間寸法に準拠する。
		大報恩寺本堂 5×6 安貞元年1227起工	24　21　15 16.12　14.10　10.07 0.6717　0.6714　0.6713	24　21　18　15 16.12　14.10　12.09　10.07 0.6717　0.6714　0.6717　0.6713	10尺／15枝 1.007尺 枝割制	現象からみれば完数制,枝割制ともに成立するが,この垂木割は枝割制を十分に意識したものとみられる。
		兵庫・大山寺本堂 7×6 弘安八年1285以後	14　13 10.10　9.10 0.7214　0.70	14　13 10.10　9.10 0.7214　0.70	10尺／14枝 1.01尺 完数制	
		円教寺講堂 下重　7×6 永享一二年1440	12 9.204 0.767	12 9.204 0.767	10尺／13枝 0.9971尺 枝割制	上重と下重で垂木割が異なる。上重は中世後期に現れる別の寸法計画技法に従う。このため下重だけを掲載する。

丸桁間寸法は、基準一枝寸法一〇尺／一四枝の四八枝分の計画であったと想定したが、この計画は、基準となる一枝寸法の四九枝分を丸桁間寸法としたとき、三丈五尺ちょうどになるから、第一次的な計画では丸桁間寸法をもって規模計画とした可能性が高い。しかし四九枝のままとせず一枝を減じて四八枝とした理由は、中の間の垂木枝数を偶数枝にすることに起因すると思われる。丸桁間寸法を三丈五尺のままとして垂木四八枝を配する、という選択肢をとらなかった理由は、基準一枝寸法を、現実的な範囲でできるだけ忠実に実現しようとしたためであろう。

以上を整理すれば、願成寺阿弥陀堂は柱間寸法に完尺制を採用するが、垂木歩みは丸桁間寸法をもって均一に配された。丸桁間をもって垂木を一律に配する方法は層塔の計画方法に認められるもので、仏堂では、三斗構を用いて総間と丸桁間を同じくする中尊寺金色堂に試みられた方法である。寺伝にいう中尊寺金色堂を写すとする内容は、塔の計画法と同様の方法を、金色堂から採用したことを示唆しているようである。

富貴寺大堂（平安末〜鎌倉初期）では二種類の大きさの柱間が認められる。一〇・〇一尺の柱間と七・七尺の柱間は、一〇尺に垂木一三枝を配する計画であったとすれば、それぞれ一三枝、一〇枝の垂木を配したと考えられるから、枝割制の遺構と考えてよい。一見して完数柱間ともみえる七・七尺の柱間は、〇・七六九二尺の垂木一〇枝分に相当するから、造営尺度一・〇〇一尺（中の間寸法から算出）に従えば、七・六九二尺とする端数柱間であった可能性を否定できない。しかし、垂木割計画から導かれた端数寸法に近似する完数を柱間に充てた可能性も残る。この遺構は当初の軒を残していないが、柱間寸法から、枝割制がほぼ成立していたことが予想される。同様の垂木割計画は、枝割制の遺構である円教寺講堂（永享一二年・一四四〇）下層に認められる。これら完数柱間と垂木割計画について**表2**に掲載する。

二・二　完数一枝寸法による垂木割計画の可能性

古代遺構の垂木割計画は一〇尺を基準寸法とし、それぞれ一〇枝、一一枝、一二枝、一三枝、一四枝、一五枝の垂木を配した例を見出すことができる。しかしいずれも完数寸法を優先して用いる古代の柱間寸法の支配下にあるため、一〇尺柱間以外では一枝寸法がわずかに変化し、基準一枝寸法から離れることになる。このように柱間寸法の影響によって垂木歩みが変化する以上、一枝寸法を獲得する基本計画は、ほかの方法も予想できないことではない。単に垂木の一枝寸法を縮小する方法として最も考えやすい方法は、たとえば、一枝寸法を〇・九尺や〇・八尺、〇・七尺など、寸の単位を用いて縮小していく方法であろう。この方が寸法計画としてみれば簡便であるとも思われる。そのような想定が可能かどうか、醍醐寺五重塔を挙げて検討しておこう。

醍醐寺五重塔は、承平元年（九三一）に計画が始まり、同六年（九三六）に心柱が準備されたが、完成は天暦五年（九五一）、長期にわたる工事が予想された。修理工事報告書では初重の柱間寸法を総間二一・八九尺、同中の間七・九六尺、脇の間六・九六五尺とし、これらの値を完尺柱間計画と判断し、造営尺を〇・九九五尺程と推定した（註5）。造営尺度に従って完数柱間と考えられた各重柱間寸法を列挙すると、初重総間二二・〇尺、中の間八・〇尺、脇の間七・〇尺。二重総間一九・六尺、中の間七・〇尺、脇の間六・三尺。三重総間一七・四尺、中の間六・〇尺、脇の間五・七尺。四重総間一五・二尺、中の間五・二尺、脇の間五・〇尺。五重総間一三・六尺、中の間四・六尺、脇の間四・五尺である。

垂木割について、先行研究は丸桁間総長にわたって均等に配置したと指摘するが、二重は柱間を単位として垂木が配置されたらしく、また五重にも同様の可能性が予想された（註6）。天治元年（一一二四）頃から明治までの修理工事のうち、とくに明和二年（一七六五）の工事は解体を含む大規模なものであったと考えられている。修理工事報告書は、各重の軒構成材の残存数が少ないため、各重の支輪受桁の痕跡をもって当初の垂木割計画復原の手がかりとしている。その残存状態は、初重と二重が南面を除く三本、三重が四本、四重は北面の一本、五重は当初材が発見されなかった。修理工事報告書では、初重の支輪の歩みを「〇・九尺乃至〇・九一尺」と判断している。この値は一〇尺に垂木一一枝を配した垂木割計画（〇・九〇九……尺）を予想させるが、一枝寸法を〇・九尺の完数とした可能性も検討しておく必要がある。

丸桁間寸法を手がかりに垂木割計画をみてみよう。初重丸桁間寸法の実測値は三一・六五尺、丸桁間を総割りとして垂木三五枝を配している。造営尺に従って算出すれば、丸桁間寸法は三一・八一尺、ここから一枝寸法を算出すれば、〇・九〇八八造営尺程となる。一方、もし一枝寸法が〇・九尺であったとすれば、丸桁間寸法はこの値の三五枝分、三一・五尺となるはずである。一枝寸法で比較すれば〇・九尺と〇・九〇八八尺との差は微々たるものにみえるが、丸桁間寸法では三寸以上の寸法差が現れる。この差は施工誤差などでは説明できない大きな値である。

二重の垂木は丸桁間を総割りとせず、柱間ごとに垂木を配している。修理工事報告書では、支輪受桁の寸法資料に従って「中央間、脇間、斗栱間とそれぞれ一枝寸法が異なり……」と指摘している。丸桁間寸法は、実測値で二八・九一尺、初重から想定された造営尺の換算値は二九・〇五五尺となる。垂木は丸桁を手挟み三二枝を配している。一〇尺／一一枝とする垂木割計画を想定すれば、三二枝の長さは二九・〇九〇九……尺、したがって丸桁間寸法は、この値の完数の最近似値である二九・一尺とする寸法計画であったと考えられる。一枝寸法は、それぞれ中の間〇・八七五尺、脇の間〇・九尺と算出されるから、一枝寸法は総間内が小さく、その分斗栱間《ときょうま》の一枝寸法が延びている。

三重の丸桁間寸法は、実測値二六・四一五尺、造営尺換算値は二六・五四八尺である。この値は、一〇尺／一一枝の垂木割計画に従えば、二九枝（二六・三六三……尺）に近い（一寸を超える寸法差がある）。一枝寸法が〇・九尺であったとすれば、丸桁間寸法は二九枝半に相当する（二六・五五尺）。初重丸桁間は三五枝、五重丸桁間が二五枝であるから、平均逓減枝数は二枝半、したがって丸桁間に半枝が加わる可能性は否定できない。支輪受桁の痕跡から算出される一枝寸法は、四面で〇・九一六四尺〜〇・九二〇四尺、半枝を打つことはできないから二九枝半の長さに二九枝を打てば、一枝寸法は〇・九一五五尺になり、実測値に合致する。したがって三重の垂木割は二つの一枝寸法のいずれの可能性も予想できるが、一枝を〇・九尺とみる方がやや妥当であるように思われる。

四重の平面は他の重と異なり、歪みが大きく各部寸法も乱れている。修理工事報告書の丸桁の実測値は、西面を最小として実測値で二三・九〇五尺、南が最大で二四・三五〇尺、その差は四寸五分程ある。組物の出も西面を最小として四・四〇一尺、南面の最大は四・六二六尺となって二寸の差がある。判断の難しい対象だが、各部の実測資料に基づいて整理された修理工事報告書の数値では、丸桁間寸法は、造営尺度に換算して二四・二一一尺とする。一枝寸法が〇・九尺であったとすれば、この値は二七枝分（二四・三尺）に相当する。ただ、四重だけは他の重に比べて垂木の密度が一段と細やかで、一枝〇・九尺から算出した二七枝ではなく二八枝を配している。垂木の割り直しが介在した可能性が高いが、原因は不明瞭である。五重の丸桁間寸法は実測値二二・四三尺、造営尺に換算して二二・五四三尺である。一〇尺／一一枝の垂木割では二二・七二七……尺となって寸法差が大きく、一枝寸法を〇・九尺とすれば二五枝に相当（二二・五尺）し、よく実測値に適合する。

以上の検討から、醍醐寺五重塔は二種類の垂木割を認めることができる特殊な例であり、長期にわたる工程に起因する可能性も予想される（註7）。しかし、逓減に関わる単位寸法が最初から二種類混在することは計画方法として考えられることではない。計画の過程で判断の基準が単一でなければ、逓減を含む計画は成り立たないためである。最も重要な初重と二重で一〇尺／一一枝の垂木割計画が検出されたことから、これを基本計画としたことは確実であるといえよう。三重以上に認められた〇・九尺の垂木割は、主に計測を伴う部材加工の利便性などのために、基本の垂木割計画から派生、あるいは変更して現れたと考えられる。

寸の単位の完数とする垂木割計画は、以上のように古代遺構に例がないわけではない。とはいえ、〇・九尺の垂木割は一〇尺を基準とする垂木割計画から二次的に派生したもので、それ自体で垂木割の基本となる計画を形成していたとは考え難い。

一枝寸法を〇・八尺とした可能性を残す古代遺構は見あたらず、一枝寸法を〇・七尺としたようにもみえる富貴寺大堂（鎌倉初期頃）の垂木割は、一〇尺に垂木一三枝を配した枝割制の遺構と判断された。したがって、基本となる計画の段階から、寸の単位の値をもって垂木歩みとする遺構は、古代においてはほとんど見出すことができない。またこの証左は柱間寸法を観察することでも明らかといえる。もし寸の単位の垂木割計画が実在していれば、寸の単位の完数柱間寸法を多用することで枝割制様の姿が実現できたはずであるし、塔の場合はとくに寸の単位の柱間寸法を多用するから、枝割制がすでに実現していた可能性が高い。仏堂は五寸までの完数柱間を用い、塔は柱間に無関係に丸桁間や軒総長で垂木を総割りにするのであるから、古代遺構において〇・九尺、〇・八尺、〇・七尺などの垂木割計画は、二次的に出現する可能性は残るとしても、基本計画として存在しなかったと判断される。

二・三　むすび——柱間完数制支配下の垂木割計画

もし建物の大きさと無関係に垂木の間隔が固定していたとすれば、巨大な仏堂は垂木枝数が多く、規模が小さくなるにつれて垂木枝数が少なくなる。極端な例だが、唐招提寺金堂は一枝寸法を一尺として総間に九四枝を配するが、そのままの垂木歩みを中尊寺金色堂に当てはめれば、総間で一八枝を配するにすぎない。したがって建築の規模の変化に合わせて一定程度の垂木密度を確保するためには、規模に合わせた可変の一枝寸法を生み出す技法が存在したであろうことは想像に難くない。

一方、古代建築には多様な完尺柱間が見出されるが、なかでも一〇尺を基準寸法とする柱間寸法計画が顕著に認められる。古代建築の特色として、最も平易な一〇尺という寸法基準が存在したことが指摘されており、一〇尺柱間は、古代における柱間の大きさの標準となっていた可能性が高い（註8）。

古代では、建物規模の大小に合わせて垂木の密度を調整する場面において、標準柱間として一〇尺間を基準とし、ここに配置する垂木の枝数を増減することで、規模に合わせた垂木密度を確保しようとした、と考えられる。その出発点は、一〇尺柱間に一〇枝を配する（一枝を一尺とする）垂木割計画で、唐招提寺金堂や復原された同講堂の前身である朝集堂、法隆寺伝法堂、同食堂などに見ることができる。また、後の章で詳述するように、復原された山田寺回廊においても見出すことができる。

古代遺構に見られる垂木割計画の代表的な遺例を列

挙してきたが、古代の垂木割計画では、一〇尺に垂木一〇枝を配する技法を嚆矢として一一枝、一二枝、一三枝、一四枝を配するというバリエーションが認められた。大局的にみれば、垂木割は時代が下るにつれて細かくなる傾向にある。とくに古代末頃、垂木割は急速に細かくなる傾向がみられる。一間四面堂など、小規模な建築が隆盛する傾向を反映しているためで、確かに、ほぼ一定の垂木密度を確保する方法であったと考えることができる。また、この傾向は、中世の前半においても同様で、垂木歩みが縮小する傾向は、仏堂の規模の縮小化傾向に並行して現れる現象であった。

一方、薬師寺東塔や平等院鳳凰堂・中堂の例などに見られるように、身舎と裳階で垂木密度を変えることが通例で、一〇尺の基準寸法は、同一の柱間寸法に二種類の垂木密度を制御する際の共通の基準として機能している。同一の柱間寸法に複数の垂木歩みが併存するから、この状態では後代の枝割制が成立し難いことがわかる。同時に、一枝寸法を単に一〇・九尺や一〇・八尺などと抽象し、この倍数をもって柱間寸法を支配すれば、身舎と裳階の柱間寸法を同一にできないこともわかる。一枝寸法の獲得法は技法として独立した性格をもつが、古代における様態は完全に自律したものではなく、柱間に結び付けられたものである。

古代遺構の垂木割は、目立つものではないが、柱間ごとに乱れをもっている。この原因は、垂木割計画と柱間寸法計画とがそれぞれ独立した決定法をもちながらも、具体的な場面で重ね合わされるためであり、仏堂で、垂木木間真が柱真を手挟むという収まりにも起因している。二つの計画が重ね合わせられると、完数寸法をとる柱間計画が優先し、垂木割はそれぞれの柱間寸法に従属し、この過程でわずかな変化を起こす。この変化は柱間寸法の様相に依存し、それぞれの場面ごとに調整されるものである。とはいえ、垂木割計画が、完数制に従う柱間寸法計画に、ただ一方的に従属しているとは限らない。中世の枝割制のように明確に現れてはいないが、間接的に柱間寸法計画に影響を与えている可能性も予想しておかなければならないであろう。

柱間寸法と垂木割計画との関係は、中世の初頭頃に至って逆転し、垂木割が柱間寸法を支配するようになる。この状態が枝割制である。この原因は、建築規模の縮小に伴って、基準となる一枝寸法が近似値としても実現できない状態に至るためだと考えられる(註9)。したがって古代遺構と中世遺構柱間寸法計画の本質的な相違は、垂木割計画と柱間計画の主導的立場が入れ替わることだけである。

一〇尺を基準寸法として組み立てられた垂木割の方法は、古代と中世の区分を超えて継承され、中世の終わり頃までは確実に踏襲された(註10)。一枝寸法の獲得法は、近世に至って木割法のなかに組み込まれるまで、堂塔の設計技術にとって、時代を超えた基幹的役割を果たしていたと考えることができる。

註

1 大森健二「日本建築に於ける柱間寸法決定の技法に就いて」日本建築学会近畿支部研究報告　一九五四

引用文は、関野の「柱間自由決定説」に起源をもつ議論だが、石井邦信は「この柱間の任意説は、後世確立される枝割制度の建築支配に対し、古代の棰割が柱間と無関係であり、柱真を意に介することなく割り付けられ、したがって棰割と柱間寸尺間には何の関係もなかったという棰割の側からみた事実による説であると云えよう。しかしもしそうであるとすると、この説は少しく論理に飛躍があると考えられないであろうか。筆者の考えでは、本来柱間寸尺が棰木割に関係がないということと、柱間寸尺が任意に定められたとすることとは別の事象だと思われるのである」(『日本古代建築における寸法計画の研究』)と批判している。大森の議論は、関野にしたがって、古代建築では、いったん自由に柱間を決定し、これを完数寸法に調整する、という手順を予想し、中世以後の枝割制の遺構は、一枝寸法を単位としてこの倍数で柱間を計画した、と捉えているようである。しかしこれでは、両者の相違が大きすぎる。

古代においても整合性のある設計技術が存在した、とする立場から見れば、完数柱間と垂木割による端数柱間は表面的に対比的だが、いずれも単位に従った計画法であり、したがって技法として同じものと捉えることになる。第一部で述べたように、整合性のある地割計画や伽藍計画が予想されるにもかかわらず、個々の建築だけが柱間を自由に決め、成り行きで規模が決まるという様相は、最も考え難い。古代建築は整然とした計画技法をもっていた、と捉える方が、はるかに蓋然性が高い。

2 大森健二「中世建築技術の研究」建築雑誌一〇〇二号　一九六八・一〇

3 浅野清『昭和修理を通して見た法隆寺建築の研究』中央公論美術出版　一九八三

4 『国宝白水阿弥陀堂修理工事報告書』国宝白水阿弥陀堂修理工事事務所　一九五六

5 『国宝建造物醍醐寺五重塔修理工事報告書』京都府教育庁文化財保護課 一九六〇

造営尺度の算出を各重で行っており、〇・九九五尺から〇・九九三六尺まで多少の幅を考慮している。

6 濱島正士「塔の柱間寸法と支割について」日本建築学会論文報告集一四三号 一九六八

7 四重の丸桁間寸法は、本文にて指摘したように歪みが大きく四面で著しい寸法差が認められる。また、五重は当初材が残らず中世の改変を経ているため、いずれの重の垂木割も、〇・九尺ではなく〇・九〇九……尺（一〇尺／一一枝）であった可能性も否定しきれない。

8 鈴木嘉吉「古代建築の構造と技法 法隆寺建築を中心として」『奈良の寺2東院伽藍と西院諸堂法隆寺』所収 岩波書店 一九七四

古代遺構の柱間寸法について、「平面の基準になる柱心々距離（柱間寸法）は古代では簡単な完数値にするのが原則で、たとえば食堂（引用注・法隆寺食堂）は桁行七間各一〇尺、梁行四間各八尺の計七〇尺×三二尺、伝法堂は七間各一二尺×四間各九尺である。簡素な建物ほど桁行・梁行とも等間としており、創建の東院では中門・七丈屋・回廊などの桁行寸法をすべて一〇尺に統一していた。近年の発掘調査の結果、平城宮では一〇尺単位の方眼地割が基本となり、多くの建物の柱間寸法が一〇尺であるばかりでなく、建物の間隔も一〇尺の倍数に計画されていることが明らかにされた。食堂は本来は、政所（寺務所）で官衙的性格をもち、東院の上記各建物も掘立柱・檜皮葺で宮殿建築的要素が濃いから、これらに一〇尺柱間が用いられている点は仏教建築と宮殿・住宅建築の相関性を示すものとして興味深いが、とにかく最も単純な一〇尺が基準寸法であったことは古代建築の大きな特色である」としている。

9 溝口明則『中世建築における設計技術（枝割制）の研究』私家版 一九九〇

たとえば、一〇尺を一五枝で割る垂木割を七尺の柱間で実現しようとすれば、一〇枝か一一枝の垂木を配置することになる。しかし一〇枝では一〇尺／一四枝の垂木割に近く、一一枝をとれば一〇枝／一六枝の垂木割に近い。七尺間では、一〇／一五枝の垂木割は近似値で実現できないことになる。対処の方法は三つ考えられる。七尺五寸、あるいは六尺五寸など、完数柱間としても、柱間の方を調整する方法、柱間を無視して丸桁間総長で垂木を割りつける方法、そして基準となる一枝寸法の倍数で柱間寸法を制御する方法である。古代末から中世初頭にかけていずれの例も見出されるが、結局、垂木割を柱間寸法の基準とする枝割制が支配的な方法となった。

10 滋賀・園城寺金堂（慶長四年・一五九九）の一枝寸法は、全柱間を通じて〇・七六五尺である。この垂木割計画は、一〇尺に垂木を一三枝配した一枝寸法、〇・七六九二尺と判断される。造営尺度は〇・九九四五尺である。したがって、一〇尺を基準とする垂木割計画は、慶長年間においても確実に踏襲されていたことがわかる。しかし中世後期は、この基本となる垂木割計画から派生した技法が併存している点も、注意しておかなければならない。

第三章　山田寺金堂と総間完数制

古代遺構の柱間寸法計画を支配する方法は、第一に柱間完数制である。しかし、中世初頭頃に至って柱間寸法を支配するようになった枝割制を支えた垂木割計画は、古代においても柱間完数制の背後にあって潜在的に柱間寸法に影響を与える計画法であったと考えられる。第一部で採り上げたように、竹島卓一は、法隆寺金堂の柱間寸法計画の分析の過程で垂木割に注目している。法隆寺建築の垂木割計画について考察を進めるためには、中世以後鮮明になった垂木割計画を検討しておくことが必要であった。しかし、古代遺構の柱間寸法計画は、この二つの設計方法で、すべてが網羅できるというわけではない。どちらかといえば特殊な方法だが、第三の方法が存在すると考えられる。昭和五四年（一九七九）に発表された、川越俊一・工藤圭章の「山田寺金堂跡の調査」と題する金堂の造営尺度に関する論考を手がかりに、第三の柱間寸法計画について検討しよう。

三・一　はじめに

山田寺址は昭和五三年（一九七八）の第二次発掘調査によって、金堂址の精確な平面が復原され、さらに昭和五四年の第三次調査で、倒壊後、そのまま埋没した回廊の一部が発見された。七世紀の建築を考えるうえで、おそらく最も重要な発掘址と思われる。金堂平面は、『諸寺縁起集』に「金堂　一間四面　二階」と記されることになった独特の形式をもっている。奈良時代以後、つくられることのなかった独特の平面形式で、発掘された穴太廃寺、夏目廃寺、正家廃寺などの各金堂跡においても認められている。

金堂平面の復原調査によって、建立当初の寸法計画を考察できる貴重な資料が得られ、とくに造営尺度については、複数の見解が発表されている。本章では、いままで発表されてきた山田寺金堂の造営尺度の見解に対し、あらたに寸法計画の分析を述べるものであるが、この遺構の寸法計画の特質を通じて、古代の寸法計画に、柱間完数制とは異なる計画方法が存在していた可能性を検討したい。

三・二　山田寺金堂の造営尺度

山田寺金堂址は『上宮聖徳法王帝説』に皇極天皇二年（六四三）の建立と記されており、発掘調査の成果からもこの頃の建立と考えられている。後に発掘された七世紀末の、夏目廃寺金堂址や同時期建立の穴太廃寺再建金堂址と共通する特殊な平面形式をもっているが、これは、図35に示すように、正面三間×側面二間の身舎に、やはり正面三間×側面二間の庇を巡らすというものである。この平面形式が「一間四面」と呼ばれた理由である。八世紀以後、同様の形式の平面をもつ仏堂は存在しないが、八世紀以後の平面形式の言い表し方である「間面記法」に従って強引に示そうとしたため、このような表現が現れたのだと思われる（註1）。

身舎正面三間は中の間が五・○m、脇の間が二・○mであり、側面二間は等間でいずれも三・○mである。庇（あるいは裳階）を含む正面総間は五・○m柱間の三間等間構成で、側面総間の二間は六・○m柱間の等間、正側各総間寸法はそれぞれ一五・○m、一二・○mという値をとっている。

この遺構は「小尺」（唐尺、略三○・○cm）を想定しても、「大尺」（高麗尺、略三六・○cm）を想定しても、うまく完尺柱間を見出すことができず、一尺＝三三・三三三……cmという特異な基準寸法が想定され、身舎正面三間は中の間が一五尺、脇の間が六尺、側面二間はそれぞれ九尺、正面三間の柱間が一五尺等間で総間四五尺、側面柱間が一八尺ずつ、総間三六尺と解釈された（註2）。しかしこのような尺度はほかに例がなく、興味深い仮説にもかかわらず是認することが困難である。

一方これとは別に、金堂の基準尺度を高麗尺とみる見解もあり（註3）、回廊の基準尺度が高麗尺と考えられたこと（註4）、七世紀中頃に金堂・回廊が相次いで建立され、唐尺の基準尺庚が想定された講堂・塔が、遅れて七世紀末になって建立されていることも、金堂基準尺度を高麗尺とする見解に繋がっているようである。

しかし高麗尺では、完尺の柱間を復元することが困

図35　山田寺金堂の平面復原図

推定された平面と軒・軒荷重指示点

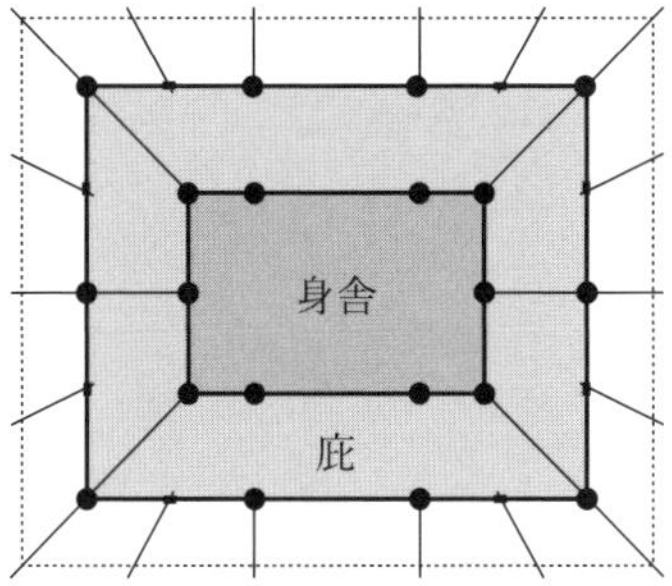

山田寺金堂基壇址から推定された柱間寸法（工藤・川越）

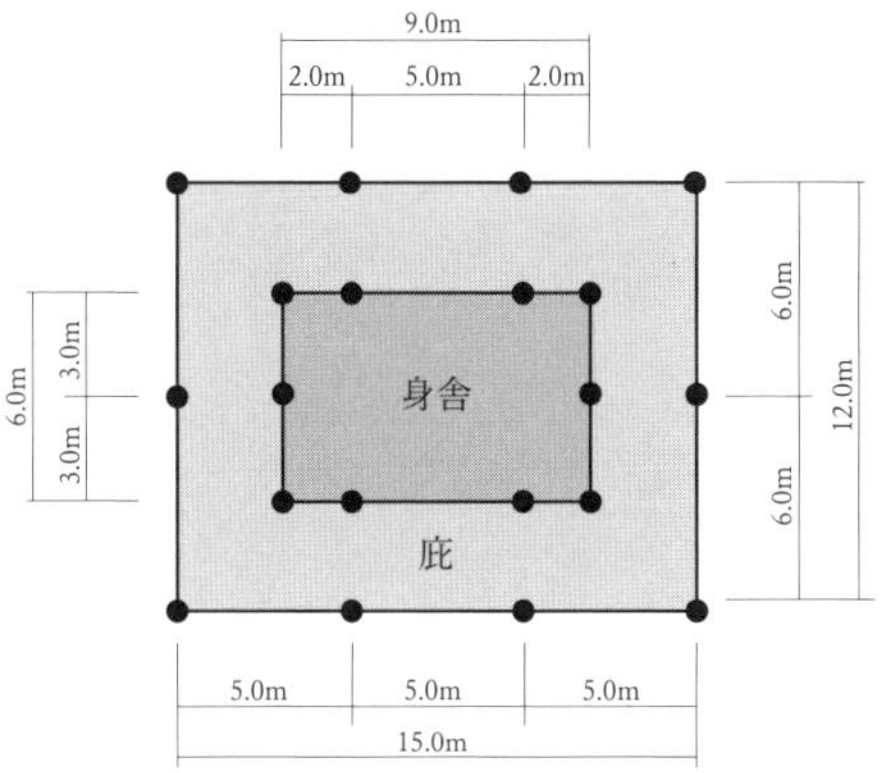

川越・工藤説の柱間寸法の復原案

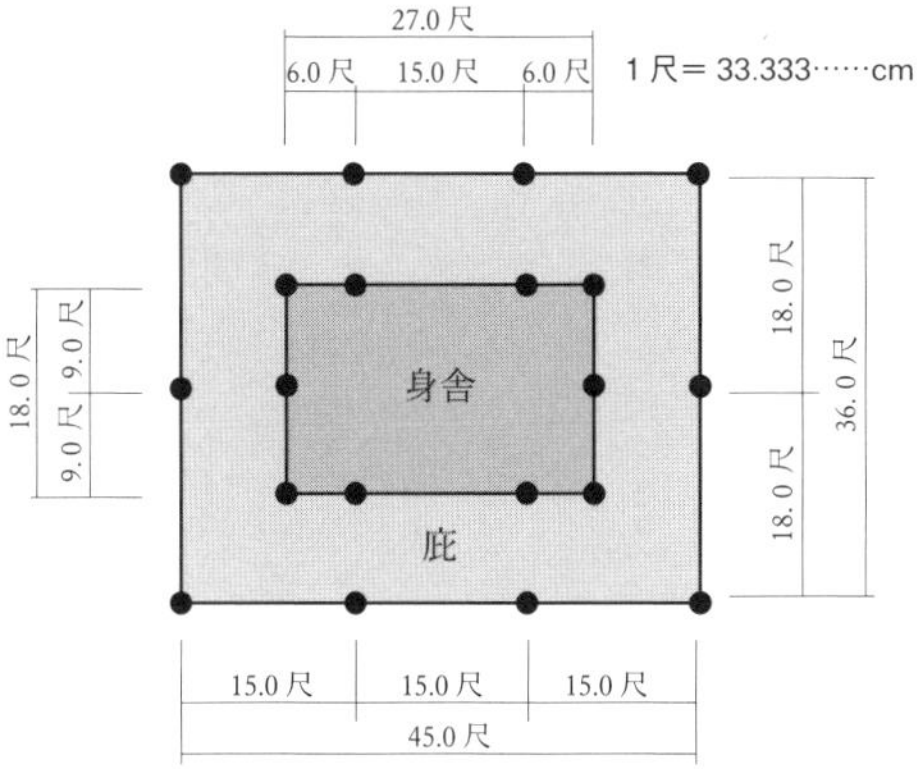

難であり、さらに三三・三三三……cmという特異な基準尺度は、高麗尺と唐尺の中間の長さをもつため、いずれの尺度と断定することも困難である。山田寺の金堂基準尺度の検討では、いったん、唐尺の可能性も検討されたが、唐尺では正面総間が五・〇丈、側面総間が四・〇丈という完数になるにもかかわらず、正面柱間（三間等間）に一六・六六六……尺という端数値が現れるため、その可能性は捨てられることになった。しかし、唐尺を想定したときに現れる正側総間寸法が一・〇丈の倍数の値になる状況は、もっと注目してよいことであると思われる。唐尺で計画されたとすれば、正面各柱間が端数の値をとった原因を、五・〇丈を等間三つ割としたためと考えることになるが、唐尺の寸法計画を妥当と認めるためには、①金堂と同時期に建立され、高麗尺の基準尺度をもつとされる回廊が、確かに高麗尺が想定できるかどうか、という点、②古代において、完尺寸法から等間割などの操作によって端数寸法を生み出し、これを柱間寸法に充てるような計画方法が想定できるがどうか、という二点の検討が要件と考えられる。以下、①、②の点について検討を行おう。

三・三　山田寺回廊の基準尺度

山田寺金堂と回廊の建立は皇極天皇二年（六四三）頃で、造塔計画は天智天皇二年（六六三）、同完成は天武天皇五年（六七六）と考えられており、講堂は天武天皇一四年（六八五）頃と考えられている。つまり、金堂と回廊の一部が完成したのち、時代が下って塔と講堂が建立されたとみられている（註5）。この建立年代も金堂と回廊が高麗尺で、塔と講堂が唐尺で計画されたという推定の根拠のひとつであったと思われる。とくに回廊は法隆寺回廊とよく似た構成・寸法値をもつことも、高麗尺の想定が妥当であるという考えを補強しているようにみえる。そこでまず、山田寺回廊の寸法計画について検討を加えておきたい。第四、五次の山田寺発掘調査では、倒壊した東面回廊が検出された。すでに発掘された北面と同じ単廊構成で、遺存した多数の部材から柱間寸法や各部材寸法が検出されている（註6）。この資料に基づいて提案された復元案が図36である（註7）。柱間寸法は桁行・梁行ともに三・七八mの同寸で、高麗尺で一〇・五一尺と推定されている。基壇の出は柱真から外へ一・三mあり、推定された高麗尺で三・六一一……尺になる。基壇を含めた全幅は六・三八m、高麗尺で一七・七二二……尺となるが、柱間三・七八mは唐尺の換算値を三〇・二四cmとすれば一二・五尺に相当すると考えられ、基壇の全幅は、唐尺二一・〇尺ちょうどになる。東回廊の中央扉部の寸法では、扉部分の幅一・九八mは高麗尺で五・五〇尺。両側の小壁幅九〇cmは高麗尺で二・五〇尺と推定されたが、これも唐尺で扉全幅六・五〇尺、同脇小壁幅は三・〇〇尺と考えることが可能である。最も注目される点は、礎石上から丸桁上端までの高さである。この値は三・〇三九mと復元されており、高麗尺では完数とならないが唐尺で一〇・〇尺ちょうどになる。礎石上端〜腰長押上端は二・五〇尺、柱長さが七・五〇尺となって丸桁上端までの成に対し、それぞれ、下から四分の一、上から四分の一という位置をとっている。大斗・肘木などの部材寸法はあまり明瞭な完数が認められないが、大斗では幅四三・五cmと全体成二五cmが高麗尺で一・二〇尺と〇・七〇尺の完数を、斗尻幅三一・五cmは、逆に唐尺で一・〇尺に適合し、推定の肘木全長一・二mは、高麗尺では完数にならず唐尺で四・〇尺になる。巻斗幅

図36　山田寺東回廊中央扉口復原図

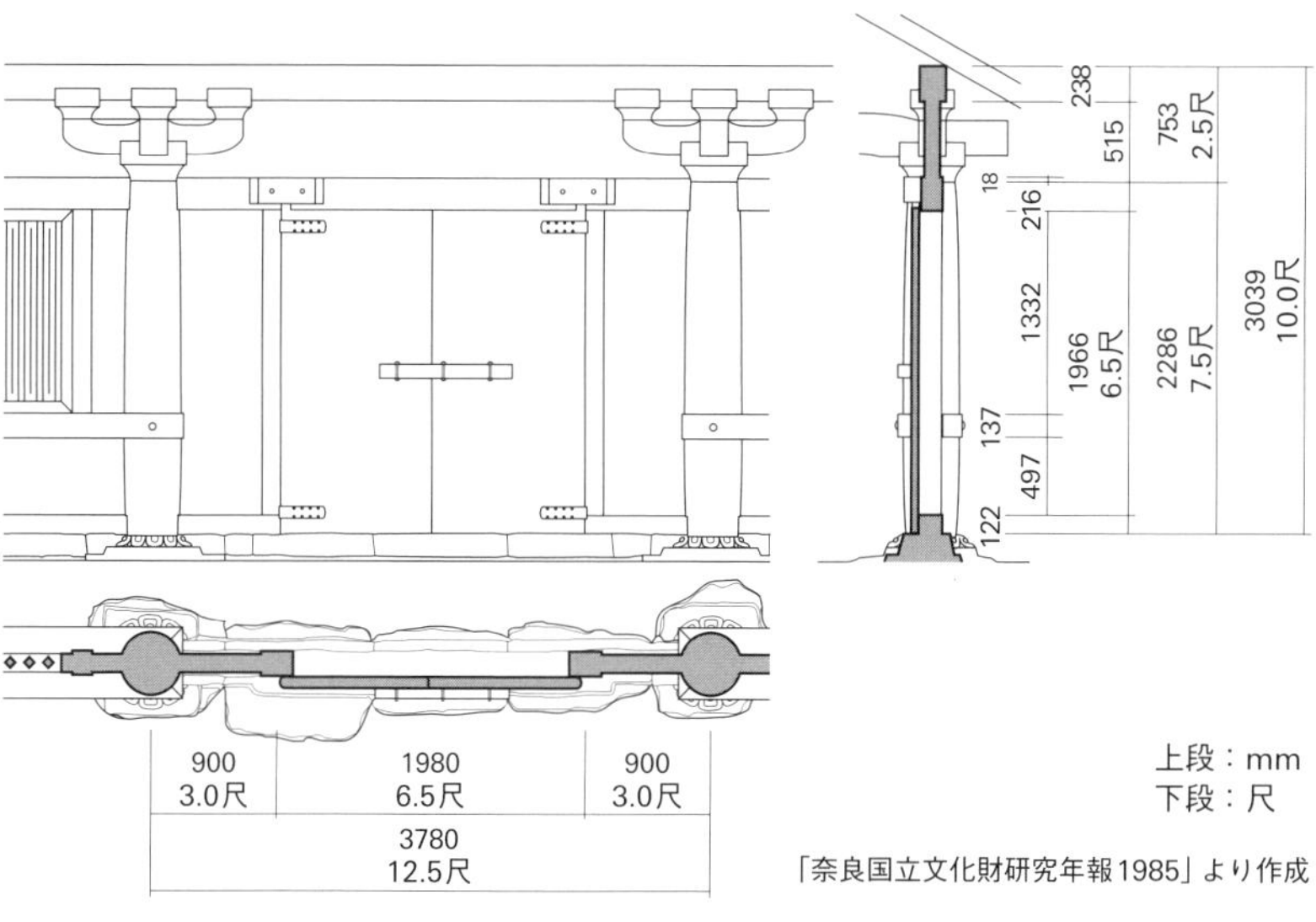

「奈良国立文化財研究年報1985」より作成

も高麗尺では明瞭ではないが、唐尺で一・〇尺となる。頭貫成は高麗尺で〇・六尺、唐尺では端数となるが、幅は逆に高麗尺で端数のところ、唐尺で〇・五尺程、腰長押成も唐尺で〇・五尺近くになり、高麗尺では明瞭な完数が現れない。地覆成は高麗尺では曖昧だが、唐尺では〇・四尺、幅は高麗尺で〇・五尺とも、唐尺で〇・六尺ともみられる。瓦繰りの間隔は柱間一間あたりほぼ一二列程度と想定されており、約三一・〇㎝と計測されているから、唐尺で一・〇尺が想定できるが、一間に確実に一二列となるか、二間にわたって二五列（一間に付き一二・五列）なのか判断が困難である。垂木割はおよそ瓦の配列と同様と考えられているため、唐尺で一枝寸法を一・〇尺とするか一二・五尺の柱間に一二枝を配したか判別が困難であるが、一枝を天平尺（小尺）の一尺とする、奈良時代によくみられる計画方法と同様である。東面回廊は南北で二三間連なっている。南北長全幅の寸法は、基壇外の値で八九・五四m、二四八・七二……大尺、ないし二九六・〇九八小尺になる。およそ二五〇大尺あるいは三〇〇小尺となるため、いずれの寸法に依ったのか、にわかに判別できない。伽藍計画を高麗尺で行い、建築を唐尺で行ったとすれば、高麗尺と唐尺とを繋ぐ目的で、いずれの値でも完数となるような値をめざした可能性も予想される。そうであれば、寸法計画の現実的な場面では、高麗尺による配置計画が唐尺による建築計画へ、軋轢を起こすことなく移行できることになる。総じて回廊自体の建築寸法計画では、想定されてきた高麗尺に、唐尺を排除できるだけの根拠を認めることが困難である。礎石上端〜丸桁上端など、立面の寸法値では、高麗尺以上に唐尺が使われた可能性が高いことが認められるであろう。

埋没していた部材寸法の経年変化、計測寸法の精度などの課題が潜在しており、結論を下すにはまだ十分な検討を要するが、配置計画の影響を最も被ると予想される回廊においても、簡単に唐尺を排することができず、唐尺の方がより適合する場面が多い。以上に検討した数値は**表3**に掲載する。唐尺の換算値を三〇二・四㎜としたが、これは計算上の便宜的数値にすぎない。

表3　山田寺東回廊の各部寸法

各部	寸法 （単位:mm）	大尺（高麗尺）による換算値 （尺：360.0mm）	小尺（唐尺）による換算値 （尺：302.4mm）
柱間寸法	3,780	10.5尺	12.5尺
基壇外～柱真	1,300	3.611	4.299
梁行基壇全長 （柱間＋基壇出×2）	6,380	17.722	21.098
回廊南北総間 (柱間寸法×23間)	86,940	241.5	287.5
回廊全長 (回廊南北総間＋基壇出×2)	89,540	248.722	296.098
回廊中央扉口幅 （軸摺間）	1,980	5.5	6.548
柱真～軸摺	870	2.417	2.877
腰長押上端～礎石上端	741	2.058	2.450
礎石上端～丸桁上端	3,016	8.378	9.974
柱高さ	2,266	6.294	7.493
太さ	200	0.556	0.661
大斗全体幅	440	1.222	1.455
斗尻幅	315	0.875	1.042
全体成	260	0.722	0.860
肘木推定全長	1,200	3.333	3.968
巻斗間隔	500	1.389	1.653
巻斗全体幅	300	0.833	0.992
斗尻幅	195	0.542	0.645
全体成	185	0.514	0.612
垂木幅（円形断面）	約130	0.361	0.430
瓦繰り間隔	約310	0.861	1.025
丸桁成	238	0.661	0.787
頭貫成	215	0.597	0.711
幅	160	0.444	0.529
腰長押成	138	0.383	0.456
地覆成	120	0.333	0.397
幅	180	0.5	0.595

数値資料は「奈良国立文化財研究年報1984」「同1985」および「山田寺出土建築部材集成」による。部材寸法のうち異動のある数値は，後者の記載のなかで，設計寸法として整理された数値に従った。

三・四　古代遺構における端数柱間寸法

第二節で指摘した第二の課題、つまり古代において、一定の完数寸法を均等に分割するなどの方法で、端数寸法を生み出すような計画方法を想定することが可能であるのかどうか、この課題にも検討を加えておく必要がある。以下に事例に則して考察を行おう。

三・四・一　平城宮第二次内裏内郭

平城京第二次内裏内郭は、宮本長二郎博士によって東西六〇・〇丈（天平尺）、南北六三・〇丈の敷地全体に、一・〇丈を単位とする方格規準線が想定された。規準線の交点は柱真が合致することから、この規準線が建築群の配置計画の基準となり、さらに柱間寸法を体現する尺度であると考えられている（註8）。しかし東西規準線と南北規準線のそれぞれ一単位の長さは、厳密には同寸ではなく、東西方向に限って約五cm長いことも指摘されている。

> ……柱間寸法を約三米とし、建物と建物の間隔を柱間の整数倍にとっている建築群がある。これらのきわめて整然と配置された建築群は同時期に計画されたものと認められ、その時期は天平末年の恭仁京からの遷都後と考えられている。いま発掘調査によって得られた実測図の上に、柱穴にしたがって約三米の格子の縄をかぶせると挿図（引用註・挿図は省略）のようになる。このことは内部全体にわたって、約三米を基準の長さとする格子状の地割が行われていたことを推測させる。……この格子の一辺の長さを厳密に測ってみると、東西方向二・九九米、南北方向二・九四米となっており、東西方向が長く、格子は完全な正方形ではない。したがってこの格子にのる建物は同じ建物であっても、桁行と梁行では柱間一間の長さを違えているのである。
>
> 『平城宮の地割について（一）1内裏内郭の地割』

この現象は東西六〇・〇丈をそのまま方格規準線とすると、東西幅の中央に、南北に走る中心軸が形成されてしまい、左右対象の建物配置計画では、中央の建築が中心軸に柱が建って偶数柱間の建築とせざるをえなくなるためで、これを避けるために六〇・〇丈の幅を五九に割り直したとするものである。またこの操作の結果、東西の格子幅に限って、わずかに寸法値が延びることになったと考えられている（註9）。

内裏の第二期工事の遺構（引用註・第二次内裏内郭）で、南北六二〇尺（約一八六メートル）、東西六〇〇尺（約一八〇メートル）の区画を一〇尺方眼に割りつけていることがうかがえます。方眼線の交点に住位置をあわせて、内裏正殿以下、十数棟の建物を整然と配置しているのです。ただし、東西六〇〇尺は、六〇間ではなく五九間に割りつけています。これは六〇間だと、東西の中軸線上に設置する正殿や門のちょうど中央に柱の位置がきてしまうので、これをさけるために、わざわざ五九間に割りつけたのです。はじめから東西五九〇尺とすればよさそうなものですが、どうしたことでしょうか。

『平城京』古代の都市計画と建築

奇数間に割りつけるために、六〇・〇丈を五九間に割り直したことは、建物配置計画の基準ともなる方格規準線を構成するための方法であったと考えられている。ここでは、なぜあらかじめ東西幅を五九・〇丈にしなかったか、という問題が指摘されているが、とく回答は記されていない。この問題について考えてみよう。

都城の全体計画を、一定の規則に従って統括的に計画するとき、各部でさまざまな問題が起こる可能性は、この事例からも十分に予想される。しかし、それぞれの場面で起こる問題一つひとつを全体計画にフィードバックし、それぞれの主張を加えていけば、全体計画の方法が未熟な時代では、これをまとめあげることが困難な作業になることも予想される。したがって全体枠を最優先に扱い、部分の計画は、全体計画によって与えられた範囲のなかでそれぞれ工夫する、という原則を予想することができるであろう。つまり、東西全幅六〇・〇丈を五九・〇丈や六一・〇丈に変更することは、当該の場面に限れば十分に可能であったとしても、計画の選択肢としては存在せず、一方向の計画法が存在したと考えられる。

注目してきた等間隔に分割する、という技法について整理しよう。南北の規準線は一・〇丈という寸法で区分される。これに対し、東西の規準線は一・〇一七丈という端数寸法で区分される、と考えられた。第二次の内裏であるため、山田寺金堂よりも約一世紀下ることになるが、完数の総幅寸法を、均等に分割することによって、結果として端数となる寸法値を制御する、という計画方法が存在した可能性を示す事例である（註10）。

三・四・二　法隆寺講堂の平面計画

仏堂でも同様の計画をみることができる。法隆寺の創建講堂（平安初期）は、発掘調査によって現在ある再建講堂の四隅の礎石をそのまま用いたと指摘されている（註11）。つまり正暦元年（九九〇）の再建講堂は、創建講堂の正側の総間寸法を踏襲している。図37に掲載したように、側面の柱間は〇・五尺の値を伴う完数柱間寸法をもち、造営尺度〇・九八九二尺のもとで正面総間寸法を一〇・〇丈（一〇〇・〇尺）とし、創建講堂では端の間を一〇・〇尺として、残り八〇・〇尺を均等に六間に割っている。この結果、中央の六間はいずれも一三・三三三……尺という端数寸法をもつことになる。

再建講堂は、焼失した創建の講堂の四隅の礎石をそのまま採用したが、創建講堂の柱間構成に変更を加えた。図38に示したように、正面柱間数を八間とし、端の間を一三・〇尺として中央六間、七四・〇尺を等間に分割した。等間の中央は一二・三三三……尺である（註12）。端数柱間寸法が現れることを厭わず、等間隔に分割するという技法は、創建講堂と同様の考え方を踏襲している。

桁行総間寸法を一〇・〇丈とする規模計画は、寸法計画として平易である。また、完尺寸法を等分割することで端数柱間寸法を出現させるという特質は十分に注目されてよい。古代遺構の柱間は確実に完数をとる、と考えられてきたが、確かに端数柱間寸法をもった遺構が存在することがわかる。

三・四・三　薬師寺東塔

奈良時代を代表する三重塔、薬師寺東塔は、各重に裳階を巡らすため複雑なシルエットをもつが、度制の

図37　法隆寺創建講堂の柱間寸法

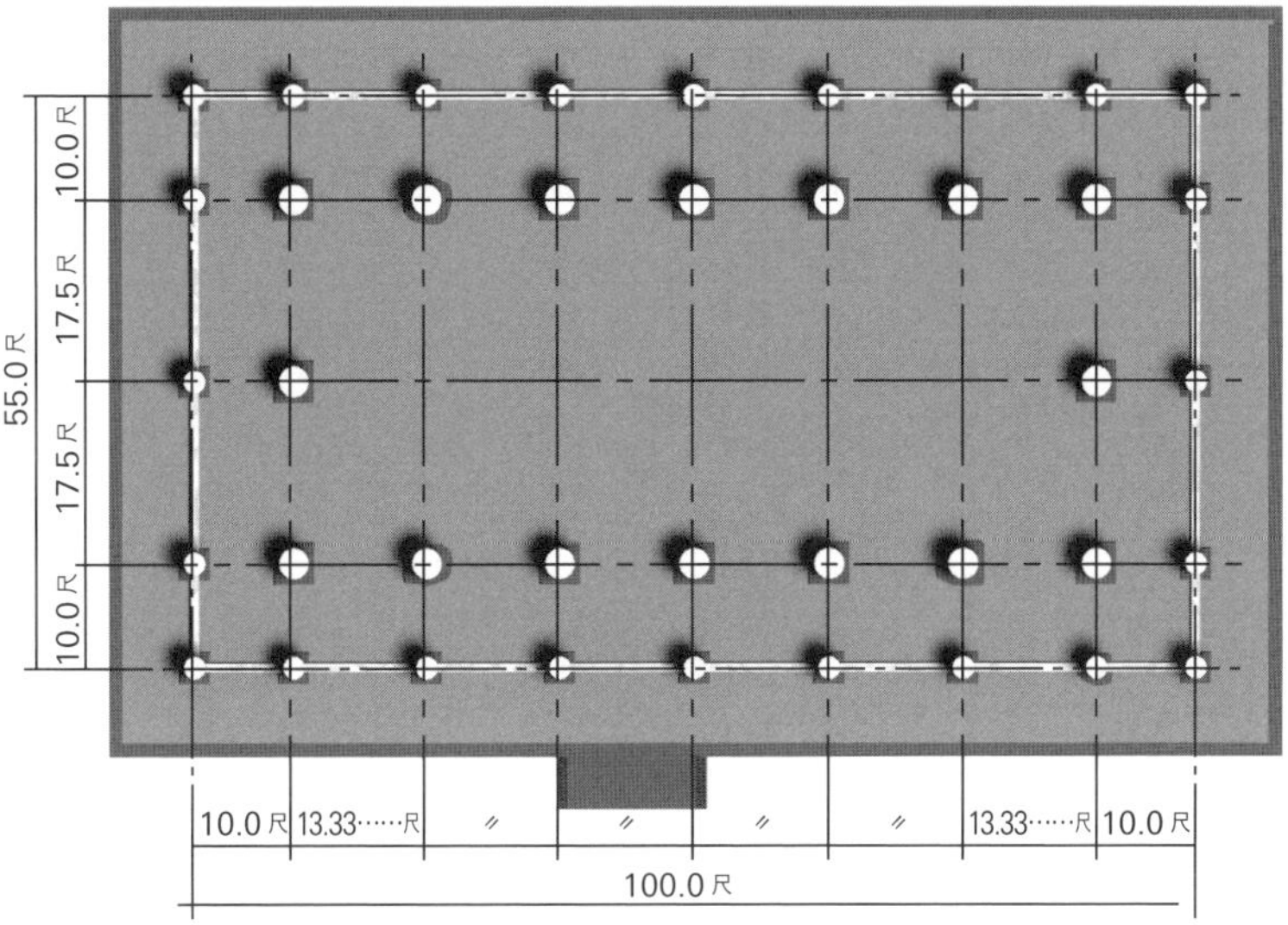

図38　法隆寺講堂の柱間寸法

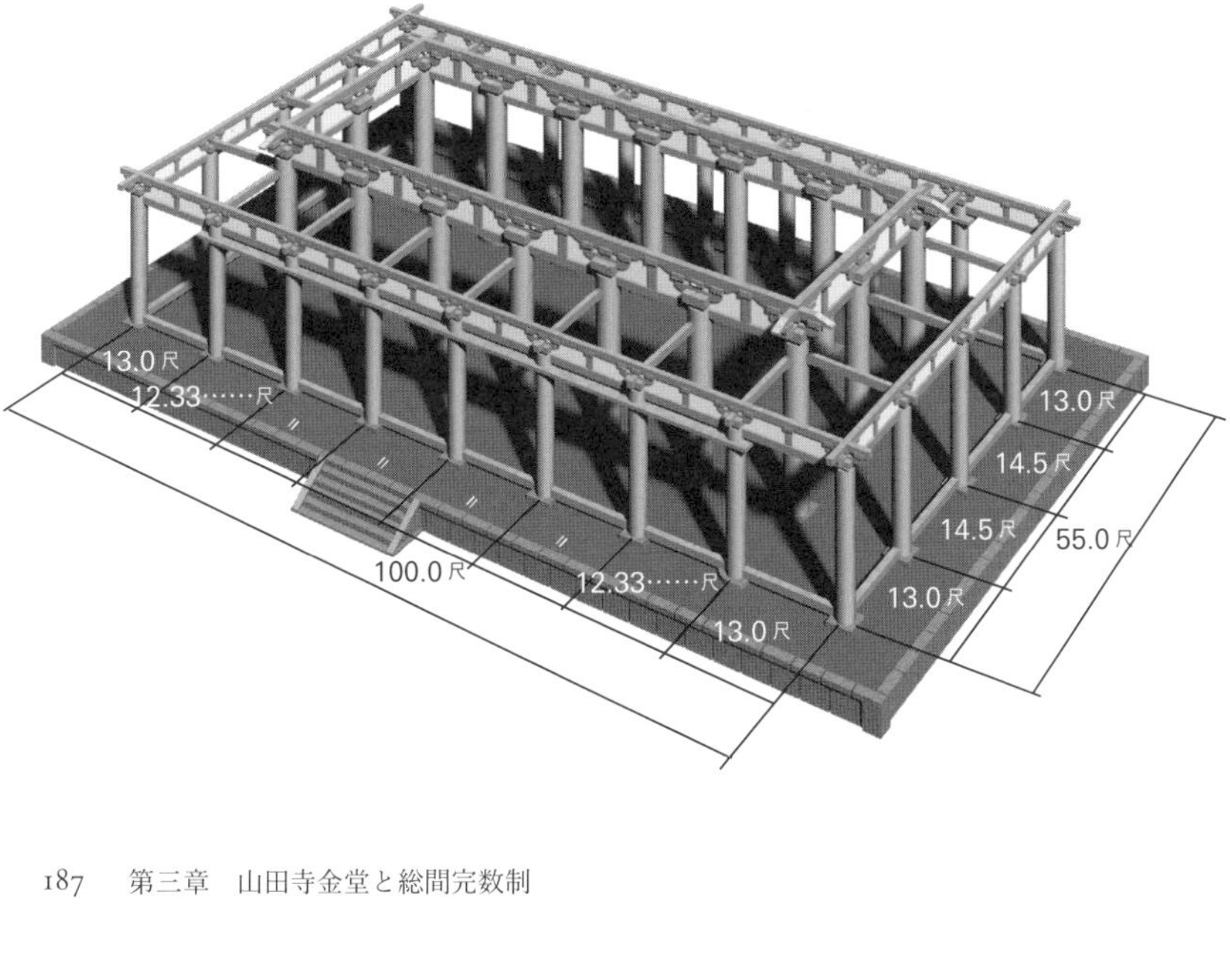

単位寸法に準拠したとき、意外に簡単な規則性をもって計画されている。身舎の初重総間を二四・〇尺（天平尺）二重総間を一七・〇尺、三重総間を一〇・〇尺とし、上重に上るにつれて七・〇尺ずつ縮減するという平易な逓減寸法計画が認められる。初重の柱間三間は八・〇尺等間という構成をもち、三重は二間の柱間構成として五・〇尺ずつとする。注目されるのは二重の柱間寸法計画で、中の間が五・六尺、左右の脇の間が五・七尺という値をとることである。中の間が脇の間と同寸かそれよりも大きいという柱間構成の基本的な制に、わずかに一寸とはいえ抵触している。この原因は、本来ならば一七・〇尺の総間が等間三間に割られて五・六六六……尺となるところを、端数値を嫌って最も近似する寸の単位の完数寸法をとったためだと考えられる。

もし二重の柱間寸法計画に端数寸法が出現し、この制御が困難だと考え、全体計画にフィードバックして二重総間を一八・〇尺などにすれば、二重柱間は六・〇尺等間となって問題が起きない。しかし各重の逓減を七・〇尺のままとすれば、八・〇尺等間、総間二四・〇尺とする初重は二五・〇尺の総間となり、これを三間等間に割ることが必要になる。端数値の出現という同じ問題が、場所を変えて現れることになるから、細部に現れた問題を全体計画の次元に戻して考えようとすれば、問題は解決できずに別の局面で新たな形をとって現れることになりかねない。

等間構成のため、二重総間に端数柱間寸法が出現せざるを得ないことは、以上の検討で明らかである。しかし忠実に端数寸法をとることをせずに近似する完数値をとり、わずかな寸法差とはいえ、中の間が脇の間よりも小さいという異例の構成をとった原因は、裳階《もこし》を巡らすため、等間構成にわずかな偏向が現れても視覚的に問題にならない、という判断が働いたためであろう。

三・五　山田寺金堂の基準尺度

山田寺金堂が唐尺で計画された可能性を考えるとき、検討すべき二つの要件は、第二節で指摘したように、①回廊基準尺度が唐尺計画であった可能性、②古代において端数柱間寸法計画が存在した可能性、という二点であった。回廊では唐尺の可能性が否定できず、また法隆寺講堂、薬師寺東塔を例に検討したように、端数柱間寸法をもつ遺構が確かに存在し、第二次内裏内郭の計画方法にも、よく似た計画方法が確かめられた。約三〇cmを一尺とする唐尺では、金堂正面総間は五・〇丈、側面総間が四・〇丈という完数をとるにもかかわらず、正面柱間（三間等間）が一六・六六六……尺という端数値をもつ。このことが唐尺の可能性が捨てられた原因であるが、完数柱間寸法に固執する基準尺度三三・三三三……cmという特異な尺度を想定しなければならない必然は曖昧である。

したがって山田寺金堂の造営尺度は、唐尺を想定することに問題はないと考えられる。唐尺を基準尺度と考えると、庇の正側各総間ばかりでなく、身舎の正面総間が三・〇丈、同側面が二・〇丈となることが注目される。つまり、庇および身舎の正側総間寸法がいずれも一・〇丈の倍数を用いて計画されていることから、この仏堂の平面計画を支配する単位寸法は唐尺の一・〇丈と考えられる。**図39**のように、山田寺金堂は身舎柱間と庇柱間とが同数のため、身舎の中の間と庇の中の間を同寸とすると、柱間構成が大きな制約を受ける。身舎中の間を大きくとれば、身舎脇の間が極度

図39　山田寺金堂の推定柱間寸法

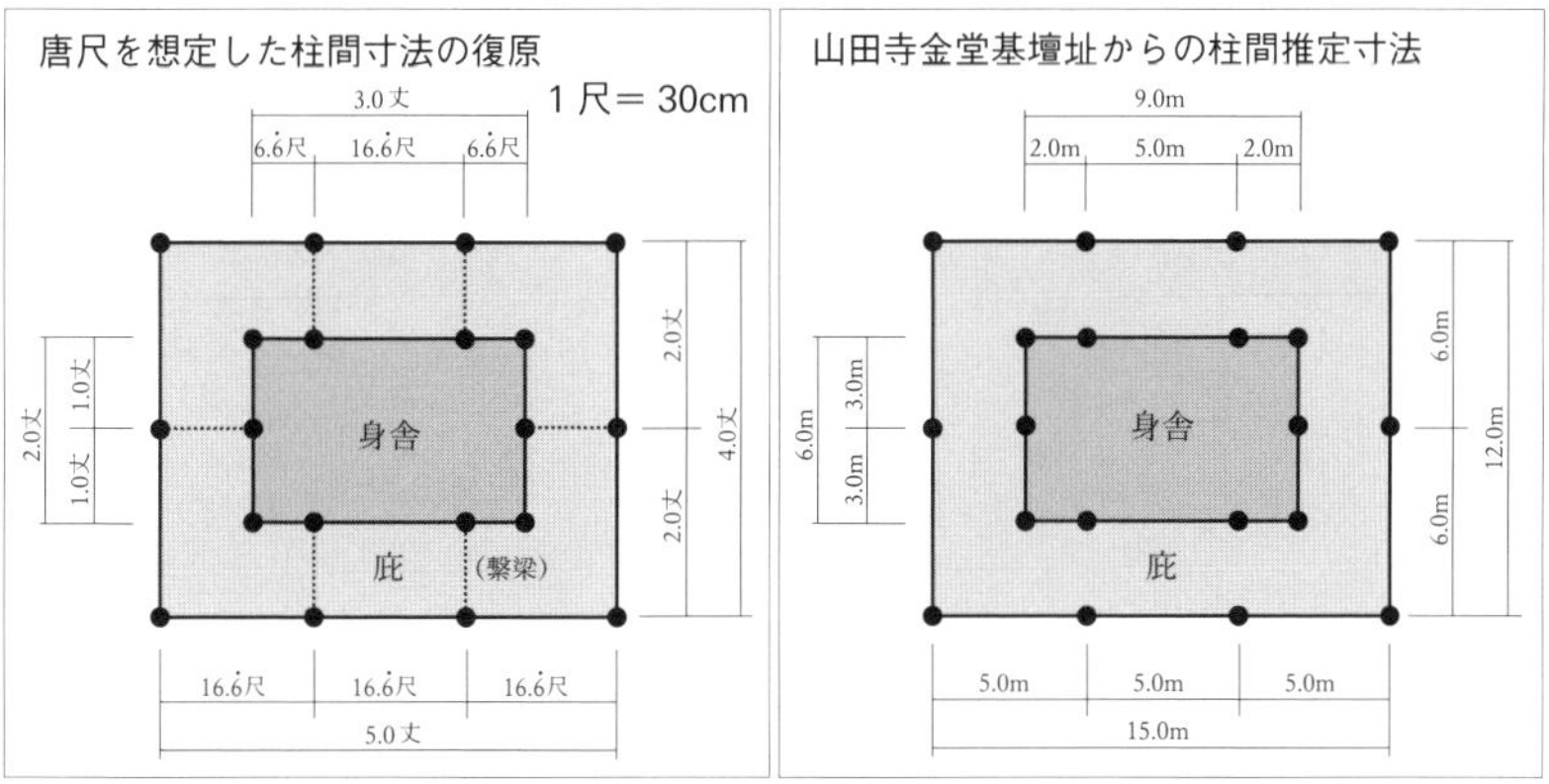

に小さくなることが避けられないためである。しかし両中の間は繫梁などの構造上の制約のため同寸とせざるを得なかったであろう。一方、中の間≧脇の間の制約によって、正面総間は三間の等間構成としたとき中の間が最小値をとることができ、同時に身舎脇の間が最大値をとることができる。現状はこれを選択しているのであり、身舎脇の間はわずか七・〇尺に満たない値であっても、とりうる最大の値をとっているのである。身舎の脇の間を最大にとろうとすれば、端数寸法の柱間が出現しても、選択の余地なく等間構成をとるほかはない。この想定尺度のもとに各部の寸法を示せば、庇の正面各柱間が一六・六六六……尺、同正面総間が五・〇丈、同側面柱間が二・〇丈の等間構成、身舎中の間が一六・六六六……尺、同脇の間が六・六六六……尺、同側面が一・〇丈の等間という構成である。

山田寺金堂の柱間寸法計画は、側面では身舎、庇ともに一・〇丈の倍数の値をとり、一方、正面では身舎、庇ともにすべての柱間で端数値をとる。しかし正面の端数値柱間の出現は、一・〇丈の倍数の値によって全体平面、身舎平面を計画したことの結果であり、さらに庇の間を一・〇丈という、金堂規模に比べて大きな値をとったこと、三間×二間の身舎に、やはり三間×二間の庇を巡らすという特異な平面形式を採用したこと、などの必然的な帰結と考えることができる。正面に端数寸法の柱間が現れたことは、かえってこの遺構が唐尺を基準尺度とし、とくに一・〇丈を第一次的な単位寸法として計画したことを示している。

三・六　むすび——山田寺金堂平面の寸法計画

山田寺金堂の基準尺度は、唐尺によって計画されたと考えられる。山田寺金堂の平面計画の特質は、単位寸法が一・〇尺ではなく、一・〇丈とする点である。つまり身舎の正側総間三・〇丈×二・〇丈、庇の正側総間を五・〇丈×四・〇丈とするのであり、寸法計画としても規模計画としても、きわめて平易なものである。しかし、特異な平面形式が原因となって等間構成が求められ、これが端数柱間寸法を生み出す原因になった。古代の初期では、寸法計画が非常に簡単な操作で行われ、このことがかえって、潜在的に端数柱間寸法を生み出す可能性を孕んでいたことを示している。

このように、基準寸法に度制単位をそのまま採用した計画方法では、近世の「木割法」のように、中の間寸法の設定次第で建築規模が自在に拡大・縮小するような状態、つまり幾何学的な意味でいう相似的な状態は、決して現れることがない。この遺構の平面寸法計画は、後の時代になって現れる「比例的」な特質が認められない点にも注意しておきたい。奈良時代の堂塔では、丈の単位より細やかな単位である一・〇尺の倍数によって各柱間寸法が計画されるようになる。いわゆる「柱間完数制」である。これは単に、大小多様な柱間を用いるという平面形式に原因があるばかりではなく、山田寺金堂に象徴される、大きな基準寸法に則った寸法計画が、意外に端数値を生み出しかねないという経験を踏まえて到達した方法として位置づけることができそうである。

少数の遺構ではあるが、総間に完数を与え、これを等間割するなどの操作が介在し、結果的に端数の柱間をもつ技法を「総間完数制」と名付けたい。この名称は総間寸法が完数であるとともに、個々の柱間寸法に端数が現れることを含意したものである。つまり「総間」に限って「完数」が認められる、という意味である。「総間完数制」は、従来の「柱間完数制」を補強する概念として位置づけることができよう。

註

1　八世紀以後、「身舎」（中央に位置する構造体）が三間×二間であれば、この四周を巡る「庇」（「身舎」に取りつく付属構造体）は五間×四間とする柱間構成が通例になる。つまり「庇」の柱間数は、「身舎」よりも正側ともに一間ずつ多くなる。この増加した一間分が、そのまま「庇」の奥行きである。「間面記法」は、ほぼ固定している「身舎」の梁行（奥行）の柱間数を無視し、「身舎」正面の柱間数である「間」と「庇」が身舎の正側四つの面のうち、いくつの「面」に付属するかを示すことで建築の形式を表す方法であるから、「身舎」の正面柱間が三間、「身舎」の四面に「庇」が取りついた仏堂なら「三間四面堂」という表現になる。山田寺金堂は、「庇」の柱間数が正面三間、側面二間であるため、外観から予想する「身舎」の柱間数は、八世紀以後の常識から見れば、正面一間に見えたであろう。このため「一間四面」と記録されることになったと考えられた。もともと山田寺金堂の形式は、「間面記法」で表現するには無理のある形式である。

2 川越俊一・工藤圭章「山田寺金堂跡の調査」仏教芸術一二二号　仏教芸術学会　一九七九・二
基準尺度に対する検討は、①川原寺、大官大寺、藤原宮などと共通の一尺＝三〇㎝の場合、②同三三・三三……㎝の場合、そして③三九・九六……㎝の場合、の三ケースで行っている。②では三尺の倍数の柱間、③では二・五尺の倍数の柱間が想定できるとするが、基壇出寸法などから②を妥当とする。

高麗尺が想定される三六㎝近傍の値は、検討の対象から外されている。

3 佐藤興治・村上訊一『飛鳥の寺々』坪井清足編「発掘―奈良　国文学解釈と観賞」所収　至文堂　一九八四・四
「……それぞれの建物が建てられた基準尺を考えてみると金堂と回廊は高麗尺、講堂と塔は唐尺と考えてよく、金堂・回廊が早く建築に着手されたことがわかる。」としている。しかし前掲註2でまとめたように、基準尺度の分析の過程では、高麗尺の可能性は一切想定されていない。金堂・塔に高麗尺が使われたという議論は、確かな根拠が見あたらない。しかし問題は、ひとつの伽藍を構成する四棟の建物を二つずつのグループに分け、それぞれ異質な造営尺度を想定していることである。多少の時間差が予想されるものの、単一の伽藍が、簡単な換算関係をもつとはいえ二種類の尺度によって設計された可能性は、よほどの根拠がないかぎり想定し難い。

4 細見啓三「山田寺回廊」建築史学　第一号所収　一九八三・四

5 『山田寺展』奈良国立文化財研究所・飛鳥資料館　一九八一

6 『奈良国立文化財研究所年報1984』奈良国立文化財研究所　一九八四

7 『奈良国立文化財研究所年報1985』奈良国立文化財研究所　一九八五

8 宮沢智士「平城宮の地割について（二）内裏内郭の地割」大和文化研究一一二所収　一九六七

9 宮本長二郎『平城京』草思社　一九八六

10 『平城京発掘調査報告XIII』奈良国立文化財研究所　一九九一
この報告書に掲載された第二次内裏内郭平面の最近の分析結果は、細部の実測寸法資料を手がかりに、別な技法が存在した可能性も指摘している。しかし新たに提案された技法は、その場その場で実測値の適合だけを手がかりに想定されたもので、設計方法の復原研究として全体を通底する、一貫した計画のイメージに欠けている。その分、主張の根拠は薄弱であり、分析の方法に問題を残している。

11 浅野清『昭和修理を通して見た法隆寺建築の研究』中央公論美術出版　一九八三

12 大岡實『南都七大寺の研究』中央公論美術出版　一九六六
法隆寺講堂の正面総間寸法は、「資財帳」記載の「食堂」と解した場合、正面総間「十丈二尺」であると指摘している。また大岡は、正面総間寸法を一〇丈一尺と判断したが、浅野清博士による解体、発掘調査の寸法資料（註11掲載文献）から見て、正面総間を一〇丈ちょうどと見るべきである。創建講堂と再建講堂は総間寸法に相違がなく、創建講堂では端間を一丈として残り八丈を六間等間に分割した。このため中央六間は各一三・三三三……尺である。再建講堂では端間を一丈三尺に拡大したため、中央六間の全幅が七丈四尺となったが、これを創建講堂と同様に六間に等分割したため、各柱間寸法は一二・三三三……尺に変化した。

註記・本章のもととなった論考は、「山田寺金堂と法隆寺中門の柱間寸法計画について　古代建築の柱間寸法計画と垂木割計画（一）」（日本建築学会計画系論文集五一六号　一九九八・一〇）である。また、この論考は「山田寺金堂の基準尺度について」（史標一号　一九九〇）において行った分析に基づいている。この論考を執筆した時点では、著者の知るかぎり、山田寺金堂の造営尺度は唐尺とは考えられていなかった。しかし近年出版された、奈良文化財研究所『大和山田寺跡』（吉川弘文館　二〇〇二）では、造営尺度を唐尺とみなしている。この報告書では、金堂の柱間寸法について「柱間は一尺を三〇・二四cmとして、身舎桁行中央間一六尺、同端間六・五尺、梁行九・五尺等間、庇桁行一六尺等間、梁行一九尺等間」と解釈している。したがって桁行総間は四八・〇尺という解釈で、これが結論のようである。この前提には、実測値からの推定柱間寸法が、当初発表されたよりもかなり短く捉えられていること（桁行総間、梁行総間とも、約五〇cmほど短い値を想定している）と、回廊から予想された三〇・二四cmを、金堂の造営尺度にも当てはめたためであるらしい。ところが回廊の分析の項では、同じ造営尺度（三〇・二四cm）を想定しながらも、金堂桁行全幅を五一・〇尺と判断している。これはおそらく、一七・〇尺等間の三間の構成を予想したもので、実測値をもっと大きな値として想定した結果であるらしい。いずれの議論も造営尺度を三〇・二四cmとするから、桁行総間寸法を四丈八尺とみるか五丈一尺とみるかで、実測値にして九〇cm以上の差がある。

山田寺金堂の基壇址は、二つの礎石のほかは礎石の抜き取り穴が残されるにすぎない。このような状況の発掘資料から柱間寸法を推定するのであるから、実測値から予想できる柱間寸法の範囲は非常に大きい。正面の柱間構成を三間等間構成とみる点は問題ないとしても、柱間を一七・〇尺とみるか一六・〇尺とみるかの判断を容易に下しきれないところが、発掘資料の扱いの難しさを示している。

このように、報告書においても複数の議論が併存しているから、金堂柱間寸法に関する上記の結論の妥当性は簡単に判断できない。また、金堂の柱間寸法に対する新しい見解は、従来のように、柱間完数制に基づいて寸法計画を予想して構わないのか、あらたに総間完数制を想定すべきかという重要な問題を含んでおり、山田寺金堂の解釈に留まらず、古代遺構の柱間寸法計画全般に関わる問題である。このため本章の結論は、執筆後時間が経っているが、あらためて修正する必要はないと判断している。

第二部　まとめ

第二部で採り上げた問題は、第一に中世前期の垂木割計画の様相、第二に、同様の技法が古代寺院建築の垂木割計画に起源をもっていたこと、そして第三に、古代遺構といえども、すべてが完数柱間計画をもっていたわけではなく、端数柱間を生み出す「総間完数制」という技法が存在したことである。

中世前期の五間堂以上の規模をもつ仏堂では、垂木割は一〇尺を基準寸法とする共通した技法をもっている。中世初頭に一〇尺に一五枝を配置した垂木割は、中世の中頃までに二二枝まで増加する。この傾向は、ほぼ同時に、次第に進行していった仏堂の規模が縮小する傾向に合わせたもので、垂木の密度を保とうとするためであった。古代における垂木割計画も、一〇・〇尺を基準寸法として、これに垂木一〇枝を配する例に始まり、一一枝、一二枝、一三枝、一四枝、一五枝とする例が認められた。建築規模に見合った垂木の密度の計画は、このようにして選択的になされたと考えられる。

しかし古代では、柱間完数制に従う古代遺構の柱間寸法の支配下で、垂木の歩みは近似的に実現されるにとどまる。これは当該の柱間寸法に合わせて調整されるものであったため、一枝寸法は、柱間ごとにわずかな相違をもつことになったためである。しかし、従来指摘されてきたほど、この相違は目につくものではない。ここでは、一〇・〇尺を基準寸法とする垂木割計画が潜在していたことに注目しておきたい。また、古代塔の例として採り上げた醍醐寺五重塔では、丸桁間寸法を基準としてこの全幅に垂木を一律に配する垂木割計画がみられ、比較的忠実に実現された基準一枝寸法（一〇・〇尺を基準として獲得する垂木割計画）が認められた。このような技法が存在したことにも注目しておきたい。

一方、総間完数制は、法隆寺講堂にも認められたため、同様に注目すべき技法と考えられる。総間完数制は、個々の柱間寸法が必ず完数をとる、と考えられてきた前提を、もう少し幅をもって捉えようとするアイデアである。計画の手順と柱間寸法に必然性を認めることができれば、古代遺構においても端数寸法の柱間を想定できる点が重要である。

そして、最も重要なことと思われるが、規模計画ないし全体枠を決定する計画が確かに存在した、と捉えなければならないことである。

これらの手がかりをもって、法隆寺建築の分析へと進むことにしたい。

第三部　法隆寺建築の設計技術

第一部、第二部を通じて、遺構を対象とした寸法計画技法の分析研究の様相と内在するさまざまな問題について述べてきた。従来説は、まず柱間寸法計画に注目し、これを対象として分析を繰り返した。柱間の大小を制御する構成法は、寸法計画技法の解明にとって最重要課題であったためである。したがって本書も柱間寸法計画の解明を第一義の目標としたい。しかし、柱間構成法を検討していく過程で、造営尺度の特定という問題や、全体計画の様相や手順の解明という問題を通過しないわけにはいかない。これらについても可能なかぎり考えていきたい。

第一部では研究史を俯瞰しつつ、柱間が構成する特定の比や整数比に、計画上、想定すべき必然が認められないこと、初期から注目された柱間完数制が、現在においても重要な手がかりになることを確認した。また、法隆寺建築については、高麗尺を造営尺度とした判断は、いぜんとして検討の余地が残されていること、また、金堂上重や塔の柱間構成について、柱間完数制だけを手がかりとする分析には限界があり、これら柱間寸法計画の解明のために垂木割が注目されてきたこと、しかし垂木割計画そのものの出自は不明瞭であったこと、伽藍計画も特定の比に注目した議論が繰り返されたが、柱間計画法と同様に、比例による説明は往時の設計技術の解明にはならないこと、などを確認した。

また、議論を明確にするために、柱間完数制の概念を明確にしておく作業を行い、規模計画、あるいは全体計画が潜在する可能性が高いことと、設計技術の解明にとってこの計画技法がきわめて重要なものであることを指摘した。

第二部では、第一部において検討を繰り返した先行研究の様相のなかから、設計技術の分析研究にとって注意しなければならない問題を整理し、これに基づいて中世および古代遺構の検討を試みた。

いったん、中世前期に下り、当時の柱間寸法計画の基幹をなす「枝割制」を対象に、近世木割法とは異なる当時の垂木割計画の技法を示した。また、この技法を手がかりに古代へ遡行し、古代柱間完数制が支配する時代の垂木割計画がどのようなものであったか、また柱間寸法計画とどのように関わったのかを整理した。さらに、古代初期に、柱間完数制以外にも総間完数制という柱間構成法が存在し、古代遺構においても端数柱間寸法が現れる可能性を示し、その技法内容を解明した。

これらの作業は、第三部の議論を進めるに当たって、いずれも必要不可欠な検討と確認、整理の過程であったと考えている。これらの作業の成果を手がかりに、法隆寺建築の分析を進めることとしたい。

第一章　金堂

法隆寺金堂の柱間寸法計画は、建築史学の揺籃期から注目され、最も重要なテーマのひとつとして注目されてきた。遺構の実測調査と数値分析を通じた設計技術の研究史のなかで、法隆寺金堂を巡る研究史は、分析研究にとって重要かつ有用な多くの概念を生み出したといってよい。そして尺度論では、法隆寺建築の造営尺度を高麗尺とみなす論者が多数を占めている。しかし、幾多の議論が繰り返されたにもかかわらず、法隆寺建築の寸法計画の難解さは群を抜いており、いぜんとして解決をみていない。あらためて金堂の分析を試みる由縁である。

一・一　分析のための諸前提

金堂に関する柱間寸法計画の分析研究は、第一部にて採り上げたように、関野貞博士による高麗尺（東魏尺・大尺、およそ三六cm、註1）の提唱を嚆矢とし、その後、高麗尺と同等程度に唐尺（小尺、およそ三〇cm、註2）の想定も可能であるとした村田治郎博士の所論が現れた。金堂の解体修理工事以後、竹島卓一博士は、柱間寸法分析に際して垂木割に注目し、部分的に半枝を認めるが、「コマ尺」（大尺）七寸五分ないし「カラ尺」（小尺）九寸の垂木割が計画上の寸法単位となって柱間寸法が決定されたとする（註3）。また、「コマ尺」による垂木割計画を認め、部材寸法にも高麗尺の可能性を指摘した浅野清博士（註4）、部材の積み上げ高さなどを〇・七五高麗尺を手がかりに考察した堀内仁之博士の説（註5）、さらに、古代遺構に単位長の計画を想定し、単位長の二倍をもって柱径とする寸法計画を主張した石井邦信博士の議論は、計画全体を支配する単位長が存在したとし、法隆寺金堂の単位長として前二者と同様の実長を認めるとともに高麗尺を想定する（註6）。また、岡田英男博士は、先行する議論と伽藍の寸法分析に基づいて金堂の造営尺度を「大尺」（高麗尺）とみなし（註7）、宮本長二郎博士もまた法隆寺金堂、塔、中門の造営尺度を「大尺」と判断している（註8）。このように、唐尺の可能性が指摘されたにもかかわらず、高麗尺が正当であるかのような議論ばかりが繰り返されている。

関野の論述を整理すれば、「完数制」を手がかりとして組み立てられた高麗尺説の論拠は、金堂初重の柱間寸法が高麗尺で九・〇尺と六・〇尺と考えられたこと、中門の正側の中央間が、いずれも一〇・〇尺（しかし実測値は正側で〇・一尺を超える相違がある）、端の間が七・〇尺と考えられたこと、五重塔の初重総間が一八・〇尺、五重総間が九・〇尺と考えられたことである。一方、塔については、唐尺で初重総間二二・〇尺、五重総間一一・〇尺とする村田説も十分に可能性を残しているから、五重塔は高麗尺説の論拠にはならない。中門下重正面総間は、高麗尺で平易な値をとらず、村田説の唐尺四〇・〇尺とする指摘が最も明快である。金堂二重の各柱間寸法、塔の二重～四重の総間寸法、各重各柱間寸法、中門上重の各柱間寸法は、いずれの尺度も平易な値を示していない。さらに、竹島が指摘した垂木割への注目は、柱間の単位寸法の実長を取り出すことに成功しているが、この長さを高麗尺の〇・七五尺と解するか唐尺の〇・九尺と解するかは、ほぼ同等の可能性が考えられて造営尺度を特定する決定打にはならない。関野以来の「完数制」に従えば、唐尺とみなす方が幾分妥当であるとすら思われる。回廊についても同様で、二つの造営尺度それぞれに説明が可能であり、とりたてて一方が有利となる状況は認められない。

あらためて研究史を俯瞰すれば、高麗尺を用いたと断定できる明確な根拠は存在しないことがわかる。とはいえほぼ同等に、唐尺と断定できる根拠もない。高麗尺と唐尺とが相互に簡単な換算関係をもつため、ほぼ同等に想定が可能である点は、誰しも認めてきたことである。それにもかかわらず研究史は、やや一方的に高麗尺使用説を結論としてきたようである。このような研究状況を打開するためには、尺度論的なアプローチはひとまず置いて、設計技術の内容を捉えることから始めなければならないであろう。

あらためて法隆寺建築の設計技術を検討しようとするとき、最も注目される指摘は竹島の垂木割計画への注目である。とはいえ竹島の論述は、古代建築における垂木割計画の一般的技法をよく承知したうえで立論されたものではない。まず、古代の垂木割計画がどのようなものであったかを確認することから始めなければならない。古代の垂木割計画について注目すべきものは、すでに触れたように、薬師寺東塔の初重裳階（天平二年・七三〇）、室生寺金堂（平安初期）、法隆寺絵殿・舎利殿（八九五年修理後）、醍醐寺五重塔（天暦五年・九五一）、平等院鳳凰堂身舎（天喜元年・一〇五三）、鶴林寺常行堂（平安末期）などに同一の垂木割計画が認められることである（第二部）。この垂木割計画は、一〇尺に一一枝を配して得られる一枝寸法〇・九〇九……尺である。

古代遺構は柱間寸法を完数とする計画を優先し、柱間ごとに配置される垂木割はそれぞれの柱間寸法に従属するから、垂木割に端数となる計画寸法がそのまま現れることは稀で、通例はわずかな変化を伴う。しかし垂木割はよく近似する値を実現している。したがって竹島が指摘した高麗尺で〇・七五尺（唐尺で〇・九尺）とした垂木割は、唐尺で〇・九〇九……尺であった可能性が予想される。〇・九尺と〇・九〇九……尺の相違は前提となる議論が異なるにもかかわらず、分析の場面では、造営尺度の想定次第でどちらとも解釈できる余地を残すもののようにみえる。しかし後者の想定は、一〇尺を等分する技法から派生したものとみること、完数化という二次的な寸法値整理の段階を想定すること、この二点のために、分析の過程であっても大きな相違が現れ、識別が可能である。

第一部、第二部の検討を経て明らかになったことは、①総間や複数の柱間の全幅に簡単な完数値を与える寸法計画が存在し、これを等分するなど、状況によって端数柱間寸法を生み出すこと、②古代の垂木割計画は、中世前期まで続く技法一〇尺を基準とする寸法計画を想定できること、③垂木割計画が柱間の大きさを決定する際に、重要な役割を果たした可能性があること、である。

これらの点を手がかりに、金堂の分析を試みよう。

一・二　分析

金堂各部の数値資料は、修理工事報告書の記載資料による。しかし同一の部材であっても実測値の乱れが大きい。このため、修理工事報告書が行った資料整理の判断に多くを負っている。これらの前提に立って、分析を進めよう。

一・二・一　丸桁間寸法への注目

修理工事報告書が整理する金堂初重の総間寸法は、現尺で正面四六・二八尺、側面二二・二五尺である(註9)。この値から「総間完数制」を手がかりに、寸法計画の分析を進めることは難しい。しかし先に指摘したように、平易な丈の単位の寸法計画は、規模計画の性格を合わせ持つとも考えられるから、いずれかの部位が同様の寸法値を体現している可能性も予想される。試みに、丸桁《がぎょう》間寸法(丸桁真々寸法)に注目してみよう。

組物の出の寸法(側柱真〜丸桁真、斗栱《ときょう》間寸法)の実測値は六・一五五尺、したがって正面の丸桁間寸法は五八・五九尺と算出される。この値は造営尺度を〇・九七六五尺と想定したとき、六〇・〇尺に相当する。同様に側面の丸桁間寸法は尺で四七・九一尺、造営尺度で四九・〇六三尺となる。この値は五〇・〇尺に近似する値であるから、丸桁間寸法にて、正面六・〇丈、側面五・〇丈という規模計画が潜在したであろうことが予想される。ただ、山田寺金堂の分析の過程で予想した総間の寸法ではなく丸桁間の寸法に現れている。このため、いったん検討を加えておく必要がある。

古代遺構は希少で比較の対象が限られるが、丸桁間を規模計画の対象とする、と予想される例がないわけではない。唐招提寺金堂の当初組物では、側柱真〜丸桁真の寸法が五・五〇尺と判断された(註10)。この値を正側総間寸法に合算すると、正面丸桁間一〇五・〇尺、側面丸桁間六〇・〇尺(いずれも唐尺を想定した造営尺度)という値になる。尺で五・五尺と復原された組物の出の寸法を天平尺で五・五尺とみるにはわずかに長いが、側面丸桁間寸法が六・〇丈であるとしたとき、正面の柱間にはなかった五寸を伴う柱間寸法(一三・五尺間)が側面中央に現れ、その中央柱真に垂木が載る収まりを生み出した必然性を理解することができる。丸桁間寸法と斗栱間寸法が原因となって、側面総間寸法が四九・〇尺という奇数尺になったためである。正面丸桁間寸法が平易な値ではなく、五尺が付属する点が気になるが、法隆寺講堂では正面総間寸法を一〇・〇丈とし、側面総間寸法を五・五丈としている。この遺構は三斗を用いるから総間寸法と丸桁間寸法が同じ値である。この種の寸法計画を規模計画とみれば、規模計画に五尺を伴う寸法値を用いた例が、確かに存在することがわかる。

以上の検討は十分とは言い難いが、金堂丸桁間寸法は「総間完数制」における総間寸法とよく似た性格、つまり、寸法計画における第一次的な決定項であることが予想されるため、丸桁間寸法で正面六〇・〇尺、側面五〇・〇尺とする基本計画が存在した、とする可能性を考慮して分析を進めることとしたい。先に述べたように、側面が五〇・〇尺ちょうどでなく端数とも みえる原因については、分析の過程で述べる。

一・二・二　下重各部の寸法計画

唐尺でおよそ〇・九尺と考えられた垂木歩みは、一丈／一一枝（〇・九〇九一尺）とする垂木割計画であった可能性が予想された。このとき正面丸桁間寸法六〇・〇尺は、垂木割では六六枝分ちょうどに相当する。正面の丸桁間寸法が六・〇丈（唐尺）と予想された段階では、これを高麗尺で五・〇丈という長さが用いられた可能性も残るが、一丈／一一枝とする垂木割計画を想定すれば、自ずから唐尺の使用を前提とすることになる。この垂木割計画を手がかりに、組物の出や各柱間などの遺構各部の垂木割に沿って六六枝を区分し、垂木割に従った各部の計画寸法を算出してみよう。

中央の三間の柱間は、各一二枝とするから、一〇・九〇九尺、端の間は八枝とするから七・二七三尺、組物の出の寸法（側柱真～丸桁真）は七枝、従って六・三六四尺である。各数値は、一枝寸法に垂木枝数を掛け合わせた値であり、造営尺度に従った値である。これと比較するため、修理工事報告書記載の各部寸法値を造営尺度によって換算した値をみると、それぞれ中央間一〇・九三七尺（実測値一〇・六八尺）、端間七・二九五尺（七・一二尺）、組物の出の寸法（柱真～丸桁真）は六・三〇三尺（六・一五五尺）である。数値はよく近似しているが、斗栱間の相違が大きい。組物の出の寸法値は循環小数となるところ、寸の単位で丸めた値、六・三〇尺をとったと判断される。とすれば、端の間の値も同様に七・三〇尺の完数をとったと捉えられる。このように想定すれば、中央間は、丸桁間六〇・〇尺から斗栱間と端の間を取り去った残り三二・八尺の長さを三間に等分割した、と捉えるのは必然的なこととなる。この値は一〇・九三三……尺となって端数値となるが、山田寺金堂や法隆寺講堂の柱間寸法計画と同様の技法、「総間完数制」の技法である。

側面は、丸桁間寸法を五〇・〇尺とし、垂木五五枝を配した基本計画から出発したことが予想されるが、枝割制様の寸法計画を想定すれば、中央二間は一二・五枝の柱間が二間併置されるはずで、垂木割計画に準じた柱間寸法は一一・三六四尺となる。しかし側面の丸桁間寸法は、正面で完数値に整理した組物の出の寸法と、同様に完数値をとった正面の端間と同じ値を用いることになって、忠実な垂木割から離れることになる。五〇・〇尺から斗栱間寸法と端の間寸法を差し引いた値が中央間の寸法になるが、この値は一一・四尺である。この柱間寸法は、正面中央間と同一ではないが、わずかに五寸の相違をもつにすぎない。このため柱間寸法を統一することがめざされたのであろう。側面の中央に、正面の中央間の寸法をそのまま写すと、側面の丸桁間は約一枝分短くなる。側面丸桁間寸法が五〇・〇尺に満たない値をとった原因は、以上の計画手順の結果であったと判断することができる。

したがって側面の丸桁間寸法は、五〇・〇尺から一枝を差し引いた値ではなく、正面丸桁間の長さである六〇・〇尺から、正面中央間一間分を差し引いた値、四九・〇六六……尺（六・三尺＋七・三尺＋一〇・九三三……尺）×二という値に変化することになった、と考えられる。

これを垂木枝数で表せば、斗栱間七枝、端の間八枝、中央間一二枝であるから、丸桁間全体は五四枝となり、五五枝であった状態から一枝少なくなっている。ただ、丸桁間寸法は、今述べたような経緯で現れた値と考えられるから、〇・九〇九……尺の五四枝分（四九・〇九〇九……尺）という値とは、わずかに相違する値である。

各部の寸法を**表4**に整理する。造営尺度〇・九七六五尺による実測値の換算値と推定された計画寸法を比較すれば、数値としてよく適合していることがわかる。実際の遺構各部の仕事斑《むら》からみれば、予想外によく適合しているが、これは修理工事報告書に記された各部寸法の整理の成果が適切であったことを物語っているのであろう。なお、垂木割による理論上の値の欄

表4　金堂・下重の各部寸法

単位：尺

		修理工事報告書実測値	換算値（0.9765換算）	垂木枝数	1丈／11枝による理論値	推定計画寸法	寸法調整の内容
正面	中・脇間	10.68	10.937	12	10.9091	10.9333	丸桁の出寸法の完数化，端間完数化，総間完数化に伴い32.8尺を3等分する。
	端間	7.12	7.295	8	7.2727	7.3	完数化。組物の完数化に伴い，隅の丸桁支持点間の値も13.6尺に完数化される。
	総間	46.28	47.394	52	47.2727	47.4	丸桁の出寸法の完数化に伴って完数化。垂木割の計画よりわずかに拡大。
	組物出	6.155	6.303	7	6.3636	6.3	枝割7枝分に相当する寸法値の完数化。同一寸法を上重でも繰り返す。
	丸桁間	58.59	60.0	66	60.0	60.0	規模計画の第1次的決定事項。
側面	中央間	10.68	10.937	12	10.9091	10.9333	正面と同一寸法。正面中央の柱間寸法を写す。
	端間	7.12	7.295	8	7.2727	7.3	完数化。正面端間と同一寸法。
	総間	35.60	36.457	40	36.3636	36.4667	正面中央間を写したため，総間が端数値となる。
	組物出	6.155	6.303	7	6.3636	6.3	完数化。正面と同。
	丸桁間	47.91	49.063	54	49.0909	49.0667	中央間で正面中央間を写し，丸桁間5丈とする第1次決定値から変化する。

は、数値の対照のため、側面丸桁間寸法を五・〇丈＝五五枝とせず、五四枝とした値を掲載した。一方、**図40**は、丸桁間寸法を正面六・〇丈、側面五・〇丈とし、各部の寸法を一〇尺／一一枝（〇・九〇九……尺）とする垂木割計画に準拠した場合を掲載した。側面中央間は、いったん一二・五枝の柱間として計画した状況を想定したものである。この状態を基本計画と考えてよいであろう。

　この基本計画から、端数となる斗栱間の寸法と端間の寸法に、それぞれ近似する完数をとり、これを丸桁間寸法から差し引くことで正面中央の柱間三間分の寸法を獲得して等分する。そしてこれら各部の寸法を側面に充てることで、**図41**に掲載した最終的な寸法計画に到達した手順を予想することができる。

一・二・三　上重各部の寸法計画

　上重の丸桁間寸法は平易な値をもっていない。しかし、正面丸桁間寸法は実測資料で四五・二四尺、想定した造営尺度〇・九七六五尺で換算して四六・三二九尺という値である。これは推定した垂木割計画の五一

図40　垂木割計画から推定された基本計画

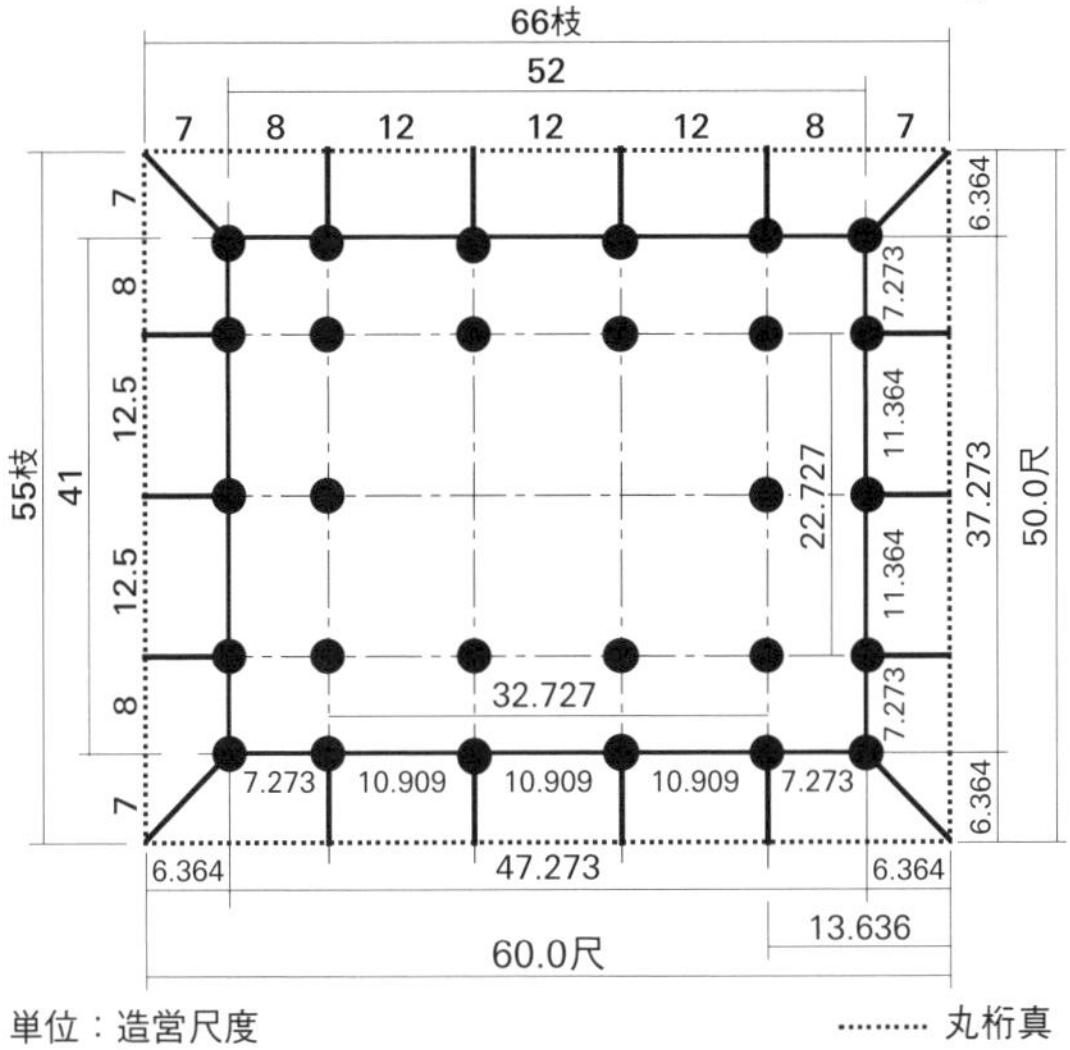

図41　各部の寸法調整を経て到達した下重の最終計画

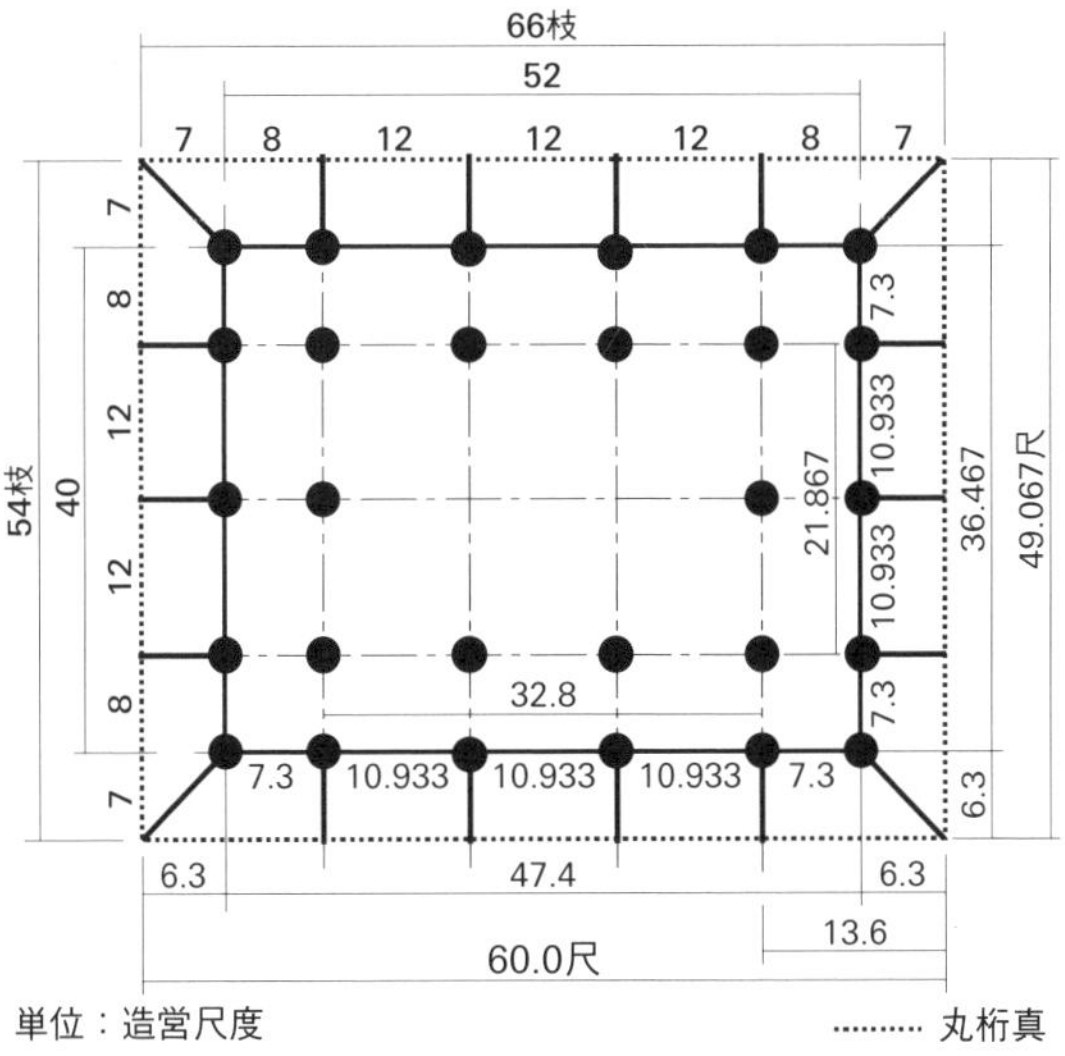

枝分、四六・三六四尺とみることができるから、上重は下重から一五枝の逓減をもって計画されたと考えられる。しかし、この値を一〇尺／一一枝の垂木割の五一枝分ちょうどと判断することは、金堂に中世の枝割制を認めることと同じことになってしまう。したがって、この値が垂木割から直接、自律的に決定されたと考えることは困難である。実測数値は垂木割によく適合しているが、これを完数とみることが妥当な判断だと思われる。しかしおそらく、垂木割を計測したのちにその近似する完数の値をとった、という過程を踏んだのではなく、下重の組物の出の寸法と端の間寸法の合計が、一五枝分を完数に置き換えた値一三・六〇尺であるから、これを下重丸桁間寸法六〇・〇尺から除いた値を写した、と考えることが妥当であるように思われる。以上の検討から、上重の正面丸桁間寸法を四六・四〇尺と判断する。

上重の正面総間の各部寸法を、想定した垂木割の理論上の値で算出すると、端間七枝、六・三六四尺、中央間一一枝半、一〇・四五五尺、組物の出の寸法は下重と同様である。実測資料の造営尺度の換算値は、それぞれ端の間六・三八尺、中央間一〇・四八一尺である。端の間の値は組物の出の枝数七枝と同じだが、組物の出の寸法六・三尺と比べてやや長い値である。これは中央間の寸法を近似する完数一〇・五〇尺とし、組物の出の寸法六・三〇尺とともに丸桁間寸法から差し引いたためで、六・四〇尺という値は結果的に現れた値であると判断される。

側面の丸桁間寸法は、実測値で三四・五六尺、造営尺度に換算して三五・三九二尺である。この値は垂木割で三九枝分に相当し、理論上の値は三五・四五五尺と算出される。しかし丸桁間寸法は、単に垂木割に準拠したものではなく、側面の各部寸法構成の影響下にあると考えられる。中央間一一枝は一〇・〇尺ちょうどであるからこれをそのままとして、ここに近似する完数をとった組物の出の寸法六・三尺と、正面で現れた端の間六・四尺を合算して得た値、三五・四〇尺を側面の丸桁間寸法に充てたと考えられる。このため垂木割の理論上の値からわずかに短くなった。この値に従って、側面の総間寸法は二一・八〇尺と算出される。この値は、造営尺度で換算した実測資料によく適合している。

上重の正側総間の寸法差は、正面の中央間二間の

表5　金堂・上重の各部寸法

単位：尺

		修理工事報告書 実測値	換算値 (0.9765換算)	垂木 枝数	1丈／11枝 による理論値	推定 計画寸法	寸法調整の内容
正面	中央間	10.235	10.481	11.5	10.455	10.5	完数化。2間23枝分（20.909尺）を21尺とし2等分する？
	端間	6.23	6.380	7	6.364	6.4	丸桁間寸法（完数）の中から，完数値の組物の出寸法と中央間寸法を差し引いた値。
	総間	32.93	33.722	37	33.636	33.8	丸桁間寸法全幅から，完数である組物の出の寸法を差し引いた値。
	組物出	6.155	6.303	7	6.364	6.3	枝割7枝分の完数化。下重と同一寸法。
	丸桁間	45.24	46.329	51	46.364	46.4	下重正面丸桁間から完数化された15枝分（組物と端間の合計13.6尺）を除く。
側面	中央間	9.79	10.026	11	10.0	10.0	基本計画の垂木割11枝に合わせ10尺柱間を用いる。
	端間	6.23	6.380	7	6.364	6.4	正面端間を写す。
	総間	22.25	22.785	25	22.727	22.8	正面で決定された端間と中央10尺間の合計として総間寸法が決定される。
	組物出	6.155	6.303	7	6.364	6.3	完数化。正面と同。
	丸桁間	34.56	35.392	39	35.455	35.4	総間と組物の出寸法の合計で決定されるため，枝割の値からわずかに縮小する。

合計二一・〇尺から、側面の中央間一〇・〇尺を差し引いた一一・〇尺である。しかし、下重の正側寸法差は、すでに述べたように一〇・九三三……尺（正面中央間一つ分）であるから、正面の逓減と側面の逓減とは同じではなく、わずかな寸法差をもっていることになる。上重の検討結果を**表5**に整理する。正面丸桁間寸法と総間寸法でやや相違があるが、先述のように丸桁間寸法を完数とみれば、必然的にわずかな相違が現れることになる。

図42は、垂木割計画に従って想定される、上重平面の基本計画を表したものである。これは、丸桁間寸法を正面六〇・〇尺、側面五〇・〇尺と想定した下重の基本計画に一五枝の逓減を与えたもので、下重の梁行の変更に伴い一枝を縮める（と想定した手順）以前のものである。

上重側面の計画寸法は、下重側面の丸桁間寸法の変更に伴って必然的に変化するが、最終的な計画は、さらに組物の出と端の間の寸法を、垂木割に近似する完数をとるという過程を経ている。ただ、中央間だけは金堂で唯一の完尺柱間が残された。またこれは、基本計画の垂木割を忠実に実現した、金堂のなかで唯一の柱間である。しかし側面の操作の結果として一一枝間が現れたもので、基本計画がたまたま現れたにすぎないと考えられる。図43は、各部の寸法調整を経て到達した最終段階の平面である。各所に完数へ調整されたとみられる値が認められるが、上述の検討で、いずれも出自が明らかになったと思われる。

以上の検討によって、下重の丸桁間寸法に、六〇・〇尺と五〇・〇尺の計画寸法を与えたとする想定は、妥当性をもつと考えてよいであろう。したがってあらためて計画の手順を整理する。

一　金堂の基本計画は、下重正面丸桁間寸法を六・〇丈（唐尺。以下同）、同側面丸桁間寸法を五・〇丈とし、一〇尺／一一枝の垂木割に従って、各丸桁間に六六枝と五五枝の垂木の配置を計画する。

二　下重正面の構成は、丸桁間六〇・〇尺を守ったうえで、組物の出の長さ七枝分、端の間八枝分（いずれもそのままでは端数寸法となる）のそれぞれの値に近似する完数六・三尺、七・三尺をとった。この結果一二枝分に相当する中央三間の各柱間寸法は、完数である三間分を三等分したため、垂木割と異なる端数柱間寸法一〇・九三三……尺をとることになった。

三　側面柱間は、丸桁間寸法五〇・〇尺を基本として計画されたが、正面で調整を受けた各柱間寸法をそのまま写したため、一枝分の縮小と各部の完数への変更が複合して丸桁間寸法に変化が生じ、わずかに短くなるとともに垂木割から離れた端数値になった（実測値から判断するかぎり、四九・〇尺の完数をとった可能性も残る）。

四　上重正面は、下重丸桁間寸法から一五枝の逓減をとって丸桁間寸法を定めたが、この逓減は、下重の組物の出と端の間の合計の垂木枝数に合致するため、近似する完数とした下重の組物の出の寸法と端の間の寸法を写した。上重の丸桁間寸法が決まると、まず、下重の完数化された組物の長さを写す。この結果、各一一枝半となる中央間が現れるが、この垂木割に近似する完数をとり、丸桁間寸法の残りを端の間に充てた。

五　上重側面の構成は、下重丸桁間寸法五・〇丈の縮小に伴って一枝を取り去ったうえで一五枝の逓減を適用し、三九枝分になるが、さらに上重正面から組

図42　垂木割計画から推定された上重の基本計画

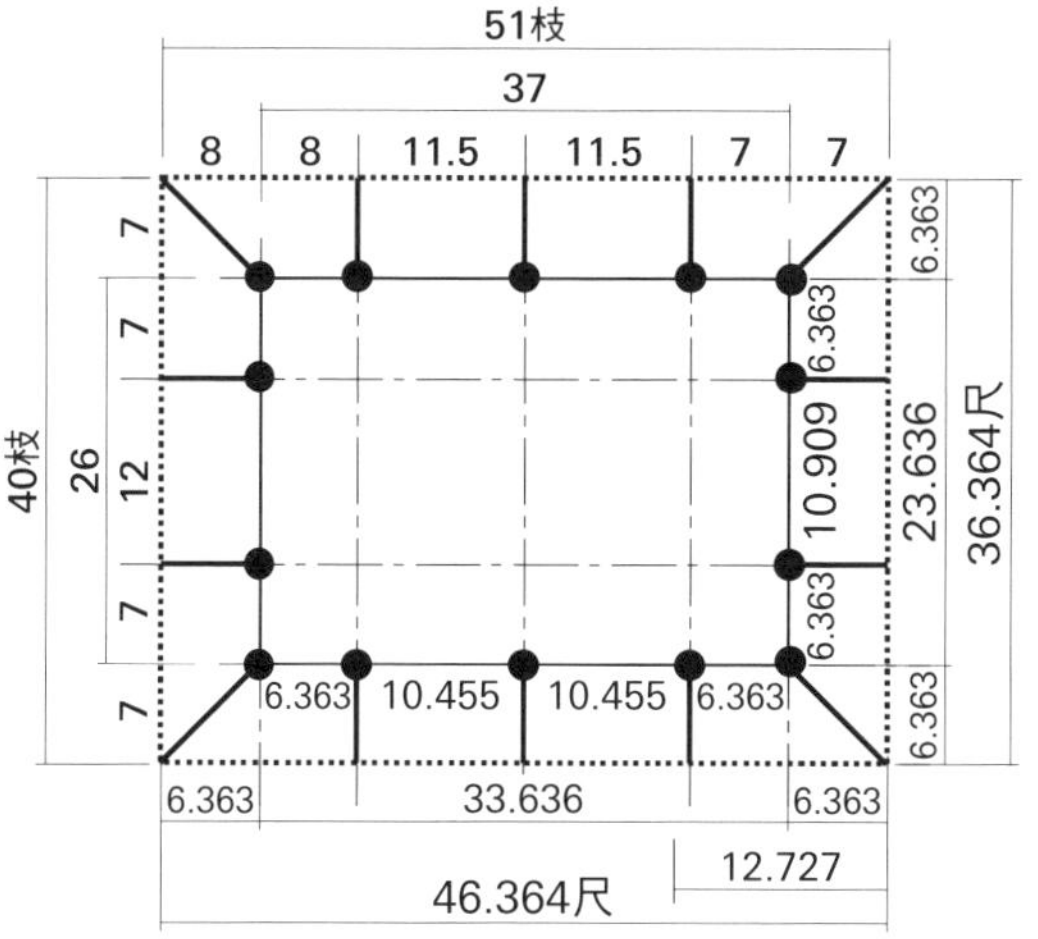

単位：造営尺度　　　　　　　　　　……… 丸桁真

図43　上重各部の最終寸法計画

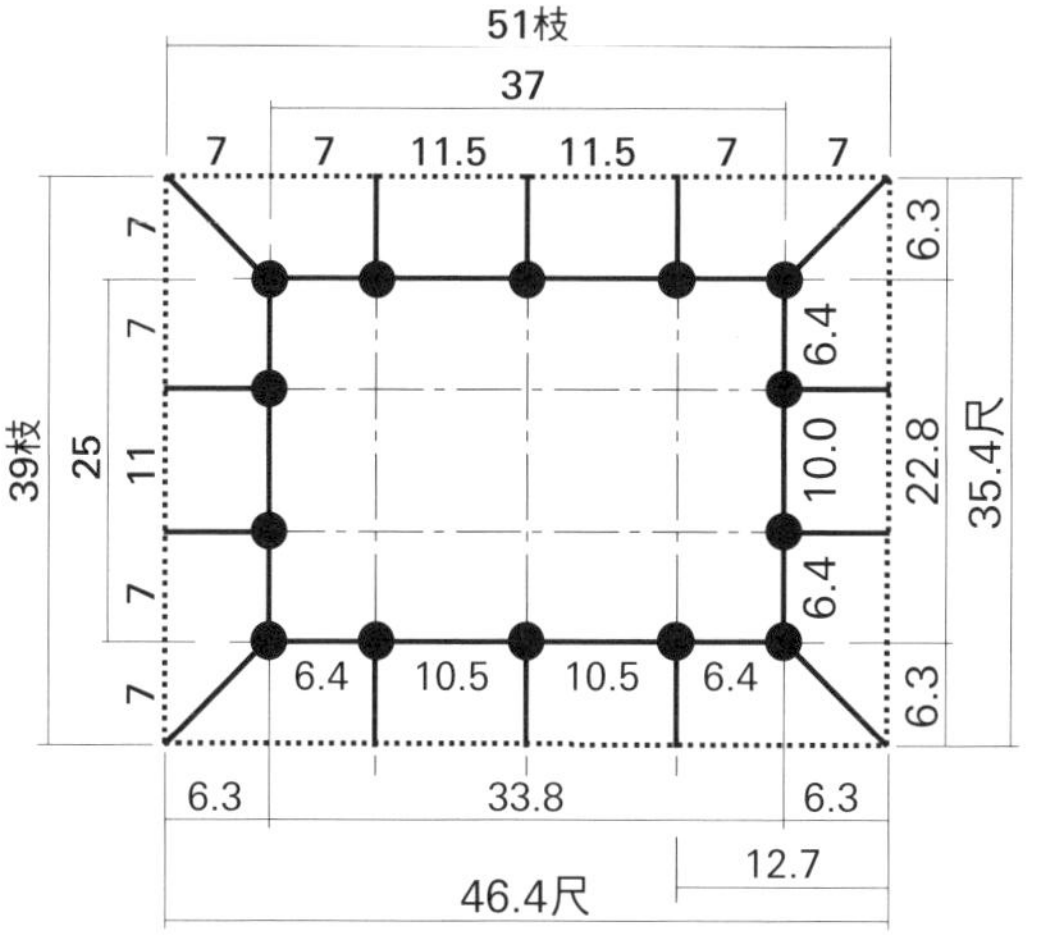

単位：造営尺度　　　　　　　　　　……… 丸桁真

物七枝、端の間七枝を写した結果、中央間は一一枝分になった。これは一〇・〇尺ちょうどに相当するため、これをそのまま採用した。丸桁間寸法は組物六・三尺、端の間六・四尺の完数と中央間一〇・〇尺の合計値として決定されたため、下重丸桁間から逓減一五枝分を除いた値からわずかに離れることになった。

一・二・四　完数と端数

金堂各部の寸法は、垂木割に近似する完数をとるという過程（以下「完数化」と表現する）を経た、と予想してきたが、完数化の過程を経る以前の基本計画と予想された垂木割は、無限小数となる端数を用い、さらに正面中央間にも端数の値を採用していると考えられた。古代遺構が端数寸法を自由に制御していたと考えることは困難であるから、数値の特質について検討を加えておく必要がある。

第一部で指摘したように、古代の中国数学は小数の概念をもたず、分数を常用する。奈良時代に数学のテキストとして導入された『九章算術』は、高度な分数計算を多用している（註11）。したがって私たちが無限小数などに受ける煩雑な印象は、古代人の経験とは異質なものである。

しかし度制システムは、一種の位取り記数法や小数表現のような性格をもっている。度制は本来、数の進法とは関係がなく、相互に簡単な整数の換算関係を取り合ったものにすぎないが、東アジアは一〇進法に引き寄せて度制を整理した。私たちは度制の階梯と数の進法とを混同しがちであるが、この原因は、度制のなかに位取りと同様の性格が含まれ、小数表現に類する性格をもったためである。

前近代に筆算は存在せず、室町時代に算盤が導入されるまで、算木を用いた分数計算が行われていたが、一方、計測作業は度制の単位を用いるから、位取り記数法ともみえる数の扱いが求められる。さらに、算木の計算は特殊な技能であったことから、現場の工人たちの手で計算が日常的に行われたとは考えにくい。古代では、木工寮の事務系官職として「竿師《さんし》」（算師）が存在したが、この職種が大工、小工などとともに技術系の職掌である建築計画、とりわけ寸法計画などに、どの程度参画したかは明らかではない（註12）。したがって前近代では、等分割などの操作の過程は、計算を用いず、直接対象を分割する技法をもって実現していた、と考えることが自然である。

垂木割計画から現れる〇・九〇九……尺という端数寸法を、実長として手に入れることは難しいことではない。ものさしで一尺の幅をとり、ここに一一の目盛が重なるよう斜めにものさしを当て、このときの目盛一〇個分の位置をとれば、端から目盛までの幅が求める長さの実長である。**図44**では、仮に近世の曲尺《さしがね》（長手一尺六寸程、妻手八寸程）を用いて手順を示しているが、この操作は、一尺を超える長さがあり、一寸を単位とする程度の粗い密度で目盛が刻まれていれば、どのようなものさしでも可能である。

この手順は、いったん一〇尺の一〇分の一の縮尺である一尺をとってこれを一一等分し、一一分の一尺の長さを獲得したうえで、さらにこれを一〇倍して原寸の長さを得ている。曲尺の初歩的な使い方といってよいもので、この種の技法の存在は、遅くとも中世の初期頃には十分に想定できると思われる（第二部参照。**註13**）。しかし、古代の早い時期から存在したと予想するのは困難であろう。

図44　10尺を11等分した長さを獲得する曲尺技法

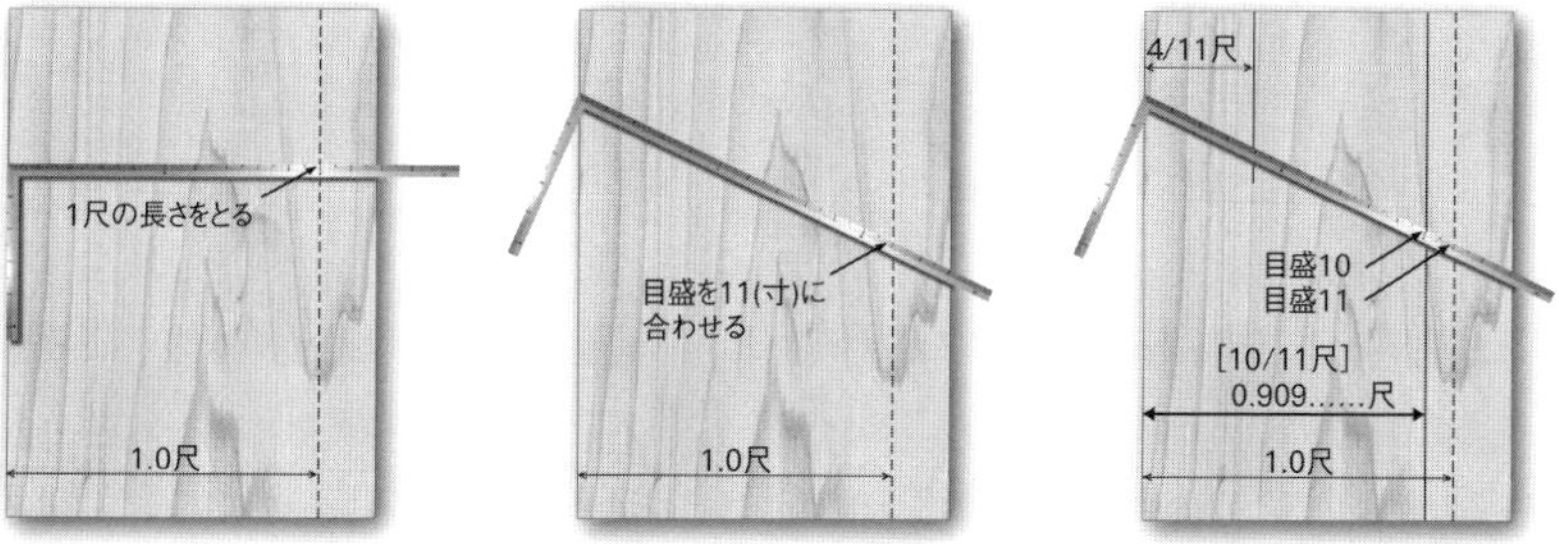

手順1
1尺の長さをとる。

手順2
目盛11個分が1尺の長さに合致するよう，曲尺を斜めに当てる。

手順3
左端から目盛10個までの幅が求める長さの実長（＝0.909……尺）。

上の図は，端数一枝寸法10尺/11枝（0.9091尺）の長さを，曲尺によって獲得する手順を示したものである。中世以前の曲尺はよくわかっていないが，この場合1尺1寸以上の長さをもち，寸の単位の目盛のあるものさしであれば，この操作を行うことができる。中世初頭頃には十分に想定できる技法だが，古代の早い時期にこの種の技法を想定することは難しい。

前近代の設計技術の世界には、分数計算、小数表現に類似した度制単位を用いた計測作業、上述のような技法による直接的な長さの獲得という、実長を手に入れる三種類の方法が予想される。

等分割によって獲得される長さを、分数計算によって求め表現することも、決して難しい作業ではない。たとえば、上重正面の垂木割計画に従った丸桁間寸法五一枝分の長さは、四六尺＋「一一分の四」尺と算出することができる。また、「一一分の四」尺という端数を曲尺で獲得しようとすれば、**図44**の右端の図上部に示したように、目盛四までの幅がこの長さに該当するから、これも容易な作業である。したがって間竿《けんざお》やものさしを用いてまず四六尺を計測し、ここに**図44**の右端の操作で得た実長を写し加えることで、垂木割計画に従った精確な丸桁間寸法を獲得することができるはずである。

しかしこの種の技法が未発達で、造営現場で端数寸法を獲得する計測作業の精度が期待できないとすれば、設計者が工人達に、具体的な長さを数値をもって指示するほかはない。しかし、分数計算などを通じて得た精確な値である端数の結果は、分数で表現される。この値を、度制の単位に変換して確実に表現することは、私たちが考えるよりもはるかに困難な作業である。したがって可能なことは、度制単位を用いてできる範囲で表現する、つまり近似値を示すほかはないであろう。「完数化」という過程は、端数寸法を十分に表現できず、実長を精確に指示できないことに起因するのである（**註14**）。

以上の検討に従って、金堂下重各部の寸法値の様相をみてみよう。下重の組物の出の寸法と端の間の寸法は、すでに指摘したように一〇尺／一一枝（〇・九〇九……尺）という垂木割計画に従ったものであるが、垂木割計画を近似値として実現したもの、完数化された値と考えられる。組物はまた、上重も含めて同一寸法を繰り返している。上重各部も同様に完数化の過程を経ていると考えられるが、まず正面の丸桁間寸法を完数化し、正面中央間を完数化し、結果として現れる完数の端の間を側面に写した結果、最後に側面の丸桁間も完数をとることになった。唯一の端数柱間とみられる下重の中央間は、完数の幅を三等分するものであるから、中央間の個々の柱間寸法は、全幅を度制に従って計測したのち、これを直接操作し分割することで獲得したものであろう。

下重側面の丸桁間寸法は正面各部の長さをそのまま写すことで獲得できる。この丸桁間寸法が基本計画の五〇・〇尺から変化した原因は、基本計画の側面中央間である一二・五枝間（理論値一一・三六四尺）を完数化するよりも、正面で獲得された柱間寸法をそのまま写すことの方が、部材加工も含めて最も簡便な操作と判断されたためであろう。したがって各部の寸法計画は、垂木割に従って端数値を伴う基本計画から派生したものだが、ものさしを用いて計測し、寸の単位をもって完数化する場合、現場の操作で直接等分する場合、そしていったん獲得された長さを繰り返して他所に写す場合、という三種類の操作によって、基本計画から少しずつ離れて実現することになったと予想することができる。

一・二・五　柱間寸法の決定法について

従来、下重の中の間と端の間は三対二の比をもつことが注目されてきたが、整数比などを想定することはともかく、たとえば中の間と端の間のあいだなど、恣意的に採り上げた部分に注目し、相互に直接的な計画的関係を想定することが、分析研究にとって根拠のない姿勢であることを指摘した（第一部）。両柱間は、絶対的な枠組である丸桁間寸法の内部で、少なくとも組物の出の長さを加え、相互に合計値が同一となるような関係のなかでその大きさが勘案された、と予想しなければならない。柱間の関係がどのようなものであったかを整理しておこう。

中央三間の柱間が等間構成をとるという前提であれば、丸桁間が六六枝であり偶数枝であるから、三間全幅の垂木枝数も偶数枝となり、したがって中央三間のとり得る構成は一〇枝×三間、一二枝×三間、一四枝×三間の組み合わせ程度に限定される。このとき組物の長さにあたる垂木枝数が遺構のとおりに七枝であれば、端の間に相当する垂木枝数は、順に一一枝、八枝、五枝となる。つまり、中央間の変化に呼応して三枝を一つの単位として変化する。柱間構成は思いのほか自由にならず、この限られた選択肢のなかから選ぶことになるであろう。

もし中央三間各一〇枝の柱間構成を選択すれば、隅の丸桁支持点間の長さは七枝＋一一枝＝一八枝となり、中央間の丸桁支持点間の長さである一〇枝の倍近くなって極端な相違を抱えてしまう。また、中央三間を一四枝の三間構成とすれば、脇の間五枝は、中の間の三分の一程となり、極端に差のついた柱間構成になってしまう。丸桁の支持点間の長さや中の間と脇の間の大きさのバランスを考慮すると、一二枝×三間＋八枝間、つまり金堂が選択している柱間構成をとる以外に、実質的に選択枝は存在しないも同然である。つまり、垂木割計画が柱間構成に影響を与えているとすれば、丸桁間の垂木枝数六六枝、組物の出、中央三間等間構成という制約は、ほとんど自動的に中の間と脇の間の大きさを規定する。したがって三対二の比例による柱間計画が存在したわけではなく、単に結果にすぎないことが明らかである。また、理論上の柱間寸法は、中の間一〇・九三三……尺、脇の間七・三尺であるから、ごくわずかな相違があり、厳密には三対二の整数比になっていない。

一・三　高さの計画

金堂の立面計画について、補足的な考察を記しておきたい。

立面の寸法計画は、一般に、各部に現れる部材の積み上げ高さに支配されるため、明確な計画意図を見出すことは難しい。とくに細部の寸法を個々に問題にすれば、想定した単位寸法を用いたグリッドを当てるなどの説明を試みる以外に、妥当な方法が見あたらない。そのような方法で立論を試みた先行研究として、堀内仁之（註15）や石井邦信の論考（註16）がある。

堀内の立面構成に関する議論のうち、柱長さ、積み上げ高さの議論および「部材寸法」を扱った議論では、いずれも「コマ尺」（一・一八六尺）を造営尺度とみなし、実測値を換算して分析を進めている。論旨は、「コマ尺」を前提として各部の計画寸法を導こうとするもので、精緻な分析であるが「コマ尺」と「カラ尺」のいずれが妥当であるかを問うものではない。

堀内が採り上げた対象に、カラ尺の換算値を当てはめて検討を試みることは可能だが、二つの尺度が簡単な換算関係をもつ以上、いずれが妥当であるかの議論は成立し難い。

また堀内は、丸桁の出と軒の出寸法の分析において、高麗尺の〇・七五尺に当たる垂木歩みを単位長とする、竹島の議論を前提として議論を組み立てている。もし、この単位長の妥当性を認めたとすれば、〇・七五高麗尺と同一長さである〇・九唐尺を当てはめても、分析の結果は同じであるから、ここでも唐尺と高麗尺のいずれが妥当であるかの議論は成立し難い。同様の分析上の問題は、石井の議論を対象とした場合にも当てはまる。コマ尺の想定にカラ尺の換算値を重ねてみても、ほぼ同程度に妥当性が認められるにすぎない。したがって、本節の立面計画の分析では、個々の細部の寸法値への言及を避け、大づかみに計画寸法を述べるに留めたい。

建物の高さの計画は、伽藍計画を予想するとき、基壇の高さが無関係とは考え難く、基壇を含めた全高が計画の対象であったと考えなければならない。金堂の建つ地盤面は、北西隅が高く東南方向に向かってやや低くなっているが、一方基壇は、北西隅が低く、北東隅が最も高くなって五〜六寸の寸法差がある。したがって地盤の傾きは、基壇の石積みの高さで調整が図られていたことなど、解体時に詳細な検討が行われた。しかしそれでも基壇上面は水平面ではなく、北西隅から南東隅へ向けて傾斜が残り、基壇にねじれが見られたと指摘されている。

また、当初の工事の途上で、版築の収縮によって礎石がわずかに傾くなどの基壇の変形も予想されており、北西隅柱を低く南東隅近辺の柱を高くするなどの調節を経て柱頂の不陸を減じ、側桁上端でようやく水平を実現していることも指摘されている（註17）。さらに、寸法計画の基準となった位置は、基壇葛石の上端なのか建物の床面であるのか、あるいは礎石上端であったのかなど、数通りの可能性が考えられ、これも特定することが難しい問題である。とはいえ、当初の計画に基壇高さの寸法計画が存在し、いずれかの部位が、その基準位置として機能していたことは確実である。

修理工事報告書に記載された矩計図に従って分析を試みると、下成基壇地覆石上端から礎石上端まで四・八二尺、あるいは現状の地表面から基壇床上端まで四・九五尺となる。したがって基壇の高さ計画が造営尺度（唐尺）で五・〇尺であった可能性が高い。

図45は、修理工事報告書に記載された矩計図を再描画したものである（**註18**）。記載寸法に従って、各部寸法をみよう。現在の地表面は、建立当時の地表面と異

図45　法隆寺金堂の立面計画

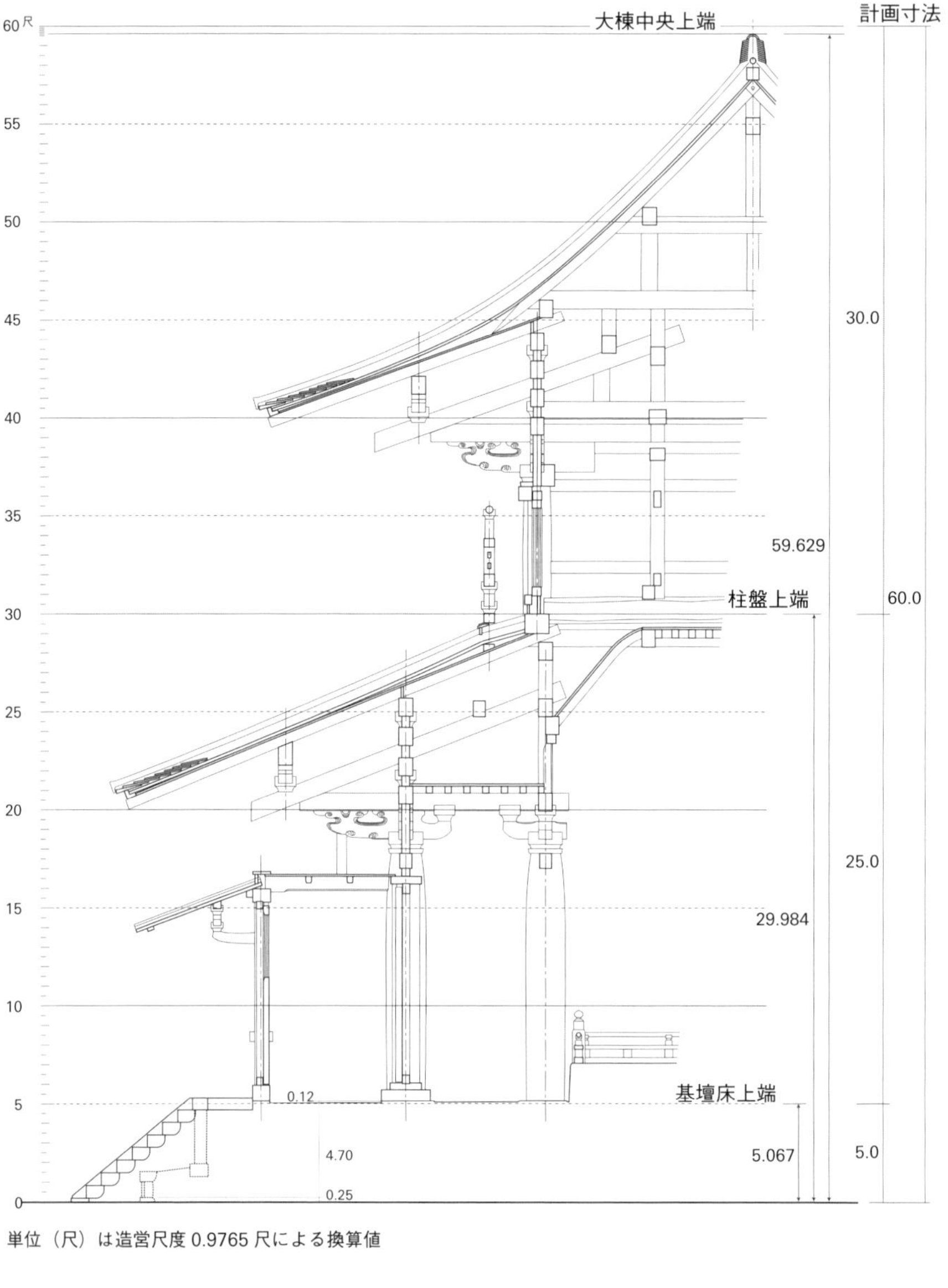

単位（尺）は造営尺度 0.9765 尺による換算値

なる可能性は残るが、上成基壇の一部に転用されていた元禄改修以前の下成基壇材から、当初の地盤面は、現状と大きく異ならないと考えられている。したがって、現在の地表面を基準としても、下成基壇の地覆石上端を基準としても、ある程度高さ方向の寸法計画の検討が可能である。

地表面から床上端（基壇上面）まで、造営尺度（下重正面の丸桁間寸法から算出された〇・九七六五尺という値を用いる）の換算値は五・〇六九尺、下成基壇地覆石上端から礎石上端まで四・九三六尺である。また、地表面から上層柱を載せる柱盤（土居）の上端まで二九・二八尺、造営尺度に換算して二九・九八四尺となり、下成基壇地覆石上端から柱盤上端までは二九・七三四尺である。さらに、地表面から大棟中央上端まで、実測値で五八・二三尺、造営尺度で五九・六二九尺、下成基壇地覆石上端からでは五九・三七九尺である。矩計図では大棟の鞍部、つまり最も低い位置を描いている。大棟は両端に反りがあり、建立当初は鴟尾《しび》をもっていたから、厳密にどの位置が寸法計画の基準高さになったのか不明だが、造営尺度の換算値をみれば六〇・〇尺という全高の計画が存在したことを予想させるに十分な値である。上層の柱を載せる柱盤上端までの高さは、地表面から、あるいは基壇地覆石上端から三〇・〇尺であるから、全高の半分の位置に当たる。この位置が上下層を分ける基準の高さであった可能性が高い。そして基壇高さ（地表面から床上端まで）の高さが五・〇尺である。したがって基壇高さ五・〇尺、下重の高さ二五・〇尺、上重の高さ三〇・〇尺、全高六〇・〇尺という平易な寸法計画を想定することができるであろう（**図45**）。なお、全高六〇・〇尺は、高麗尺で五〇・〇尺に相当するから、これだけで造営尺度の判断は難しい。しかし基壇高さの五・〇尺、下重高さ二五・〇尺は、いずれも高麗尺では完数が現れない。

一・四　むすび――金堂の規模計画・柱間寸法計画・造営尺度

法隆寺金堂の平面寸法計画と高さの計画について検討を加えてきたが、従来から議論され予想されてきた寸法計画とずいぶん異なる結果となった。まず、平面の規模計画ともいうべき数値が認められたことである。これは、従来の金堂の寸法計画の考え方からかけ離れたものであるが、実測資料の数値によく適合することと、丸桁間に与えられたものだが山田寺金堂、法隆寺講堂などで予想された総間寸法計画ないし平面規模計画と相同の特質が認められるため、十分に想定可能な寸法計画法と考えられる。

また、造営尺度〇・九七六五尺のもとで、一〇尺に垂木一一枝（〇・九〇九……尺）を配する垂木割計画が潜在したことは確実なことと考えられる。従来、唐尺に換算した造営尺度は〇・九八尺前後と予想されてきたから（註19）、〇・九七六五尺と想定した値（二九五・九㎜）は無理のない値である。これはまた、高麗尺の可能性がないことを意味し、第二部の山田寺金堂の分析で得た、七世紀～八世紀初頭頃の遺構においても唐尺が用いられたとする結論を支持するものである。

また、垂木割計画は一〇・〇尺の倍数で計画された丸桁間寸法に、正面六六枝、側面五五枝という具体的な枝数を与えることで、平面計画の理念的な単位寸法として機能すると同時に、柱間など各部位の具体的な大きさを決定する際の判断を支えする役割を果たしている。これは理念として、中世の枝割制と異ならない。中世の枝割制は、一枝寸法の獲得方法も含め、古代の遺構に考え方の起源が求められることはすでに指摘しているが（第二部）、並行垂木が認められる最古の遺構である法隆寺金堂まで遡ることが確認されたと考えられる。ただ、垂木割による基本計画に対し、実際の寸法計画は、各部に現れる端数値を実現できず、完数化という操作が加わっている。つまり垂木割の支配を厳密に受けたものではなく、近似値として実現したものである。金堂の各部寸法計画は、近似値をとるが垂木割に対して忠実であり、従来の垂木割への注目も、この特質に負っているのであろう。

従来の指摘と大きく異なるもうひとつの点は、下重中央間の寸法値に対する解釈である。従来、この柱間は高麗尺で九尺、唐尺で一〇・八尺と想定され、いずれの場合も完数柱間とみなされて疑われることがなかった。造営尺度に高麗尺を想定する説も、この柱間と端間を完尺柱間とみなし、ここに論拠を得たものである。しかし本論考の結論はこれを端数柱間と捉えている。

正面の構成に注目しよう。組物の出の寸法は、六・

三六四尺のところ六・三尺とし、端の間七・二七三尺を七・三尺として合計一三・六尺としているが、各部で個別に完数化をめざせば、組物の出は六・四尺とするところであり、このとき組物と端間の合計は一三・七尺となって実測値から離れてしまう。また、一枝を直接近似する完数として〇・九尺とし、これを単位長として計画を進めたとすれば、組物の出の寸法はよく適合するが、端の間は七・二尺となって組物と端の間の合計が一三・五尺となるから、この可能性も考え難い。

したがって金堂の寸法計画は、組物と端間の合計値をまず完数化し、さらに組物と端の間をそれぞれ完数に合わせて区分した、という手順が予想される。この手順は、丸桁間全幅から組物と端の間の合計をひとつの長さとみなし、これを除いた残りの値を、中央三間の合計値に充てたことを示唆している。つまり個々の柱間寸法ではなく、三間の全幅が先行して決定されたことを意味していると考えられる。

法隆寺講堂（再建）の正面柱間寸法計画は、総間から端の間を除き、残りの全幅を六間に等分したと想定したが（第二部）、金堂の中央三間もよく似た技法で

図46　法隆寺金堂の規模計画

ある。ここでは丸桁間全幅から組物の出と端の間寸法の合計を除き、残りの幅を三つに等分する。中央三間の垂木割を三六枝、三の倍数としているが、これは全幅を三等分したとき垂木歩みに齟齬が起きないよう、あらかじめ組物の出と端間を決定する際に勘案したものであろう。また下重端間は高麗尺で六・〇尺、唐尺で七・二尺と考えられてきたが、本書では七・三尺と捉えている。この値も従来説と異なるが、単に寸法値だけに注目すれば、同一の柱間寸法が七・二尺と七・三尺と異なることは奇異に映るかもしれない。この原因は造営尺度の想定が異なるためで、計画の手順については先述のとおりである。

法隆寺金堂の各部寸法計画は、まず、丸桁間寸法を第一次的に決定し、ここに垂木割計画（一〇尺／一一枝）を重ねて基本計画とするが、場面ごとに端数値を完数化して垂木歩みの近似値を実現し、また等分割による柱間寸法獲得の技法を組み合わせている。個別にみれば、いずれも他に類例を見出すことのできる技法であるが、組み合わせられたことで複雑な相貌をもつことになった。

本書の金堂柱間寸法計画は、関野の「建築家の好むところ」に従う柱間自由決定説よりも蓋然性が高く、また村田のように、上重と下重で造営尺度を変えて想定する必要はなく、さらに竹島のように、上重に五分の値をもつ端数ともみえる柱間寸法を想定することはない。議論の前提とした手がかりは、総間完数制（したがって端数柱間寸法を認める）と枝割制の二点だけである。この前提に立って成立する造営尺度は唐尺だけであり、高麗尺の可能性は認められない。

立面計画では、高さの基準となった位置の特定が困難であるが、基壇を含む全高の寸法計画が下重正面丸桁間寸法と同寸と認められた点は、古代建築らしい直截的で平易な計画法として受け止めることができる（**図46**）。上重の下端に位置する柱盤上端の高さが、全高を二等分する位置にあることも、同様の印象を強くするものである。また、唐尺で五・〇尺とする基壇高さが認められたことから、立面計画においても、やはり高麗尺の可能性は考え難いこととなった。

高さ計画の分析では細部に踏み込まなかったが、先行研究が指摘してきた〇・七五高麗尺の単位寸法は、垂木割計画が異なる値をとることを指摘したのであるから、想定できるとは考えていない。垂木割に起因する単位寸法が存在したとすれば、中世枝割制と同様に水平方向に限って反映する限定的なものと考えられるから、高さ方向の計画法には想定し難い。

なお、古代遺構に自律した垂木割計画を想定する点を、複雑に過ぎるとする指摘もありそうに思われる。しかし、尺度論的な関心に起源をもって想定されてきた柱間完数制は、設計技術論的にみれば自ずから限られた概念であり、設計技術の一面を説明するに留まるものである。古代遺構の分析研究にとって、柱間完数制は重要な手がかりであるが、同時に、建築設計技術に予想されるさまざまな可能性を、並行して考慮していく必要がある。

註

1 関野貞「法隆寺金堂塔婆及中門比再建論」建築雑誌二一八号 一九〇五・二

2 村田治郎「法隆寺の尺度論」仏教芸術四号 一九四九・一〇 『法隆寺建築様式論攷』中央公論美術出版 一九八六

村田説では、関野説の「高麗尺」(大尺)だけでなく「唐尺」(小尺)を想定しても同等に説明できることが指摘されているが、五重塔の議論など、ところどころに唐尺が有利とする論調が認められる。

3 竹島卓一『建築技法から見た法隆寺金堂の諸問題』中央公論美術出版 一九七五

「大尺」と「小尺」の簡単な換算関係を留意し、いずれが造営尺度として用いられたとも断定していないが、その論調は、高麗尺の想定を妥当と判断している。とはいえ、唐尺を排し高麗尺を妥当とするだけの明確な論拠を挙げているわけではない。

4 浅野清『昭和修理を通して見た法隆寺建築の研究』中央公論美術出版 一九八三

金堂上重の斗栱を採り上げ、各部材寸法の検討を通じて、完数を想定しやすい高麗尺が有利と判断している。しかし第一部で述べたように、計画寸法の想定位置を変えるとまったく逆の可能性も考えられるから、高麗尺が有利とする判断は認められない。

5 堀内仁之「法隆寺建築(金堂・五重塔)の研究 №1 立面構成について」日本建築学会論文報告集 第一八七号 一九七一

同「法隆寺建築(金堂・五重塔)の研究 №2 部材寸法について」日本建築学会論文報告集 第一八八号 一九七一

6 石井邦信『日本古代建築における寸法計画の研究』私家版 一九七五

7 岡田英男「西院伽藍と若草伽藍の造営計画」『法隆寺発掘調査概法II』法隆寺 一九八三、同「飛鳥時代の造営計画」『研究論集Ⅲ』奈良国立文化財研究所学報第四七冊　奈良国立文化財研究所　一九八九・三（いずれも『日本建築の構造と技法［下］岡田英男論集』所収　思文閣　二〇〇五）

8　宮本長二郎「日本古代尺度論考―弥生・古墳・律令時代―」『歴史遺産研究』二号　東北芸術工科大学芸術学部歴史遺産学科　二〇〇四

古墳時代以前の尺度を論ずるため古代遺構の造営尺度を整理した議論である。伽藍計画と遺構の寸法計画とで大尺と小尺を併用したとみなした例も多いなかで、法隆寺各遺構の造営尺度を大尺と判断している。同一の単位長を巡り慎重な議論が残されているのであるから、判断の論拠を示すべきであろう。

9　『法隆寺国宝保存報告書第十四冊　国宝法隆寺金堂修理工事報告』法隆寺国宝保存委員会　一九五六

10　浅野清『奈良時代建築の建築』中央公論美術出版　一九六九　および　太田博太郎監修『日本建築史基礎資料集成四　仏堂Ⅰ』中央公論美術出版　一九八〇

側柱真から丸桁真までを五・五尺と復原している。ただ、この値は現尺によるもので、遺構の推定造営尺度や天平尺で換算したものではない。

11　籔内清他『科学の名著2　中国天文学・数学集』朝日出版社　一九八〇

「九章算術巻第一　方田」の注釈で、劉徽は「物の数量が全体をつくさない場合は必ず分数を用いる。……算術を行う場合、まず分数計算をおさめなければならない」と述べている。

12　渡辺保忠『日本建築生産組織に関する研究1959』明現社　二〇〇四

13　この技法は、垂木割の寸法計画を一丈／一五枝（〇・六六六……尺）～一丈／一二枝（〇・四五四五……尺）とする中世前期の和様仏堂で、各柱間寸法を獲得する場面においても十分に想定できる技法であり、中世後期の仏堂、重塔においても、原則として同様の技法によって、端数一枝寸法の実長と精確な柱間寸法を獲得することができる。この種の技法が存在したとする確かな手がかりは存在しない。しかし、この技法は曲尺の使い方として初歩的なものであり、一丈を基準寸法とする中世前期の垂木割計画を、きわめて容易に実現させる技法である。このように、簡単だが実効性のある技法が、中世枝割制を支え続けてきたと考えられる。

14　前掲・註12文献

古代的建築生産は、熟練度の低い多数の工人と、彼らの力量に合わせた設計を行い施工管理を担当する「古代的アーキテクト」によって推進されたと考えられている。高度な分数計算と未発達な技法の併存は、古代の建築生産の特徴と考えてよいであろう。

15　前掲・註5文献

16　前掲・註6文献

17　前掲・註3文献

18　前掲・註9文献掲載の「矩計図」に基づき作成した。

19　前掲・註3文献

第二章　五重塔

二・一　はじめに

法隆寺五重塔の寸法計画は、金堂の柱間寸法計画とともに、大いに注目されてきたにもかかわらず、金堂に比べて積極的な議論が少ない。この原因は、一般に、塔の設計技術の解読が仏堂より難解であることばかりでなく、尺度論としても難しい問題を抱えてきたためであろう。第一部で触れたように、関野が造営尺度として「高麗尺」（大尺）が使われたと主張した議論は（註1）、村田治郎によって「唐尺」（小尺）（註2）においても完数が得られることが指摘され（註3）、さらに、昭和二〇年代の解体修理時の精密調査においても慎重な議論がみられたにもかかわらず（註4）、論者によっては、いぜんとして高麗尺の主張ばかりが繰り返されている。塔の造営尺度について慎重な態度をとる立場は、積極的な議論となりにくいが、造営尺度を高麗尺と断定せず唐尺の可能性を残している。したがって五重塔の造営尺度については、現在、高麗尺説と不詳とする立場とが併存していることになるが、不詳とする説が目につく議論になり難いことはいうまでもない。したがって高麗尺説があたかも定説であるかのようにみえるのである。

研究史を通観すれば、造営尺度を高麗尺とする主張は、金堂を中心に組み立てられ、これを塔にも援用した関野の議論の後、あらたな論拠が加えられたとは言い難い。つまり五重塔を対象に高麗尺を主張するに十分な論拠はいぜんとして明瞭ではない。本章は、山田寺金堂、法隆寺金堂の柱間寸法計画の分析結果を手がかりとして、法隆寺五重塔の寸法計画について検討を試みる。

二・二　山田寺金堂、法隆寺金堂の寸法計画

第二部で論じたように、山田寺金堂に用いられた造営尺度は、唐尺であったと判断することになった。総間寸法を、唐尺の丈の単位の倍数で制御し、これをも

とに等分割に従って柱間寸法を制御する技法が認められた。これを「総間完数制」と名付けた。繰り返しになるが、これは古代遺構における「柱間完数制」を補完する概念として位置づけることができる。

一方、法隆寺金堂は、まず、完数をとる「総間」に当たる最大間を丸桁間寸法（総間の左右に、斗栱間寸法＝側柱真〜丸桁真、を加えたもの）に充て、初重正面丸桁間寸法を六〇・〇尺、側面丸桁間寸法を五〇・〇尺とした。これは規模計画として機能したことが予想された。垂木割の基本となる寸法計画は、一枝寸法を一〇尺／一一枝（〇・九〇九……尺）とするもので、正面丸桁間六六枝分、側面丸桁間（基本計画）五五枝分に相当し、柱間寸法計画の基本として機能する。

丸桁間寸法に計画意図の認められる明快な計画寸法を見出すことができたため、法隆寺金堂の造営尺度は唐尺（尺との換算は〇・九七六五尺）と判断することになった。

法隆寺金堂の垂木割計画において注目すべき特質は三点ある。第一点は、丸桁間寸法を、唐尺を用いて丈の単位の明快な寸法値で決定することであり、第二点は、一・〇丈を基準寸法とした垂木割計画が存在し、垂木の配置が柱間寸法の制御に寄与していることである。この垂木割は、丈の単位で制御される丸桁間寸法に素直に収まり矛盾を起こさない。しかし第三点として、一枝寸法の倍数である端数寸法を忠実に実現できないため、柱間など各部は垂木割の影響下にありながら、完数（寸の単位）の近似値によって制御される（以下、この現象を「完数化」と呼ぶ）。以上三点の寸法計画の特質を踏まえて五重塔の分析を始めよう。

二・三　分析

関野は塔の大づかみな寸法計画について、「初層東魏尺にて方十八尺、最上層九尺にして、中間の各層は其の間に割り合されてある」と指摘する（註5）。そして東魏尺は「俗に高麗尺ともいっている」とする。続いて金堂の各部材寸法を挙げ、これを代表として「斯くの如く法隆寺堂塔の柱間のみならず其の細部に至るまで、東魏尺を以て測れば完數を得れども唐尺にては完數を得ること能はざれば……」と判断した。しかし村田が五重塔の初重総間寸法を二二・〇尺（換算値〇・九六四尺)、その半分の値である五重総間を一一・〇尺と算出したように、唐尺の可能性も指摘されているから、塔に高麗尺が使用された論拠は、塔そのものにはない。関野の議論は、五重塔単体で判断したものではなく、高麗尺が想定された金堂や中門との対照をもって立論されたものである。

五重塔は、一見して垂木割と柱間との関係が不明瞭であるが、竹島卓一は法起寺三重塔、法輪寺三重塔と比較することで「支と同じような単位」によって柱間計画が計画されたと判断している。「支」は支割制(枝割制)の「支」であり垂木割に注目したものである。この単位は「コマ尺」の〇・七五尺(「カラ尺」の〇・九尺)で、金堂の単位寸法と同様であると述べている(註6)。浅野清も同様の単位寸法「高麗尺の七寸五分(天平尺なら九寸)」を想定したが、垂木割に起源する「支」の概念ではなく「単位」と呼んでおり、どちらかといえば「単位長」が先行して柱間計画と垂木割をともに支配している、とする意見のようにも思われる(註7)。

両者の議論は、いずれも初重総間一八単位、中の間一〇単位、脇の間(端の間)七単位など、各重の総間と各柱間が、想定された単位の整数倍の値をとるばかりか、金堂と塔に共通する単位寸法であることも指摘している。大小二つの造営尺度のいずれが用いられたかという問題については、高麗尺が有利とする判断が随所にみえるが、しかし明確な結論を示していない。一方、岡田英男の議論は、高麗尺で完数となることと「支」が単位であることを採り上げるが、唐尺の可能性については言及がなく(註8)、濱島正士も、単位の想定とその実長については竹島、浅野説と同様だが、「高麗尺」の〇・七五尺の可能性だけを採り上げている(註9)。

ある単位を想定したとき、これによって各部の寸法が割り切れるとする分析結果は、一定の妥当性をもっている。しかし、なぜ単位寸法として、やや半端な値ともみえる高麗尺の〇・七五尺や唐尺の〇・九尺という長さが採用されたか、という問題については議論がない。竹島は高麗尺の四分の三である可能性を予想する。しかし計画上の必然、計画の手順などについては言及がなく、議論としては途上に留まったままである。

二・三・一　初重の規模計画と寸法計画

述べたように、初重の総間寸法に完数寸法（高麗尺で一八尺、あるいは唐尺で二二尺）が使われた可能性は高いが、実測値は、丈の単位などの平易で明快な寸法値が見出せる値ではない。したがって、初重や五重の総間寸法に注目するだけでは高麗尺、唐尺のいずれも可能性があるということを再確認するに留まるであろう。前章の金堂の分析結果を手がかりとして、丸桁間寸法に注目しよう。

修理工事報告書では、初重総間寸法を二一・一七五尺、組物の出の寸法を六・二四尺とするから、丸桁間寸法は三三・六五五五尺となる（註10）。この値が整った完数の値、唐尺で三丈五尺の計画寸法であったとすれば、このとき算出される造営尺度は〇・九六一六尺（＝二九四・一㎜）である。初重総間寸法はこの換算値に従って二二・〇二一尺と算出されるから、造営尺度の換算値が妥当であると判断できるとともに、丸桁間寸法が唐尺の計画であれば、初重総間寸法は、唐尺で二丈二尺とする計画であったと判断することができる。中の間の実測値八・八四五尺の造営尺度換算値

図47　法隆寺五重塔・初重の丸桁と垂木の収まり
（修理工事報告書記載図面を再描画）

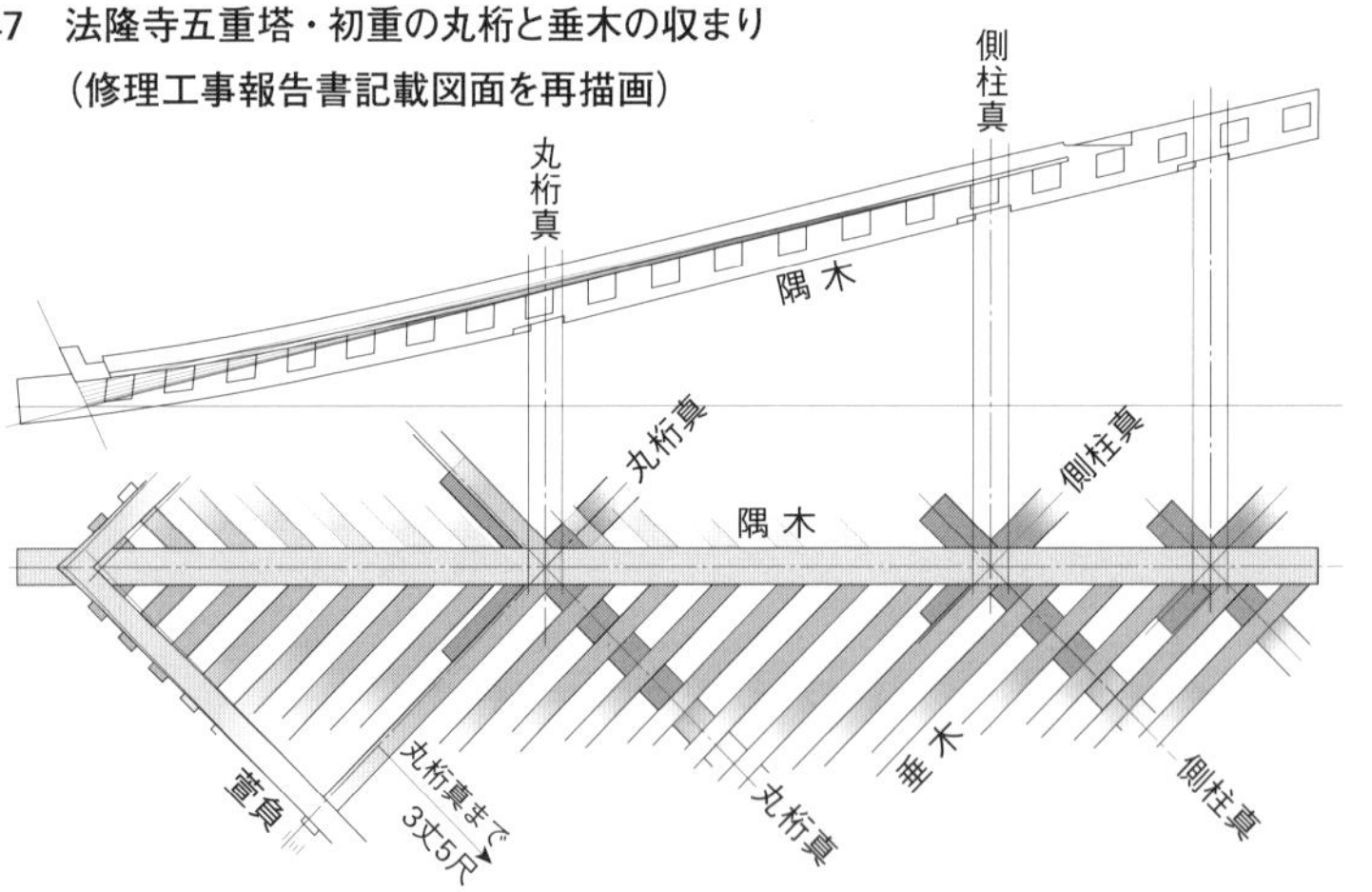

垂木木間真は丸桁真と合致せず1/4枝ほど外に踏み出しているようにみえる。丸桁間寸法3丈5尺，垂木割10尺/11枝とする基本計画に従うと，丸桁間全体は垂木38.5枝に相当する。垂木が丸桁間で左右対称に配されれば，丸桁真と垂木木間真のズレは1/4枝分に相当するはずである。

は九・一九八尺、同じく脇の間の実測値六・一六五尺の換算値は六・四一一尺、組物の出の寸法実測値六・二四尺の換算値は六・四八九尺である。これらの値はいずれも完数と予想される。完数であれば、それぞれ中の間九・二尺、端の間六・四尺、組物の出（斗栱間）六・五尺とみることができる。

二・三・二　上重各部の寸法計画

金堂では一〇尺／一一枝（〇・九〇九……尺）の垂木割に従って各部の寸法を制御したと考えられたが、端数値を忠実に実現し切れず、完数による近似値を用いるという特質を指摘した。したがって同様の寸法計画を五重塔に想定してみよう。ただ、塔の垂木割は、高麗尺の〇・七五尺を単位寸法とする計画が想定されてきたにもかかわらず、指摘されたように、柱間と垂木割の関係に、明確な法則性があるようにはみえない。この現象については後に触れることにしたい。

初重の丸桁間寸法三五・〇尺は、一〇尺／一一枝（〇・九〇九……尺）の垂木割で三八・五枝分に換算される。垂木木間真は、丸桁真から外に踏み出し、内の垂木の外面と丸桁真とがほぼ合致しているように見える（図47）。細部の寸法値は不詳だが、この現象は、丸桁真に対し垂木木間真が四分の一枝程、外に踏み出していることを現すと判断される。つまり、丸桁間寸法に現れる半枝の長さが等分され、丸桁全幅の両端に割り振られているとみて差し支えないであろう。つまり垂木割は、丸桁間で計画垂木枝数が割り切れないため、丸桁真と木間真を合致させず、独自に計画寸法を実現していると予想される。

丸桁間寸法の実測値は、二重から順に三一・〇九尺、三重二七・五六尺、四重二四・八二尺、五重二一・八一尺である。これらの値を先に想定した造営尺度の換算値で算出すると、二重三二・三三尺、三重二八・六六尺、四重二五・八一二尺、五重二二・六八二尺となるが、これらの数値も完数とみるべきである。したがって二重丸桁間寸法三二・三尺、三重は二八・七尺、四重二五・八尺、五重二二・六尺と判断される。ただ、後述のように三重は二八・六尺、四重は二五・九尺と見た方がよさそうである。

二重以上の丸桁真と垂木木間真の関係も平易な相関を見出せないが、以上の完数寸法に明確な法則性を見出すのは困難であるため、背後に垂木割計画の影響が潜在し、この値が完数に置き換えられることで現れた、とみることが妥当であろう。この推定に従うと、二重は三五枝半＝三二・二七三尺、三重三一枝半＝二八・六三六尺、四重二八枝半＝二五・九〇九尺、五重二五枝＝二二・七二七尺という基本計画が予想される。したがって丸桁間の垂木割計画は、初重から順に三八枝半、三五枝半、三一枝半、二八枝半、二五枝となり、三枝から四枝の垂木によって逓減を制御していることがわかる。逓減が一律でない点については後に検討する。

二・三・三　各部の寸法計画

初重では丸桁間寸法を三丈五尺とし、垂木割を一〇尺／一一枝と考えることになった。各部寸法は中の間九・二尺、脇の間六・四尺、組物の出の寸法（斗栱間）六・五尺である。これらの値は、もし垂木割に最も近似する完数をとったとすれば、中の間九・一尺（垂木一〇枝、九・〇九……尺）、脇の間六・四尺（垂木七枝、六・三六四尺）、組物の出の寸法六・四尺（七枝、六・三六四尺）となるところである。このうち脇の間だけはよく垂木割の近似値を示しているが、中間と組物の出の寸法は、それぞれ最も近似する完数より一寸ずつ大きい。

もし、各部の完数が垂木割（端数寸法）に最も近い完数値をとると、その合計は丸桁間全体で三四・七尺となって三五・〇尺とした丸桁間寸法より〇・三尺短くなる。近似値であるため、誤差が集積して全体幅から離れてしまうためである。したがって、中の間と組物の出が〇・一尺ずつ延びた分は、三五・〇尺とした丸桁間寸法に合わせた調整であったとみることができる。

計画の手順として推定すれば、丸桁間全体を完数三五・〇尺とし、いったん各部を垂木割を勘案して完数化（近似する完数をとること）するが、丸桁間寸法に届かない〇・三尺の長さを、中の間と組物の出に割り振ったと考えられる。つまり、中の間と斗栱間の完数値は、垂木割計画に従い、調整を経たことで最近似値から離れた、とみるのが妥当である。

想定した計画手順を手がかりに、二重以上の各部寸法の計画過程を検討しよう。

二重はまず、初重丸桁間の垂木枝数から三枝を落として三五枝半とした寸法三二・三三尺（換算値。実測値三一・〇九尺）を、最も近似する完数として丸桁間寸法に充てて三二・三尺とし、各部位も垂木枝数に合わせた長さを完数化し、最終的に調整を施したと考えられる。具体的な手順は、まず中の間八・二尺（九枝、八・一八二尺を完数化）、脇の間五・五尺（六枝、五・四五五尺を完数化）、組物の出六・四尺（七枝、六・三六四尺を完数化）とし、これらの合計値と丸桁間寸法との寸法差三寸を、初重と同様に各部に割り振ったと考えられる。しかし二重では中の間と脇の間に一寸ずつを加え、中の間八・三尺（換算値八・二八九尺、実測値七・九七尺）、脇の間五・六尺（換算値五・五七四尺、実測値五・三六尺）として組物の出の寸法をそのままとした。この判断は組物の出に初重組物とのわずかな相違、逓減を生み出すためのようである。

初重と二重の調整に対し、三重と四重はやや事情が異なるようである。三重丸桁間は、二重から四枝を落として三一枝半、二八・六三六尺（換算値二八・六六、実測値二七・五六尺）となるところを完数化して二八・六尺とし、中の間七・三尺（八枝、七・二七三尺の完数化）、脇の間四・五尺（五枝、四・五四五尺の完数化）、組物の出五・九尺（六枝半、五・九〇九尺の完数化）とした。組物の出の寸法を六枝半とした理由は、二重組物より縮小するためである。しかしこの合計寸法は、完数化した丸桁間寸法より五寸小さい。このため各柱間、組物の出に一寸ずつを加えるという調整を施したと考えられる。

四重も同様の調整法がみられる。四重丸桁間は三重丸桁間から三枝を落として二八枝半、二五・九〇九尺を完数化し、二五・九尺（換算値二五・八一二尺、実測値二四・八二尺）とした。中の間は六・四尺（七枝、六・三六四尺の完数化）、脇の間三・六尺（四枝、三・六三六尺の完数化）、組物の出五・九尺（六枝半、五・九〇九一尺の完数化）としたが丸桁間に五寸足りないため柱間三間と両組物に、それぞれ一寸ずつを加える調整を施したと判断される。三、四重の調整は、半枝がほぼ五寸に相当するから、初重や二重より自然な調整ともみえる。

五重丸桁間は、四重丸桁間から三枝半を落として二五枝分、二二・七二七尺を完数化し、二二・七尺

（換算値二二・六八二尺、実測値二一・八一尺）とした。丸桁間で初重から順に進む逓減に従えば、五重は四枝を落とすことが自然にみえる。しかし三枝半を落とした原因は、二間の構成のため半枝の制御が難しいと判断し、あらかじめ丸桁間寸法に半枝が出現しないよう処置したとも思われる。柱間は六枝、五・四五五尺を完数化して五・五尺とし、組物の出の寸法は三重、四重と同じく五・九尺（六枝半、五・九〇九……尺の完数化）である。しかしこの合計は、丸桁間寸法より一寸大きい。これに加えて柱間を完数化した結果、総間でも一寸の増加があるため、組物の出から一寸ずつ、計二寸を差し引くことで丸桁間寸法に合わせたと考えられる。

表6は、以上の寸法調整を含め、各部実測寸法、垂木割の理論上の値などを整理したものである。重によって柱間の寸法と総間寸法などで調整の値が合わないものもあるが、これらは各部の完数化の過程で生ずる余剰の端数値が集積したためである。

各部の調整は、それぞれの場面に合わせて施されるため一見して複雑なようだが、各部で一寸の増減を繰り返しているにすぎない。調整を必要とする主な原因は、各重丸桁間の完数化による寸法の微変化とともに、組物の出の寸法、中の間寸法、脇の間寸法のいずれもが、垂木割の近似値をとる完数値をとったとき、その合計が必ず丸桁間寸法に合致するとは限らないためである。垂木割の計画寸法（端数値）に最も近似する値をもつことができる部位は、当然のことながら最も長い丸桁間寸法であるが、これに対し組物の出の寸法、各部柱間寸法は、絶対値が小さく、完数による近似値をとっても本来の垂木割に従った端数寸法からの乖離が大きい。このため、各部の合計値と丸桁間寸法とが合致することは稀である。その寸法差は三寸、あるいは五寸程度のものだが、これを各重各部のバランスのとれた逓減を考慮しつつ割り振る必要が生ずるのである。

しかし、この調整の作業を割り引いても、各部は完数による近似値に留まるとはいえ垂木割によく従っているとみることができるから、技法としては前章で述べた金堂の寸法計画と異ならない。つまりこの計画方法は、理念として、中世以後の枝割制の計画に通ずる性格をもつものである。

しかし垂木割は、現象的には各部で整って配置さ

表6　法隆寺五重塔の各部寸法計画

単位：尺

		修理工事報告書 実測値	換算値 (0.9616換算)	垂木枝数	1丈／11枝による理論値	推定計画寸法
五重	柱間	5.325	5.538	6	5.4545	(+0.5寸) 5.5
	総間	10.65	11.076	12	10.9091	10.9 +1寸 11.0
	組物出	5.58	5.803	$6\frac{1}{2}$	5.9091	5.9 −1寸 5.8
	丸桁間	21.81	22.682	25	22.7273	22.6
	(柱間+物組)	(10.905)	(11.341)	($12\frac{1}{2}$)	11.3636	(11.4 −1寸 11.3)
四重	中の間	6.22	6.469	7	6.3636	6.4 +1寸 6.5
	脇の間	3.54	3.681	4	3.6364	3.6 +1寸 3.7
	総間	13.3	13.832	15	13.6364	13.6 +3寸 13.9
	組物出	5.76	5.990	$6\frac{1}{2}$	5.9091	5.9 +1寸 6.0
	丸桁間	24.82	25.812	$28\frac{1}{2}$	25.9091	25.9
	脇間+組物	9.3	9.672	$10\frac{1}{2}$	9.5455	9.5 +2寸 9.7
三重	中の間	7.1	7.384	8	7.2727	7.3 +1寸 7.4
	脇の間	4.43	4.607	5	4.5455	4.5 +1寸 4.6
	総間	15.96	16.598	18	16.3636	16.4 +2寸 16.6
	組物出	5.8	6.032	$6\frac{1}{2}$	5.9091	5.9 +1寸 6.0
	丸桁間	27.56	28.66	$31\frac{1}{2}$	28.6364	28.6
	脇間+組物	10.23	10.639	$11\frac{1}{2}$	10.4545	10.5 +1寸 10.6
二重	中の間	7.97	8.289	9	8.1818	8.2 +1寸 8.3
	脇の間	5.36	5.574	6	5.4545	5.5 +1寸 5.6
	総間	18.69	19.437	21	19.0909	19.1 +3寸 19.5
	組物出	6.2	6.448	7	6.3636	6.4
	丸桁間	31.09	32.33	$35\frac{1}{2}$	32.2727	32.3
	脇間+組物	11.56	12.02	13	11.8182	12.0
初重	中の間	8.845	9.198	10	9.0909	9.1 +1寸 9.2
	脇の間	6.165	6.411	7	6.3636	6.4
	総間	21.175	22.012	24	21.8182	21.8 +2寸 22.0
	組物出	6.24	6.489	7	6.3636	6.4 +1寸 6.5
	丸桁間	33.655	35.0	$38\frac{1}{2}$	35.0	35.0
	脇間+組物	12.405	12.9	14	12.7273	12.9

それぞれの重の丸桁間寸法，組物の出の寸法，各柱間寸法は，端数の垂木の歩みに基づくが，その最近似値の完数をとる。それぞれの部位が素直に近似する完数値をとると，その合計は必ずしも丸桁間寸法に合致しない。より大きな部位ほど，完数値であっても本来の端数値に近似する度合いが大きく，小さな部位では，本来の端数との乖離が大きくなるためである。この結果，各部位の近似完数値の合計が丸桁間寸法に合致しないという事態が起こる。各部に現れる「＋1寸」「−1寸」などの値は，各部の合計が丸桁間寸法に合致するよう調整値として加えるか差し引いた値である。一見して複雑な手順のようだが，各部に1寸の増減を加えることで，丸桁間寸法に合わせているにすぎない。

れているようには見えず、金堂と著しい対照をみせている。図48は修理工事報告書記載の各重軒の立面図に、同縮尺で理論上の垂木割、一〇尺／一一枝（〇・九〇九一尺）を描き加えたものである。これは垂木割に関する詳細な実測値が不詳であるため、便宜的に示したものである。この図をみると、部分的にわずかな乱れも認められるが、丸桁間全体で垂木歩みがよく揃っていることがわかる。一方、図面の下部に示した一枝〇・九尺（高麗尺〇・七五尺）の垂木割は、一枝寸法としてみればわずかな相違のようだが一〇尺／一一枝の垂木割と大きく食い違い、実際の垂木の歩みに適合しないことがわかる。また、この垂木割は、柱間など各部位ごとに配置されるのでなく、軒総長、あるいは少なくとも丸桁間全体で、完数化を経てはいるが計画寸法に忠実に、一律に配置しようとしたことがわかる。これに対し柱間寸法と斗栱真の寸法は、先に述べたように、各部の逓減を考慮して、丸桁間寸法とのあいだに齟齬を起こさないよう、調整を加えつつ完数化が施されている。このため垂木は、一見して柱間など各部位と無関係に配置されたようにみえるのである（註11）。

なお、各重の半枝を伴う丸桁間の丸桁真と垂木木間の収まりは、垂木幅が略一枝の四分の一をとるため、各重とも、垂木の側面におよそ合致するという収まりが見られる。例外は半枝を伴わない五重の収まりで、ここでは垂木木間真と丸桁真がほぼ合致している。

二・三・四　軒の逓減

各重の丸桁間の逓減は一律でなく三枝、三枝半、四枝の三種類が認められる。五重の逓減三枝半は、あらかじめ丸桁間の半枝を消去するためともみられたが、それでも各重丸桁間の逓減が何に由来するのか問題が残る。軒総長の垂木枝数は、初重と二重の枝数差が六枝であるほかは、すべて四枝の逓減である（註12）。初重の軒の出は、裳階を巡らすため一枝分（軒総長で二枝）大きくとったとも判断されるため、軒の逓減は四枝を単位に構成されたとみることができる。しかし丸桁外の軒の出も逓減をもっており、上重に上るほど縮小している。初重の丸桁外の垂木枝数七枝は、上記のように基本計画で六枝と判断されるが、六枝の構成は三重までで、四重と五重は五枝としている。この結

図48　法隆寺五重塔の垂木割と各部寸法計画

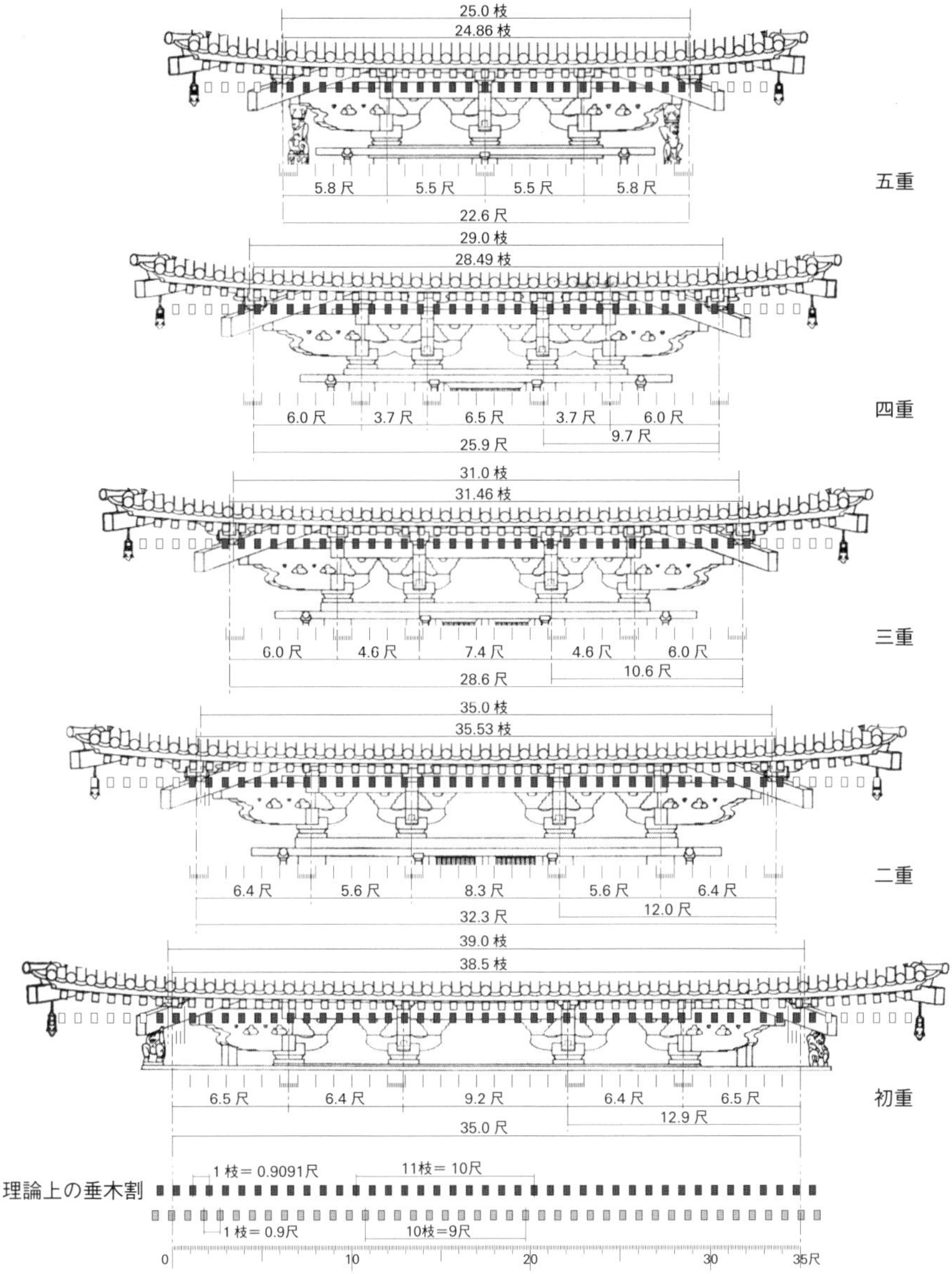

25.0 枝
24.86 枝
5.8 尺
5.5 尺
5.5 尺
5.8 尺
22.6 尺
五重
29.0 枝
28.49 枝
6.0 尺
3.7 尺
6.5 尺
3.7 尺
6.0 尺
9.7 尺
25.9 尺
四重
31.0 枝
31.46 枝
6.0 尺
4.6 尺
7.4 尺
4.6 尺
6.0 尺
10.6 尺
28.6 尺
三重
35.0 枝
35.53 枝
6.4 尺
5.6 尺
8.3 尺
5.6 尺
6.4 尺
12.0 尺
32.3 尺
二重
39.0 枝
38.5 枝
6.5 尺
6.4 尺
9.2 尺
6.4 尺
6.5 尺
12.9 尺
35.0 尺
初重
1 枝＝ 0.9091尺
11枝＝ 10尺
理論上の垂木割
1 枝＝ 0.9尺
10枝＝9尺
0
10
20
30
35尺

果、軒全体で四枝の逓減は、軒隅が一律でないから丸桁間の逓減では平均三枝半となる。計画上の丸桁間の逓減は、これに合わせて三枝と四枝を交互にとることになったと考えられる。しかし検討したように、五重は半枝の制御が困難なため、あらかじめ丸桁間を半枝分拡大したようであり、さらに各重丸桁間は完数化の過程を経ている。このため丸桁間寸法の逓減が複雑な様相を呈することになった。

二・四　法起寺三重塔

五重塔の造営尺度に言及した従来の議論は、金堂において手がかりとなった垂木割が、塔では明確に見出すことができないため、法起寺や法輪寺の三重塔に手がかりを求めてきた。高麗尺〇・七五尺ないし唐尺〇・九尺とする単位寸法が塔にも想定された背景には、これらの三重塔の存在が大きい。したがって法起寺三重塔を採り上げて検討を加えておこう。

奈良・法起寺三重塔は、法隆寺五重塔よりも少し遅れて七世紀末から八世紀初めにかけて建立されたとみられ（註13）、法隆寺五重塔の初重、三重、五重に倣ってつくられたと考えられてきた（註14）。また三重は、平安時代に大きな改造を受けたことも予想されている。

法隆寺五重塔と比較したとき、法起寺三重塔の顕著な特徴は、垂木割と柱間とが一定の相関を保っているようにみえることと、各重総間の大きさが法隆寺五重塔とほぼ同様であるにもかかわらず、組物の出が一段と小さいことである。このため初重丸桁間寸法に、丈や五尺の倍数となる整った完数値を想定することが困難だが、実測値三二・〇一三尺に従って三丈三尺と判断することが妥当であるように思われる。このとき造営尺度は〇・九七〇一尺と算出される。この値は一〇尺に一一枝（〇・九〇九……尺）を配する垂木割では、法隆寺五重塔以上に割り切れず、三六・三枝分に相当する。しかしこの想定に基づいて各部寸法を算出すると、表7に掲載したように、各部の値は明快な完数値を示しており、初重丸桁間寸法を三丈三尺とした想定に、妥当性があることを物語っている。

初重の柱間構成は、従来、法隆寺五重塔と同様とみなされてきたが、総間寸法が二寸小さい（註15）。脇の間を同大としながら中の間を法隆寺五重塔より二寸小

表7　法起寺三重塔の各部寸法計画

単位：尺

		修理工事報告書 実測値	換算値 (0.9701換算)	垂木 枝数	1丈／11枝 による理論値	推定 計画寸法
三重	柱間	5.32	5.484	6	5.4545	5.5
	総間	10.639	10.967	12	10.9091	10.9 +1寸 11.0
	組物出	5.372	5.538	6	5.4545	5.5
	丸桁間	21.384	22.043	24	21.8182	21.8 +2寸 22.0
	柱間＋組物	10.692	11.022	12	10.9091	11.0 +1寸 11.0
二重	中の間	6.999	7.215	8	7.2727	7.3 −1寸 7.2
	脇の間	4.402	4.538	5	4.5455	4.5 +1寸 4.6
	総間	15.804	16.291	18	16.3636	16.3
	組物出	5.372	5.538	6	5.4545	5.5
	丸桁間	26.549	27.367	30	27.2727	27.4
	脇間＋組物	9.774	10.075	11	10.0	10.0
初重	中の間	8.762	9.032	10	9.0909	9.1 −1寸 9.0
	脇の間	6.204	6.395	7	6.3636	6.4
	総間	21.170	21.823	24	21.8182	21.8
	組物出	5.422	5.589	6	5.4545	5.5 +1寸 5.6
	丸桁間	32.013	33.0	36	32.7273	33.0
	脇間＋組物	11.626	11.984	13	11.8182	11.8 +2寸 12.0

さくしており、総間寸法の相違がそのまま中の間の寸法に反映している。これは基準となる一〇尺に一一枝を配する垂木割一〇枝分の近似値九・一尺から一寸を差し引くことで現れた完尺柱間とみることができる。法隆寺五重塔では一寸を加えているが、これは丸桁間寸法に現れる端数となる垂木歩みの処理の方向が異なったもので、技法として同じものである。

二重丸桁間寸法、三重丸桁間寸法は、各々実測値二六・五四九尺、二一・三八四尺で、造営尺度の換算値は二七・三六八尺と二二・〇四三尺となる。それぞれ二七・四尺、二二・〇尺の完数寸法が予想できる。二重中の間では、完数化して七・三尺となるところ七・二尺とし、端の間もどちらかといえば四・五尺となるところを四・六尺とした判断は初重と同様で、丸桁間寸法との適合を求めた調整と考えられる。ただ、三重については先に総間寸法を一一・〇尺として各柱間を決めたようにも思われる。

一方垂木割は、**図48**に示したように、竣工図面に描き加えた〇・九尺（大尺〇・七五尺）の垂木歩みのモデルによく適合しており、法隆寺五重塔で認められた一〇尺／一一枝の垂木割（**図48**下部に掲載）では適合しない。従来指摘されてきた垂木割の判断が妥当であったことを示している。しかしもしこの値が柱間寸法をも制御する単位寸法であったとすれば、各重総間の隅柱真に垂木真が合致していなければならない。しかし、やや異なる垂木歩みをもつ三重はもちろん、初重、二重ともわずかな相違であるが、柱上の垂木が間内に向かって踏み出しており、真が合致する収まりを認めることができない。図49に明らかなように、初重中間の柱真だけが例外的に垂木真と合致しているにすぎないのであるから、〇・九尺の垂木割の値が柱間寸法の単位として機能している、とする従来の見方は成立しないであろう。

したがって法起寺三重塔の垂木歩みは、各部の完数化された柱間寸法が一〇尺／一一枝の垂木割に基づいていると考えられることに対し、実際の垂木の配付は、一枝寸法を独自に完数化し〇・九尺をとったとみることができる。なお、三重の垂木割に関しては、基本の垂木割に基づいたうえで、丸桁間全幅から一枝を抜いて配したようであり、平安時代の改修によるのかもしれない。

規模計画を進める計画の初期段階で、とくに積極的な与条件がなければ、ごく簡易な数値が現れると考える方が自然である。したがって、初重丸桁間寸法を三丈三尺とした規模計画は、自律的なものと考えにくい。指摘されてきたように、先行する法隆寺五重塔の影響の下で、初めて現れる数値であったと考えることができる（註16）。

二・五　法隆寺五重塔の高さ計画

塔の高さ計画については、高麗尺が予想されているにもかかわらず積極的な分析を行った例がない。塔の高さはいったいどのように計画されたのだろうか。手がかりを得るために、まず奈良時代末期頃の遺構と考えられている元興寺極楽坊五重小塔を対象に、この問題を考えてみたい（註17）。

修理工事報告書に掲載された各部実測値は、台座高さ一・〇尺、基壇高さ〇・四〇二六尺、初重高さ（基壇上端〜柱盤上端）二・七三九尺、二重高さ（柱盤上端〜柱盤上端）二・〇七六尺、三重高さ（柱盤上端〜柱盤上端）二・〇四三尺、四重高さ（柱盤上端〜柱盤上端）一・九九七尺、五重高さ（柱盤上端〜露盤下端）

図49　法起寺三重塔の垂木割と各部寸法計画

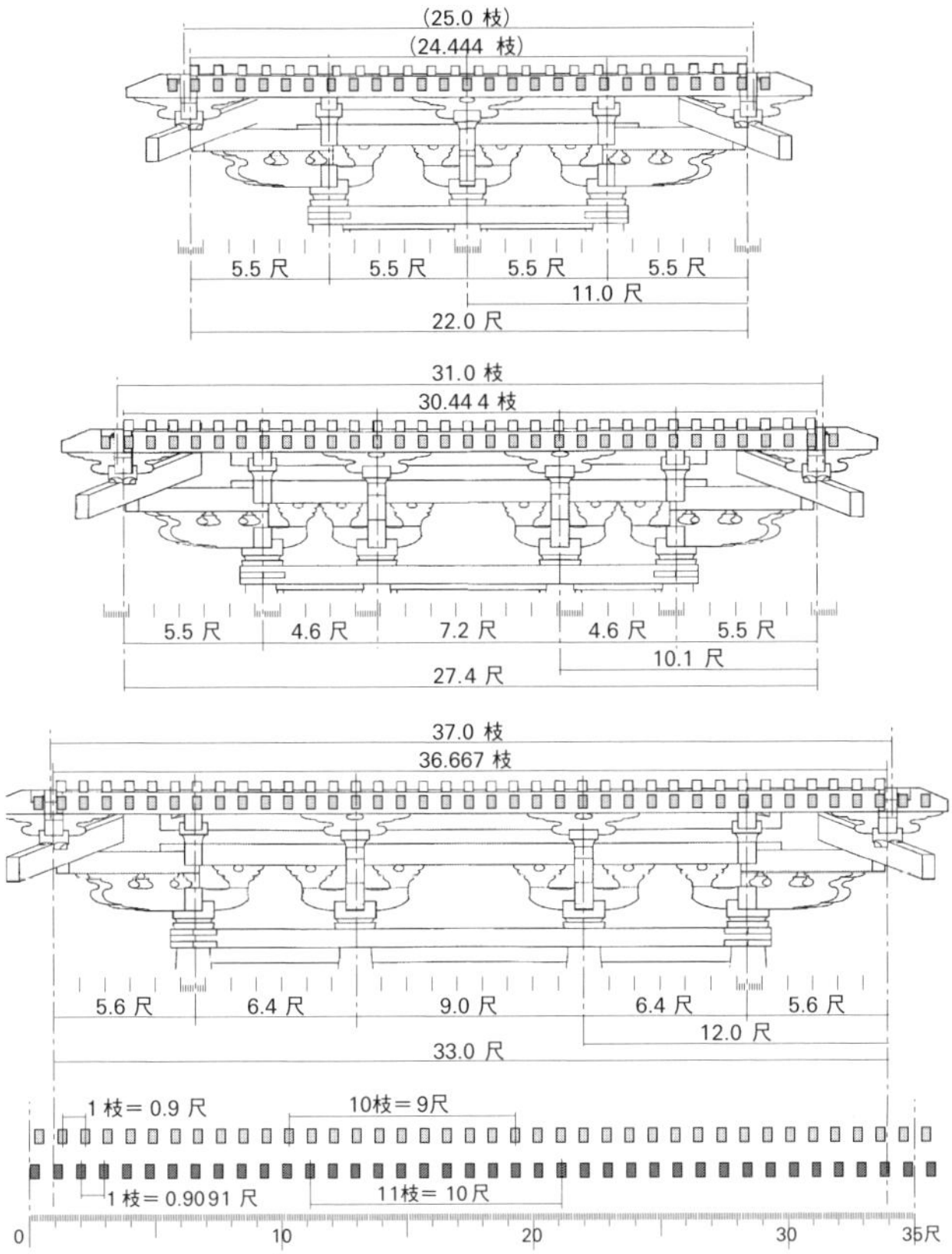

一・九七三尺、相輪高さ（露盤下端～相輪頂）七・三二九尺、全高は一九・五五尺である（註18）。造営尺度を〇・九七八尺とみたとき、台座、基壇を含む総高は二〇・〇尺ちょうどとなるから、この値を手がかりに計画寸法を復原すると、図50の右辺に示したように、相輪全高（露盤下端～相輪頂）は七・五〇尺、したがって塔総高の八分の三を占めている。通例の塔と比較して異常な大きさで、失われた元興寺五重塔など現実の塔を写したモデルとは考えられない姿であり、指摘されてきたとおりの特異な姿である。残った塔身の高さ一二・五尺のうち二重、三重、四重の合計がその半分にあたる六・二五尺を占め、残り半分の高さを台座、基壇、初重、五重の合計が占めるという寸法の区分が認められる。二重から四重にかけては、三重高さが六・二五尺の三分の一をとり、逓減を四分ないし五分として二重高さおよび四重高さを決定したもののようである。不詳の点も多く、また、雛形としての特殊な性格が含まれていることも予想されるが、それでも注目すべき点が見出される。

第一に、台座と基壇の高さを加えて総高を計画している、と考えられることである。建築であれば基壇を含む総高をもって計画されたことを示唆しているようで、前章で分析を試みた法隆寺金堂の高さ計画とも共通する特徴である。第二に、相輪を除いた高さのうちの半分を、二重、三重、四重の高さの合計に充てている点が注目される。また、各重の高さの基準となる位置は、柱盤上端位置、露盤下端位置と考えてよさそうである。これらを手がかりとして法隆寺五重塔の高さ計画を考えてみよう。

法隆寺五重塔は、流記資財帳に「一六丈」と記されているにもかかわらず、実際の高さはこれよりかなり低いことが指摘されてきた。また、修理工事の過程で、慶長年間の改修に際し、五重の屋根勾配を強め、これに伴って露盤を含む相輪が当初よりも「二尺六寸程」もち上げられたことが判明している（註19）。したがって法隆寺五重塔の建立当初の各部の高さは、

基壇高さ（現在の地表面～葛石上端）四・九五五尺、初重高さ（葛石上端～柱盤上端）一九・六七五尺、二重高さ（柱盤上端～柱盤上端）一三・三〇尺、三重高さ（柱盤上端～柱盤上端）一二・九二尺、四重高さ（柱盤上端～柱盤上端）一二・四六五尺、五重高さ（柱盤上端～露盤下端）一四・五一五尺（実測

図50　元興寺極楽坊五重小塔の高さ計画

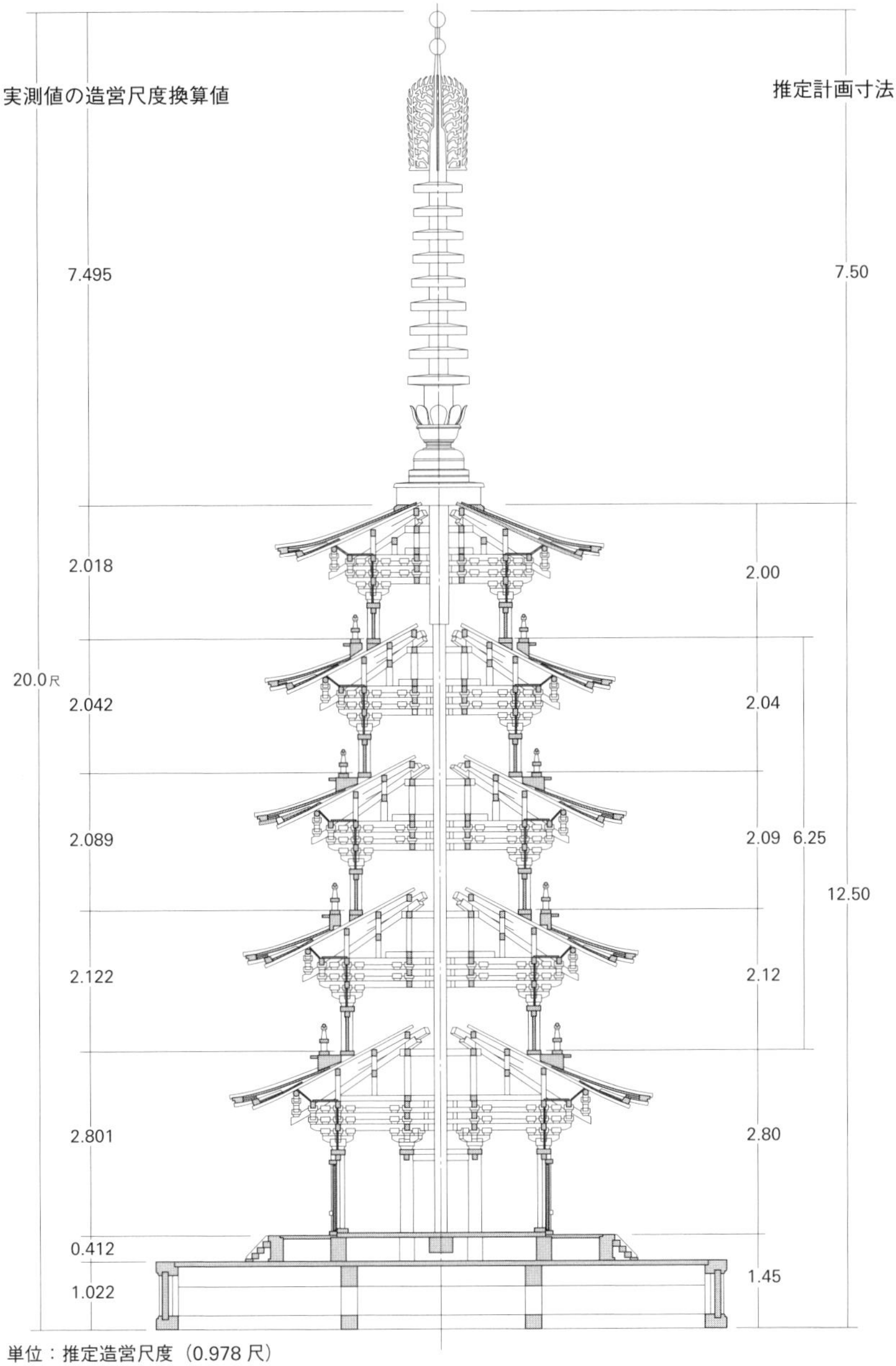

単位：推定造営尺度（0.978 尺）

値一七・一一五尺より当初覆鉢痕跡までの距離二・六尺を差し引く）、相輪高さ（露盤下端～相輪頂）三一・九六五尺、総高は、現状の地表面から塔の頂まで一〇九・七九五尺である。これらの値を、平面寸法の分析から推定された造営尺度〇・九六一六尺を用いて換算すると、地表面からの基壇高さ五・一五二尺、初重高さ二〇・四六尺、二重高さ一三・八三一尺、三重高さ一三・四三九尺、四重高さ一二・九六三尺、五重高さ一五・〇九五尺、相輪高さ三三・二三六尺である。総高は一一四・一七九尺と算出される。また、二重、三重、四重の各高さの合計値三八・六八五尺は、四〇・二三〇尺に換算される。

これらの換算値をみると、相輪高さは三三・〇尺、五重高さは一五・〇尺、二重、三重、四重の各高さの合計は四〇・〇尺と判断できる。各部が完数であった可能性を考慮してあらためて造営尺度を推定すると、〇・九六八六尺と算出される。また、塔の高さの寸法計画についても、唐尺による完数寸法計画であった可能性が高い。しかし総高は必ずしも平易な数値ではない。どのように考えればいいのだろうか。

基壇高さは修理工事報告書の記載に倣って、いったん葛石上端として算出したが、実際の高さは床上端や礎石上端などさまざまな可能性が残る。初重高さと基壇高さの合計値は、両者を区分する位置に関係なく一定であるからこの値に注目しよう。この値は実測値で二四・六三尺、造営尺度で換算すると二五・四二八尺である。やや大きめの数値であるから、下成基壇地覆石の上端を基準として初重上の柱盤上端までの高さを算出すると二四・二八五尺、推定された造営尺度で換算すると二五・〇七二尺、つまり二五尺と判断することができる。また同様に、下成基壇地覆石の上端から塔の総高を造営尺度で算出すると一一二・九九八尺、つまり一一三尺と判断される。実際の遺構は不陸や歪みを生じているから、高さ計画の基準となる位置が地覆石上端であったと断定することには無理がある。しかし総高を決定するための基準位置が存在したはずであるから、実測値から推定される妥当性の範囲内で検討すれば、基壇地覆石上端を基準位置と仮定することができる。

塔の総高は一一三・〇尺と判断することになったが、この内訳は相輪高さ三三・〇尺、残りを八〇・〇尺ちょうどとする。相輪高さは、あるいは「三十三天」など特別な意味を帯びた固有の数値の影響があったのかもしれない。相輪を除く塔本体の高さ八〇・〇尺のうち、二重から四重までの高さの合計は、本体の高さの半分である四〇・〇尺に相当し、三重の高さは造営尺度で一三・三三九尺と算出されるから、計画寸法は一三・三三……尺、つまり四〇尺の三分の一に相当していることがわかる。二重および四重の高さは、造営尺度でそれぞれ一三・七三一尺、一二・八六九尺であるから、計画寸法は一三・七三三……尺と一二・九三三……尺、したがって二重から四重までの高さの逓減寸法は〇・四〇尺と考えられる。高さの寸法を扱う場面ではあるが、この技法は二重から四重までの総高を三つに等分する技法を含むから、端数値の制御法として「総間完数制」に通ずる技法である。

残りの四〇・〇尺のうち一五・〇尺は五重の高さに、残り二五・〇尺が初重と基壇の合計高さに充てられる。基壇の高さは下成基壇地覆石上端から基壇葛石まで、造営尺度で四・七五九尺に換算される。基壇床上端や礎石上端が基準であったとしても五尺には届かず、しかし四尺五寸よりも大きな値である。完数としては曖昧な値だが、基壇と初重の高さの合計が初重上の柱盤上端で二五・〇尺ちょうどになることは、十分に注目される値である。

以上の検討を図51に整理する。垂木割計画と平面計画の分析の基礎となった、初重丸桁間寸法を三丈五尺と判断して算出した造営尺度〇・九六一六尺に近似する〇・九六八六尺を造営尺度と想定し、この値に基づいて実測値を換算したものである。各所に現れた値は、いずれも唐尺による完数寸法計画で、相輪高さ三三・〇尺、塔本体の高さ八〇・〇尺、五重の高さ一五・〇尺、基壇と初重高さの合計である二五・〇尺などの寸法値は、高麗尺では五重高さが一二・五高麗尺に換算されるほかはいずれも端数を導く値ばかりである。つまり法隆寺五重塔は、高さの寸法計画の検討を経ても、やはり高麗尺が用いられた可能性を認めることが困難であり、唐尺が可能性をもち得る唯一の尺度であることが確かめられることになった。

二・六　むすび——五重塔の造営尺度

法隆寺五重塔の寸法計画は、金堂と同様に初重丸桁間寸法に規模計画とも考えられる完数寸法を与え、

図51　法隆寺五重塔の高さの寸法計画

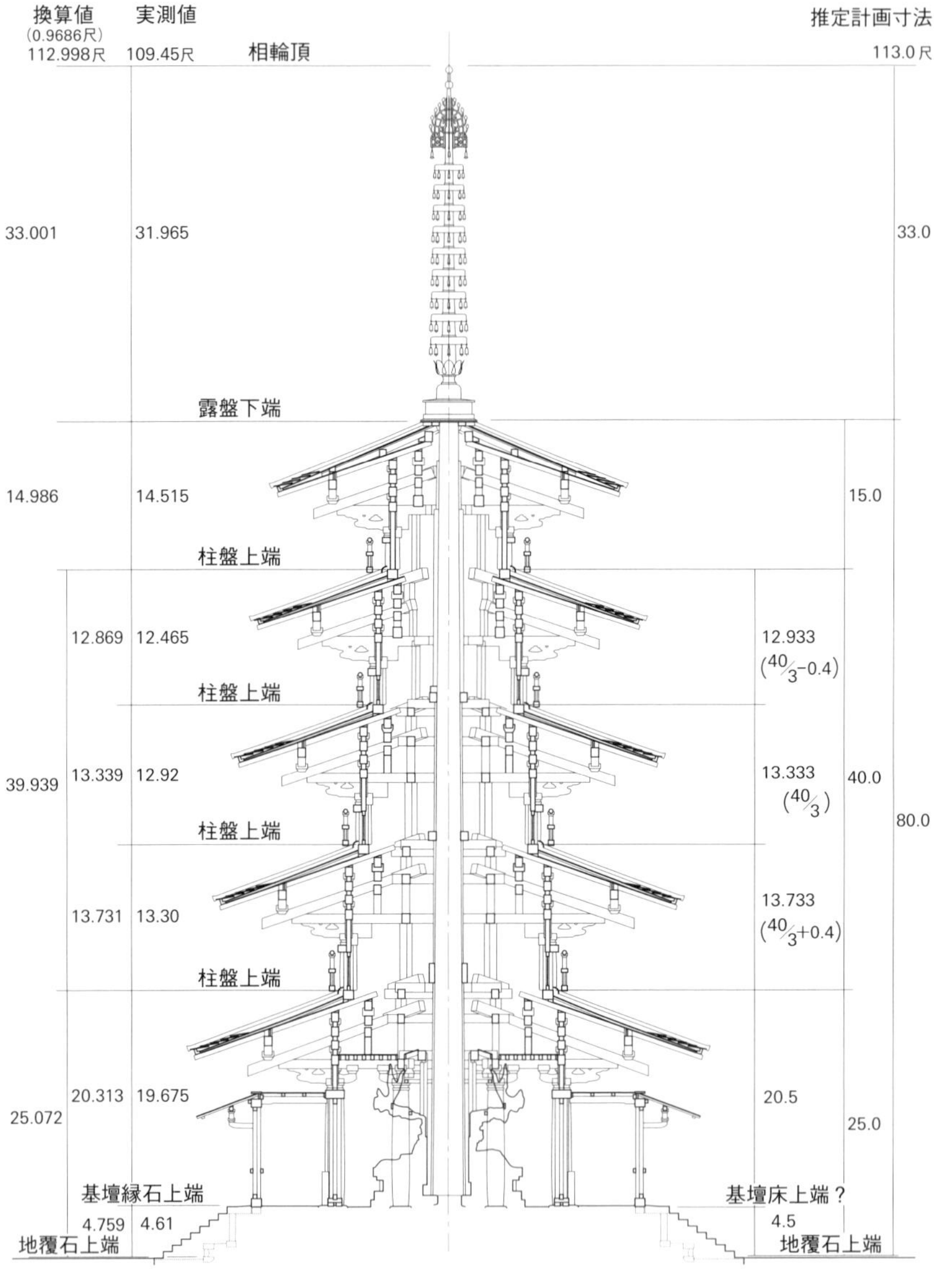
換算値
(0.9686尺)
112.998尺
実測値
109.45尺
相輪頂
推定計画寸法
113.0尺
33.001
31.965
33.0
露盤下端
14.986
14.515
15.0
柱盤上端
12.869
12.465
12.933
(40/3-0.4)
柱盤上端
39.939
13.339
12.92
13.333
(40/3)
40.0
80.0
柱盤上端
13.731
13.30
13.733
(40/3+0.4)
柱盤上端
20.313
19.675
20.5
25.072
25.0
基壇縁石上端
基壇床上端？
4.759
4.61
4.5
地覆石上端
地覆石上端

一〇尺に一一枝を配する垂木割計画を重ね、この垂木歩みを手がかりとして組物の出と柱間寸法を制御していると考えられる。垂木割は各部の柱間寸法の基準として機能し、各部寸法はこの基準に従った後、あらためて個々に完数化した、という手順を想定することができる。

また、垂木割から観察されるように、一見して唐尺で〇・九尺ないし高麗尺で〇・七五尺を単位寸法とするようにもみえる法起寺三重塔においても、完数化の過程を想定して子細に検討すれば、五重塔と同様の垂木割計画が潜在し、各部の寸法基準として機能している。しかし最終的に調整を受けた垂木の割り付けは、おそらく法隆寺五重塔の経験を経て、一枝寸法を二次的に完数化して〇・九尺に従ったと考えられる。塔の設計技術については不明な点が多いが、両塔は、基本計画の垂木割（一〇尺／一一枝）に従った逓減と各部の制御によって塔のシルエットをつくり出そうとしている、と捉えることができるから、理念としては中世の塔の設計技術と異なるところがない。端数値を自在に実現することが不可能なため、各部に調整が加わるが、その調整はできるかぎり垂木割計画に沿おうとする意図も見てとることができる。

以上の議論は、関野、村田、竹島のすべての先行研究が認めてきた、五分の値を伴う端数柱間寸法を想定するものではない。各重の丸桁間寸法、各柱間寸法、斗栱間寸法は、少なくとも寸の単位の完数によって十分な説明が可能である。また従来、高麗尺〇・七五尺（唐尺〇・九尺）をもって先行研究が想定してきた「単位」ないし「支」と捉えられてきた議論も、唐尺の一〇尺に一一枝の垂木割に従った計画と判断することができる。またこの単位は、高さ計画の分析においては、見出すことが困難であったことも指摘しておかねばならない。

さて、関野は、五重塔の初重総間の二分の一をもって、五重総間に充てたと判断した。この指摘は計画方法としてわかりやすく積極的に受け継がれてきたようである。しかし述べてきたように、寸法計画の基準は丸桁間寸法にあると考えられるため、関野の推定を追認できる確かな根拠を見出すことはできなかった。丸桁間寸法が先行して決定される寸法計画としてみれば、総間の寸法計画は二義的で、相対的に結果的なものと判断される。他の遺構をみても、初重と五重の総間が同様の関係をもつ例はないため、法隆寺五重塔の特殊性ばかりが際立ち、計画法としてかえって奇異に映る。初重総間の二分の一を五重総間に充てたとする計画は、積極的に存在したとは判断し難い。

以上の検討から、五重塔もまた、金堂と同様に高麗尺（大尺）が使用された可能性は考えられず、唐尺（小尺）の可能性だけが残ることになった。

註

1 関野貞『日本の建築と芸術　上巻』岩波書店　一九四〇
法隆寺の造営尺度が大尺であったとする議論は、周知のように明治三八年二月の『史学雑誌』で発表されたもので、非再建論の論拠として主張された。当時は「高麗尺」「唐の大尺」（＝唐尺）という用語が使われている（足立康編『法隆寺再建非再建論争史』龍吟社　一九四一）。

2 「大尺」と「小尺」という名称は、「高麗尺」「唐尺」と呼ばれていたものを、「令」の呼称に倣って呼び変えたものである（宮本長二郎「尺度と建築」『古代史発掘9　埋れた宮殿と寺』講談社　一九七四）。しかし大宝令・雑令に「小尺」という名称は存在せず、呼称として注意を要する用語と思われる。しかし研究史で共有されてきた用語であるため、上記の問題を踏まえて「小尺」を用いる。

3 村田治郎「法隆寺の尺度問題」（初出は一九四九）『法隆寺建築様式論攷』中央公論美術出版　一九八六
大尺と小尺の「両者の間に甲乙はない。ただ強いてとがめ立てすることが許されるならば、……少しく唐尺の方が優れていると見てもよかろう」と判断されている。

4 『法隆寺国宝保存報告書第十三冊　国宝法隆寺五重塔修理工事報告』法隆寺国宝保存委員会　一九五五
技法調査の項では、高麗尺と唐尺の両方の分析を行い結果を比較しているが、それぞれに有利、不利があることを認め、判断を保留している。

5 前掲・註1

6 竹島卓一『建築技法からみた法隆寺金堂の諸問題』中央公論美術出版　一九七五
この議論は、金堂の垂木割計画の傍証として採り上げたものである。五重塔の垂木と柱間との関係が不明瞭なため法起寺、法輪寺両三重塔を含めて論じている。

7 浅野清『法隆寺建築綜観』便利堂　一九五三　および『昭和修理を通して見た法隆寺建築の研究』中央公論美術出版　一九八四

8 岡田英男「西院伽藍と若草伽藍の造営計画」『法隆寺発掘調査概法Ⅱ』法隆寺　一九八三　同「飛鳥時代の造営計画」『研究論集Ⅲ』奈良国立文化財研究所学報第四七冊　奈良国立文化財研究所　一九八三・三（いずれも『日本建築の構造と技法［下］岡田英男論集』所収　思文閣　二〇〇五）

前章でも触れているが、岡田は伽藍の寸法計画の分析を進め、塔の造営尺度も大尺と判断している。しかし竹島、浅野が大小二つの尺度を併記して検討している点について言及はなく、大尺に限定する論拠も明確ではない。

9 濱島正士『日本仏塔集成』中央公論美術出版　二〇〇一
「初重総間が復原尺（高麗尺）で一八尺と見られており、……各重の柱間寸法は〇・七五尺を一単位とした、後世の枝割に似た明快な比率で決められて」いると判断している。岡田説と同様に、大尺だけを採り上げた根拠が示されていない。

なお、『日本建築史基礎資料集成十一　塔婆I』（太田博太郎監修　中央公論美術出版　一九八四）の法隆寺五重塔の解説では「各重の平面の大きさは垂木割にしたがって決定されている。垂木は一支が高麗尺の七寸五分で配され、初重では中の間と両脇間が一〇支、七支の二四支とし……」とある。垂木割による柱間計画も高麗尺の使用も自明のように記しているが、垂木割計画を法隆寺五重塔から直接導き出すことは難しい。

10 前掲・註4

11 註6では、金堂の垂木割計画の傍証として塔を採り上げ「……五重塔にも当嵌まるかどうかと期待をもって観察すると、垂木の配列がでたらめで……」と指摘されている。しかし寸法上は、垂木割の方が柱間寸法より基本計画に忠実である。なお、中間を一辺とする正八角形を予想して中の間と脇の間の大きさを生み出した可能性についても指摘している。岡田（前掲・註8）はおそらくこの指摘を受けて正八角形に言及し、中脇比が$\sqrt{2}:1$となることを指摘している。しかし柱間比例決定説、および特殊な比が用いられたとする議論は、日本建築の設計技術として想定できる確かな根拠がない。

12 金堂では柱真と垂木木間真とが合致しているように見えるが、隅柱外から軒先までは一枝が広がる傾向にあり、木間真が丸桁真を踏んでいない。塔にも軒隅の乱れが見られるが、金堂のように顕著なものではない。

13 『国宝法起寺三重塔修理工事報告書』奈良県教育委員会　一九七五

14 太田博太郎監修『日本建築史基礎資料集成十一　塔婆I』中央公論美術出版　一九八四

15 前掲・註14
法起寺三重塔について「初重・三重では法隆寺塔との違いは〇・〇一尺程度で同じ大きさといって差し支えない」とする指摘があるが、実測値を比較することに意味があるとは思えない。本書では造営尺度が異なると捉えているため、両塔の初重総間を同寸とは判断していない。三重総間は指摘されたとおり同一寸法と思われる。

16 寸法計画は、一面で数の操作という性格をもっている。したがって計画のごく初期の段階では、数の自律的な性格がそのまま反映する傾向が強い。山田寺金堂の正面総間の五丈、法隆寺講堂の正面総間一〇丈などは、規模計画（したがって寸法計画の初期段階）が数に依存する特質を示す好例である。

17 前掲・註14
奈良時代末頃の建立が想定されているが、鎌倉時代に大きな改修も予想されている。昭和二六年から行われた本堂解体修理の際に発見された古材に基づいて、昭和四二年に始まった修理工事の際に「ほぼ制作当初の姿に復原された」ものである。

18 修理工事報告書および『日本建築史基礎資料集成十一　塔婆I』に記載された寸法値はいずれもメートル表記のため、尺に換算した。

19 前掲・註4
「心柱は相輪に入って頂に近い部分に元禄の繼木があり、それから下の古材の部分の周囲には幅二寸内外、厚さ三分程の板を打付けてあったが、板は元禄の繼木との繼手の部分には以前にも繼木が施されていたことを示す鎹（かすがい）穴が残っていた。……略……

心柱の伏鉢から二尺六寸程下がったところに緑青錆の附着したもと伏鉢の取付けられていたことを示す痕跡が残っていた。その痕跡からもとの屋根の高さが判り、もとの屋根勾配は現状よりかなり緩いものであったことが判明した」としている。

大岡實（『南都七大寺の研究』中央公論美術出版　一九六六）は、相輪の当初位置に関する調査結果に対し、「いまその規模についてみると、法隆寺は現在高さ一〇七・四四尺あるが、五重屋根の勾配を復原すると一〇五尺ぐらいになる。飛鳥尺（曲尺の一尺一寸七、八分に相当する）で計画したとすれば、九丈の計画であろうか」としている。この議論は基壇を含まずに塔本体の高さをもって考察している。

第三章　中門と回廊

竹島卓一は、金堂の分析において枝割制に近い計画方法を想定して分析を試みたが、中門においても、金堂の場合と同様に、高麗尺の〇・七五尺（唐尺の〇・九尺）を垂木割の基準寸法と考え、柱間寸法がこの値の倍数で計画されたとする判断を示している。しかしこの試みは、中門を金堂の分析のための傍証の範囲で扱ったもので、下重、上重の逓減を高麗尺の「八支＋一尺」とみなすなど、垂木割と完数が混在する、設計方法として想定するにはやや難しい議論も含まれている。さらに各部の柱間寸法計画では、必ずしも確かな方法を提案するに至っていない（註1）。また澤村仁博士は、正面総間寸法を高麗尺の〇・七五尺を一支とする支割に従い、四五支分（三三・七五尺）と判断し、梁行の柱間寸法、端間の柱間寸法を高麗尺の完数とみなし、関野の指摘に従って梁行中央間を一〇・〇尺、端の間を七・〇尺とみなしている。澤村の議論は、関野の分析で同一とみなされた正側の中央間が、〇・一尺の寸法差をもつことに対応した解釈であると思えるが、側面に完尺の柱間構成を認めながら、正面の柱間構成は支割で計画されたとする点に、やや違和感が残る（註2）。

回廊については、伽藍計画を対象として戦前から行われた図法的解釈以外に、冷静な寸法分析は修理工事報告書の技法調査に限られる。ただ、修理工事報告書は、高麗尺を用いて各部の換算値を挙げるに留まっており、造営尺度の問題を積極的に採り上げていない（註3）。あらためて検討すべき対象である。

金堂、塔に続き、中門と回廊の分析を行うが、中門は、明治に修理工事を受けてのち大きな調査の機会に恵まれず、調査資料が限られている。このため、関野が用いた明治時代の実測調査資料を用いて論述を進める。村田治郎、竹島卓一、石井邦信などの先達が対象とした関野論文に掲載された実測資料を用いるもうひとつの理由は、同一の数値資料に基づく方が先行研究との議論の相違が鮮明になると考えられるためでもある。ただ、一部の柱間寸法は後述するように『奈良六大寺大観』記載の寸法資料を用いることとする。金堂および塔を対象に行った分析結果を手がかりに、これらの寸法資料を用いて造営尺度の推定と計画手順の復原を試みるとともに、数値資料が限定されているが、丸桁間寸法を推定し、可能なかぎり規模計画についても検討することとしたい。

三・一　はじめに

関野は「法隆寺金堂塔婆及中門非再建論」のなかで、中門の分析については多くを語っていない。しかしその主旨は、「法隆寺中門寸尺調査表」に掲載された数値資料から推察することができる。関野は完数の項目で、下重正面の中の間を高麗尺で一〇・〇尺、端間を七・〇尺、正面総間を三四・〇尺、側面総間二四・〇尺と判断している。しかし関野が示したそれぞれの完数は、高麗尺に換算された実測値に基づくもので、これらの値は、下重正面中央間九・七七九尺、端間六・九二一尺、正面総間三三・四尺、側面総間二三・七三三尺である。**表8**に掲載したように、完数とみなされた値と高麗尺に換算された実測値とのあ

表8　中門各部実測値と換算値

		中央間	端間	総間			中央間	端間	総間
上重正面	実測値	8.95	6.5	30.9	上重側面	実測値 #	7.4	6.1	19.6
	高麗尺換算値*	7.611	5.532	26.276		高麗尺換算値	6.292	5.187	16.666
	高麗尺完数*	7.6	5.5	26.2		高麗尺完数*	6.3	5.2	16.7
	唐尺換算値	9.1	6.6	31.4		唐尺換算値	7.5	6.25	20.0
下重正面	実測値	11.5	8.14	39.28	下重側面	実測値	11.63	8.14	27.91
	高麗尺換算値*	9.779	6.921	33.401		高麗尺換算値*	9.889	6.921	23.733
	高麗尺完数*	10.0	7.0	34.0		高麗尺完数*	10.0	7.0	24.0
	唐尺換算値	11.8	8.2	40.0		唐尺換算値	11.8	8.2	40.0

＊の項目は，関野貞「法隆寺金堂塔婆及中門非再建論」記載の寸法資料と関野の判断による完数である。ただし『奈良六大寺大観』記載寸法とわずかに異同のある上重側面の端の間と総間の実測値（#）は，後者の数値を掲載した。同項目の高麗尺換算値は，関野の換算に倣って算出する。唐尺換算値は下重正面総間寸法を40.0尺とみた換算値0.982尺を用いて算出する。

いだに、見過ごせない寸法差がある。下重中央間では二寸以上の違いがあり、下重正面総間では六寸もの相違が認められる。この現象は、換算値をやや大きめにとっても解消しない現象である。

また、下重正面中央間の実測換算値九・七七九尺と同側面中央間の実測換算値九・八八九尺、つまり一寸以上の相違のある二つの柱間をいずれも高麗尺で一〇・〇尺と判断し、同一の柱間寸法とみていることにも問題が残る。一方、関野が高麗尺に併置して掲載した唐尺の換算値は、下重総間寸法を四〇・〇八一尺、上重側面総間を二〇・〇七一尺としているから、完数との相違はわずかに七、八分にすぎない（註4）。つまり、金堂に高麗尺が想定されたことや個々の柱間が尺単位の値をとるという想定などを先入観とせずに、中門の数値資料だけを見れば、高麗尺の想定にはやや無理があり、唐尺を想定する方が自然である。それでも「柱間自由決定説」の立場から見れば、澤村の指摘のように、側面中央間を高麗尺で一〇・〇尺、端の間を七・〇尺とする見方には一定の説得力があるように見える。しかし、側面を完数と判断したにもかかわらず正面総間を「支割」で行ったとする判断は疑義が残る。中門の難解さを象徴する結論である。独立した建築と異なり、中門が回廊と接続する特別な存在であることを考慮すれば、「柱間自由決定説」を前提とするよりも、正面総間寸法を、唐尺で四〇・〇尺と判断した村田の議論の方が無理がないように思われる（註5）。

前章までの検討過程で述べたように、塔の各部の寸法についても金堂上重の柱間寸法についても、そして中門の様相についても、唐尺の可能性を否定して高麗尺の使用を支持できるだけの確かな論拠は見出せない。先達の議論を冷静に点検してみれば、村田が唐尺の可能性を指摘したにもかかわらず、中門の造営尺度をやや一方的に高麗尺とみなし続けてきた研究史は理解し難いものがある（註6）。中門の正面総間に唐尺で四〇・〇尺の値を充てたとする村田の指摘を手がかりに、あらためて唐尺の可能性を突き詰めてみることが最重要の課題であると思われる。

竹島の垂木割計画の可能性の指摘を受けて、金堂、塔の分析では、中世前期の垂木割の技法を手がかりとして分析を試みた。これは一〇・〇尺（一丈）を基準寸法として一一等分することで獲得する垂木割の計画である。法隆寺中門の場合も、下重総間を四〇・〇尺と捉えたとき、ここに垂木四四枝（柱真に垂木が載る。四四枝分に相当）が配されているから、金堂、塔の垂木割計画と同様に、唐尺を用いて一〇尺に垂木一一枝を配して得られる一枝寸法（〇・九〇九……尺）を想定することができる。

正面総間を四〇・〇唐尺の完数値とみなせば、中門の造営尺度は尺で〇・九八二尺であるから、この値を目処に新旧の尺の換算値とみておきたい。

三・一・二　中門各部の寸法分析

中門の丸桁間寸法については関野の論考に記載がないが、『奈良六大寺大観』に明治期の実測図に描かれた垂木の本数と一枝寸法、組物の長さについて記載がある（註7）。垂木の本数と一枝寸法から丸桁間寸法を求めると、下重正面〇・八七尺×五八枝、同背面〇・八八六尺×五七枝、東側面〇・八九尺×四四枝、西側面〇・八三四尺×四七枝、上重正面は〇・八五尺×四九枝、同背面〇・八三四尺×五〇枝、東側面〇・八六六尺×三五枝、同西側面〇・八三四尺×三七枝と判断される。これらの値を先に述べた換算値を手がかりに見ると、下重側面丸桁間寸法は、東面三九・八七七尺、西面三九・九一六尺となって四〇・〇尺の計画であった可能性が予想される。ここから換算値を導くと、現尺で〇・九七九尺になる。このとき下重正面丸桁間は五一・五四二尺、同背面五一・五八五尺、上重正面丸桁間四二・五四三尺、同背面四二・五九四尺、上重東側面丸桁間三〇・九六尺、同西側面丸桁間三一・五二尺である。

下重側面総間は二八・四尺、丸桁間寸法四〇・〇尺から、組物の出の寸法（斗栱間）は五・八尺と算出される。同正面総間寸法四〇・〇尺から、実測値がやや短いが、正面丸桁間寸法は五一・六尺とみなされる（註8）。上重側面の丸桁間寸法は東西で乱れがあるが、丸桁間寸法の逓減が九・〇尺であることを手がかりに三一・〇尺と判断することになり、同総間寸法二〇・〇尺から斗栱間寸法は五・五尺とみなされる。上重正面丸桁間寸法は、逓減九尺から四二・六尺、総間寸法は三一・六尺と判断される。このとき正面総間の逓減が側面の逓減八・四尺に合致するから、実測値に乱れがあるが、以上の数値をもって計画寸法と判断することができる。組物の出の実測寸法については下重で最大四寸、上重で二寸の寸法差があり、数値の乱れが大きいことに留意する必要がある。しかし、下重総間寸法四〇・〇尺と上重側面総間寸法二〇・〇尺とともに、下重側面丸桁間寸法が四〇・〇尺、四四枝であることに注目して数値の整合性を求めた。各柱間寸法を完数とみて**表9**に整理する。

しかしこれだけでは、上重の柱間構成を中心に不明な点が残る。下重側面丸桁間から確かな垂木割が確認されたので、これを手がかりに仮想のモデルを用いて検討しよう。**表10**は、下重側面の柱間と丸桁間寸法、垂木割を手がかりとして、もし垂木割が柱間に影響を与えたとすれば、どのような計画が可能であるかを想定したモデルである。表の中で強調した数字は、完数寸法をもとに想定した計画寸法が、垂木割のモデルと相違する値である。垂木枝数の倍数による端数柱間寸法を仮想した値、および枝割制ではないから各部寸法に垂木割に最も近似する完数を加えた。下重側面の垂木割と実測値から導かれる素直な柱間構成は、中央間一一・八尺（一三枝）、端の間八・二尺（九枝）とし、斗栱間を五・九尺（六・五枝）とするものである。この構成を前提としたとき、正面の柱間構成は、側面の中央間をさらに一間加えるという、簡易な計画によって実現したと考えることができる。このとき正面総間寸法は、四〇・〇尺ちょうどになる。ただ、正面丸桁間寸法は五一・八尺となって実測値から想定された値より〇・二尺大きくなる。この問題については後に述べる。

二重の丸桁間寸法は、一〇枝（九・〇尺）の逓減をとって側面では三一尺、正面では四二・六尺とする。斗栱間は実測値に近い値である六枝（五・五尺）と判断した。このとき上重側面総間寸法は二〇・〇尺になる。上重側面の柱間構成は、いったん表のように区分したが、実測値の様相は、中央間を七・五尺とし、残りを両端の間に振り分けて端の間を六・二五尺としたようである。上重正面の柱間構成は、全体が奇数枝であるから必然的に半枝をもつ柱間が現れるが、中央間を実測値に合わせ、端の間に半枝が現れると判断した。

表10の想定と実測値が食い違う点は、想定したモデルの方が、初重の中央間が一寸大きく端の間は一寸小さいこと、また斗栱間が一寸大きいことである。さら

表9　各部実測寸法と計画寸法の推定

		斗栱間	端の間	中央間	総間	丸桁間
上重桁行	正面各部寸法	―	6.5	8.95	30.9	41.65
	背面各部寸法	―	6.5	8.95	30.9	41.7
	計画寸法	5.5	6.7	9.1	31.6	42.6
	垂木枝数	6	7.5	10	35	47
上重梁行	東面各部寸法	―	6.1	7.4	19.6	30.31
	西面各部寸法	―	6.1	7.4	19.6	30.858
	計画寸法	5.5	6.25	7.5	20.0	31.0
	垂木枝数	6	(7)	(8)	22	34
下重桁行	正面各部寸法	―	8.14	11.5	39.28	50.46
	背面各部寸法	―	8.14	11.5	39.28	50.502
	計画寸法	5.8	8.3	11.7	40.0	51.6
	垂木枝数	6.5	9	13	44	57
下重梁行	東面各部寸法	―	8.14	11.63	27.91	39.16
	西面各部寸法	―	8.14	11.63	27.91	39.198
	計画寸法	5.8	8.3	11.8	28.4	40.0
	垂木枝数	6.5	9	13	31	44

に正面丸桁間は、上下重ともに想定したモデルの方が二寸大きい。このモデルを手がかりに、どのような計画の過程が考えられるのか推定してみよう。

柱間寸法に現れる寸の単位は、垂木割を想定しないかぎり説明が困難である。そうであれば、五重塔の分析において検討したように、場合によって、垂木割に最も近似する完数をとることが必ず可能とは限らないことに注意したい。

逓減の寸法は、表9から、丸桁間で九・〇尺、総間で八・四尺とするが、モデルとして想定した表10では、丸桁間九・〇尺、総間八・二尺である。これは本来、丸桁間寸法の逓減を一〇枝（九・〇九〇九……尺）、総間の逓減を九枝（八・一八一八……尺）としたことに起因する値と判断される。したがって正面の下重丸桁間の垂木枝数が五七枝、上重丸桁間が四七枝、側面の下重丸桁間四四枝、上重丸桁間は三四枝とする構成であったと考えられる。これらの垂木枝数に最も近似する完数寸法は、正面下重丸桁間五一・八尺、上重丸桁間は四二・七尺、側面下重丸桁間四〇・〇尺、同上重丸桁間三〇・九尺である。

各部の垂木割に最も近似する完数をとっていくと、

表10　中門各部の寸法計画モデルと遺構の各部寸法

		斗栱間	端の間	中央間	総間	丸桁間
上重正面	垂木枝数	6	7.5	10	35	47
	枝割による計画寸法	5.455	6.818	9.091	31.818	42.727
	最近似完数	5.5	6.8	9.1	31.8	42.7
	遺構の各部寸法	5.5	**6.7**	9.1	**31.6**	**42.6**
上重側面	垂木枝数	6	(7)	(8)	22	34
	枝割による計画寸法	5.455	(6.364)	(7.273)	20.0	30.909
	最近似完数	5.5	(6.4)	(7.3)	20.0	30.9
	遺構の各部寸法	5.5	**6.25**	**7.5**	20.0	**31.0**
下重正面	垂木枝数	6.5	9	13	44	57
	枝割による計画寸法	5.909	8.182	11.818	40.0	51.818
	最近似完数	5.9	8.2	11.8	40.0	51.8
	遺構の各部寸法	**5.8**	**8.3**	**11.7**	40.0	**51.6**
下重側面	垂木枝数	6.5	9	13	31	44
	枝割による計画寸法	5.909	8.182	11.818	28.182	40.0
	最近似完数	5.9	8.2	11.8	28.2	40.0
	遺構の各部寸法	**5.8**	**8.3**	11.8	**28.4**	40.0

表10に示した上重側面の構成は、垂木割に従って柱間を構成すれば七枝（六・三六四尺）と八枝（七・二七三尺）となる可能性が高いが、このとき、最も近似する完数はそれぞれ六・四尺、七・三尺となって合計である総間寸法が二〇・一尺となる。逓減から算出される丸桁間寸法三〇・九尺に従って、斗栱間寸法は五・四尺になる。この組物を上重正面総間に与えれば、総間寸法三一・八尺に加算して、丸桁間寸法は四二・六尺という値になる。しかし、いったん丸桁間寸法を決定しながら、上重側面の総間を二〇・〇尺に整えようとして斗栱間を拡大することをめざしたらしい。丸桁間寸法を守れば斗栱間寸法は五・四五尺になるが、この値が実現できないため五・五尺とする変更があったようで、このため丸桁間寸法が〇・一尺拡大して三一・〇尺となり、この結果、側面では逓減が九・〇尺に変化することになった。

　上重正面では、斗栱間の変化を総間の縮小で実現することで丸桁間寸法をそのままとしたが、側面の逓減に合わせるため、基本計画で五一・八尺とした下重丸桁間寸法を、上重丸桁間に九・〇尺を加えた五一・六尺に変更することになったと考えられる。

図52　法隆寺西院中門立面図

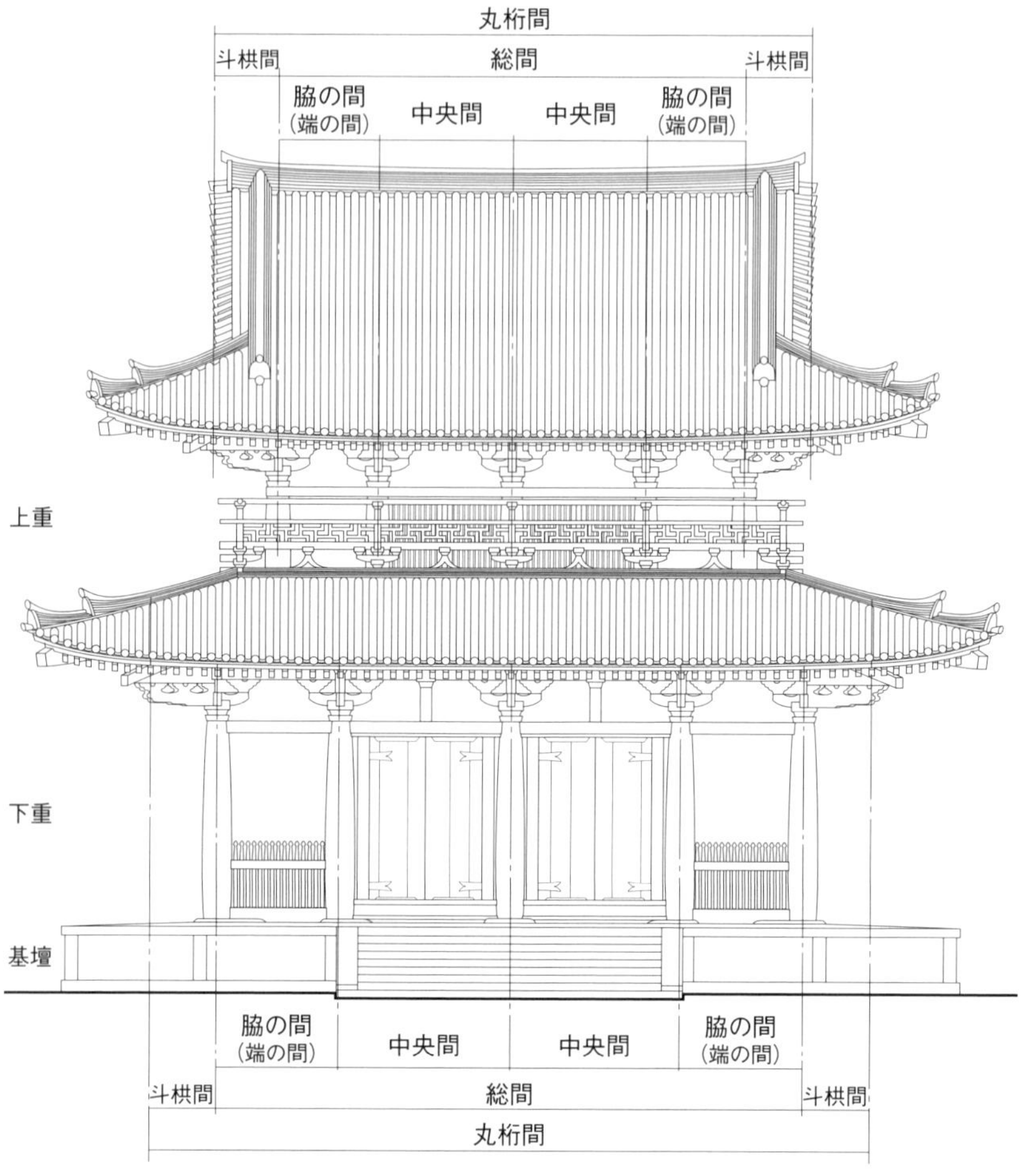

以上の手順によって実現した丸桁間及び総間の寸法に従って各部の柱間寸法を調整する必要が生ずるが、〇・二尺縮小した正面総間では、側面へ影響を与える斗栱間と端の間を除外して調整しようとすれば、中央間からそれぞれ〇・一尺を減じて一一・七尺に変更する以外に方法がない。ところがこの変更は、下重総間寸法四〇・〇尺を三九・八尺に変化させてしまう。これを修正するため八・二尺としていた隅の間を拡大して八・三尺とすることになったようである。しかし丸桁間寸法は逓減に従って固定しているため、端の間の〇・一尺の拡大は、五・九尺としていた斗栱間を五・八尺に圧縮することになった。組物と端間の変更は下重側面にも影響を与えるが、端の間寸法と丸桁間寸法の合計に変化がないため側面中央間には影響がなく、二八・二尺であった総間寸法が変化して二八・四尺に拡大することになった。この結果が表10のうちそれぞれの最下段に示した中門各部の現状である。

計画過程の推定は、さまざまな可能性が考えられる。しかし、下重側面の丸桁間寸法が四〇・〇尺であること、ここに四四枝の垂木を配していること、正面総間寸法がやはり四〇・〇尺であり垂木四四枝を配すること、上重側面総間が二〇・〇尺であること、この各柱間と上重正面の端の間が垂木割から大きく離れていること、下重の正側中央間がわずかに〇・一尺の相違をもつことなど、多くの現象が論理的に説明できる計画の手順を予想すれば、考えられる可能性は限られたものである。

三・一・二　中門の造営尺度

中門の柱間寸法計画については、竹島が「従来の尺度論では完数が得られにくく、最も難物と目される」と指摘したように、難解な遺構と考えられてきた。解体修理工事などの機会に恵まれず不明な点も多いが、下重側面丸桁間寸法、下重正面総間寸法、上重側面総間寸法の三か所に、唐尺で丈の単位をとる平易な寸法が認められること、一丈を基準とする垂木割計画が柱間寸法計画に影響を与えていると考えられることから、唐尺が使われたことは確実であり、同時に、高麗尺を想定することは、ほぼ不可能なことと判断される。

なお、中門の高さに関する詳細な寸法値は不詳だが、実測図面から推定される全高（正面基壇下から大棟中央部上端まで）は、おそらく五五・〇尺である。また、上重柱盤の上端が全高のちょうど半分の位置に合致するようである（註9）。

三・二　回廊

古代伽藍の配置計画は、大宝令・雑令の記述「凡度地……皆用大」が手がかりとなって、地割の単位として、また造営尺度として、高麗尺の使用が予想されてきた。このため、発掘調査資料に基づく伽藍配置の調査研究でも、積極的に高麗尺を当てはめた寸法分析が進められた。第一部で採り上げたように、七世紀に遡る伽藍遺構に関する議論は、長谷川輝雄博士、服部勝吉博士、高田克己博士、岡田英男博士らの伽藍計画の分析研究など、いずれも高麗尺を用いたとする前提で分析が行われている。とはいえ四者の議論は、$\sqrt{2}$比例などの想定を認める風潮も含めて時代の制約のなかで考えられた議論であり、現在の視点からみれば、伽藍の寸法分析として再検討を要する問題を抱えている。

古代遺構で唯一、回廊を含めて中枢部を残す法隆寺伽藍の分析については、修理工事報告書においても高麗尺の使用を想定した寸法分析が掲載されている。「各部調査」の項では、各部の実測値を高麗尺によって換算しているが、金堂および五重塔の解体修理工事報告書が大小二つの尺度の可能性を比較し、造営尺度の性急な断定を避けて慎重に扱ってきた姿勢と比べて著しい対照をみせており、分析や造営尺度の探求というより、各部の実測値を高麗尺に換算して示したにすぎないものである（註10）。しかし最近になって、山田寺回廊を対象とした分析では、興味深いことに唐尺を想定した議論が現れている（註11）。山田寺伽藍の分析については後に触れる。

先行する各章を経て検討を進めてきたテーマは、山田寺金堂址、同復原回廊建物、法隆寺金堂、五重塔、中門の造営尺度の実長を解明することであった。山田寺金堂址は、発掘調査資料から整理された実測数値から、そして法隆寺の各遺構の柱間寸法計画は、垂木割計画を手がかりに計画手順を復原的に辿ると、唐尺を用いて計画されたと考えるほかはなく、高麗尺使用の可能性は認められない、とする結論に至った。したがって、回廊だけが高麗尺で計画された可能性が本当にあるのかどうか、あらためて検討する必要が生じている。この分析は、回廊の寸法計画とともに金堂、塔、中門の配置計画の検討を含むものである。

三・二・一　回廊細部の実測値

まず、回廊の柱間寸法に注目しよう。この柱間は、先行研究では高麗尺で一〇・五尺（一・一六三八尺）とみなされている。しかし三七〇三㎜と計測された実測値（柱間ごとに実測値の乱れが報告されている）は、換算値がわずかに異なるが、唐尺で一二・五尺（換算値〇・九七七六尺）とみることも十分に可能である。垂木割に注目すると、復原図面の垂木の位置は、柱間一本おきに柱真と垂木真が合致し、また柱真を垂木が手挟んでいる（註12）。したがって二間にわたって垂木二五枝を配しているから、垂木歩みが唐尺で一・〇尺に相当することがわかる。金堂、塔、中門の垂木割（基本計画）が一丈に垂木一一枝を配したとみたから、回廊の垂木割は、一枝寸法を一尺としたと判断するよりも一丈に垂木一〇枝を配する垂木割計画を用いたと判断する。同様の垂木割の遺構は、述べたように薬師寺東塔・身舎（天平二年・七三〇）、唐招提寺金堂（宝亀年間・七七〇～七八〇）などが認められた。回廊の垂木割計画は、単に平易な寸法計画をめざしたばかりでなく、金堂、塔、中門各遺構の垂木割計画に対し、垂木密度に相違を与えることを意図して選択されたものだと考えられる。

垂木割を手がかりに唐尺の可能性が認められたことを前提に、あらためて回廊の断面各部の実測値に注目しよう。図54は、修理工事報告書の記載図面に基づいて再描画したものである。回廊の内柱の礎石高さと外側の柱の礎石の高さが異なっている。いま、外側の礎石の高さを基準とすると、丸桁上端までの値三五七九㎜は、唐尺で一二・〇尺ちょうど、棟木上端までの値四一七九㎜は一四・〇尺ちょうどとみることができる。外柱高さ二七八八㎜は九・四尺、礎石上端から内柱天まで二六九七㎜は九・一尺に換算できる。図54に示したように、連子窓の高さ六・〇尺、長押高さ〇・三尺、大斗成一・〇尺など各部位、部材の高さについても唐尺がよく適合する。各部の寸法は、唐尺と簡単な換算関係にある高麗尺によっても相応に適合する可能性が予想される。しかし垂木割計画については高麗

図53　法隆寺西院伽藍の各部実測寸法

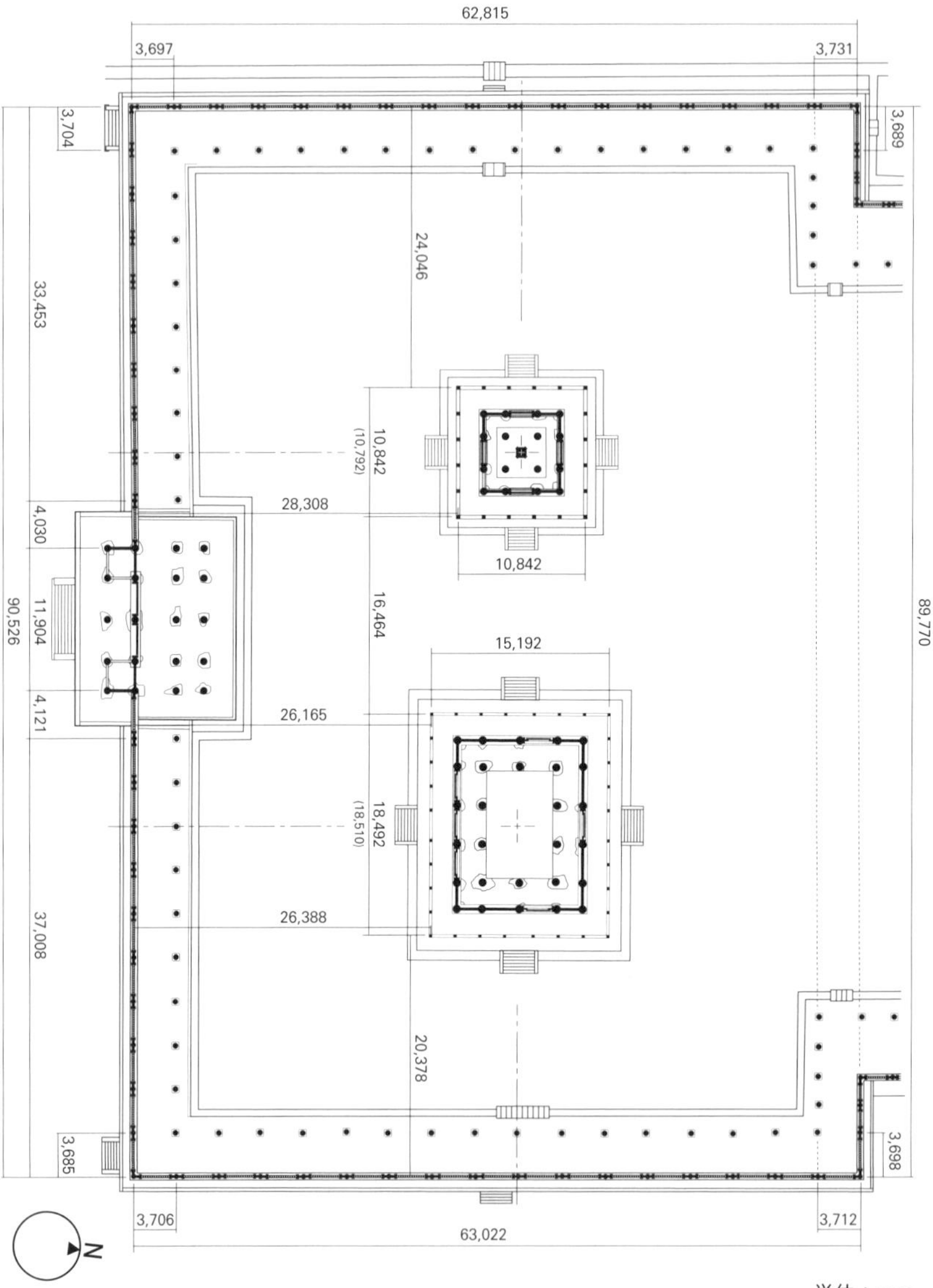

単位：mm

図54　法隆寺回廊の細部寸法

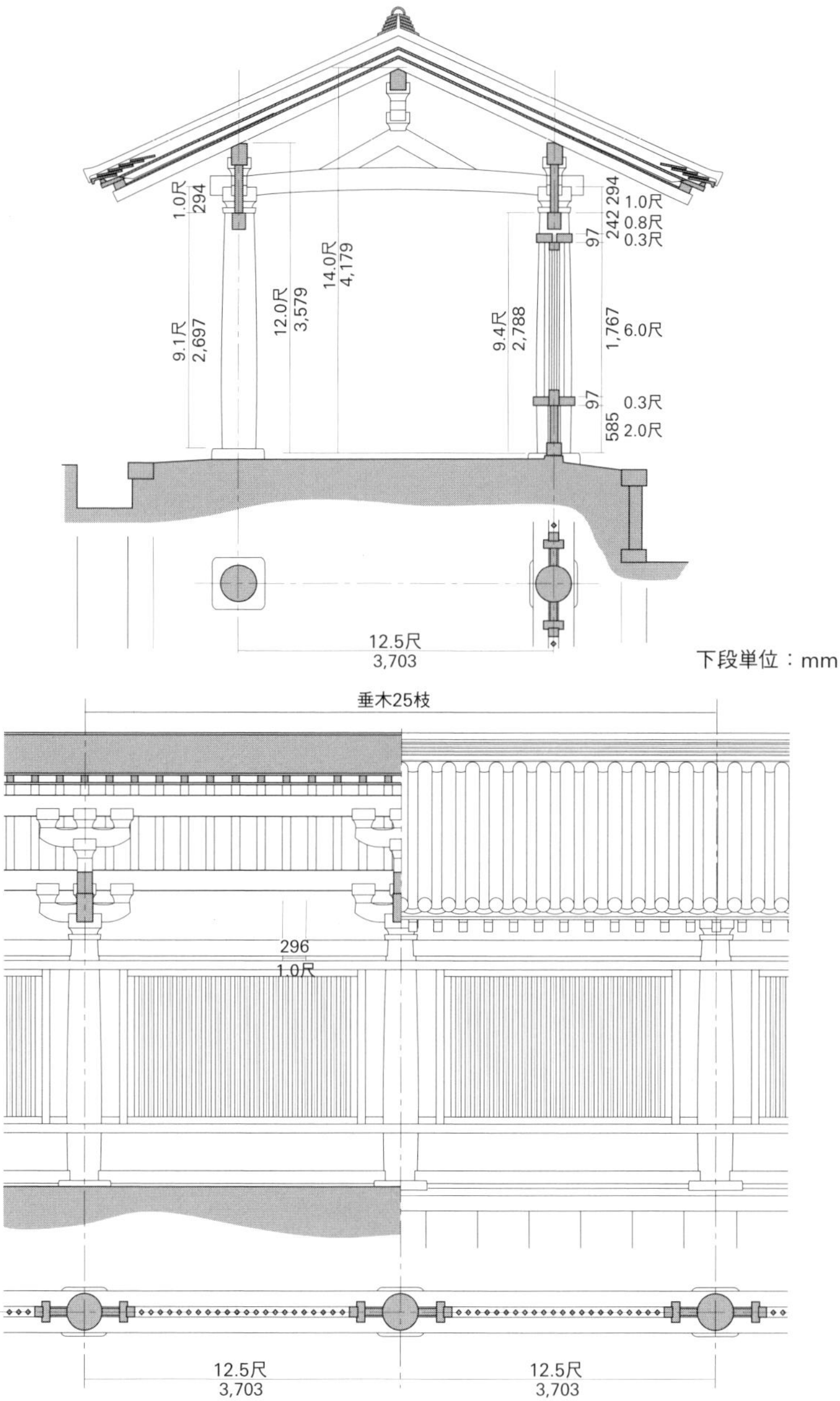

尺では説明が難しく、唐尺が用いられた可能性を強く示唆するものである。

三・二・二　山田寺回廊

法隆寺回廊の寸法計画は、同時代の特殊な例であるのか類例があり得るのか、検討を加えておくべき問題である。山田寺回廊は夥しい部材が発掘されて精度の高い復原が行われており、この結果、法隆寺回廊の構成とよく似ていることが指摘されてきた。山田寺の回廊を採り上げ、検討を加えておこう。

出土した山田寺回廊の各部寸法については、第二部で触れたように、高麗尺を想定して検討された結果に対し、唐尺を想定した場合も同等以上に完数となる部位が認められることを指摘したが、現在は、造営尺度として唐尺（一尺＝三〇二・四㎜）を用いたと考えられるようになった。この結果、高麗尺で一〇・五尺と考えられていた回廊柱間寸法は、唐尺で一二・五尺と捉え直されている。これは先に述べた法隆寺回廊と同じ寸法計画である。また、回廊規模は、回廊南北幅を唐尺三〇〇・〇尺から柱間一間（一二・五尺）を差し引いて二八七・五尺と計画し、東西全幅は二八〇・〇尺とみなされた。計画の手順を含んで考察された妥当な判断と考えられるが、もう少し検討を加えてみよう。

金堂と塔の位置は、「伽藍計画の基準点が伽藍中心（回廊中心）にあり、この基準点から北と南に回廊南北全長の六分の一もしくはその近似値の位置に塔と金堂を配した可能性と、伽藍計画の南北方向の基準線がまず回廊南柱筋にあり、ここを基準に北へ回廊南北全長の三分の一もしくはその近似値の位置に塔、回廊南北全長の三分の二もしくはその近似値の位置に金堂を配した可能性がある」とする。つまり、回廊南北全幅（二八七・五尺）が基準となって、南北を三等分し、三分の一ずつの間隔を保って金堂と塔の配置計画がなされたと考えられている。しかし金堂と塔の真々間隔は、回廊南端（南側柱筋真）～塔真（二八二一三㎜）、回廊北端（北側柱筋真）～金堂真（二八七五三㎜）の二つの実測値に比べてやや長く二九九六九㎜と報告されている（註13）。この値は二八七・五尺を三等分したのではなく、基準となった三〇〇・〇尺の中央に南北一〇〇・〇尺の間隔をとって金堂と塔を配置する計画であった、とみるほうが理解しやすい値である。回廊南北全幅は、三〇〇・〇尺の回廊南北の端から、それぞれから半間ずつを取り去って二三間の構成をとることで、規模と配置が決定されたと考えられる。一間分を差し引いた理由は、回廊総間を奇数柱間構成として、東面と西面の回廊中央に扉口を設けるためであろう。これは、単に二八七・五尺という南北幅の決定が三〇〇・〇尺の長さから導かれた、ということではなく、建物の配置計画の下敷きとして、南北三〇〇・〇尺という値が潜在していることを意味している。

二八〇・〇尺と考えられた回廊東西全幅は、桁行三〇・〇尺と予想された中門の左右に、それぞれ一〇間（一二五・〇尺）の回廊を接続した数値と考えられている。南北回廊が平易な基本計画からの調整と見られることに対し、東西回廊幅は部分の加算の結果として全幅にたどり着いた、という手順ともみえる意見であるため、やや違和感が残る。南北幅と同様に全幅を三〇〇・〇尺とし、ここから調整した可能性を考えてみる必要がある。**図55**は、基本計画が三〇〇尺四方であった状態を下敷きとして、その上に復原図面を描いたものである。全二四間の全幅から、柱間を単位として増減することで規模を制御しようとすることが、計画の基本的な考え方のようである。しかし、一間を単位としてこれを取り去って東西を対称に構成しようとすると、回廊南北全幅と同様に両端から半間ずつを取り去ることになり、回廊の柱歩みが半間分位置をずらす。この結果、総間桁行三〇・〇尺と考えられた中門の側柱と回廊の柱とが極端に接近する。この状態は回廊柱間を単位とするかぎり二間であっても三間であっても必ず起こることである。したがってこれを回避するために東西全幅から一間半を差し引いた可能性が予想される。

図55はこの状態を描いたものである。中門と回廊の取り付きはこれで問題が起こらないと思われるが、しかしこの調整は回廊の北辺の柱間構成に影響を与える。回廊北辺の中央で、柱間二間半分の長さを二間に割り直す作業が必要になるためである。この柱間は、基本計画のままでは三一・二五尺を等分し、各一五・六二五尺になるであろう。端数柱間寸法の出現を嫌い、二次的な調整が加えられた可能性も予想される。半間六・二五尺を五尺に置き換えれば、回廊北辺中央の柱間は一五・〇尺が二間並ぶことになり、発掘

図55　山田寺伽藍の計画寸法

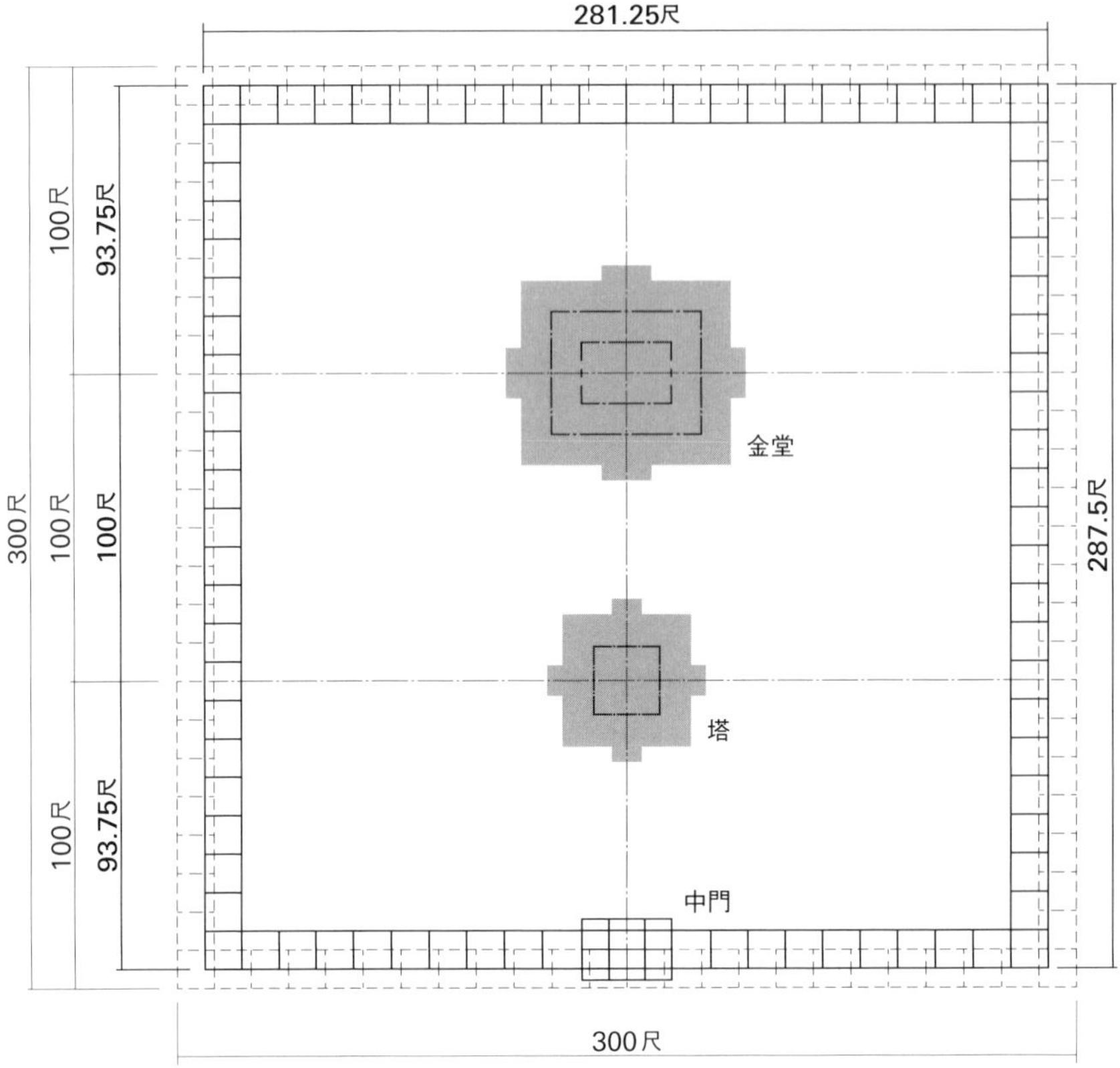

300尺四方を基本計画とした場合の伽藍の様相を示す。南北幅は300尺から回廊柱間1間（12.5尺）を差し引いたと考えられた。東西幅は280尺と考えられた。このとき中門（正面30尺）と計20間の回廊とが、回廊柱と中門端柱の間隔も12.5尺となって無理なく連続する。ただ、計画の考え方として、300尺から柱1間半を差し引くという操作も予想することができる。回廊の柱歩みのなかに中門を配置しようとすれば、回廊柱歩みを半間分ずらすという操作が最も考えやすいためである。しかし最終的な寸法計画は、回廊の半間に当たる長さを忠実に用いるのではなく、完数の利便性から5尺とした可能性が高い。

から推定された柱間寸法に合致する。また、中門桁行総間が三〇・〇尺と考えられたが、このとおりであれば、中門側柱と回廊柱との距離は、回廊柱間寸法と同寸という構成が実現する。

山田寺回廊は、一辺を唐尺で三〇〇・〇尺とする正方形の区画を基本とし、一〇〇・〇尺を八等分して獲得される柱間寸法一二・五尺を単位として回廊柱間にあて、さらに回廊規模の調整も、考え方として、この単位を手がかりに行ったと考えてよいであろう。この計画に基づいて東西幅は一間半を、南北幅は一間を、それぞれ三〇〇尺から差し引くことを基本計画としたと考えられる。このとき回廊東西幅は、唐尺で二八一・二五尺、回廊南北幅は二八七・五尺となる。ただ、東西幅は一間＋五・〇尺（一七・五尺）を差し引くことで、端数寸法の柱間の出現を回避し、中門を無理なく回廊に組み込むことになったと考えられる。

三・二・三　法隆寺伽藍の寸法計画

山田寺伽藍の分析を手がかりに、法隆寺回廊について検討しよう。現在の法隆寺西院回廊は、北辺の両脇で屈曲し、一部に経蔵、鐘楼を連ねた後、講堂両脇に接続しているが（図53）、もとは北辺をそのまま結んだ東西に長い矩計の平面を形成していた。回廊平面はかなり歪んでおり、各辺の長さが異なっている。修理工事報告書の実測値では、各辺の柱間総間寸法は南辺九〇五二六㎜、北辺八九七七〇㎜、西辺六二八一五㎜、東辺六三〇二二㎜である。いずれがより基本計画を忠実に反映しているか、判断は難しいが、正面である南辺の実測数値は、より注目すべきであろう。

回廊各辺の実測値を、回廊柱間を一二・五尺とみなした際の換算値（造営尺度＝二九六・二四㎜、現尺で〇・九七七六尺。唐尺を想定する）をもって換算すると、南辺三〇五・五八尺、北辺は三〇三・〇三尺、西辺は二一二・〇四一尺、東辺は二一二・七四尺となる。南辺と北辺は三〇〇尺に近いがわずかに大きく、西辺と東辺は二〇〇・〇尺に柱間一間を加えた値に近い。

それぞれ金堂と塔の中心を通る東西規準線を想定すると、回廊の北面外の隅柱から九本目、同じく南面隅柱から一〇本目の柱真に合致することは以前より注目され、回廊の南半で回廊柱間が一間分多いことで、金堂と塔の前面が広くとられていることも指摘されてきた（註14）。つまり金堂と五重塔の中心を貫く東西規準線を想定すると、この規準線で区分される回廊北半は八間、南半は九間という構成をとる。主要な原因は、南辺に取りつく中門が、金堂と塔の前面の空間を圧迫しないための処置であろう。しかしそればかりでなく、奇数柱間構成をとることで、中央間に入口を設けることも意図されたようである。回廊柱間寸法は一二・五尺と判断されたから、回廊北半の八間の寸法を算出すれば一〇〇・〇尺ちょうどである。したがって基本計画は、回廊の南北全幅を二〇〇・〇尺（一六間）としたと考えることができる。この基本計画に、中門を施設するため柱間一間分を南に張り出し、回廊南北全幅を二一二・五尺（一七間）に拡大した、という計画手順が想定される。

　金堂および塔の中心は、先に述べたように、回廊北辺の外の柱真から一〇〇・〇尺に位置する。さらに金堂の真は、回廊東辺の外の柱真から、南辺の九本目の柱真を通る南北規準線に合致すると見られるため、理論上、回廊東辺の外の柱真から、北辺との距離と同じく一〇〇・〇尺の位置にある。実測値は18,492/2mm＋20,378mm＝29,624mm、造営尺度で換算した値は一〇〇・〇尺である。一方塔は、回廊西辺の外の柱真から、回廊南辺の柱九本目の柱真を通る規準線を想定すると、実測値から算出した値が10,842/2mm＋24,046mm＝29,467mmとなるから、金堂真と回廊東辺の外の柱真との距離は、わずかに柱径半分ほどの相違があるが、金堂真の位置と同様の位置、つまり回廊西辺の外の柱真から東に一〇〇・〇尺の位置に、塔の真が合致する計画であったと考えられる。したがって金堂真は、北辺と東辺からそれぞれ一〇〇・〇尺の位置に、五重塔の真は北辺と西辺からそれぞれ一〇〇・〇尺の位置に置かれる計画であったと判断することができる。

　一方、東西幅については判断の難しい実測値である。三〇〇・〇尺よりもわずかに大きい実測値は、伽藍の中心軸から西に寄った中門の位置に関わる可能性が高い。中門の位置についても、すでに考察がなされている。岡田は「中門心は回廊心より回廊半分だけ西へ寄っている」と指摘する（註15）。この判断に従えば回廊東西幅は三〇〇・〇尺に柱間半間、六・二五尺を加えた可能性が予想される。しかし上述の換算値、南辺三〇五・五八尺、北辺三〇三・〇三尺）の実測換算値は短めで、柱間半間とみるのはやや無理がある。実測値に素直に従えば、三〇〇・〇尺に五・〇尺を加えた値と判断することが自然であろう。

寸法計画のうえで最も問題になるものは、中門の位置計画である。回廊南辺は、中門を挟んで西を一〇間、東を一一間とする。つまり中門の位置は回廊中央にはなく西に偏っている。中門の位置は、東西に金堂と五重塔を配置した回廊内部の非対称的な配置計画に合わせ、東側の大きな金堂と西の小さな塔との二つの建築と、相対距離を均等に保とうとした結果であることは容易に想像されるが、中門を布置した回廊の構成は、東西で一間の相違があるから、素直に捉えれば、中門は回廊柱間半間分西に偏った位置に建っていることになる。この状況を整理してみよう。

塔と金堂の規模の相違によって、中門の位置は、回廊東西幅の中央から西にずれた位置をとることがめざされたと予想できる。東西全幅三〇〇・〇尺、二四間の回廊南辺のなかで最も考えやすい中門の位置は、偶数間であるから中央の柱筋を理念上の中門の真とみなすと、西に柱間一間分移動した位置を、中門の真とする計画である。ところがこの位置では、中門が西に偏りすぎ、塔に接近しすぎてしまう。したがって、中央から半間分、西に移動した位置が妥当な位置と判断されるであろう。回廊と中門の位置関係の調整は、中門脇の回廊柱間の調整とともに、北辺の柱間の調整が付随する複雑に連鎖する問題である。

計画として考えられる計画は、およそ次の四つの選択肢が考えられる。

一　東西全幅三〇〇・〇尺のまま、回廊の真から半間分、中門の真をずらした場合

回廊東西幅を変更しないため北辺の柱間は影響を受けないが、正面総間四〇・〇尺の中門を配置すると、中門脇の回廊柱間寸法は一一・二五尺となって、他の回廊柱間よりも小さくなる。

二　東西全幅三〇〇・〇尺に回廊柱間の半間を加えた場合

回廊の柱歩みを調整する際に考えやすい計画であるが、このとき回廊の東西幅は三〇六・五尺、中門脇の回廊柱間一四・三七五尺、回廊北辺の中央柱間（二間）一五・六二五尺となり、複雑

な端数値が頻出する。

三　東西全幅三〇〇・〇尺に回廊柱間の半間に近似する完数六・〇尺を加えた場合
完数化を目指して半間の柱間寸法を六・〇尺、回廊の東西全幅を三〇六・〇尺とすると、中門脇の回廊柱間は一四・二五尺、北辺の中央柱間一五・五尺となる。

四　東西全幅三〇〇・〇尺に完数五・〇尺を加えた場合
回廊の東西幅は三〇五・〇尺、中門脇の回廊柱間は一三・七五尺、北辺の中央柱間一五・〇尺となる。

以上四つの選択肢のうち、四番目の五尺を加えた場合、最も完数寸法が現れやすいことがわかる。なお、中門がどのような大きさであっても、中門脇の回廊柱間寸法を、他の回廊柱間と同様に一二・五尺とする選択肢もあり得るであろう。中門の正面総間寸法が四〇・〇尺であるから、このとき回廊の東西全幅は三〇二・五尺、北辺の中央間一三・七五尺となる。完数寸法に注目すれば、先に挙げた第四の計画、回廊の東西全幅に五尺を加える計画の方が優れている。第一の選択肢も完数の値としてみれば問題のある選択肢ではないが、中門脇の回廊柱間が他の回廊柱間よりも小さくなることに問題があったように思われる。

　中門の正面総間寸法を完数寸法とし、回廊の長さを調整し、中門脇の回廊柱間と北辺の中央柱間とをいずれも完数柱間とすることは、特別な場合を除き成立しない。したがって中門脇の回廊柱間、回廊北辺の中央柱間に完数寸法を実現しようとすれば、今度は中門の総間寸法に端数が現れることを余儀なくされることになるであろう。

　先の章で論じたように、金堂と五重塔は、いずれも丸桁間寸法に平易な完数寸法を充てていた。しかし中門では、側面丸桁間に同様の計画が認められながらも、正面では丸桁間ではなく総間寸法に丈の単位の完数寸法を充てる計画が認められた。これは金堂、塔の計画方法とは異質である。しかし、回廊を巡る検討から、中門の寸法計画は、回廊の東西全幅の寸法、中門に取りつく回廊柱間寸法、そして回廊北辺の中央の柱間寸法に影響を与えるもので、したがって複雑な寸法計画を回避しようとすれば、中門の総間寸法に平易な完数を充てる方法が、ほぼ必然的な選択であったことが推察される。

三・二・四　伽藍の計画手順

伽藍の計画手順を整理し、**図56**に示す。推定される伽藍の基本計画は以下のようである。まず、東西総間寸法を唐尺で三〇〇・〇尺、南北総間寸法を二〇〇・〇尺とする回廊の規模計画を基本とする。この寸法計画は、金堂と塔の配置計画に関わっており、建物真々間の距離を一〇〇・〇尺として配置することを前提として現れたと考えられる。回廊の柱間寸法は、一〇〇・〇尺を八等分した一二・五尺とする（手順1を参照）。しかし、この基本計画のままで回廊の南辺中央に中門を設けると、回廊内の三つの建物の間隔が詰まりすぎると判断し、南側に向けて回廊の柱間一つ分回廊を拡幅し、南北の総間全幅を二一二・五尺に変更した（手順2）。

さて、中門の位置は、基本どおり回廊の中央に配置すれば、金堂と塔の規模の相違によって、やや金堂に接近した位置を占めるため、回廊の柱間一間分、西にずらすという選択肢がある（仮想1）。しかし図に明らかなように、これでは中門が西に偏りすぎるうえ、塔にも接近しすぎてしまう。したがって中門の相対位置は、回廊中央より回廊柱間の半間分程度、西に移動することが妥当と判断された、と考えられる。

しかし中門の位置を、単に中央から回廊柱間半間分西に寄せたのでは回廊柱位置とのとり合いが悪い。強引に組み込めば、仮想2に図示した状態となり、回廊の柱が中門に接近しすぎることが確かめられる。

中門の位置を決定するに当たり、回廊の柱間半間分の位置調整をしながら、同時に回廊の柱位置と齟齬を起こさないようにするためには、回廊の側で、柱の歩みを半間程度ずらす必要がある。このため回廊の東西全幅に半間分を加えるという調整が行われた。しかし、回廊長辺を三〇〇・〇尺から回廊柱間の半間分を加えて三〇六・二五尺に拡大すると、中門脇の回廊柱間と回廊北辺の中央の柱間のいずれにも複雑な端数寸法が現れてしまう。総間四〇・〇尺の中門隅柱と回廊柱との距離に、回廊柱間と同じ一二・五尺をとろうとすれば、回廊東西幅は三〇二・五尺になる（台形を呈する回廊平面は北辺が短いが、誤ってこの値あるいは

図56　法隆寺西院伽藍の計画手順

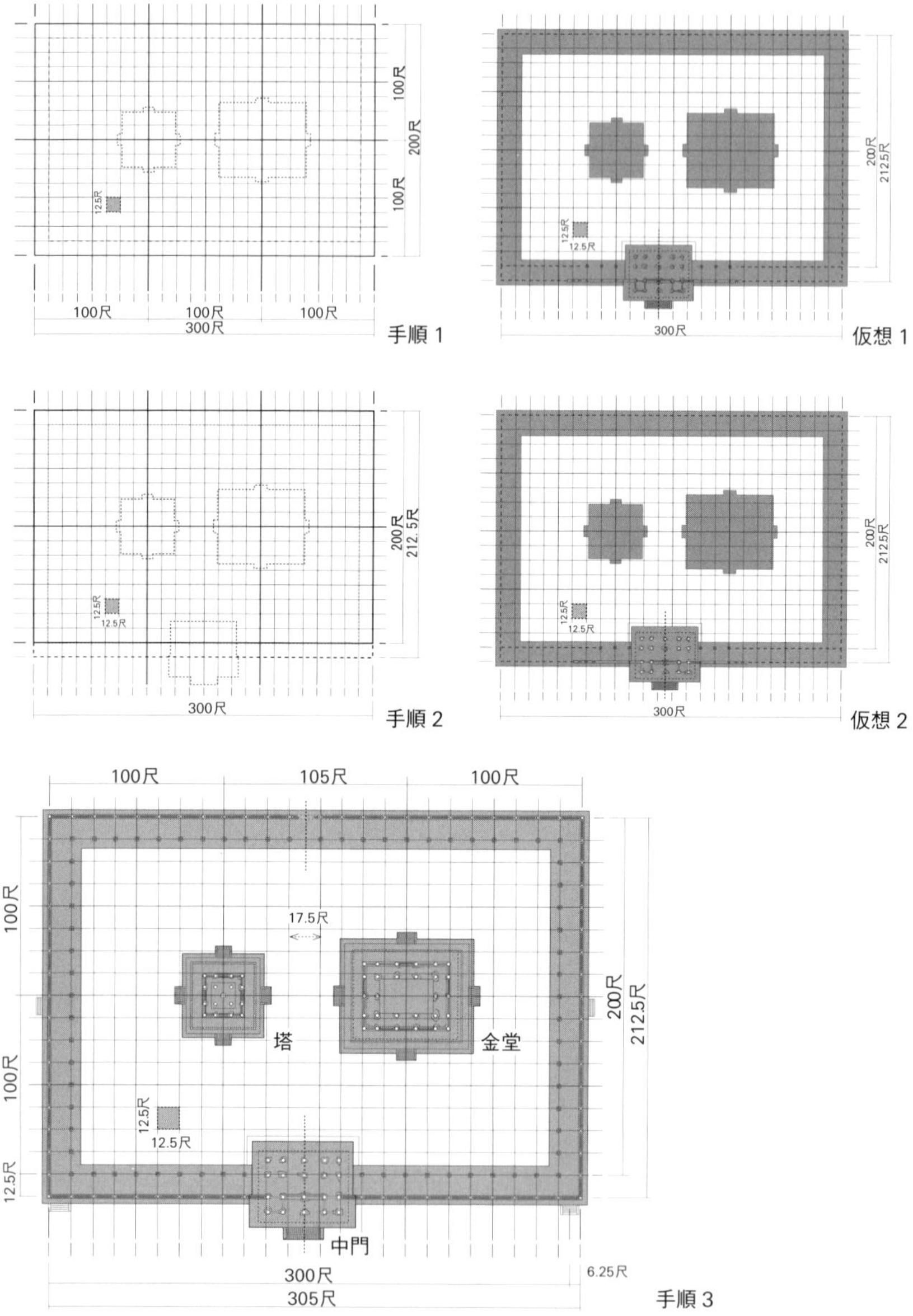

完数である三〇三・〇尺をとったのかもしれない）。しかしこの値も端数となり、東西幅に半間を加えた場合と同じ問題が起こる。このため、回廊柱間の半間に近似する完数寸法である五・〇尺を加えることで、各所の柱間に完数寸法を実現しようとした、と考えられる。加えられた五・〇尺の長さは、伽藍の中央に布置され、金堂と塔の一〇〇・〇尺であった真々間隔を一〇五・〇尺に拡大させる。この状態が手順3の図であり、法隆寺伽藍中枢部の理論上の最終的な寸法計画に従った姿を示している。

三・三　むすび――中門・回廊を制御する造営尺度

法隆寺の伽藍中枢各部の実測値に高麗尺を当てはめたとき、各部の換算値は、寸法計画の意図を理解できるような明快な値ではない。これに対し、唐尺を想定したとき、伽藍各部の実測値は、設計時の基本計画の意図と調整の過程をよく理解することができる。したがって、法隆寺西院伽藍の中枢部を制御した造営尺度は唐尺と考えるほかはなく、高麗尺の可能性は消失したと判断することができる。

　基本計画の考え方は回廊東西幅を唐尺で三〇〇・〇尺、南北幅を二〇〇・〇尺とするもので、一〇〇・〇尺を単位とする明快な計画である。山田寺金堂の正面総間を五〇・〇尺としたこと、法隆寺講堂の正面総間を一〇〇・〇尺としたことなどと同じく、複雑な与条件をもたない場合、寸法計画の初期的段階は、用いる数の特質に全面的に依存することを物語っている。寸法計画は一面で数の操作という特質をもち、数的処理を行う過程で数の特質に依存する。古代の数的処理の特質を考慮すれば、伽藍の寸法計画が唐尺で行われたことは確実である。

註

1　竹島卓一『建築技法から見た法隆寺金堂の諸問題』中央公論美術出版　一九七五

2　『奈良六大寺大観　第一巻　法隆寺一』岩波書店　一九七二

3　『国宝法隆寺廻廊他五棟修理工事報告』奈良県教育委員会　一九八三

4　関野貞「法隆寺金堂塔婆及中門非再建論」建築雑誌

二一八号　一九〇五・二

5 村田治郎「法隆寺の尺度論」『仏教芸術』四号　一九四九・一〇　『法隆寺建築様式論攷』中央公論美術出版　一九八六

6 前掲・註1記載の寸法資料には「唐尺」の換算値も並記されており、下重正面総間寸法の四〇・〇八一尺と上重側面総間寸法の二〇・〇七一小尺とが記載されている。法隆寺再建非再建論争の当時であればともかく、村田治郎の指摘があったにもかかわらず、小尺の議論が放置されてきたことは不可解なことといってよい。

7 前掲・註2
「下層軒の出は四面が均一でないが、一一～一一・四尺ほどである（うち出桁までは五・四～五・八尺ほど）。垂木は角繁垂木一軒で、修理前実例図によると南面では東西出桁間に五七本（一支八・七寸）、北面では五六本（一支八・八六寸）を配し、東妻では同じく出桁間に四三本（一支八・九寸）、西妻では四六本（一支八・三四寸）といちじるしく不統一である」

また上層は「軒の出は一〇・五～一一尺（出桁までは五・一～五・三尺）ほどで下層よりやや短い。……中略……明治修理前には出桁間に南面では四八本（一支八・五寸）、北面では五〇本（一支八・三四寸）の垂木を配し、妻でも東面は三四本（一支八・六六寸）、西面は三七本（一支八・三四寸）と不整であった」

垂木真が丸桁真に合致するため、各部の枝数はここに記された垂木本数よりも一枝多くなる。ただ、各丸桁間寸法を算出してみると上重背面と同西側面では、丸桁真に垂木木間が載っていたようである。

8 梁行丸桁間寸法の実測値三九・一六尺（東面）、三九・一九八尺（西面）の平均値から求められる造営尺度は〇・九七九五尺である。この値で正面丸桁間寸法（平均値）から組物の出の値を求めると五・七七尺程となり、側面から算出した五・八尺とする想定に合致する。したがって正面丸桁間寸法は五一・六尺と判断される。

9 前掲・註6
少なくとも慶長、元禄、明治の修理を経て、小屋組も大きく変更されているため、棟の高さが当初の様相をどこまで残しているか不詳である。総高五五・〇唐尺とする判断は、現在の図面からの推測にすぎない。しかし柱盤の高さが現状の総高のちょうど半分の高さに位置することは、注目してよいと思われる。

10 前掲・註2

11 『山田寺跡発掘調査報告』奈良文化財研究所学報第六三冊　二〇〇二

12 柱真に垂木真が合致する状態は、現在では回廊西半に認められるが、東半はすべて柱真に垂木木間真が合致する状態である。また、南北一七間の構成では、建立当初、南端の隅柱上と北端の隅柱上で垂木の収まりが異なっていた可能性が残る。

13 前掲・註11文献に掲載された「一六一図」による。

14 岡田英男『日本建築の構造と技法　下　岡田英男論集』

15　思文閣出版　二〇〇五
前掲・註14

第三部　まとめ

法隆寺金堂、塔、中門、回廊を対象に、主に柱間寸法と丸桁間寸法に注目することで寸法計画の内容を復原的に考察し、可能なかぎり高さの計画についても分析を試みた。

竹島は、柱間寸法計画の前提に垂木割計画が潜在することを指摘したが、この指摘を受け、古代建築に事例を見出す一〇尺に一一枝を配する垂木割計画を手がかりに分析を試みたものである。その結果、各部の寸法計画は、想定された垂木割に従って計画するが、垂木割計画が原因となって現れる端数寸法を忠実に実現することが難しいため、最も近似する寸の単位の完数をもって各部の寸法を制御するもの、と捉えることになった。ただ、部分で最も近似する完数は、この値を単純に集積したとき、必ずしも全体幅の完数と合致するとは限らない。このため場面ごとに〇・一尺程度の調整が求められるような、複雑な寸法計画が潜在していることが認められた。

端数寸法を忠実に制御することが難しい垂木割計画とは対照的だが、端数寸法を制御する場面もなかったわけではない。複数の柱間や高さを対象に、これを等分することで結果的に端数寸法を制御する技法も見出された。このような例をみれば、計画の過程で必ずしも端数寸法を厭うているわけではなく、可能であれば端数の値を用いようと試みていることがわかる。

完数寸法計画には、おそらく、これを手がかりとして積極的に計画を進めようとする場合と、端数寸法を忠実に実現できないため、近似する完数をとるという消極的な場合とがあり、場面によって使い分けていることがわかる。完数制を手がかりとする設計技術の解読にとって、完数制が背後に複雑な性格を抱えていることを理解しておくことは重要なことである。

垂木割をもって柱間寸法などを制御しようとする計画理念は、中世以後に現れる枝割制と異ならないが、これを忠実に実現できないことが原因となって、かえって複雑な計画の過程を経ることになった。そのような計画の様相が復原的に理解できたことによって、法隆寺建築に、従来想定されてきた高麗尺の使用を想定することは困難であり、唐尺を用いた設計技術を内在させていることが明確になったと思われる。

むすび

一九〇六年に関野貞博士の論考「法隆寺金堂塔婆及中門非再建論」が発表されて以後、法隆寺の各建築は、一〇〇年の研究史を通じて、高麗尺を用いて計画されたと考えられてきた。第一部でさまざまな論者を採り上げて検討したように、ときに唐尺（小尺）の可能性が指摘されてきたにもかかわらず、高麗尺（大尺）を用いたとする判断は自明であり、正しいことであるかのように扱われてきた。しかし、関野貞の論述を冷静に点検すれば、金堂、塔、中門、回廊を通じて各処に現れる大小さまざまな柱間寸法のうち、高麗尺が確かに有利ともみえるものは、わずかに金堂下重の二つの柱間寸法にすぎない。夥しい大小の柱間寸法は、単に唐尺でも説明可能であるばかりか、高麗尺では説明が難しいものも含まれている。

竹島卓一博士による、法隆寺建築の柱間寸法計画に垂木割計画が介在したとする指摘を受けて、第二部では、垂木割計画一般のあり方を理解するために、中世枝割制の計画内容を検討し、これを手がかりとして古代遺構の垂木割計画の様相を考察した。また、枝割制を検討する過程で、規模計画の存在に注目することが設計技術の分析研究にとって重要であることを指摘し、そのような視点から、あらかじめ全体枠を決定してこれを等分割することで、結果として端数寸法を制御するという、「総間完数制」と称した古代の計画技法を採り上げた。

第一部を通じて整理された、法隆寺建築の分析における従来の問題点と可能性、そして第二部で採り上げた古代建築に内在すると捉えられた設計技術の様相、これらを手がかりとして、第三部において、法隆寺建築を生み出した設計技術について分析を試みた。第三部、各章で論述を進めたように、法隆寺西院伽藍の建築は、伽藍計画を含め、いずれも造営尺度に唐尺を用いたと考えなければならない。この結論はまた、高麗尺と唐尺の簡単な換算関係に従っていずれが妥当か、という議論ではなく、高麗尺の可能性が考え難いものであることを指摘することになった。

立論には、丸桁間寸法などをもって建築の規模ないし全体枠を決定する技法が存在すること、また、丸桁間に配置される垂木割が柱間寸法の決定に大きな影響を与えていること、垂木割計画は端数を伴うものだが、古代の計測技法の未成熟な性格が端数寸法を忠実に実現できず、近似する完数をもって実現する範囲に留まること、また、必ずしも端数寸法すべてが実現不可能ということではなく、全体枠を等分割するなどの簡単な操作によって、限定された範囲で端数寸法を制御する場合があること、などの考察を伴っている。

関野が説いた「柱間完数制」は、当初から尺度論としての性格が強く、設計技術の解明にとって十分な手がかりとは言い難いものであった。完数の値に注目することだけで、建築設計技術の内容を不足なく解明することは難しい。設計技術の分析にとって、別に注目しなければならない問題は多様だが、本書では、最も重要な存在と思われる規模計画と垂木割計画に注目し、これらの手がかりを重ねることで、高麗尺の想定が妥当性をもたず、唐尺こそが、法隆寺建築の造営尺度として、唯一の可能性をもつ尺度であったことを示せたと考えている。

法隆寺建築を巡る造営尺度の問題は、一応の解決をみたと思えるが、一方、すでに山田寺金堂、回廊などで唐尺が使われた可能性が指摘されているから、日本建築一般の造営尺度として、高麗尺が使われた可能性はほぼ消失したと捉えられる。およそ三〇㎝ほどの唐尺は、飛鳥時代から幕末まで、その実長にわずかな変化を伴いながらも、じつに一二〇〇年を超える期間、建築の造営尺度として一貫して使われ続けた尺度であった。

完数制の真の問題は、背後に控えた計画者の意図である。完数の使用には、積極的な場合と消極的な場合とが予想され、それぞれ背後の計画意図に依存して現れるから、同じように完数を用いているように見えても、両者の相違を見極めることが重要である。このような視点を手がかりとして計画の意図を見とどけることが、建築設計技術の解明にとって要件だと考えられる。

法隆寺建築の施工の過程で用いられたものさしには、寸の単位の目盛が確実に存在していたであろう。丈、尺、寸の単位を用いて現場の計測作業が進められたのであり、また、この状況に合わせ、設計の過程は寸の単位で部位、部材の大きさを制御したと考えられる。けれどもその背後には、無限小数などの端数が出現することもあり得る等分割技法が潜在し、この種の技法を組み合わせて各部位の大きさが制御されたと考えなければならない。簡単な等分割などを除き、端数寸法を確実に実現できず完数化という段階を踏むことこそ、古代建築の技術の特質であったと思われる。また、古代において実現不可能であった計画が、中世に下って忠実に実現できることを考え合わせると、わが国の建築設計技術は、長期にわたって一貫した問題意識をもち続け、発達の方向性を維持していたことも理解できる。

寺院建築史のほとんど出発点に位置づけられる法隆寺建築の設計技術の様相は、わが国の建築技術の発達の方向への予兆を、鮮明に示しているのだと思われる。

あとがき

法隆寺建築の設計技術に強い興味を覚えたのは、大学院に在籍していた頃である。日本建築史を専攻している学生なら、法隆寺金堂の寸法計画や高麗尺に興味をもつのは当然のことで、私もそのような学生のひとりだった。研究史を整理しながらいろいろなことを考えたと思うが、当時は木割書の解読に夢中で取り組んでいた時期であったからほとんど記憶にない。法隆寺建築の設計技術は、とても手に負えないという印象とともに、高麗尺の議論に釈然としない印象をもったことだけは今でも覚えている。その契機は、金堂と回廊の距離、塔と回廊の距離が唐尺で一〇〇尺らしいということに気づいたためであった。しかしこの程度の思いつきでは、金堂や五重塔など建築遺構の分析は、到底手に負えるものではない。

竹島先生や石井先生が単位寸法と判断された高麗尺〇・七五尺とする長さが、古代建築の垂木割計画を手がかりとすることで、別な解読の可能性があるのではないかと気づいたのは、中世遺構の垂木割計画をまとめて学位論文を書いた後になってである。

また、「総間完数制」という技法を思いついた契機は、一九九〇年頃にタイの仏教寺院を調査した折、ピサヌロークの寺院のボート（布薩堂）を実測し、その柱間寸法計画を考えたことであった。切妻、妻入、梁行五間の仏堂で、両端の間を完数寸法と捉えれば、中央三間の柱間は端数寸法のようで、三間全幅を完数としてこれを等分したものだと考えられた。ものさしの実長がわからず、さまざまな長さを仮定して進めた分析であったが、この考え方は、まず法隆寺講堂の柱間構成を考えるうえで、そして工藤先生、川越先生が書かれた山田寺金堂址の論考の検討に、重要な手がかりになったことを覚えている。そしてこの経験は、いわゆる完数制を、少し距離を置いて見直す契機になった。

こうして並べてみると、私なりの法隆寺建築の設計技術の解読にとって、折に触れて考えてきたさまざまなアイデアが総動員されているようである。

本書の一部は、すでに公表した論考を含んでいる。本書に収めるにあたって書き直しているが、もとになった論考のうち代表的なものを掲載しておきたい。

「中世前期・和様五間堂における一枝寸法の決定法について」日本建築学会論文報告集 三七三号 一九八七

「中世前期・層塔遺構の枝割制と垂木の総量」建築史学十号 建築史学会 一九八八

「中世建築における設計技術（枝割制）の研究」(学位論文) 私家版 一九九〇

「山田寺金堂と法隆寺中門の柱間寸法計画について 古代建築の柱間寸法計画と垂木割計画（一）」日本建築学会論文集 五一六号 一九九九

「法隆寺金堂の柱間寸法計画について 古代建築の柱間寸法計画と垂木割計画（二）」日本建築学会論文集 六〇三号 二〇〇六

「法隆寺五重塔の垂木割計画について 古代建築の柱間寸法計画と垂木割計画（三）」日本建築学会論文集 六〇八号 二〇〇六

本書の執筆に当たり、さまざまな方から応援をいただいた。とくに鹿島出版会の久保田昭子、渡辺奈美両氏の原稿への適切な助言なしには、書籍として実現することはなかった。記して深い感謝の意を表したい。

研究は、先達の成果を批判的に検討することなくして成立しない。先輩といえども、決して遠慮してはならないという研究姿勢は、故渡辺保忠先生、故太田博太郎先生、故石井邦信先生、そして中川武先生から学んだことである。また、中川武先生には、本書冒頭の「推薦文」を執筆していただいた。あらためて感謝の意を記したい。

学恩に少しでも報いるためには、先達への批判を通じて自己の意見を鍛えなければならない。ようやく私見が批判を受ける立場になったことを、うれしく思うとともに俎上の厳しさを感じている。とくに若い人たちから、遠慮のないご意見やご批判を賜りたい。互いに遠慮なく批判を交換しあうことこそ、研究水準を高みへ押し上げる力であると信じている。

五月に生涯を終えた父へ本書を捧げる。

二〇一一年九月 寓居にて

著者略歴

溝口明則（みぞぐち・あきのり）

一九五一年生まれ。武蔵工業大学工学部建築学科卒業。早稲田大学大学院理工学研究科博士後期課程中退。工学博士。名城大学理工学部建築学科教授。専門は日本建築史、アジア建築史、建築技術史。著書に『数と建築』（鹿島出版会・二〇〇七）、『コンパクト版建築史』（共著、彰国社・二〇〇九）、『世界宗教建築事典』（共著、東京堂出版・二〇〇一）、『住空間の冒険4 風水とデザイン』（共著、INAX出版・一九九二）、『日本建築みどころ事典』（共著、東京堂出版・一九九〇）など。

法隆寺建築《ほうりゅうじけんちく》の設計技術《せっけいぎじゅつ》

二〇一二年七月一五日 第一刷発行

著者 溝口明則《みぞぐちあきのり》
発行者 鹿島光一
発行所 鹿島出版会
〒一〇四-〇〇二八 東京都中央区八重洲二-五-一四
電話〇三-六二〇二-五二〇〇
振替〇〇一六〇-二-一八〇八八三

印刷 壮光舎印刷
製本 牧製本
装丁 西野洋
DTP ホリエテクニカルサービス

ISBN 978-4-306-04576-7 C3052
落丁・乱丁本はお取り替えいたします。
本書の内容に関するご意見・ご感想は左記までお寄せ下さい。
URL: http://www.kajima-publishing.co.jp/
e-mail: info@kajima-publishing.co.jp

鹿島出版会の好評既刊書

数と建築

古代建築技術を支えた数の世界

溝口明則 著

数学がなかった頃の、数と建築の関係。

ウィトルウィウス以降、再三言及されてきた
比例と美を巡る議論、
古典主義、コルビジュエら西欧の伝統的視点を批判的に検討し、
日本やアジアの建築技術との比較によって
古代の設計技術の実相を明らかにする意欲的建築論。

Ａ５判・二七二頁・定価二九四〇円（本体二八〇〇円＋税）

主要目次

大報恩寺本堂の垂木本数と柱間垂木枝数

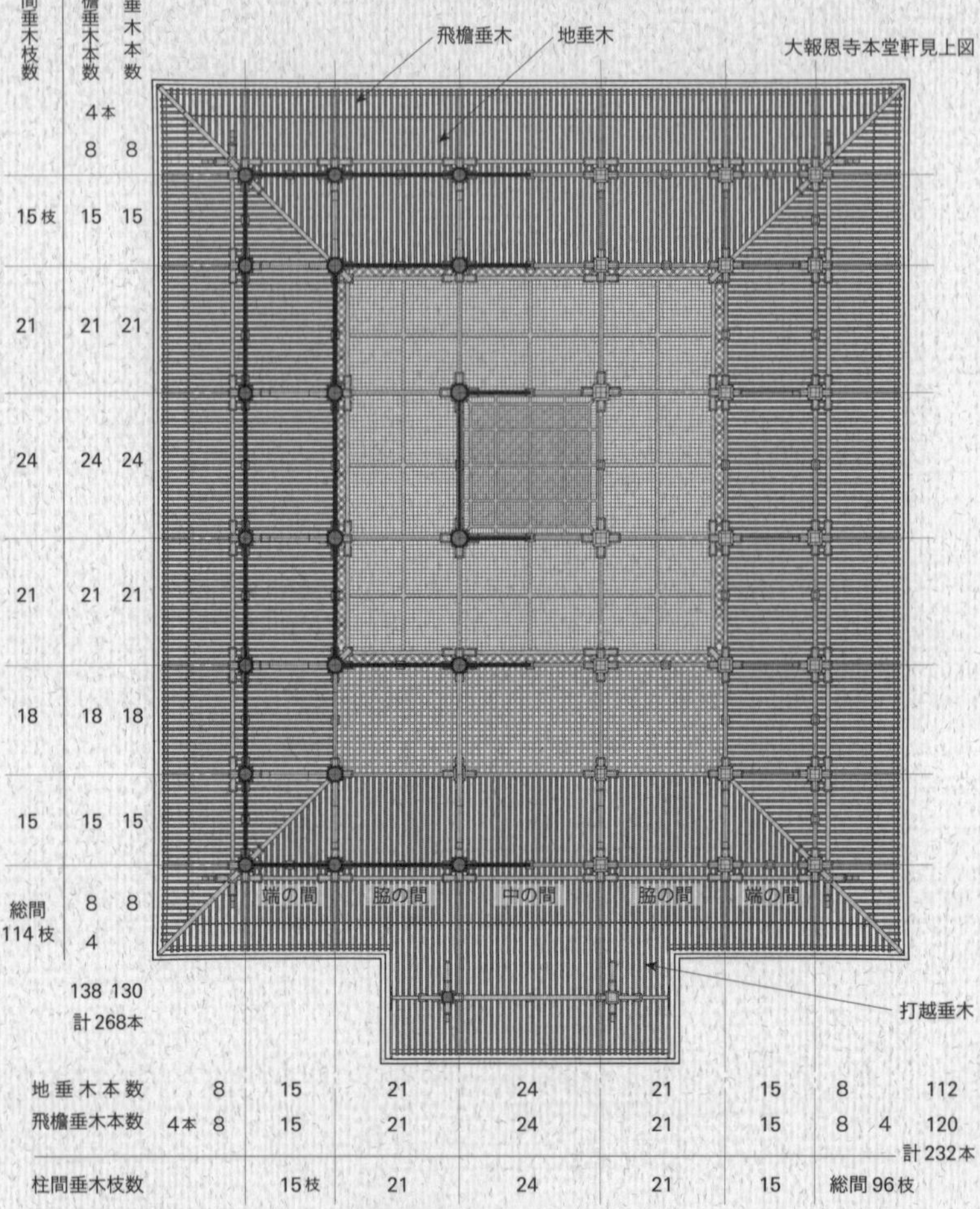

268本（正面垂木本数）＋268本（背面垂木本数）＋232本（側面垂木本数）×2＝1000本（垂木総本数）

大報恩寺本堂は，よく知られた通称「千本釈迦堂」のとおり，垂木の総本数をちょうど1000本としている。この垂木量はおそらく，中世になって現れた「千本」の地名の起源である。中世初頭の「枝割制」成立期では，垂木の本数と垂木の真々間隔（一枝寸法）をもって，一種の規模計画とする計画法がみられる。この技法は仏堂では900, 700, 500本など，層塔では三重塔で1100, 1200, 1300本などの例が認められ，仏堂，塔に共通した技法であった。しかし，二次調整を要する場合も多く，中世の中頃までに消失する（第二部　第一章参照）。その後，仏堂と層塔は，それぞれの計画法に分離していった。